GRUNDRISS DES KAUFMÄNNISCHEN RECHTES

VON

Dr. RUDOLF POLLAK

ORD. PROFESSOR AN DER UNIVERSITÄT UND AN DER HOCHSCHULE FÜR WELTHANDEL IN WIEN

ZWEITE
VERMEHRTE UND VERBESSERTE AUFLAGE

WIEN
VERLAG VON JULIUS SPRINGER
1927

ISBN-13:978-3-642-94080-4 e-ISBN-13:978-3-642-94480-2
DOI: 10.1007/978-3-642-94480-2

Vorwort

Die erste Auflage dieses Buches war als Grundlage für die Vorlesungen über bürgerliches und Handelsrecht namentlich an Handelshochschulen bestimmt; das Wechselrecht wurde im wesentlichen ausgeschlossen, weil es für diesen Teil des Rechtsstoffes gute Bücher gleichen Zweckes gab.

Die zweite Auflage verfolgt das gleiche Ziel, den Vorlesungen an Handelshochschulen zu dienen. Aber ich möchte den Plan nun erweitern: Das Buch soll jetzt auch besser als bisher der Vorbereitung der Lehrer an anderen Handelsschulen dienen können, aber namentlich dem Kaufmann und seinen Angestellten, den kaufmännischen Korporationen und sonstigen Organisationen. Die erste Auflage enthielt zahlreiche bloße Paragraphenzitate, die die Vorlesung zu beleben hatte. Dem nun hinzugekommenen Ziele des Buches gemäß werden diesen Zitaten jetzt in der Regel auch der Inhalt der betreffenden Vorschrift und Beispiele beigefügt, damit auch jene das Buch verwenden können, denen Gesetzbücher nicht zur Hand oder nicht vertraut sind. Dem gleichen Ziele dienen die zahlreichen neuen Verweisungen auf die Rechtsprechung und die Anführungen aus dem Schrifttum.

Im übrigen ist die Anlage des Grundrisses die alte geblieben; sie scheint sich bewährt zu haben. Selbstverständlich ist, daß die Darstellung auf den neuesten Gesetzesstand gebracht wurde; das bedingte zahlreiche Änderungen des Textes. Das Deutsche Recht und jenes der Tschechoslowakei blieben fortdauernd berücksichtigt; das letztere, soweit diese Republik aus früher österreichischen Landesteilen besteht. In der Regel deckt sich deren Recht übrigens mit dem österreichischen; für die Ermittlung der Unterschiede, die jeweils womöglich vermerkt sind, lieh mir Herr Universitätsprofessor Dr. Egon Weiß in Prag in freundlichster Weise seine wertvolle Unterstützung.

So entlasse ich denn das kleine Werk wieder in die Öffentlichkeit, hoffend, es möge den Lesern zum Nutzen gereichen.

Wien, am 1. August 1927

Der Verfasser

Inhaltsverzeichnis

Abkürzungsverzeichnis

JudB.	= Judikatenbuch des Obersten Gerichtshofes in Wien.
Spruch-Rep.	= Spruchrepertorium des Obersten Gerichtshofes in Wien.
GlU.	= Sammlung zivilrechtlicher Entscheidungen des Obersten Gerichtshofes in Wien, herausgegeben von Glaser und Unger.
GlUNF.	= Fortsetzung der eben genannten Sammlung.
SZ.	= (Offizielle) Sammlung der zivilrechtlichen Entscheidungen des Obersten Gerichtshofes in Wien seit 1919.
Zbl.	= Zentralblatt für die juristische Praxis.

Berichtigung

Seite 80, Note 2: lies „180" statt „18V".

Erstes Kapitel

Allgemeine Lehren

§ 1. Das Recht

I. Der Mensch, der allein auf einem Territorium lebt, ist in seinen Entschließungen und Handlungen von denen der anderen Menschen unabhängig. Er darf darum tun, was er will, und er kann tun, was er vermag. Aber in dieser Situation befindet sich ein Mensch nur ausnahmsweise (der Einsiedler in der Wüste; Robinson Crusoe vor dem Auftreten der Wilden auf der Insel). In der überwiegenden Mehrzahl der Fälle leben mehrere Menschen auf demselben Gebiet. Infolgedessen stoßen unter Umständen die Entschließungen und Handlungen eines jeden von ihnen auf die Entschließungen und Handlungen eines, mehrerer oder selbst aller anderen Mitbewohner desselben Gebietes. Dieses Zusammenstoßen führt freilich nicht immer zum Widerstreite. Bisweilen, ja häufig decken einander ja die Entschließungen und Handlungen mehrerer Menschen; noch häufiger laufen sie nebeneinander verträglich einher, kreuzen einander nicht. (Beide wollen einträchtig dieselbe Straße gehen; oder: einer will nach Osten, der andere nach dem Süden von demselben Ausgangspunkt aus wandern.) Aber es kommt doch auch vor, daß ein solcher Widerstreit aus den Entschließungen und Handlungen der einzelnen entsteht. (Beide wollen dieselbe Wohnung bewohnen.)

Lebensverhältnisse sind die Beziehungen, in die Menschen zueinander geraten; nur für Beziehungen von Menschen untereinander, nicht auch der Menschen zu den Sachen (Tieren), gebrauchen wir dieses Wort. Diese Beziehungen sind entweder gewollte (Dienstvertrag, Miete) oder ungewollte (zufälliges Zusammentreffen auf der Straße, Mieter verschiedener Wohnungen eines Hauses). Jeder Mensch steht ununterbrochen in einer außerordentlich großen Zahl solcher Lebensverhältnisse zu einer in der Regel sehr großen Zahl von Mitmenschen, darunter vieler, die er nicht kennt.

II. Autoritäre Regelung von Lebensverhältnissen

Man könnte daran denken, die Ordnung dieser Lebensverhältnisse durchwegs den Beteiligten zu überlassen. Sie selbst sollen sich miteinander einigen, keine übergeordnete Gewalt soll regeln, wie einander widerstreitende Entschließungen und Handlungen in Übereinstimmung gebracht werden; wollen zwei Menschen dasselbe Huhn haben, so sollen sie miteinander, unabhängig vom Einfluß oder von der Anordnung eines Dritten, ausmachen, welcher von den beiden es haben soll oder ob und wie sie es teilen oder ob sie beide von dem Nehmen des Huhnes absehen sollen. Die Erwägung, die einer danach eingerichteten Gesellschaftsordnung zugrunde läge, wäre die, daß beim Bestand einer derart völligen Ungebundenheit des einzelnen von Übergeordneten jedermann selbst das Richtige und damit das Gerechte zu finden bemüht und daß er der danach gewonnenen Erkenntnis gemäß zu handeln bereit sei; die notwendige Unterstellung für diese an die Sagen vom goldenen Zeitalter anklingende Weltauffassung ist, daß für jeden alles vorhanden und erreichbar ist, was er nach seiner Erkenntnis vom Richtigen und daher Gerechten für sich will. Also: Vorhandensein aller Bedarfsgegenstände im weitesten Sinne des Wortes für jeden; unparteiische Beurteilung des Bedürfnisses und Bedarfes eines jeden durch ihn selbst.

In der bisherigen bekannten Entwicklungsgeschichte der Menschheit hat keine solche Gesellschaftsordnung, hat kein autoritätsloses Leben der Menschen ernstlich bestanden. Es ist auch nach der Natur des Menschengeschlechtes und nach dem Stande der Produktion der Bedarfsgegenstände wohl keine Aussicht, zu einer solchen autoritätslosen Gesellschaftsordnung auf die Dauer zu gelangen.

So ergibt sich die Notwendigkeit einer Autorität für Befehl und Vollzug, von Befehlen und Befehlshabern. Aber diese Notwendigkeit ist hart. Denn jede autoritäre Regelung, jeder Befehl und jeder Befehlsvollzug bedingt und bedeutet Zwang gegen den einzelnen, daher Freiheitsbeschränkung. Solches Eingreifen ist darum nur so weit sittlich gerechtfertigt, als die Notwendigkeit reicht. Das erklärt, daß der Autorität, etwa der Gesetze, Gerichte, Vollstreckungsorgane, nie und nirgends alle Lebensverhältnisse unterstellt, daß keineswegs die Regelung einer jeden oder auch nur fast einer jeden Beziehung eines Menschen zu einem anderen von einer übergeordneten Gewalt abhängig sein sollte[1]). Derartiges ist nicht einmal immer dann erforderlich, wenn zwei Menschen sich nicht miteinander vertragen (Streit um ein Pferd), geschweige denn, daß eine solche Regelung stets dann nötig wäre, wenn die Beteiligten einig sind (Vereinbarung zu einem Spaziergange). Aus dieser Erkenntnis folgert denn auch wirklich jeder Staat, daß er keineswegs alle Lebensverhältnisse autoritär zu behandeln, z. B. durch Gesetz rechtlich zu ordnen habe, sondern gerade nur jene, die dessen aus irgendeinem hinreichend wichtigen Grunde (§ 3 I) bedürfen.

III. Die Autoritäten, die in Frage kommen, sind derzeit: Gesellschaftsgruppe, Kirche (= Religionsgenossenschaft), Staat (in Österreich: Bund und Länder; in der Schweiz: Bund und Kantone). Jede dieser drei Autoritäten erläßt oder kennt doch Vorschriften, nach denen jedermann sich richten soll, der dieser Gesellschaftsgruppe,

[1]) Schwind: Deutsches Privatrecht 22.

etwa dem Arbeiter-, dem Bauernstand einer bestimmten Gegend, dieser Religionsgenossenschaft, diesem Staate (nicht bloß als Bürger, sondern auch nur als Inwohner) angehört. Die Gesellschaftsgruppe hat Sitten, die Kirche Gebote (z. B. die zehn Gebote, die Kirchengebote), der Staat Rechtssätze.

Alle diese Vorschriften beziehen sich jetzt (anders früher: der heilige Stier der Ägypter; das Pferd des Heliogabalus) nur auf Menschen. Sie betreffen in der Regel die (als solche in die Außenwelt tretenden) Handlungen, bisweilen, so namentlich viele Kirchenvorschriften, auch die innerlichen Entschließungen der Menschen.

Das Entscheidende bei der Beurteilung des Gewichtes dieser Autoritäten für das Leben ist: Wie werden die Vorschriften durchgesetzt? Wirken sie nur oder hauptsächlich durch die innere Bedeutung ihrer Anordnungen, durch deren Einfluß auf das Seelenleben der Menschen oder steht ihnen auch ein direktes Zwangsmittel zur Erwirkung der gebotenen und zur Unterdrückung der verbotenen Handlungen zur Verfügung? Gesellschaftsgruppe und Religionsgenossenschaft verfügen nun im modernen Kulturstaate, revolutionäre Zeiten ausgenommen, über solche direkte Zwangsmittel nicht, sondern nur über indirekte (Ausschließung aus der Partei, Abbruch der gesellschaftlichen oder geschäftlichen Beziehungen, Exkommunikation usw.).

Der Staat allein unter diesen Autoritäten behält sich das Monopol der direkten Zwangsmittel vor: Nur Rechtssätze sind durch solche Zwangsmittel vollstreckbar (Exekution, siehe § 13); vereinzelt gibt es sogar unerzwingbare Rechtssätze (z. B. solche betreffend Spielschulden), aber nur die Befolgung von Rechtssätzen ist direkt erzwingbar. Darin steckt der begriffliche Unterschied zwischen den Rechtssätzen einerseits, den Geboten der Sitte und den Kirchengeboten anderseits; hierin steckt im modernen Leben auch die überragende Bedeutung der staatlichen gegenüber allen anderen Geboten. Freilich kommt es dennoch, und zwar auch in ruhigen Zeiten, vor, daß staatliche Gebote unbefolgt bleiben (eine Delogierung wird gewaltsam verhindert), und es geschieht auch, daß Gebote anderer Autoritäten als des Staates von dem oder jenem den Rechtssätzen vorangestellt, lieber als diese befolgt werden (Kulturkampf, Gewerkschaften). Derartiges geschieht jedoch in größerem Umfange nur in revolutionären Zeiten; würde diese Erscheinung dauernd, so löste sich der Staat auf, um einer anderen Gesellschaftseinrichtung Platz zu machen (siehe § 13 II).

§ 2. Die Rechtsordnung

I. Unter der Rechtsordnung versteht man die Summe aller Rechtssätze, unangesehen ihres Inhalts und des Organs, das sie erläßt (Herrscher, Herrscher und Parlament, Reichstag, Reichsrat, National- und Bundesrat, Landtag usw.). Die Rechtssätze entstehen im modernen Staate durch Gesetz, Notverordnung, Verordnung (Vollzugsanweisung), Gewohnheit. Es gelten aber, namentlich in Österreich, von früher her noch eine Reihe von Rechtssätzen unter anderen Bezeichnungen, so z. B. Hofkanzleidekret, Hofkammerdekret, Patent; von diesem zuletztgenannten Wort ist zur Bezeichnung von Rechtssätzen für Böhmen sogar noch kurz vor dem Krieg in Österreich Gebrauch gemacht worden.

Wenn nur der Herrscherwille die rechtsbildende Quelle ist, also im sogenannten absolutistischen Staate, kommt dem Gesetzgeber die Verschiedenheit zwischen den einzelnen Formen der Rechtssatzung nicht zum Bewußtsein; es werden darum alle obgenannten Bezeichnungen der Rechtssätze ohne feste Abgrenzung durcheinander gebraucht. Erst im konstitutionellen Staate scheiden sich die Namen je nach der Art, wie die Rechtssätze verfassungsmäßig zustande kommen, und erst in diesen Staaten entwickelt sich der verfassungsgeschichtlich so wichtige Gegensatz von Gesetz und Verordnung, unter denen dann die Verfügung steht.

II. a) Gesetze (im formellen Sinne) sind in Deutschland und Österreich von der Volksvertretung erlassene Rechtssätze, da diese Organe allein in Österreich (Bundesverf. v. 1. Oktober 1920, B. Nr.1, in der Fassung des BGBl. 367 ex 1925, Art. 24 ff.[1]) und im Deutschen Reich (Verf. v. 11. August 1919) die gesetzgebende Gewalt ausüben. In anderen Staaten, so z. B. in Großbritannien, ist die gesetzgebende Gewalt zwischen dem Herrscher und der Volksvertretung in der Art geteilt, daß zwar nur diese die Gesetze zu beschließen geeignet ist, daß aber dieser Beschluß, soll er auch wirklich ein Gesetz werden, nun noch der Sanktion des Herrschers bedarf. Freilich hat der Herrscher auch in diesen Staaten kein Abänderungsrecht, wohl aber vielfach ein bald entscheidendes, bald nur aufschiebendes Veto gegen solche Beschlüsse der Volksvertretung (madame veto); allerdings ist der Herrscher in der Ausübung dieses seines verfassungsmäßigen Vetorechtes häufig durch die politischen Machtverhältnisse im Staate behindert.

In Österreich gibt es Bundes- und Landesgesetze. Der Bundespräsident hat bei keiner Gesetzesgruppe ein Veto; bei Bundesgesetzen hat es im gewissen Umfang der Bundesrat (Art. 42 Bundesverf.), bei Landesgesetzen die Bundesregierung, aber nur als ein aufschiebendes (Art. 98 Bundesverf.). Wohl aber obliegt bei Bundesgesetzen dem Bundespräsidenten, bei Landesgesetzen dem Landeshauptmann die Unterfertigung (nur) der verfassungsmäßig, z. B. mit den erforderlichen Mehrheiten des beschlußfähigen Volksvertretungskörpers beschlossenen

[1]) Adamonich-Fröhlich: Die österreichischen Verfassungsgesetze (samt Nachtrag); Mannlicher: Das Verwaltungsverfahren; Kelsen: Österreichisches Staatsrecht.

Gesetze. Der Bundespräsident ist berechtigt und verpflichtet, die Ordnungsmäßigkeit der Beschlußfassung zu prüfen; die Wahrung der Verfassungsmäßigkeit der erlassenen Landesgesetze ist dem Verfassungsgerichtshof anvertraut (Art. 140 BVG.). Bundesgesetze sind vom Bundeskanzler im BGBl., Landesgesetze im LGBl. kundzumachen (Art. 49, 97 Bundesverf.). An dies knüpft sich die Gesetzeswirkung; darum dürfen und müssen erforderlichenfalls die Gerichte die Ordnungsmäßigkeit der Kundmachung prüfen. Der Kundmachungstag ist als Ausgabetag auf dem GBl. ersichtlich zu machen; er soll mit dem wirklichen Ausgabetag zusammenfallen, was freilich nicht immer der Fall ist. Die Ausgabe geschieht bisweilen später, als auf dem betreffenden Stücke des GBl. bindend angegeben ist. Das ist sehr bedenklich; denn die Gesetze treten verfassungsgemäß am Tage nach der Kundmachung in Kraft (Art. 49 der Bundesverf.), und zwar auch gegen den, der sie weder kennt noch kennen kann (§ 2 ÖABGB.; § 2 Strafges.). Letzteres, also die Wirkung des Gesetzes auch gegenüber dem Unkundigen, ist hart, aber der Regel nach um der Rechtssicherheit willen unvermeidlich. Vermieden aber sollte unter allen Umständen werden, daß ein unrichtiger Ausgabe-, also Kundmachungstag, angegeben werde; daß ein Gesetz also früher in Kraft tritt, als man es lesen kann! Auch abgesehen von diesem verhältnismäßig leicht abzustellenden Mangel ist übrigens die sofort an die Kundmachung anknüpfende Wirkung der Gesetze sehr zweckwidrig. Sie ist ein Rückschritt im österreichischen Recht, entspricht nur doktrinären Erfordernissen, ist namentlich bei umfangreichen Gesetzen unpraktisch, und wird darum oft (freilich nicht häufig genug) durch die zulässige Ausnahmebestimmung des Inhaltes durchbrochen, daß das betreffende Gesetz erst so und so viele Tage nach seiner Kundmachung in Kraft treten solle.

Gesetze wirken grundsätzlich weder in Deutschland noch in Österreich (§ 5 ÖABGB.) zurück, und zwar deshalb nicht, weil niemand in seinem Vertrauen auf die Rechtsordnung enttäuscht werden soll; insbesondere wirken darum Strafgesetze nicht zurück. Der Satz war nicht immer und nicht überall Rechtens (bill of attainder). Auf dem Gebiete des Verfassungs- und Verwaltungsrechtes hat er sich sogar nie völlig durchgesetzt. Auf dem Privatrechtsgebiete herrschte jedoch grundsätzlich das Rückwirkungsverbot. In der und nach der Zeit des Weltkrieges ist aber nicht wenigen Gesetzen (und sonstigen Rechtssätzen) auch auf dem Gebiete des privatwirtschaftlichen Lebens wiederholt die rückwirkende Kraft beigelegt worden. Im Kriege geschah es namentlich im Zusammenhange mit der Organisation von Wirtschaftszentralen und mit den damit verbundenen Beschlagnahmen von Bedarfsartikeln durch den Staat. Es blieb aber nicht bei solchen durch die Kriegsnot erklärlichen, wenn auch nicht immer zureichend gerechtfertigten Eingriffen; sind doch noch durch ein BGes. vom 26. April 1921, BGBl. Nr. 267, abgelaufene Patente für unter Umständen verlängerbar erklärt worden, und ein BGes. vom 15. Juli 1921, BGBl. Nr. 427, hat gewisse abgeschlossene, schon in der Erfüllung begriffene Holzabstockungsverträge für ungültig erklärt. Wenn auch zugegeben werden muß, daß die Unwirksamkeitserklärung mancher Verträge durch rückwirkende Rechtssätze politisch und wirtschaftlich begreiflich gewesen ist, und daß auch sonst manches in einzelnen Fällen für Rückwirkungen spricht, so darf man sich doch den Bedenken nicht verschließen, die darin liegen, daß der Grundsatz allzu oft aufgegeben wurde, privatrechtliche Gesetze wirken nicht zurück. Der Gesetzgeber hatte in der Not der Zeit, in dem dringenden Wunsche nach zeitgerechter Abhilfe, anscheinend bisweilen die Erwägung beiseite gestellt, daß eine jede solche Rückwirkung die Rechtssicherheit, das Vertrauen auf wohlerworbene Rechte, auf die Erfüllung ordnungsgemäß abgeschlossener Verträge erschüttere. Dieses Vertrauen aber soll, namentlich in einer ohnedies unruhevollen Zeit, nicht ohne dringende Not, nicht zur Beseitigung augenblicklicher Schwierigkeiten getrübt werden; denn Handel und Wandel beruhen größtenteils auf ihm.

b) Verordnungen sind von der Regierung (dem Landeshauptmann) im Rahmen der Gesetze, allenfalls auf Grund eines sogenannten Ermächtigungsgesetzes, erlassene Rechtssätze. Sie werden in den GBl. oder in den Verordnungsblättern der Ministerien kundgemacht. Sind sie gehörig kundgemacht, so binden sie jeden Rechtsunterworfenen, bis der Verfassungsgerichtshof die Verordnung für ungültig erklärt; die anderen Gerichte sind dagegen zur Ungültigkeitserklärung nicht befugt, sondern haben den Verfassungsgerichtshof anzurufen, wenn sie gegen die Gültigkeit einer Verordnung Bedenken haben (Art. 92 der Ö. Bundesverfassung).

Notverordnungen (Kais. V. auf Grund des § 14 des Staatsgrundges. vom 21. Dezember 1867, RGBl. Nr. 144) sind Verordnungen gewesen, die in der Monarchie Österreich in Notfällen, während der Reichsrat nicht tagte, von der Gesamtregierung unter der Sanktion des Kaisers erlassen, solche Rechtssätze aufstellten, die verfassungsgemäß eines Reichsgesetzes bedurften; eine solche Notverordnung hatte dann Gesetzeskraft, bis eines der beiden Häuser des Reichsrates (Abgeordneten- oder Herrenhaus) die Genehmigung ausdrücklich versagte. Gegenüber der Landesgesetzgebung gab es diese, übrigens auch außerhalb Österreichs verbreitete Einrichtung der Notverordnung nicht. In den Zeiten der Arbeitsunfähigkeit des österreichischen Reichsrates wurden sehr viele Notverordnungen erlassen; sie waren die Waffe der Regierung gegen die Lahmlegung des Reichsrates durch die Obstruktion oder passive Resistenz von Minderheitsparteien. Das geltende Verfassungsrecht Österreichs schließt neue Notverordnungen aus; manche alte gelten aber noch, da die Gesetzgeber der Monarchie und der Republik sich über sie gar nicht ausgesprochen haben.

c) Verfügungen sind keine Rechtssätze, sondern amtliche Anordnungen zur Erledigung eines einzelnen Falles (z. B. die Erteilung einer Baubewilligung).

III. Das Gewohnheitsrecht[1]) besteht aus Rechtssätzen, die sich in der Volksüberzeugung gebildet haben und fortdauernd geübt werden. Es entsteht also nicht durch Gesetz oder Verordnung, sondern durch die fortdauernde Übung eines Satzes im Verkehr — vielfach durch Richtersprüche, Gerichtsgebrauch zutage tretend — in der Überzeugung, es sei ein Rechtssatz[2]). Die Gerichte und ihre Rechtsprechung dürfen in Österreich und in der Tschechoslovakei (anders in England; für Deutschland strittig) kein Gewohnheitsrecht erzeugen und vermögen es auch nicht, sondern wenden es nur an.

Gewohnheitsrecht gibt es auf dem Gebiete des Privatrechtes in Österreich nicht, § 10 ÖABGB., auf dem des Handelsrechtes selten[3]), Artikel 1 ÖHGB; das gleiche gilt in der Tschechoslowakei. In Deutschland ist das Gewohnheitsrecht auf dem ganzen Privatrechtsgebiete Rechtsquelle, doch sprechen das DBGV. und das DHGB. nichts darüber.

IV. Kodifiziertes und nicht kodifiziertes Recht.

Man versteht unter einer Gesetzeskodifikation die Zusammenfassung, sei es aller Rechtssätze eines Staates, sei es aller jener, die ein größeres Rechtsgebiet (z. B. das Strafrecht) betreffen, in einem Gesetzbuche. Der Vorteil solcher Kodifikationen besteht in der großen Übersichtlichkeit der darin zusammengefaßten Rechtssätze und in der gegenüber der Einzelgesetzgebung erhöhten Möglichkeit, die einzelnen Rechtssätze nach großen Grundsätzen der Gesetzgebung zu verfassen, statt nach den Bedürfnissen der einzelnen, der rechtlichen Regelung bedürftigen Situation; auch lassen sich Widersprüche der einzelnen Rechtssätze untereinander leichter bei einer Kodifikation als sonst vermeiden. Nachteile der Kodifikation gegenüber den Einzelgesetzen fehlen nicht; doch überwiegen die Vorteile. Darum ist das Bestreben nach solchen Gesetzeskodifikationen sehr alt.

Die älteste bekannte Gesetzeskodifikation ist jene des babylonischen Königs Hammurabi etwa aus dem Jahre 2250 vor Christus. Jünger, der eben genannten inhaltlich bisweilen nahestehend, ist die Gesetzeskodifikation, die im Alten Testament, freilich verbunden mit der Religionslehre und Volksgeschichte, auf uns gekommen ist. Die Römer

---

[1]) Ehrenzweig: System des österr. allgem. Privatrechts I/1 52.

[2]) Danz: Rechtsprechung nach der Volksanschauung und nach dem Gesetz.

[3]) Pisko: Lehrbuch des Handelsrechtes, 21 ff.

haben dreimal ihre gesamten Rechtssätze zu kodifizieren unternommen, in den Jahren 451, 450 v. Chr. in den zehn, dann zwölf Tafeln durch eine Kommission, im Jahre 438 n. Chr., unter dem Kaiser Theodosius II., endlich in den zum Teil sehr tumultreichen Jahren 529 bis 534 unter dem Kaiser Justinian durch eine Kommission, an deren Spitze Tribonianus, ein hoher Staatsbeamter, stand[1]). Diese zuletzt genannte Kodifikation hat einen außerordentlich starken Einfluß auf die Rechtsentwicklung sehr großer Teile Europas geübt, und zwar bis in die jüngste Zeit; in manchen Gebieten Deutschlands galt sie bis 1. Januar 1900. Ludwig XIV. hat in der Mitte des 17. Jahrhunderts in den fünf großen Ordonnances Kodifikationen für Frankreich schaffen lassen, von denen die Ordonnance pour la marine mindestens bis Herbst 1918 in Triest als ein ergänzendes Gewohnheitsrecht in Geltung stand. Die Aufklärungszeit brachte Preußen das hauptsächlich durch Suarez verfaßte Allgemeine Landrecht (1794), Österreich 1811 das ABGB., dessen Hauptverfasser Freiherr v. Martini und v. Zeiller waren; Frankreich die Code civil, de commerce, de procedure, d'instruction criminelle, pénale (1804 bis 1810).

Die Anglo-Amerikaner und die skandinavischen Staaten hielten und halten sich von solchen Kodifikationen ferne; noch heute haben weder Großbritannien noch die Vereinigten Staaten von Nordamerika ein BGB. oder HGB. Sonst aber ruhten die Kodifikationsbestrebungen in den Kulturstaaten nicht (Allgemeine Deutsche W. O. 1850; Allgemeines deutsches Handelsgesetzbuch 1862) und setzten sich bis zum heutigen Tage fort. Knapp vor dem Kriege griffen sie sogar über Staatsgrenzen hinaus. So wurde im Haag eine einheitliche Wechselordnung für alle Staaten vereinbart; doch hat der Weltkrieg ihre Einführung verhindert, wenn auch nicht die Bestrebungen nach Schaffung einer einheitlichen Wechselordnung erstickt[2]). Jetzt werden einheitliche Gesetzbücher für Österreich und Deutschland gewünscht; diese Bewegung, als ein Vorläufer der Vereinigung von Deutschland und Österreich gedacht, hat bisher auf dem Privatrechtsgebiete noch keine praktischen Erfolge erzielt, obwohl die österreichische Regierung den Entwurf eines neuen HGB. in diesem Sinne hat ausarbeiten lassen. Die Schwierigkeiten des Problems sind groß[3]).

§ 3. Inhalt der Rechtsordnung

I. Die Rechtsordnung ordnet Lebensverhältnisse rechtlich, erhebt sie damit zu Rechtsverhältnissen. Derartiges geschieht nur für jenen

---

[1]) Kulturgeschichtlich sehr interessant: Hofmann, Die Kompilation der Digesten Justinians.

[2]) Unter anderen beschäftigt sich der Völkerbund mit dieser Frage; Flotow in Ztschr. für ausländisches und internationales Privatrecht I 68 ff.

[3]) Pollak: Rechtsgleichheit. Derselbe, Der Entwurf eines österr. HGB. (Rheinische Ztschr. X 360 ff.).

Teil der Lebensverhältnisse, deren rechtliche Regelung im Interesse des Nebeneinanderlebens der Menschen für notwendig oder doch für nützlich angesehen wird. Welche Lebensverhältnisse das seien, bestimmt der Staat. Über das Bedürfnis hinaus soll er dies nicht tun (siehe § 1 II). So wenig Gesetze als möglich, kein Gesetz mehr als unerläßlich, das soll seine Parole sein. Denn zuviel reglementieren ist ebensowenig sittlich gerechtfertigt und ein ebensolches Übel wie zuviel verwalten; revolutionäre Regierungen sündigen oft gegen das erste, absolutistische gegen das zweite. Da die Bedürfnisse der Rechtsunterworfenen nach dem Kulturstand und den Wirtschaftsverhältnissen im Staate zu verschiedenen Zeiten und an verschiedenen Orten verschieden sind, ist die Rechtsordnung in verschiedenen Staaten und im gleichen Staate zu verschiedenen Zeiten eine ungleiche. Namentlich aber wird ihr Umfang und Inhalt durch das Programm der jeweils herrschenden politischen und sonstigen sozialen Parteien stark beeinflußt; die Rechtsordnung eines sozialdemokratisch organisierten hat einen wesentlich anderen Umfang und Inhalt als jene eines vom Bürgertum oder eines von der Aristokratie beherrschten Staates. Der Einfluß dieser Machtverhältnisse zeigt sich sogar gleich nach zwei Richtungen: Welche Lebensverhältnisse sollen zu Rechtsverhältnissen erhoben werden? Welchen Inhalt soll dieses Rechtsverhältnis bekommen, wie soll es rechtlich geordnet werden?

a) Es kann nicht wundernehmen, daß danach schon der Kreis der zu Rechtsverhältnissen erhobenen Lebensverhältnisse bald größer, bald kleiner ist. Es gibt in der Tat fast kein Lebensverhältnis, welches zu jeder Zeit und an jedem Ort ein Rechtsverhältnis, rechtlich geordnet, ist; ist doch bei einzelnen Völkern der Elternmord unter gewissen Umständen nicht verboten und nicht strafbar und (was keineswegs selbstverständlich ist,) auch nicht geboten. Leider verändert sich der Kreis der zu Rechtsverhältnissen erhobenen Lebensverhältnisse manchmal schneller als wünschenswert.

b) Noch mehr ändert sich freilich und bedauerlicherweise manchmal auch noch schneller der Inhalt der Rechtsverhältnisse. Darin ist die Rechtsordnung viel unbeständiger als bei der Begrenzung des Kreises der Rechtsverhältnisse. Das ist begreiflich; denn da ist der Tummelplatz für Sozial-, insbesondere für Parteipolitik; ein christlichsoziales Mieterschutzgesetz sieht ganz anders aus als ein sozialdemokratisches, und zur Frage nach der Strafbarkeit des Wuchers standen die Liberalen anders als die Konservativen.

II. Strenges, billiges; zwingendes, nachgiebiges; Auslegungsrecht[1]).

[1]) Ehrenzweig: I/1 59 (für das österreichische Recht); Ehrlich: Das zwingende und das nicht zwingende Recht (für das Deutsche Recht).

Sind die Fragen beantwortet, ob ein Lebensverhältnis rechtlich geordnet werden solle und welchen Inhalt die Rechtssätze haben sollen, so entsteht nun die dritte Frage danach, welche Kraft den einzelnen Rechtssätzen zu verleihen sei? Denn nicht alle bedürfen der gleichen Stärke; das hängt vielmehr von der Wichtigkeit des Lebensverhältnisses ab. Man unterscheidet:

Strenges Recht — Billigkeitsrecht,
Zwingendes — nachgiebiges Recht,
Anordnendes — Auslegungsrecht.

Diese Einteilungen kreuzen einander.

a) Grundsätzlich bindet das Gesetz den Richter, auch den Laienrichter. Abweichen vom Gesetz ist da (auch in Handelssachen) Amtspflichtsverletzung, die unter Umständen sogar Haftpflicht des Staates (Syndikatshaftung) und der Richtenden auslöst. Ausnahmsweise weist aber das Gesetz den Richter selbst an, nach Billigkeit zu entscheiden, z. B. bei der Bemessung des Heiratsgutes, früher auch bei manchen Warenlieferungsverträgen.

b) Zwingendes Recht ist jenes, welches auch gegen den erklärten Willen des oder der Rechtsunterworfenen anzuwenden ist; die Beteiligten können sich diesem Teile der Rechtsordnung auf keine Weise rechtlich wirksam entziehen, selbst nicht durch einen Vertrag (Verbot der Tötung des Einwilligenden, des Duells, des Banditenvertrages, des Wuchers). Jeder zwingende Rechtssatz ist also ein besonders scharfer Eingriff in die Lebenssphäre des einzelnen zugunsten der Allgemeinheit. Darum ist zwar das öffentliche Recht, namentlich das Strafrecht, voll von zwingenden Rechtssätzen, das Privatrecht dagegen (z. B. das bürgerliche, Handels-, Wechsel-, Scheckrecht) verhältnismäßig frei davon. Beispiele zwingender Rechtssätze auf dem Privatrechtsgebiete: §§ 879 (Nichtigkeit von Verträgen), 1278 (Form des Erbschaftskaufes), 1295/2 (illoyale Rechtsausübung), 1336/2 (Mäßigung des Vergütungsbetrages durch den Richter) ÖABGB.; § 2 ÖJournalistenges. vom 11. Februar 1920, StGBl. Nr. 88 (Dienstzettel); Artikel 114 (Vertretungsbefugnis der persönlich haftenden Handelsgesellschafter), 305, 422 (Kontrahierungszwang der Eisenbahnen) ÖHGB.; 248/1 (Zinseszinsen), 2229/2, 2233 (das Testament betreffend) DBGB., § 14 (Registerzwang,) 23 (Firmenveräußerung) DHGB. Doch nehmen auch auf dem Gebiete des Privatrechtes die zwingenden Rechtssätze nicht erst seit den letzten Jahren, sondern schon seit den letzten Jahrzehnten stetig zu (Recht der Privatangestellten, Versicherungsvertragsgesetz, Mieterschutz usw.), da die gesetzgebenden Gewalten in ihnen Schutzmittel der wirtschaftlich schwächeren gegen die stärkeren Bevölkerungsgruppen sehen. Diese Linie der Privatrechtsentwicklung ist im wesentlichen nützlich, wenn sie auch nicht zu oft benützt und nicht zu schnell begangen werden soll.

Nachgiebiges (auch dispositives, ergänzendes) Recht ist jenes, welches Willenslücken der Rechtsunterworfenen, etwa der Vertragsparteien, auszufüllen bestimmt ist. Es wird darum nur dann wirksam, wenn der Beteiligte oder alle Beteiligten nichts oder nichts anderes bestimmt haben. Der Vertrag mit den Usancen geht also dem nachgiebigen Rechte vor; dieses kommt nur zur Anwendung, wenn es etwa am Vertrage fehlt oder wenn dieser Vertrag Lücken, z. B. hinsichtlich der Warenqualität, der Höhe der Verzugszinsen, der Erfüllungszeit, enthält. Während der zwingende Rechtssatz den Verkehr beschränkt, entlastet ihn der nachgiebige Rechtssatz; denn er befreit die Vertragsparteien von der Aufnahme zahlreicher Vorschriften, die zur Geschäftsabwicklung nötig sind und deren Aufnahme in den Vertrag diesen unter Umständen schwerfällig machen würde (siehe § 6 I). Beispiele: §§ 147/1 (Antrag), 242 (Erfüllung der Leistung nach Treu und Glauben), 244 (Valuta), 251 ff. (Maß des Schadenersatzes) DBGB.; §§ 354, 369, 379 DHGB.; Artikel 90/2 (Geschäftsführung bei der offenen Handelsgesellschaft), 313 (Zurückbehaltungsrecht), 317/1 (Vertragsform) ÖHGB.; §§ 905 (Erfüllungsort), 918 (Erfüllungsmängel), 932 (Gewährleistung) ÖABGB.

c) Auslegungsrecht[1]) kommt in Frage, wenn vollständige, aber undeutliche Willenserklärungen vorliegen (es ist z. B. von S schlechthin die Rede). In solchen Fällen soll im Streitfall allerdings zuerst ermittelt werden, welches der wenn auch undeutlich ausgesprochene wahre Parteiwille bei Abgabe der Äußerung war (ob z. B. die Parteien österreichische oder englische Schilling meinten). Darüber hinaus aber greift das Auslegungsrecht ein, indem es bisweilen bestimmt, daß die unklare Willenserklärung von Gesetzes wegen in einer bestimmten Weise verstanden zu werden hat, und zwar ohne Rücksicht darauf, ob diese gesetzliche Auslegung der Meinung oder gar dem Willen der Parteien entspricht; es ist dabei gleichgültig, ob die Partei sich absichtlich oder fahrlässiger- oder zufälligerweise undeutlich ausgedrückt hat. Der Wirkungskreis des Auslegungsrechtes ist klein; denn in der Regel soll man trachten, aus der undeutlichen Erklärung die wahre Willenserklärung zu ermitteln. Aber ausnahmsweise kümmert sich das Gesetz eben nicht um die richtige Auslegung der undeutlichen Erklärung, sondern befiehlt eine bestimmte Auslegung an. So § 1353 ÖABGB., Artikel 278 ÖHGB. (§ 346 DHGB.), Artikel 327 ÖHGB.: „Lautet die Erfüllungszeit auf das Frühjahr.... so entscheidet der Handelsgebrauch des Ortes der Erfüllung.“ Die hieher gehörigen Rechtssätze zwingen nicht und ergänzen weder eine fehlende noch eine lückenhafte, sondern erklären nur von Gesetzes wegen eine undeutliche Willenserklärung.

---

[1]) Danz: Die Auslegung der Rechtsgeschäfte.

Ihr Zweck ist, von den Beteiligten abgegebene Willenserklärungen, insbesondere Verträge, wenn tunlich, nicht an ihrer Undeutlichkeit scheitern zu lassen.

§ 4. Wichtige Rechtsquellen

I. Österreich.

a) Das Allgemeine bürgerliche Gesetzbuch, Patent vom 1. Juni 1811, ein wertvolles Erzeugnis der Aufklärungszeit, das Ergebnis einer fast 60jährigen Arbeit, nicht am wenigsten als ein Muster vortrefflicher Schreibart bekannt. Es erfuhr im Laufe seiner Geltung Ergänzungen und Abänderungen, darunter die bedeutendsten in den Jahren 1914, 1915, 1916 (drei Teilnovellen[1]). Es gilt auch im wesentlichen in der Tschechoslowakei[2]), die allerdings ein einheitliches Gesetzbuch für das ganze Staatsgebiet vorbereitet.

b) Das Allgemeine Handelsgesetzbuch vom 17. Dezember 1862[3]), ausgearbeitet im Auftrage der Deutschen Bundesversammlung, großenteils unter dem Vorsitze des Wiener Handelsgerichtspräsidenten v. Raule und nach und nach in den einzelnen Deutschen Bundesstaaten eingeführt. Es behandelt in den ersten drei Büchern im wesentlichen die Rechtsverhältnisse des Handelsstandes; das vierte Buch handelt von den „Handelsgeschäften" und dessen Wirkung reicht weit über den Handelsstand hinaus, gilt nämlich grundsätzlich stets, wenn der betreffende Vertrag auch nur auf einer Vertragsseite ein Handelsgeschäft ist (wichtig für Detaillisten), Artikel 277 ÖHGB. (dazu die Einteilung der Handelsgeschäfte in den Artikeln 271 bis 274 ÖHGB.; siehe § 40 I). Das ÖHGB. hat manche Abänderungen und viele Ergänzungen erfahren, so: Gesetz vom 9. März 1906, RGBl. Nr. 58, über die Gesellschaften mit beschränkter Haftung; hiezu Ges. vom 20. Oktober 1921, BHBl. Nr. 577; Versicherungsvertragsgesetz vom 28. Dezember 1917, RGBl. Nr. 581; Betriebsrätegesetz vom 15. Mai 1919, StGBl. Nr. 283; Privatangestelltengesetz vom 11. Mai 1921, BGBl. Nr. 292; Eisenbahnverkehrsordnung vom 15. Juni 1921, BGBl. Nr. 320[4]) (eine neue in Vorbereitung); Handelsagentengesetz vom 24. Juni 1921 BGBl., Nr. 348. Von diesen Gesetzen wurden die bis zum Umsturz erlassenen in der Tschechoslowakei in Kraft gelassen[5]).

---

[1]) Gesetzesausgabe und systematische Darstellung der Oberstgerichtlichen Entscheidungen der Staatsdruckerei und von Manz.

[2]) Gesetzesausgabe von Egon Weiß.

[3]) Gesetzesausgaben mit Entscheidungen der Staatsdruckerei und von Manz.

[4]) Gesetzesausgabe zum HGB. mit Entscheidungen der Staatsdruckerei.

[5]) Gesetzesausgabe von Egon Weiß.

c) Wechselordnung vom 25. Jänner 1850, RGBl. Nr. 51. Die Tschechoslowakei bereitet eine neue Wechselordnung vor.

d) Gewerbeordnung, kais. Pat. vom 20. Dezember 1859, RGBl. Nr. 227. Dieses Gesetz (genauer: dieses Patent) hat viele Veränderungen durch Novellen erfahren, in denen sich die Umwandlungen spiegeln, welche seit 1859 in der Beurteilung wirtschaftlicher Vorgänge eingetreten sind[1]).

e) Konkurs-, Ausgleichs- und Anfechtungsordnung, KaisV. vom 10. Dezember 1914, RGBl. Nr. 337[2]) nach längeren Vorarbeiten während des Krieges kundgemacht, durch ein BG. vom 20. Februar 1925, BGB. 87, novelliert[3]). Die Tschechoslowakei bereitet eine neue Ausgl.O. vor.

f) Das Seerecht war in der Österreichischen Monarchie (in den im Reichsrate vertretenen Königreichen und Ländern) nicht kodifiziert. Das vom Seerecht handelnde 5. (jetzt 4.) Buch des Deutschen Handelsgesetzbuches war in Österreich deshalb nicht zum Gesetz erhoben worden, weil es nordisches Seerecht enthielt; zu einer selbständigen Seerechtskodifikation ist es aber nicht gekommen, vielleicht deshalb nicht, weil Österreich sich nicht mit Ungarn einigen konnte. Es galt in Dalmatien das Editto politico di navigazione vom 25. April 1774 und das II. Buch des Codice di commercio in der Fassung von 1811 als Gesetz (beide veraltet), in Triest und in dem Küstenland kraft des Gewohnheitsrechtes (unter dem genannten Editto) das 2. Buch des Codice di commercio und die ordonnance pour la marine, für Seeversicherungsrecht (freilich dem § 10 ÖABGB. entgegen) kraft der Polizzenbedingungen das Deutsche Seeversicherungsrecht (§ 54 II). Die Republik Österreich hat für ihre Handelsschiffe auf Grund des Artikels 225 des Staatsvertrages von St.-Germain-en-Laye und der Vereinbarung vom 21. April 1921, BGBl. 430/24, ein Flaggenrecht und ein Schiffsregister (ÖGes. v. 17. März 1921, BGBl. Nr. 176), Zeichen dafür, daß sie trotz des Mangels einer Meeresküste eines Seerechts bedarf; man wird sich bis zur Übernahme des Deutschen Seerechtes mit jener Rechtslage zu begnügen haben, die in Triest bis zum Kriegsende galt.

II. Deutsches Reich.

a) Das bürgerliche Gesetzbuch für das Deutsche Reich vom 18. August 1896, am 1. Jänner 1900 in Kraft getreten[4]).

---

[1]) Gesetzesausgabe der Staatsdruckerei.

[2]) Gesetzesausgabe der Staatsdruckerei mit Entscheidungen.

[3]) Gilt in der Tschechoslowakei in der Fassung der G. vom 20. Juni 1922, SG. 190, und 26. April 1923, SG. 99. Gesetzesausgabe mit Entscheidungen von Egon Weiß.

[4]) Gesetzesausgabe von Bensheimer. Die Ergänzungen und Nebengesetze von Jäger.

b) Das Handelsgesetzbuch vom 10. Mai 1897, am 1. Jänner 1900 in Kraft getreten; das dritte Buch handelt von den Handelsgeschäften und gilt kraft seines dem Artikel 277 ÖHGB. entsprechenden § 345 weit über den Handelsstand hinaus[1]). Viele Nebengesetze und Verordnungen, so das Versicherungsvertragsgesetz vom 30. Mai 1908, RGBl. S. 263, die Eisenbahnverkehrsordnung vom 23. Dezember 1908, RGBl. S. 93/1909, das Betriebsrätegesetz vom 4. Februar 1920, RGBl. S. 147, das Gesetz, betreffend die Gesellschaften mit beschränkter Haftung vom 20. Mai 1898, RGBl. S. 846.

c) Die Wechselordnung vom 3. Juni 1908, RGBl. S. 127.

d) Die Konkursordnung vom 20. Mai 1898, RGBl. S. 612[2]). Die Vergleichsordnung vom 5. Juli 1927, RGBl. I 139[3]).

e) Das Seerecht ist im letzten (jetzt 4.), mit „Seehandel" überschriebenen Buche des HGB. geregelt.

III. Die romanischen Staaten haben ihr Handelsrecht fast alle mehr oder weniger im Anschluß an den Code de commerce kodifiziert, so Belgien und Luxemburg, übrigens auch die Türkei. Etwas selbständiger sind Spanien, Portugal und die mittel- und südamerikanischen Staaten vorgegangen; noch ein wenig weiter entfernen sich die HGB. der Niederlande und von Rumänien vom Ausgangspunkte.

Italien, die Schweiz, Serbien und Bulgarien haben versucht, in ihrem HGB. zwischen den Grundsätzen des Deutschen HGB. und des code de commerce zu vermitteln.

Die Rechtslage in Rußland ist, obwohl rückläufig, derzeit noch nicht konsolidiert.

§ 5. Das Rechtsgeschäft

I. Das zwingende Recht gebietet und verbietet, ohne sich um Wunsch oder Willen der Beteiligten zu kümmern. Anders das nachgiebige Recht; es beansprucht nur eine aushilfsweise Geltung. Damit ist dem Parteiwillen nicht nur im rechtsleeren Gebiete (§ 1 II), sondern auch im Rahmen der Rechtsordnung Raum zur Herbeiführung von Wirkungen gegeben, die den Wirkungen eines nachgiebigen Rechtssatzes ähnlich sehen und nahe stehen. Vereinbaren die Parteien z. B. den Zinsfuß des Darlehens, so muß dies der Schuldner ebenso respektieren, wie sonst den in Ermanglung einer Parteienvereinbarung geltenden gesetzlichen Zinsfuß des Artikels 281 ÖHGB. Es vermögen die Parteien somit auf dem von nachgiebigen Rechtssätzen besetzten Rechtsgebiete durch ihren Willen solche Rechtswirkungen hervorzubringen wie sonst

---

[1]) Gesetzesausgabe von Bensheimer. Müller-Erzbach: Das Deutsche Handelsrecht.

[2]) Jäger: Grundriß des Konkursrechts.

[3]) Lucas: Kommentar zur Vergleichsordnung.

das Gesetz, und die Rechtsordnung gewährt sogar diesem Parteiwillen in der Regel die gleiche Erzwingbarkeit wie sonst den Rechtssätzen.

Man kann danach sagen: der Beteiligte, die Partei hat rechtschaffende Gewalt auf dem Gebiete des nachgiebigen Rechtes; insoweit ist der Parteiwille eine Rechtsquelle wie das Gesetz. Immerhin besteht ein tiefgreifender Unterschied: Während der Rechtssatz (der zwingende nicht weniger als der nachgiebige) eine allgemein verbindliche Norm ist, vermag der Parteiwille Rechtsfolgen nur für den einzelnen Fall zu bestimmen. So ordnet Artikel 282 ÖHGB. das Maß der kaufmännischen Sorgfalt allgemein mit den Worten: „Wer aus einem Geschäft... einem andern zur Sorgfalt verpflichtet ist, muß die Sorgfalt eines ordentlichen Kaufmannes anwenden;" ein bestimmter Gesellschaftsvertrag regelt es dagegen nur für diese Handelsgesellschaft.

Diese Rechtssatzungen durch den Parteiwillen erscheinen als Rechtsgeschäfte (Vertrag und einseitiges Schuldversprechen).

II. Rechtsgeschäfte[1]) sind Absichtserklärungen auf eine Rechtsänderung; ich erkläre z. B., daß deine Uhr durch Kauf die meine werden solle.

Gedanklich soll jedem Rechtsgeschäft ein Wille zugrunde liegen. Aber die Rechtsordnung kann die Wirkungen des Rechtsgeschäftes z. B. der Miete, nicht an diesen bloß gedachten Willen knüpfen, da er für die Umwelt unerkennbar und darum für den Geschäftsverkehr unbrauchbar ist. Die Rechtsordnung knüpft darum ihre Wirkungen grundsätzlich an die Willenserklärung: hinter ihr tritt regelmäßig der etwa von der Erklärung abweichende Wille zurück; insbesondere sind geheime Vorbehalte (Mentalreservationen) stets bedeutungslos.

Damit eine Erklärung eine Willenserklärung sei, muß sie ernst, deutlich und so bestimmt lauten, daß sie ihre Richtung auf eine konkrete beabsichtigte Rechtsänderung mit Sicherheit erkennen lasse. Was der Schauspieler in seiner Rolle spricht, ist darum ebensowenig eine Willenserklärung als eine Reklametafel oder als etwa die Äußerung eines Geschäftsherrn an den Angestellten: „Sie werden mit mir zufrieden sein." Ob eine Erklärung diesen Erfordernissen an eine Willenserklärung, namentlich jenen der Deutlichkeit und Bestimmtheit, entspricht, das ist durch Auslegung zu ermitteln; diese hat sich dabei auf die anständige Verkehrssitte zu stützen. Über die einzelnen Auslegungsregeln siehe §§ 655, 914, 915 ÖABGB.; Artikel 278, 279 ÖHGB.; §§ 33, 157, 2084 DBGB.; § 346 DHGB.

Willenserklärungen können (aufschiebend oder auflösend) bedingt, das heißt vom Eintritt oder Nichteintritt einer bestimmten Tatsache (z. B. beim Engagement eines Bergführers vom guten Wetter) abhängig

---

[1]) Ehrenzweig: System I/1 201 ff.

gemacht, oder unbedingt sein. Sie können ausdrücklich und stillschweigend abgegeben werden, stillschweigend insbesondere durch einwandfrei schlüssige Handlungen (Annahme der Faktura?); §§ 863, 864 (Ausführung des Vertrages statt einer Annahmeerklärung) ÖABGB.; Artikel 278, 323 ÖHGB.

III. Formen der Rechtsgeschäfte in Österreich: Mündlichkeit, gewöhnliche Schriftform, Schriftform mit der Beglaubigung von Unterschriften, Notariatsakt, eindeutiges oder vom Gesetz eindeutig ausgelegtes Stillschweigen (§ 863 ÖABGB.; Art. 7 [Ehefrau], 278, 323, 333, 347 [Bemängelung] ÖHGB.); doppeldeutiges Stillschweigen bedeutet also rechtlich nichts, weder Annahme nach Ablehnung, das Gesetz verfüge denn anders. Ähnliche Formen, wenn auch nicht völlig die gleichen, stellt das deutsche Recht zur Verfügung.

Für den Abschluß der Rechtsgeschäfte gilt von Gesetzes wegen der Grundsatz der Formfreiheit, § 883 ÖABGB.; Artikel 317 ÖHGB., §§ 12b, 127 DBGB. Gerade deshalb dürfen aber die Parteien die Einhaltung bestimmter Formen als Gültigkeitsbedingung des Rechtsgeschäftes vereinbaren, z. B. daß der Mietvertrag erst durch die Unterfertigung einer Vertragsurkunde von beiden Parteien gültig werde (vgl. § 884 ÖABGB.; §§ 126, 127 DBGB.). Freilich bedeutet nicht jede Vereinbarung einer bestimmten, z. B. der schriftlichen Form eine solche Gültigkeitsbedingung, oft genug nur den Wunsch nach guten Beweismitteln, so bei der Vereinbarung einer schriftlichen Bestätigung des mündlich abgeschlossenen Vertrages.

Das Gesetz macht aber auch selbst Ausnahmen vom Grundsatze der Formfreiheit. So gebietet es bei der Eheschließung die Mündlichkeit in Gegenwart des Trauungsorgans und zweier erbetener Zeugen, bei Wertpapieren die Schriftlichkeit, bei Firmeneintragungen die Beglaubigung der Echtheit der Unterschriften, bei Ehepakten (zu denen das Heiratsgutversprechen der Eltern an die Tochter übrigens nicht gehört) in Österreich den Notariatsakt usw. Diese Ausnahmen sind keineswegs gleichwertig, sondern von verschiedener Tragweite; darum und wegen ihrer Bedeutung für das tägliche Geschäftsleben muß auf diese Wertfrage eingegangen werden.

Die vom Gesetze vorgeschriebenen Formen sind entweder Solennitätsformen (Gültigkeitsbedingungen), oder sie enthalten Ordnungsvorschriften (Lehrlingsvertrag), oder sie dienen lediglich Beweiszwecken vor Gericht. Diese Dreiteilung ist deshalb von Bedeutung, weil die Formvorschriften der einzelnen Rechtssysteme, selbst so nahe verwandter wie der deutschen und österreichischen, oft voneinander abweichen.

Formvorschriften zu Beweiszwecken (§ 13, IV) sind stets nach dem Prozeßrechte des Gerichtsortes zu beurteilen, wo immer das Rechtsgeschäft abgeschlossen wurde; ist das Rechtsgeschäft in Paris abgeschlossen, während der Zivilprozeß darüber in Österreich geführt wird, so entscheidet über die Beweisformen ausschließend das österreichische Recht (vgl. die Zulässigkeit des Zeugenbeweises in Österreich und seine Beschränkung in Frankreich). Anders steht es mit den Solennitätsformen und Formen als Ordnungsvorschriften. Hier sind die Formvorschriften des Ortes anzuwenden, an dem das Rechtsgeschäft abgeschlossen worden ist; es gilt also dann und nur dann in Österreich als formrichtig abgeschlossen, wenn es den Formvorschriften des Abschlußortes gemäß ist, mögen diese auch von den österreichischen abweichen. Nur dann, wenn es sich um ein dingliches Recht an einem in Österreich liegenden unbeweglichen Gut (etwa um den Eigentums- oder Hypothekarerwerb an einem Hause) handelt, müssen auch die Solennitätsformen des österreichischen Rechtes beobachtet werden, mag auch das Rechtsgeschäft im Ausland abgeschlossen werden.

IV. Gültige Rechtsgeschäfte sind grundsätzlich (Ausnahmen unter anderem unter § 10 II bis VII) zu erfüllen, wie sie abgeschlossen worden sind (§ 1412 ÖABGB; § 362 DBGB.).

Nichtige Rechtsgeschäfte werden dagegen der Regel nach (ohne Klage) so behandelt, als wären sie nicht abgeschlossen worden; sie brauchen und dürfen darum nicht erfüllt werden, und das zur Erfüllung Geleistete ist grundsätzlich zurückzustellen (§ 879 ÖABGB.; §§ 122, 138 DBGB., eine Ausnahme im § 1174 ÖABGB.). Nichtig sind Rechtsgeschäfte, die a) gegen ein gesetzliches Verbot oder b) gegen die guten Sitten verstoßen, also gegen das, was unter durchschnittlich denkenden, anständigen Menschen der beteiligten Gruppe auch ohne gesetzliches Verbot als unzulässig gilt. Beispiele: Das Versprechen des Ehemaklerlohnes; der Verkauf eines Bauerngutes, dem die Grundverkehrskommission die Zustimmung versagt (§ 1 Ges. vom 13. Dezember 1919, StGBl. Nr. 583); der Wucher; der Banditenvertrag. Die Nichtigkeit erfaßt in der Regel das ganze Rechtsgeschäft, auch wenn dieses neben den nichtigen gültige Teile enthält, etwa neben dem wucherischen Versprechen bedenkenfreie Kaufverträge. Nur wenn man annehmen kann, daß das Rechtsgeschäft auch ohne den nichtigen Teil abgeschlossen worden wäre, bleibt der gültige trotz des nichtigen Teiles bestehen. Ein Agentenengagementsvertrag mit einer verbotenen Konkurrenzklausel wird darum je nach der Sachlage gültig bleiben oder mit dieser Klausel nichtig sein (§ 878/2 ÖABGB.; § 139 DBGB.); die Klausel ist auf jeden Fall nichtig.

Anfechtbare Rechtsgeschäfte sind gültig bis zur erfolgreichen Anfechtung vor Gericht; erst durch das Gerichtsurteil verlieren sie (rückwirkend) die Gültigkeit und stehen nun den nichtigen Rechtsgeschäften gleich. Die Tatbestände, auf die (unter Umständen) die

Anfechtung gestützt werden darf, sind ungerechter[1]) Zwang, Bedrohung, List, Irreführung, offenbarer Irrtum[2]) (§§ 870 bis 876 ÖABGB.; §§ 119, 123 DBGB.); doch geben sie nicht immer zur Anfechtung, bisweilen nur zu Ersatzansprüchen die Grundlage. Es gilt nämlich (in Österreich und in der Tschechoslowakei, die deutsche Regelung weicht ab) folgendes:

a) Wer zwingt, droht, betrügt, in Irrtum führt oder führen läßt oder des Vertragsgegners Irrtum erkennt oder offenbar erkennen mußte, der muß beim Vertrage bleiben und abwarten, was sein Vertragsgegner tut. b) Wer gezwungen oder bedroht ist, der hat die Wahl, den Vertrag als gültig zu behandeln oder ihn anzufechten. c) Anders steht es beim Irrenden einschließlich des Überlisteten. Dieser hat die Wahl zwischen Gültigkeit und Anfechtung, jedoch nur dann, wenn der Irrtum die Hauptsache (Leistung oder Person) des Vertrages betrifft oder doch, was die Parteien dafür erklären (je nachdem: ein Pferd, einen Hengst, einen Rappenhengst), und wenn der Irrtum durch den Gegner direkt oder indirekt (Agenten!) veranlaßt wurde, oder wenn er diesem Gegner „offenbar auffallen mußte oder noch rechtzeitig aufgeklärt wurde" (§ 871 ÖABGB.). Betrifft aber der Irrtum nur einen Nebenpunkt des Vertrages, so hat der Irrende kein Anfechtungsrecht, sondern muß beim Vertrage bleiben und darf nur „von dem Urheber des Irrtums angemessene Vergütung" fordern (§ 872 ÖABGB.).

Die Verjährungsfrist für die Anfechtungsklage beträgt drei Jahre, handelt es sich um eine List, dreißig Jahre (§ 1487 ÖABGB., auch hier weichen die §§ 121, 124 DBGB. wesentlich ab), und zwar ohne Rücksicht darauf, wann der Anspruch auf die Vertragserfüllung verjähren würde.

V. „Anfechtbare Rechtshandlungen" in einem von dem eben dargestellten verschiedenen Sinne gibt es noch nach der Anfechtungs-, Konkurs- und Ausgleichsordnung; siehe §§ 22, 23.

§ 6. Der Vertrag

I. Verträge sind zwei- oder mehrseitige Rechtsgeschäfte.

Der Vertrag besteht aus übereinstimmenden Willenserklärungen der Vertragsparteien über Leistungen, die eine oder jede von ihnen machen soll. In der Regel soll die Leistung dann an eine Vertragspartei gemacht werden; doch gibt es auch Verträge zugunsten Dritter, z. B. Ablebensversicherungsverträge (§ 54 IV).

Einseitige, zweiseitige, gegenseitige Verträge.

Der Vertragsinhalt besteht aus a) notwendigen, b) regelmäßigen und c) zufälligen Bestandteilen; beim Kaufvertrag sind Ware und Preis

[1]) Zwang zur Befolgung staatlicher Befehle ist kein ungerechter, rechtfertigt daher Anfechtung nicht; OGH. vom 31. Oktober 1922, SZ. IV/110.

[2]) Über Besonderheiten beim Versicherungsvertrage s. § 54, IV.

notwendige, die Festsetzung des Erfüllungsortes und der Erfüllungszeit regelmäßige Bestandteile, jene einer Bedingung ein zufälliger. Diese Dreiteilung der Vertragsbestandteile ist bedeutsam. Zwar nicht für die abgegebenen Willenserklärungen; die müssen stets miteinander übereinstimmen, wenn es zum Vertrage kommen soll, also auch dann, wenn es sich um unwesentliche Punkte (z. B. beim Kaufvertrag um die Erfüllungszeit) handelt: der kleinste ausgesprochene Willensunterschied hindert den Vertrag. Anders bei nicht abgegebenen Willenserklärungen; da ist die obgenannte Dreiteilung von folgender Bedeutung:

Ad a) Fehlt die Vereinbarung über einen wesentlichen Vertragsbestandteil (z. B. über den Preis und den Kaufgegenstand beim Kaufvertrag), so ist (noch) kein Vertrag zustande gekommen. Ad b) Fehlt die Vereinbarung rücksichtlich regelmäßiger Vertragsbestandteile (z. B. über die Erfüllungszeit oder über den Lohn beim Dienstvertrag), so treten die nachgiebigen Rechtssätze ein; dazu sind sie hauptsächlich da. Ad c) Besteht keine Vereinbarung rücksichtlich zufälliger Vertragsbestandteile, so fallen diese Bestandteile fort.

So entlastet die Rechtsordnung (siehe auch § 3 II) nach Erfordernis den Inhalt der einzelnen Verträge, die Parteien können sich auf die Vereinbarung der wesentlichen Vertragsbestandteile beschränken.

II. Man darf übrigens bei der Betrachtung eines einzelnen Vertrages nicht vorschnell dessen Lückenhaftigkeit annehmen. Eine solche Annahme trifft freilich wiederholt zu. Aber daneben stehen Fälle, in denen die Parteien nur deshalb nichts aussprechen, weil ihnen selbstverständlich ist, was zwischen ihnen gelten soll. Es handelt sich dabei um Vertragsbestimmungen, die so lange bei Vertragsabschlüssen wiederholt werden, bis es dessen nicht mehr bedarf. Solche selbstverständlich gewordene und darum nicht mehr ausgesprochene Vertragsbestimmungen sind infolge der steten Übung zum Brauch, im Handelsverkehr zum Handelsbrauche, zur Usance geworden. Da sind dann keine Vertragslücken vorhanden; die Usance ergänzt nicht den Vertrag, sondern nur dessen Worte.

Das trifft freilich nur in dem Maße zu, als die Usance wirklich ein Brauch ist, also nur für die Brancheangehörigen. In dieser Beschränkung auf die Informierten ist jedoch die Usance (ebenso wie das nachgiebige Recht) ein Mittel zur Entlastung des Inhaltes der einzelnen Verträge.

Rangordnung: Zwingendes Recht, Vertrag, Usance, nachgiebiges Recht.

Beispiele: Artikel 279, 326, 327/1, 339/2, 370/1, 385/2 ÖHGB.; §§ 346, 359, 394 DHGB.

2*

III. Die Entlastungstendenz der Usancen verstärkt sich bei den Börsenusancen[1]). Die Börsegeschäfte (§ 40 IX) bedürfen wegen der Massenhaftigkeit der Vertragsabschlüsse solcher Entlastungen ganz besonders; da spielen denn die Usancen eine große Rolle, vereinfachen den Geschäftsabschluß bedeutend. Das gewinnt nun auch eine erhebliche Bedeutung für die Geschäftsabwicklung, Vertragserfüllung. Die Vertragsabschlüsse haben nämlich infolge der umfassenden Ausdehnung der Börsenusancen einen typischen Inhalt und dieser erleichtert wieder die Geschäftsabwicklung (statt durch effektive Erfüllung) durch Ab- und Aufrechnung, so daß nur die Reste der Verträge effektiv erfüllt zu werden brauchen. So kam es nicht nur zum Differenzgeschäft[2]), sondern auch zum Terminhandel; ohne die Börsenusancen wäre keines von beiden möglich.

Die Agrarier betrachteten diesen Terminhandel mißfällig und setzten zuerst die Abhaltung einer sehr wertvollen Enquete, dann, gegen den Wunsch der wenn schon konservativen Regierung, die Erlassung des ÖGes. vom 4. Januar 1903, RGBl. Nr. 10, durch, welches die „börsenmäßigen Termingeschäfte in Getreide- und Mühlenfabrikaten" verbot, für ungültig und deren gewerbemäßigen Betrieb für strafbar erklärte (§ 40 VIII). Infolgedessen mußte dieses Terminhandelsgesetz die Börsenusancen der Börsen für landwirtschaftliche Produkte reformieren. Sie dürfen sich nun nicht mehr frei bilden; auch die Börsenleitung darf sie nicht mehr nach Ermessen formulieren und den Börsebesuchern vorschlagen. Vielmehr bedürfen solche Usancen nunmehr der Genehmigung der Regierung; diese darf die erteilte Genehmigung auch widerrufen, wenngleich die Usancen nicht ändern. So stellt sich zwar diese Art der Börsenusancen nicht gerade als eine Verordnung dar (§ 2 II b), steht ihr aber nahe.

Der wirtschaftliche Nutzen des Terminhandelsgesetzes war schon vor dem Kriege recht zweifelhaft.

IV. Die Willenserklärungen des Vertrages (§ 5 II) heißen Antrag und Annahme.

a) Der Vertrag bindet beide Parteien, der Antrag bindet nur den Antragsteller. Darum ist es wichtig, Erklärungen, die Anträge sind, von solchen zu unterscheiden, die es nicht und die daher unverbindlich sind.

Der Antrag (§ 861 ÖABGB.; § 145 DBGB.) ist eine Aufforderung zum Abschluß eines Vertrages bestimmten Inhaltes, gerichtet an einen oder mehrere bestimmte Adressaten; der Antragsteller will vertragsmäßig gebunden sein, wenn der Adressat so wie beantragt annimmt.

---

[1]) Pisko: Lehrbuch 21 ff.

[2]) Übersicht über die österreichische Rechtsprechung in der Gesetzesausgabe der Staatsdruckerei des HGB., S. 399 bis 404.

Daher sind keine Anträge: Inserate, Fahrpläne, „freibleibende" (sogenannte) Anträge, Preislisten. Auch die Speisekarten sind keine Anträge, wenn sich auch der Wirt durch die Überschreitung der gemäß § 52 ÖGewO. ersichtlich gemachten Preise gewerbepolizeilich verantwortlich macht.

1. Die Dauer der Bindung des Antragstellers setzt grundsätzlich dieser fest („ich bleibe eine Woche im Wort"). 2. Oft unterbleibt dies. Nachgiebiges Recht tritt dann ein: mündliche (auch telephonische) Anträge binden nur bis zur sofortigen Annahme, schriftliche so lange, als eine in geschäftsüblicher Zeit abgesendete Antwort normalerweise braucht, um einzutreffen, §§ 862, 862a ÖABGB.; Artikel 318, 319 ÖHGB.; §§ 146 bis 149 DBGB.; die hier genannten Fristen sind durch einen nachgiebigen Rechtssatz bei der Aktiensubskription verlängert (§ 20 IV). 3. Zwingend ist der Versicherungsnehmer an seinen Antrag durch vierzehn Tage und, wenn eine ärztliche Untersuchung nötig ist, durch einen Monat gebunden, § 1 ÖVGG. (§ 54 IV).

Mit dem Ablaufe der Annahmefrist ist der Antragsteller seiner Bindung ledig; doch besteht im Falle des Artikels 319/2 ÖHGB., § 149 DBGB. (rechtzeitige Absendung, verspätetes Einlangen der Annahmeerklärung) seine Äußerungspflicht gegen den Annehmenden, widrigens der Vertrag trotz der Verspätung der Annahme zustande gekommen ist.

Der Tod des Antragstellers, seine Entmündigung, die Einleitung des gerichtlichen Ausgleichsverfahrens bringen den Antrag nicht zum Erlöschen, es ergebe sich dies denn aus dem Antrag oder aus der Natur der Sache (z. B. beim Antrag auf persönliche Dienstleistungen). Die Konkurseröffnung behebt die vermögensrechtlichen Anträge des Gemeinschuldners.

Der Antrags-Widerruf ist nur wirksam, wenn er spätestens gleichzeitig mit dem Antrage beim Adressaten eintrifft.

b) Die Annahme-Erklärung muß den Antrag völlig decken, in Haupt- und Nebenpunkten; sonst ist sie eine Ablehnung, verbunden mit einem Antrag des Adressaten; der erste Antragsteller ist frei. Die Annahme-Erklärung muß auch rechtzeitig eintreffen (IV a), um wirksam zu sein; Artikel 318, 322 ÖHGB.; § 864 ÖABGB.; §§ 147, 149 DBGB.

Ausnahmen: 1. Beim Versicherungsvertrag gelten Abänderungen des Antrages in der Polizze als vom Versicherungsnehmer genehmigt, wenn dieser auf die Abänderung und auf sein Widerspruchsrecht dawider besonders schriftlich aufmerksam gemacht worden ist und wenn er nun nicht binnen Monatsfrist Widerspruch erhebt (§ 2 ÖVVG.); siehe § 54 IV; 2. bei der Aktiensubskription muß sich der Subskribent die Zuteilung von weniger als der subskribierten Zahl Aktien gefallen lassen; § 20 IV; 3. über die verspätet einlangende, aber rechtzeitig abgesendete Annahme, siehe oben a).

Der Widerruf der Annahme-Erklärung wirkt nur dann, wenn er spätestens gleichzeitig mit der Annahme beim Antragsteller eintrifft.

V. Die Vertragsleistung muß deutlich, bestimmt (§ 5 II), möglich und erlaubt sein.

a) Was rechtlich (z. B. infolge behördlicher Beschlagnahme oder eines Ausfuhrverbotes[1]) oder physisch unmöglich ist, das kann nicht wirksam versprochen werden. Der Vertrag ist nichtig, und zwar der Regel nach der ganze Vertrag. Ist Mögliches und Unmögliches im selben Vertrage versprochen, so ist doch der ganze Vertrag hinfällig, es sei denn, die Parteienabsicht ergebe es anders (siehe § 5 IV). Es ist für die Nichtigkeit gleichgültig, ob die Vertragsparteien von der Unmöglichkeit wußten oder auch nur wissen konnten; die Leistung wird nicht dadurch möglich, daß der Versprechende sie dafür hält[2]), § 878 ÖABGB.; §§ 265, 280, 305 DBGB.

Die Unerschwinglichkeit der Leistung liegt (nur!) dann vor, wenn die Erfüllung den Bestand des Unternehmens des Schuldners bedroht; bloße Preissteigerung genügt nicht, bei Geldschulden auch kein Währungssturz[3]). Ist sie verschuldet (der Schuldner hat die Ware auch einem anderen verkauft oder er konnte die Situation erkennen), so muß erfüllt werden, sei es auch mit großen Opfern. Ist die Unerschwinglichkeit (etwa bei Sachleistungen aus Anlaß einer Geldentwertung) eine unverschuldete und ist sie durch die Veränderungen der Wirtschaftslage seit dem Krieg entstanden, dann steht sie der Unmöglichkeit der Vertragsleistung gleich und enthebt von der Erfüllung; das Vertragsverhältnis endet. Zur einseitigen Vertragsänderung berechtigt selbst eine solche Unerschwinglichkeit weder die Partei noch das Gericht[4]). Eine Vertragsänderung gegen eine der Parteien ist ausnahmsweise durch Gesetz für zulässig erklärt, z. B. wegen Erhöhung ihrer Regiekosten durch die Ö. Vollz. A. vom 6. Dezember 1919, StGBl. Nr. 551; vom 3. Mai 1920, St.GBl. Nr. 207, und vom 15. Dezember 1919, StGBl. Nr. 554, und durch die Vdg. vom 27. Dezember 1921, BGBl. Nr. 753, den Gas- und Elektrizitätswerken und den Versicherungsanstalten zugestanden.

b) Jede Vertragsleistung ist auf dem Gebiete des Privatrechtes erlaubt, die das Gesetz nicht verbietet oder ausscheidet und die nicht gegen die guten Sitten verstößt.

---

[1]) OGH. vom 1. Mai 1917, Zbl. 35/289.

[2]) Über die nachträglich eintretende Unmöglichkeit s. § 11 IV.

[3]) OGH. vom 28. Juni 1921, Rechtspr. 1921, Nr. 5/6.

[4]) Anders das Deutsche Reichsgericht im Urteil vom 22. September 1920, Entscheidungen in Zivilsachen, Bd. 100, S. 13 ff.

Verbotene Leistungen sind unter anderem: Wucher (§ 879, Z. 4 ÖABGB.; Ausbeutung der ungünstigen Geistes- oder Gemütsverfassung des Vertragsgegners zur Zusicherung oder Gewährung von im „auffallenden Mißverhältnisse" zur Leistung stehenden Gegenleistungen); börsenmäßige Termingeschäfte in Getreide- und Mühlenfabrikaten, siehe § 40 IX; Verträge über den Nachlaß eines Lebenden, § 1278 ÖABGB.; § 312 DBGB.; Sonderbegünstigungen eines Konkursgläubigers 3. Klasse beim ö. Zwangsausgleich, siehe § 22 VIII. Die bisher genannten Verbotsfälle führen zur Nichtigkeit des Geschäftes. Bisweilen sind die Rechtswirkungen verbotener Leistungen milder, führen nur zur Unklagbarkeit, so bei Darlehen zum verbotenen Spiele, § 1174 ÖABGB.

Gute Sitten (§ 5 IV) sind solche, wie die durchschnittlich denkenden anständigen Menschen der jeweils in Frage stehenden Gruppe (z. B. der Großhändler, Bauern), auch ohne Rücksicht auf Rechtssätze sie üben. Mit der gesellschaftlichen Stellung einer Person haben sie wenig, mit Sittlichkeit oder Moral nichts zu tun. In der Regel widerspricht das durch Rechtssatz Verbotene auch den guten Sitten; doch ist der Kreis, den die guten Sitten begrenzen, bald größer, bald kleiner als jener, den die Rechtssätze erfüllen.

Aus den Rechtsverhältnissen ausgeschieden sind gar viele Lebensverhältnisse (§ 1 II), so z. B. die Preiskartelle, sie sind „ohne rechtliche Wirkung"; ÖGes. vom 7. April 1870, RGBl. Nr. 43 (siehe unten § 21 VII); die Vereinbarung zu einem Spaziergang.

VI. Jede Vertragsleistung hat einen Erfüllungsort, eine Erfüllungszeit, eine Erfüllungsart. Das ist notwendig, soll man an eine bestimmte Vertragsleistung denken können. Man kann nicht versprechen, ein Pferd zu übergeben, ohne gleichzeitig irgendwie im Auge zu haben, wo, wann und wie dies zu geschehen habe. Die Regelung dieser Vertragsbestimmungen erfolgt nur ausnahmsweise durch einen zwingenden Rechtssatz, in der Regel durch Parteienvereinbarung einschließlich der Usancen, in deren Ermanglung durch nachgiebige Rechtssätze.

a) Die Bestimmung des Erfüllungsortes ist bei unbeweglichen Sachen durch deren Lage und des Grundbuchsgerichtes Sitz bestimmt. Bei beweglichen Sachen einschließlich aller vertragsmäßigen Forderungen (Hypothekarforderungen) bestimmt die Parteienvereinbarung den Erfüllungsort. In Ermanglung eines solchen treten nachgiebige Rechtssätze, getrennt für Geld- und Sachleistungen, ein; diese sind Hol-, jene Bringschulden, mit Ausnahme der Geldschulden aus Inhaber- und indossablen Papieren, Art. 324, 325 ÖHGB.; § 905, 1420 ÖABGB.; §§ 269, 270 DBGB. Ein zwingender Rechtssatz gilt nur nach § 24 ÖVVG für das Prämieninkasso, wenn es der (nicht durch Vertrag hiezu verpflichtete) Versicherer dreimal nacheinander beim Versicherungsnehmer hat vornehmen lassen; die Bringschuld wird dadurch zur Holschuld.

Bedeutung des Erfüllungsortes für manche Teile der Erfüllungsart (Maß, Gewicht, Währung: Valutaschulden, „effektive" Valutaschulden), Artikel 336 ÖHGB.; § 361 DHGB. Ferner für die Ermittlung des „gemeinen Handelswertes" bei Ersatzansprüchen wegen Frachtguts-Verlust, -Minderung oder -Beschädigung gegen die Eisenbahn, § 88 EVO.; Artikel 34 I. Ü. (Absendeort, Erfüllungsort; siehe unten bei c) Anmerkung[1]).

b) Die Erfüllungszeit ist bisweilen durch zwingende Rechtssätze geregelt: Betagte Konkursforderungen werden durch die Konkurseröffnung fällig, § 14 ÖKO.; Simultanhypothekarforderungen durch die Versteigerung, § 222 ÖEO.; der Aufgabetag der Versicherungsprämie zur Post gilt als der Tag der geleisteten Zahlung, § 25 ÖVVG.

In der Regel wird jedoch die Erfüllungszeit durch die Parteienvereinbarung bestimmt (siehe § 40 VIII). Die Parteien setzen auch fest, ob sie ein Fix- oder Nichtfixgeschäft schließen, das heißt, ob die Erfüllungszeit als eine bloße Zeitbestimmung oder ob sie als Vertragsbedingung gelten solle (wichtig beim Dienstvertrag, § 36 VI, beim Werk- und beim Kaufvertrag, § 40 VIII). Ferner bestimmen die Parteien, ob die Fristbestimmung zugunsten des Gläubigers, des Schuldners oder beider gelten solle (Art. 334 ÖHGB.; anders § 1413 ÖABGB.); ist sie zugunsten des Schuldners erfolgt, so darf dieser vorzeitig zahlen, freilich ohne dafür Zwischenzinsen abrechnen zu dürfen (der Schneider darf den bestellten Anzug vor dem vereinbarten Ablieferungstermin liefern). Kaufmännische Formeln für die Bestimmung der Erfüllungsfrist: Zahlung per Kassa, Zahlung per Kassa gegen 2% Skonto; Zahlung per prompte Kassa.

Häufig unterbleiben Vereinbarungen hinsichtlich der Erfüllungszeit (nur) deshalb, weil Usancen diesbezüglich bestehen. Nicht selten ist es auch, daß Parteienvereinbarungen undeutlich sind; Auslegungsrecht[1]) (§ 3 II) tritt da bisweilen ein: „Erfüllung nach Möglichkeit und Tunlichkeit" (§ 904 ÖABGB., Fristsetzung durch den Richter); „Frühjahr", Artikel 327 ÖHGB.; § 359 DHGB.

Erst wenn alle diese Behelfe zur Bestimmung der Erfüllungszeit versagen, tritt das nachgiebige Recht ein. Dessen Grundregeln sind: Die Erfüllung kann „zu jeder Zeit gefordert und geleistet werden", Artikel 326 ÖHGB.; Fristverlängerungen beginnen nicht schon von ihrer Bewilligung, sondern vom Ablauf der ursprünglichen Frist, Artikel 333 ÖHGB.; fällt die Erfüllungszeit auf einen Sonntag oder allgemeinen Feiertag, so verschiebt sie sich auf den nächsten Werktag, Artikel 329

[1]) Danz: Auslegung der Rechtsgeschäfte.

ÖHGB.; „die Erfüllung muß an dem Erfüllungstage während der gewöhnlichen Geschäftszeit geleistet und angenommen werden“, Artikel 332 ÖHGB. Ähnlich §§ 903, 904 ÖABGB.; § 271 DBGB.; § 358 DHGB.

Diese ganze Regelung der Erfüllungszeit wird nun durch die Stundungen (Moratorien) durchbrochen. Darunter kann man freilich auch Verlängerungen der Erfüllungsfristen durch Parteienvereinbarungen (Prolongationen) verstehen, wie sie etwa die Gläubiger eines zahlungsunfähigen Schuldners diesem gewähren. Nicht an diese Stundungen ist hier gedacht, sondern an solche kraft Gesetzes oder Richterspruches. Diese letztgenannten Stundungen sind häufige Begleiterscheinungen großer Wirtschaftskrisen; so hat sie denn auch der Weltkrieg überall hervorgerufen.

Die gesetzlichen Stundungen verlängern die Erfüllungsfristen für ganze Gruppen von Schuldnern derart, daß diese zwar zahlen, daß die Gläubiger aber die Zahlung vor dem Ablaufe der Stundungsfrist nicht fordern dürfen; die Stundung tritt automatisch ein. Derzeit besteht eine solche gesetzliche Stundung in Österreich nur noch für im Inland in der Valuta eines früheren Feindesstaates zu erfüllende Verbindlichkeiten[1]), die vor dem 10. September 1919 eingegangen worden sind; sie sind in zehn Halbjahrsraten zu tilgen (§ 47 ÖGes. v. 16. Juli 1921, BGBl. Nr. 303).

Daneben bestand bis 31. Dezember 1922 noch für privatrechtliche Vorkriegsschulden in Geld die Einrichtung der richterlichen Stundung (VA. v. 20. Juni 1919, StGBl. Nr. 322; VA. v. 13. Dezember 1921, BGBl. Nr. 692). Diese trat nicht automatisch ein, wurde auch nicht von Amts wegen verfügt, traf immer nur einen einzelnen Schuldner und eine einzelne Schuld. Diese Stundung wurde dem Schuldner nur auf dessen Antrag (vor dem oder in dem Zivilprozesse) für bestimmte einzelne Schulden mit Rücksicht auf des Schuldners Wirtschaftslage vom Richter gewährt, und zwar nur dann, wenn der Gläubiger hiedurch keinen unverhältnismäßigen Nachteil erlitt.

c) Die Erfüllungsart umfaßt verschiedenes: Maß, Gewicht, Verpackungs-, Versendungsart, Währung; manche Teile der Arbeitsordnung im Fabriksbetrieb, der Theaterordnung; die Beschaffenheit der Ware usw.

Manche zwingende Vorschriften greifen ein. Beispiele: Der Schuldner darf die Erfüllungsart (zwar seinem billigen Ermessen, § 315 DBGB., aber) nicht seiner Willkür vorbehalten. Der Schuldner darf nicht vertragsmäßig die Haftung für die Folgen seiner bösen Absicht und (streitig) seiner auffallenden Sorglosigkeit ablehnen (§§ 1294, 1324

[1]) Jene ausgenommen, die dem Staatsvertrage von St.-Germain-en-Laye unterliegen.

ÖABGB.; § 95 EVO.; anders § 276 DBGB.). Fabriken müssen eine von der Gewerbebehörde vidierte (§ 88a ÖGewO.) Arbeitsordnung haben, sichtbar im Arbeitsraum anschlagen und jedem gewerblichen Hilfsarbeiter übergeben.

Der Regel nach entscheidet jedoch über die Erfüllungsart die Parteienvereinbarung und mit ihr der Handelsbrauch, z. B. über die Art der Verpackung. Fehlt es daran, so treten die nachgiebigen Rechtssätze ein; Artikel 335 („Handelsgut mittlerer Art und Güte"), Artikel 336 (Maß und Gewicht des Erfüllungsortes) ÖHGB.; § 244 DBGB.; §§ 360, 361 DHGB. Unter ihnen nehmen die Regeln über die Währung derzeit mit Rücksicht auf die großen Valutadifferenzen eine viel hervorragendere Stelle ein als früher. Es gilt da mangels Vereinbarung folgendes:

Ist die Zahlung in einer Währung oder Münzsorte als „effektive" vereinbart, so ist der Schuldner verpflichtet, in dieser Währung oder Münzsorte zu zahlen. Ist die Forderung eine solche in ausländischer Währung oder Münzsorte, ohne daß jedoch die Effektivzahlung vereinbart wäre, dann darf der Gläubiger nur in ausländischer Währung fordern; der Schuldner aber hat nach Handelsrecht, in Deutschland auch nach bürgerlichem Recht, die Wahl, ob er in der ausländischen oder in der österreichischen (tschechoslowakischen) Währung nach dem Kurse des Zahlungstages zahlen wolle[1]): Wer 1000 Franken zu fordern hat, darf also nur 1000 Franken einfordern und einklagen; der Schuldner darf aber statt dessen so viel österreichische Schilling zahlen, daß der Gläubiger sich dafür 1000 Franken sofort kaufen kann[2]) (Art. 336/2 ÖHGB.; § 244 DBGB.; anders § 1413 ÖABGB.).

d) Über die Personen der Gläubiger und Schuldner siehe § 11 I.

VII. Über die Vertragsformen siehe § 5 III.

§ 7. Das einseitige Schuldversprechen

I. Die Vertragsparteien suchen einander aus: der Verkäufer verkauft einem bestimmten Käufer. Anders steht es mit jener Art der Rechtsgeschäfte, die man als einseitige Schuldversprechen bezeichnet. Da verspricht der Schuldner die Leistung keiner individuell

---

[1]) Pollak in Österr. Ztschr. für öffentliche und private Versicherung, 18 ff.

[2]) Diese Regeln finden keine Anwendung auf die Ersatzansprüche gegen Eisenbahnen aus dem Gutsverluste, der Gutsminderung und -Beschädigung. Zwar entscheidet hier gemäß § 88 EVO. und Art. 34 I. Ü. der gemeine Handelswert des Absendeortes über die Höhe des Ersatzanspruches. Aber dieser selbst ist kein solcher in der Währung, in welcher dieser Handelswert ermittelt wurde, sondern entsteht in der Währung des Erfüllungsortes: daher Umrechnung nach dem Kurse des Absendetages (streitig, aber ständige Rechtsprechung in Österreich).

bestimmten, sondern nur einer bestimmbaren Person, und deren Zustimmung zur Übernahme der Gläubigerstellung wird nicht gefordert und ist grundsätzlich gleichgültig: Wer einen Wechsel akzeptiert, verspricht die Zahlung jeder beliebigen Person, die als legitimierter Indossatar ihm den Wechsel zur Zahlungszeit zur Einlösung präsentieren wird.

Die einseitigen Schuldversprechen sind entweder Wertpapiere oder Auslobungen.

II. Die Wertpapiere[1]) sind stets und notwendigerweise Urkunden. Ihre charakteristischen Sätze sind: Die Urkunde muß die Verpflichtung des Schuldners aussprechen und seine Unterschrift tragen und es darf (wenigstens der Regel nach, siehe unten II 2 d; siehe auch § 51 V) nur derjenige die Honorierung der Unterschrift fordern, der das Papier innehat und vorweist (präsentiert); zahlt der Schuldner ohne die Zurückgabe des Papiers, so läuft er darum die Gefahr, nochmals zahlen, nämlich das Papier trotz der schon geleisteten Zahlung einlösen zu müssen. Man darf diese Sätze freilich nicht übertreiben; nicht jeder, der das Papier hat, ist Gläubiger und forderungsberechtigt; so nicht der Wechselinhaber, der nicht als Remittent oder nach Art. 36 ÖWO., § 36 DWO. als Indossatar legitimiert ist, so nicht der Inhaber des Gepäckscheines, den er gefunden hat. Aber wer das Papier nicht hat, der ist kein Gläubiger (Ausnahme bei den Legitimationspapieren).

1. Das Wertpapier kann auf dem ordnungsgemäßen rechtsgeschäftlichen Weg in die Hand eines neuen Gläubigers kommen, etwa der Wechsel durch die Übergabe des indossierten Papieres, die Aktie durch Vererbung. Dann ist das bisherige Gläubigerrecht erloschen, ein neues entstanden. Das Papier kann aber auch dem Gläubiger „abhanden" kommen, etwa durch Brand, Diebstahl, Verlust; da ist kein neuer Gläubiger da und soll kein solcher da sein; aber der Berechtigte vermag mangels der Urkunde sein Wertpapierrecht nicht auszuüben. Gerade für solche Fälle ergibt sich im Verkehr das Bedürfnis nach einem Urkundenersatz, der dem Gläubiger die Ausübung der Rechte aus dem abhanden gekommenen Wertpapier ermöglichen soll.

Diesem Bedürfnisse trägt das Verfahren zur Kraftloserklärung (Amortisation) von Urkunden Rechnung (KaisV. vom 31. August 1915, RGBl. Nr. 257; §§ 946 ff., 1003 ff DZPO.). Die Voraussetzungen dafür sind: Das Wertpapier ist abhanden gekommen; der Schuldner hat es nicht wann immer (auch nach dem Verlust) eingelöst; es meldet sich im Verfahren kein neuer Papiergläubiger, gleichgültig, wie immer er das Papier erworben hat. Fehlt auch nur eine dieser Voraussetzungen, so gibt es keine Kraftloserklärung des Wertpapieres: das Wertpapier

[1]) Jacobi: Die Wertpapiere; Pisko: Lehrbuch, 290 ff.

ist eben da, wenn auch vielleicht nicht in der richtigen Hand, oder es ist bezahlt, wenn auch vielleicht an den Dieb; in solchen Fällen soll der Schuldner nicht ohne weiteres zweimal zahlen müssen, einmal auf Grund des Wertpapieres, das zweitemal auf Grund der Kraftloserklärung; ob der Verlustträger Zahlung fordern darf, obwohl z. B. der Schuldner das Wertpapier eingelöst hat, das ist in solchen Fällen nicht im Kraftloserklärungsverfahren zu entscheiden, sondern auf Zahlungsklage des Verlustträgers, sei es gegen den Papierschuldner, sei es gegen den etwaigen unbefugten Zahlungsempfänger.

Die Kraftloserklärung geschieht durch einen Gerichtsbeschluß (in Deutschland durch ein Urteil). Verfahren: Ein Antrag des angeblichen Gläubigers oder sonst rechtlich Interessierten unter genauer Papierbeschreibung. Summarische Vorprüfung durch das Gericht, insbesondere Anfrage an den „Verpflichteten", ob er ausgestellt habe. Hierauf das Edikt und die Zahlungssperre. Die Ediktalfrist ist verschieden lang; beim Scheck 30 Tage, beim Wechsel und Lagerschein 45 Tage, bei Inhaberpapieren ein Jahr, im allgemeinen sechs Monate. Nach deren fruchtlosem Ablauf auf Antrag zweite Anfrage an den Verpflichteten, ob er — trotz der Zahlungssperre — das Wertpapier eingelöst habe. Bei verneinender Antwort die Kraftloserklärung. Dieser Beschluß entwertet und ersetzt die Urkunde dem Papieraussteller gegenüber völlig, auch wenn die Urkunde nun bei wem immer zum Vorschein kommt. Dritten Personen gegenüber, etwa gegen einen Wechselindossatar, ist die Wirkung etwas schwächer; ist das Wertpapier dem Antragsteller nie abhanden gekommen — er hat das vorgeschützt oder irrigerweise angenommen — so wirkt die Kraftloserklärung diesem Dritten gegenüber nicht, sondern das Wertpapier bleibt für ihn in Kraft; andernfalls wirkt jene Erklärung auch gegen den Dritten.

Es sind grundsätzlich alle, selbst verjährte Wertpapiere amortisabel (§ 1428 ÖABGB.; Art. 73 ÖWO.; § 9 ÖVVG.; § 799 ff. DBGB.). Ausnahmen: Banknoten, Einlagescheine der Zahlenlotterie, Lose der Klassenlotterie, Talons; diese Papiere gehen, kommen sie abhanden, dem Gläubiger definitiv und ohne einen Ersatz unter. Karten und Marken des täglichen Verkehrs, wie Garderobezettel, wohl auch Gepäckscheine, können auch nicht für kraftlos erklärt werden; doch verliert hier der Gläubiger, dem die Urkunde abhanden gekommen ist, sein Recht (noch) nicht.

2. Es gibt mannigfaltige Arten von Wertpapieren und die eine Art steht der anderen sehr oft nahe. Man pflegt einzuteilen: in Namens- und Inhaberpapiere, je nachdem die Urkunde einen Gläubigernamen trägt, wie der Wechsel, oder keinen, wie die Banknoten. Die Namenspapiere zerfallen dann in Rekta- und Orderpapiere, je nachdem sie durch

Indossament übertragen werden können oder nicht; die Orderpapiere zerfallen endlich in solche von Gesetzes wegen (Wechsel, Namensaktie) und in solche, die es erst durch die Orderklausel werden (z. B. das Konnossament.) Diese Einteilung ist ungenau, weil sie den Unterschieden nicht Rechnung trägt, welche die Rechtslage der verschiedenen Arten von Inhaberpapieren zeigt.

Einteilung: Inhaberpapiere; unvollkommene Inhaberpapiere; Legitimationspapiere; Orderpapiere (drei Arten); Rektapapiere.

a) Inhaberpapiere tragen keinen Gläubigernamen, aber ein Zahlungsversprechen des Schuldners und dessen Unterschrift (statt derselben genügen, nur wenn es geschäftsüblich ist, Stampiglien; § 886 ÖABGB.; § 793 DBGB.). Sie brauchen keinen Schuldgrund anzugeben, müssen nicht auf Geld lauten (Inhaberlagerscheine auf Petroleum); die Schuld ist eine Holschuld. Der Papierinhaber ist der Gläubiger und nur er darf die Zahlung fordern; der gutgläubige Papierinhaber ist übrigens auch der Eigentümer, mag er das Papier selbst vom Dieb erworben haben (§ 1393 ÖABGB.; Art. 307 ÖHGB.; §§ 793 ff. DBGB.). Der Bestohlene darf also keine Zahlung vom Schuldner fordern; der gutgläubige Schuldner zahlt wirksam auch dem Dieb.

Die Ausgabe von Inhaberpapieren ist nicht frei, bedarf entweder eines Sondergesetzes wie für den Scheck oder die Banknote oder einer besonderen staatlichen Erlaubnis zur Ausgabe, wie für die Obligationen auf Inhaber, BG. vom 15. Juli 1924, BGBl. Nr. 25.

Das Forderungsrecht wird durch das „Haben", durch die Gewahrsame (Innehabung) am Papier erworben, das Eigentum am Papier aber nur durch den Erwerb vom Eigentümer oder durch den redlichen Erwerb von wem immer, also auch vom Dieb. Dieses Nebeneinanderbestehen vom Forderungsrecht aus dem und Eigentumsrecht an dem Papiere kann eine große praktische Bedeutung gewinnen: Der Schuldner kann freilich, ist er gutgläubig, dem Finder zahlen; aber der Verlustträger kann vom Finder das Papier zurückfordern und sich damit auch das Gläubigerrecht wieder verschaffen, wenn der Schuldner noch nicht gezahlt hat.

Welche Einwendungen der Papierschuldner dem Präsentanten entgegenhalten darf, sagt das Gesetz im allgemeinen nicht; nur das ÖScheckges. vom 3. April 1906, RGBl. Nr. 84[1]) beruft sich da auf Artikel 82 ÖWO. Man wird das verallgemeinern und sagen dürfen: Der Schuldner aus dem Inhaberpapiere darf sich aller jener Einwendungen bedienen, a) die ihm gegen die Person des Präsentanten zustehen (er hat ihn bezahlt), oder b) die sich aus dem Papiere (die Forderung ist nicht

[1]) Grünberg, S.: Grundzüge des Wechsel- und Scheckrechtes.

fällig) oder die sich aus Rechtssätzen bezüglich der Inhaberpapiere ergeben (der Schuldner ist minderjährig).

Jedes Inhaberpapier kann durch die Vinkulierung (Umschreibung) zu einem Rektapapier, der Scheck zu einem Orderpapier werden (§ 3 ÖScheckges. v. 3. April 1906, RGBl. Nr. 84).

Beispiele: Banknote, Pfandbrief, Inhaberaktie, Schatzschein, im Zweifel auch der Scheck.

b) Die unvollkommenen Inhaberpapiere unterscheiden sich von den eben besprochenen (nicht hinsichtlich der Frage, wer Gläubiger ist, sondern) im wesentlichen nur hinsichtlich der Frage des Eigentumserwerbes.

Auch sie tragen keinen Gläubigernamen, aber ein Zahlungsversprechen des Schuldners und in irgendeiner Form auch seine Unterschrift. Auch sie sind Holschulden und müssen nicht auf Geld lauten, wenngleich sie wohl fast immer darauf ausgestellt sind. Der Papierschuldner muß wie beim vollkommenen Inhaberpapiere dem Präsentanten zahlen und darf dessen Legitimation nicht prüfen. Aber das Eigentumsrecht wird nicht durch den wenngleich redlichen Erwerb von welchem Inhaber immer, sondern nur durch den Erwerb vom Eigentümer oder durch den redlichen entgeltlichen Erwerb in einer öffentlichen Versteigerung, von einem dazu befugten Gewerbsmann, von einem Kaufmann in dessen Gewerbebetrieb, vom Masseverwalter oder von demjenigen erlangt, dem der Eigentümer das Wertpapier anvertraut hatte (§ 367 ÖABGB.; § 44 ÖKO.; §§ 932 bis 935 DBGB.; siehe unten § 39 III). Schenkt der Finder eine Inhaberaktie, also ein vollkommenes Inhaberpapier, einem Gutgläubigen, so wird dieser durch die Übergabe Gläubiger und Eigentümer; dagegen wird derjenige, dem der Finder ein Sparkassebuch schenkt, zwar Gläubiger, aber nicht Eigentümer.

Die Vinkulierung unvollkommener Inhaberpapiere und damit deren Umwandlung in Rektapapiere ist zulässig.

Beispiele: Sparkassebücher, Postsparkassebücher, Talons.

c) Legitimationspapiere sind Wertpapiere, bei denen der Schuldner (anders als bei den Inhaberpapieren) vom Präsentanten den Nachweis seiner Berechtigung als Gläubiger fordern darf, wohl auch bei vernünftigerweise auftauchendem Zweifel (Art. 282 ÖHGB.) pflichtmäßig fordern muß. Der Inhaber kann also nicht mit Sicherheit darauf rechnen, ohne weiteres die Zahlung zu erlangen. Sonst stehen die Legitimationspapiere den unvollkommenen Inhaberpapieren gleich.

Die Vinkulierung ist zulässig.

Beispiele: Versicherungspolizzen auf Inhaber oder Überbringer (§ 154 ÖVVG., siehe § 54 X); Pfandscheine.

d) Orderpapiere sind Namenspapiere; sie tragen neben der Unterschrift des Schuldners den Namen (wenigstens) des ersten Gläubigers, des Remittenten, und dieser kann dann entweder sein Recht abtreten (etwa durch Zession) oder das Recht aus dem Papier übertragen (durch Indossament).

Die Orderpapierforderungen müssen bisweilen auf Geld lauten (so beim Wechsel und Scheck) oder sie dürfen auf Geld oder vertretbare Sachen gestellt sein (so beim kaufmännischen Verpflichtungsschein) oder endlich auf bestimmte bewegliche Sachen (so das Konnossament). Sie sind stets Holforderungen. Jeder ist schuldig, die Forderung zu bezahlen, der als Handlungsfähiger das betreffende Orderpapier unterschrieben hat; wer nicht unterschrieben hat, der ist kein Papierschuldner, daher nicht der Bezogene beim gezogenen Wechsel und beim Scheck, auch nicht der Domiziliat.

Zu zahlen ist nicht an den Präsentanten wie bei den Inhaberpapieren, sondern an den präsentierenden und legitimierten Gläubiger: es wird also sowohl die Legitimation als auch die Präsentation gefordert. Legitimiert ist zunächst der Remittent. Nach ihm aber kann sich die Frage nach der Legitimation spalten: Orderpapiere können nämlich entweder durch Indossament oder gleich Rektapapieren (z. B. durch Zession) übertragen werden. Im ersten Falle erlangt der Indossatar nicht die Rechte des Indossanten, sondern die Rechte aus dem Papier und braucht sich nur Einwendungen aus seiner Person heraus und solche aus dem Rechte des betreffenden Orderpapieres, insbesondere aus dem Urkundeninhalte, z. B. aus der WO. oder dem Scheckgesetze, gefallen zu lassen[1]) (Art. 82 ÖWO., § 20 ÖScheckges., Art. 303 ÖHGB.; § 364 DHGB.). Im zweiten Fall erwirbt dagegen der neue Gläubiger (der es etwa durch Erbschaft oder Kauf geworden ist) nur die Rechte seines Vormannes und muß sich darum auch jene Einwendungen gefallen lassen, die dem Schuldner gegen diesen Vormann zustehen.

Der erste Indossatar ist durch das Indossament des Remittenten legitimiert. Ein späterer Indossatar ist durch eine ununterbrochene Kette von Indossamenten legitimiert, die bis auf ihn herabreicht (Art. 36 ÖWO., § 36 DWO.) und es berührt seine Legitimation nicht, wenn diese Kette durch unechte Indossamente unterbrochen ist (Art. 71 ÖWO., § 71 DWO.).

Die Orderpapiere sind taxativ in den Gesetzen aufgezählt, andere als die dort genannten Arten von Papieren dürfen und können nicht durch Indossament übertragen werden. Diese Papiere zerfallen nun in drei Gruppen:

---

[1]) Adler, K.: Wechselrecht 139 ff.

Orderpapiere von Gesetzes wegen. Sie bedürfen zur Indossabilität der Orderklausel nicht und werden erst durch die Rektaklausel zu Rektapapieren: Wechsel, Namensaktie.

Orderpapiere kraft der Orderklausel. Sie sind Rektapapiere, bis sie nicht die Orderklausel tragen: kaufmännische Anweisung über Geld oder vertretbare Sachen, kaufmännischer Verpflichtungsschein gleichen Inhalts, Konnossament; Ladeschein (im Eisenbahnfrachtverkehr unzulässig, § 61 EVO., Art. 8 I. Ü.); Bodmereibrief (kommt nicht mehr vor); Seeassekuranzpolizze (Art. 301, 302 ÖHGB.; § 363 DHGB.); Scheck (ist im Zweifel ein Inhaberpapier, kann auch ein Rektapapier sein [§ 3 ÖScheckges.]).

Orderpapier kraft der gebotenen Orderklausel, der Lagerschein der öffentlichen Lagerhäuser, § 18 ÖLagerhausges. vom 28. April 1889, RGBl. Nr. 64.

e) Rektapapiere sind Wertpapiere, die den Gläubigernamen und die Unterschrift des Schuldners tragen und die nicht durch Indossament, sondern nur nach dem BGB., also durch Abtretung, Erstehen in einer Versteigerung, Erbschaft, Vermächtnis usw. übertragen werden können. Durch eine solche Übertragung wird dann nicht das Recht aus dem Papiere, sondern jenes des Vormannes übertragen und der neue Gläubiger muß sich sowohl die Einwendungen gegen sich selbst als auch jene gegen die Person seines Vormannes gefallen lassen (Aufrechnung mit seiner und mit seines Vormannes Schuld), § 1396 ÖABGB., § 404 DBGB. Die Ausgabe von Rektapapieren, die nicht so leicht wie Inhaber- und Orderpapiere in das Publikum dringen können, steht eben deshalb jedermann frei; nur für die Ausgabe von solchen Obligationen auf 100 S besteht Konzessionszwang, ÖBG. vom 15. Juli 1924, BGBl. Nr. 251.

III. Die Auslobung ist ein öffentlich abgegebenes einseitiges Schuldversprechen; es bindet, weil es öffentlich abgegeben ist. Der Auslobende verspricht, jenem eine gewisse Belohnung zu geben, der eine bestimmte Leistung erbringt (z. B. Ausschreibung einer Belohnung für das Zustandebringen eines verlaufenen Hundes). Sie richtet sich an einen unbestimmten Personenkreis und ist grundsätzlich widerrufbar, wenn nur der Widerruf in der gleichen oder gleich wirksamen Form (durch Plakat z. B.) geschieht, in der die Auslobung erfolgte; doch darf der Auslobende für immer oder auf eine bestimmte Zeit auf die Widerrufbarkeit verzichten. Den ausgelobten Preis bekommt (kraft nachgiebigen Rechtssatzes) derjenige, welcher als erster die geforderte Leistung erbringt, ob er bei der Arbeit von der Auslobung wußte oder nicht. Dieser erste kann die Belohnung selbst nach dem Widerruf fordern, „wenn er dartut, daß ihm der Widerruf ohne sein Verschulden nicht bekannt geworden war" (§§ 860 a, b ÖABGB.; anders § 658 DBGB.).

Die Auslobung spielt im kaufmännischen Leben keine große Rolle. Nur die Preisbewerbung macht hievon eine Ausnahme. Sie ist eine (zwingend) unwiderruflich befristete Auslobung an denjenigen, der fristgerecht die beste Leistung (z. B. den besten Denkmalentwurf, den zweckmäßigsten Bauplan) vorlegt (§ 860 ÖABGB., § 661 DBGB.). Welche von den rechtzeitig einlaufenden die beste Leistung sei, das beurteilt der Auslobende oder nach seiner bekanntgemachten Bestimmung der oder die von ihm ernannten Preisrichter; dem Urteile dieser angekündigten Preisrichter ist jeder unterworfen, der sich an der Preisbewerbung beteiligt.

§ 8. Die Forderung (der Anspruch)

I. Die Forderung (= der Anspruch) ist das Recht, von jemandem etwas zu verlangen. Der Gläubiger, der die Forderung hat, darf von dem Schuldner oder von den Schuldnern, gegen die er den Anspruch hat, verlangen, daß diese Schuldner in einer bestimmten vorgeschriebenen Weise etwas Bestimmtes leisten, nämlich tun (z. B. eine bestimmte Geldsumme zahlen), dulden (z. B. die Wegbenützung), unterlassen (den Weg nicht benützen). Die Vorschrift über die Leistung gibt a) bald das Gesetz unmittelbar, so Artikel 313 ÖHGB. über das Zurückbehaltungsrecht eines Kaufmannes gegen den anderen, § 839 DBGB. über die Ansprüche der durch Amtspflichtverletzungen Geschädigten; b) bald gibt der Vertrag die Bestimmung der einforderbaren Leistung, so beim Kaufvertrag jener auf die Leistung des Kaufstückes und des Kaufpreises; c) bald endlich bestimmt das einseitige Schuldversprechen den Inhalt der Forderung, so z. B. die Höhe und Zahlungszeit der Wechselsumme.

In gleicher Weise bestimmt bald das Gesetz unmittelbar, bald der Vertrag, bald das einseitige Schuldversprechen die Personen des Gläubigers und des Schuldners.

Die Forderungen sind entweder dingliche (absolute, gegen jedermann gerichtete; Eigentum, Pfandrecht, Dienstbarkeit) oder persönliche; einzelne persönliche Ansprüche können durch Eintragung in das Grundbuch verdinglicht werden (Bestandrechte, Reallastforderungen).

Die Forderungen sind grundsätzlich der Verjährung ausgesetzt, das heißt sie können nach dem Ablauf der Verjährungszeit (sehr oft: drei Jahre) zwar wirksam gezahlt (§ 1432 ÖABGB.), aber nicht mit Erfolg eingeklagt werden (§ 1451 ÖABGB., § 222 DBGB.). Unterbrechung der Verjährung tritt bei Klage, Forderungsanmeldung im Konkurs- oder gerichtlichen Ausgleichsverfahren (dies streitig), Schuldanerkenntnis vor Verlauf der Verjährungszeit ein; diese Unterbrechung bewirkt Neubeginn des Laufes der ganzen Verjährungszeit; § 1497

ÖABGB., §§ 208 ff. DBGB. Die Verjährung ist nicht von Amts wegen, sondern nur auf Einwendung des Beklagten zu beachten; § 1501 ÖABGB.

II. Die Forderung aus dem Vertrage geht auf die Leistung dessen, was im Vertrag versprochen worden ist (§ 1412 ÖABGB., § 362 DBGB.). Dies, aber auch nur dies (oder weniger) darf der Gläubiger (der Regel nach) fordern; hat er österreichische Schilling zu fordern, so darf er also nicht Franken verlangen. Der Schuldner befreit sich wieder der Regel nach nur dadurch, daß er gerade die vertragsmäßige Leistung mit der Sorgfalt eines ordentlichen Kaufmannes so erbringt, wie es Treu und Glauben im Verkehr erfordern (Art. 282 ÖHBG., § 242 DBGB., siehe aber Ausnahmen im § 10). Unerhebliche Abweichungen muß sich der Gläubiger danach allerdings gefallen lassen (z. B. kleine Mehrlieferungen von Wein im Faß); aber im Vertrage nicht vorgesehene Teilzahlungen darf er zurückweisen (siehe unten III).

So wenig der Gläubiger einseitig den Forderungsinhalt verändern (z. B. statt eines Rappen einen wenngleich minder wertvollen Schimmel verlangen) darf, ebensowenig darf der Schuldner einseitig anstatt seiner Schuldigkeit etwas anderes, sei es selbst Wertvolleres, leisten (wichtige Ausnahmen § 28 ÖAngestelltenges.; Art. 336/2 ÖHGB.; § 244 DBGB., diese bezüglich der Währung). Soll an die Stelle der vertragsmäßigen Leistung eine andere treten (Hingabe an Zahlungsstatt), so bedarf es hiezu eines neuen Vertrages zwischen dem Gläubiger und dem Schuldner, §§ 1413, 1414 ÖABGB., siehe § 10 II.

Bei gegenseitigen Verträgen (§ 6 I) ist jede Vertragspartei sowohl Gläubiger als auch Schuldner (Beispiel: Mietvertrag); jede hat zu leisten, jede hat zu fordern. Da kann nun über das Verhältnis dieser Forderungen zueinander vereinbart sein:

a) Vorleistungspflicht der einen Vertragspartei; z. B. § 1100 ÖABGB., § 551 DBGB. (nachgiebiges Recht): der Vermieter hat vorzuleisten; Verkauf auf Kredit. Der Vorleistungspflichtige darf jedoch, auch wenn der Vertrag darüber nichts sagt, vor seiner Leistung die Sicherstellung oder Bewirkung der (vertragsmäßig nachzuleistenden) Gegenleistung dann fordern, wenn diese „Gegenleistung durch schlechte Vermögensverhältnisse (des Vertragsgegners) gefährdet ist, die ihm zur Zeit des Vertragsabschlusses nicht bekannt sein mußten“ (§ 1052 ÖABGB.), und zwar ohne Rücksicht darauf (anders § 321 DBGB.), wann dieser Vermögensverfall eintrat, ob vor oder nach dem Vertragsabschlusse.

b) Nachleistungsrecht. Beispiel: Kauf auf Raten; Kauf gegen Akkreditierung, gegen widerrufliches oder weil bestätigt unwiderrufliches[1]) Akkreditiv.

---

[1]) OGH. vom 29. Dezember 1924, Rechtspr. VII, S. 135.

c) Leistung Zug um Zug; § 1052 ÖABGB., § 322 DBGB. Einrede des auf Leistung beklagten Schuldners, daß der klagende Gläubiger seinerseits den Vertrag nicht oder nicht gehörig erfüllt habe. Siehe § 12 IX b.

Einseitige und zweiseitige Verträge werden bisweilen nicht oder nicht gehörig erfüllt, z. B. nicht zur gehörigen Zeit oder nicht auf die gehörige Art. Der Vertragstreue darf in solchen Fällen der Regel nach auf die (gehörige) Vertragserfüllung dringen (§ 918 ÖABGB.; § 326 DBGB.). Der Vertragstreue hat aber unter Umständen daneben auch noch andere Rechte, so auf Gewährleistung, Rücktritt vom Vertrage, Schadenersatz; darüber siehe § 10 VIII (siehe auch KaisV. v. 12. Juni 1915, RGBl. Nr. 158, über Militärlieferungsverträge).

III. Der Anspruch (die Forderung) aus einem einseitigen Schuldversprechen, etwa aus einem Wechsel, steht hinsichtlich der Erfüllung jener der Forderung aus einem Vertrag grundsätzlich gleich. Nur spielt hier die Vorweisung (Präsentation) des Papiers durch den Gläubiger eine große Rolle; sie ist zur Ausübung der Gläubigerrechte nötig. Über die Wechselpräsentation zur Annahme, Sicherheitsleistung und Zahlung Artikel 25, 29, 41 ÖWO.; §§ 25, 29, 41 DWO.

Bei Wechselforderungen (nur bei diesen) muß der Gläubiger von Gesetzes wegen Teilzahlungen bei sonstigem Verluste des entsprechenden Teiles seiner Regreßrechte gegen den Aussteller des gezogenen Wechsels und die Indossanten annehmen (Art. 38 ÖWO.; § 38 DWO.).

IV. Forderungen, die dem Gesetz unmittelbar entspringen, gibt es in großer Menge; z. B. § 1101 ÖABGB., § 1220 ÖABGB. (Heiratsgut), § 1321 ÖABGB. (Tierpfändung). Nicht immer beruhen sie auf zwingenden Rechtssätzen, gerade die angeführten Beispiele sind nachgiebigen Rechtes.

Aus dieser Anspruchsgruppe ragen nun die Schadenersatzansprüche besonders hervor.

a) „Schade heißt jeder Nachteil, welcher jemandem an Vermögen, Rechten oder seiner Person zugefügt worden ist. Davon unterscheidet sich der Entgang des Gewinnes, den jemand nach dem gewöhnlichen Laufe der Dinge zu erwarten hat" (§ 1293 ÖABGB.). Danach ist der Schade allerdings in der Regel ein Vermögensschade (Vermögensverminderung oder Unterbleiben einer Vermögensvermehrung), aber keineswegs immer (Ersatz für Ehrenbeleidigung, § 1330 ÖABGB.; Schmerzensgeld, § 1325 ÖABGB.; Ersatz für Verführung oder Entführung, §§ 1320, 1329 ÖABGB. usw.).

Der Schade trifft den Beschädigten (§ 1311 ÖABGB.); er muß ihn tragen. Doch ist das nicht immer dauernd der Fall. Bisweilen ist der Beschädigte durch Zwangsversicherungen, z. B. gegen Unfall und Krankheit, geschützt. Zum Teil kann er sich gegen die wirtschaftlichen Nachteile schädigender Ereignisse auch durch den Abschluß von *Versicherungsverträgen* decken, etwa durch einen Feuer- oder Einbruchsversicherungsvertrag (§ 54). Darüber hinaus liegt es für den Beschädigten nahe, seinen Ersatz aus dem Vermögen eines anderen zu suchen. Das Gesetz entspricht dem, indem es den *Beschädiger* der Regel nach für sein und seiner Organe[1]) und Erfüllungsgehilfen[2]) Verschulden, ausnahmsweise auch ohne ein solches, für den (bloß verursachten) Erfolg seiner schädigenden Handlung verantwortlich macht, schadenersatzpflichtig erklärt.

Regel ist also die Schadenersatzpflicht des Beschädigers für den von ihm oder seinen obgenannten Leuten verschuldeten Schaden (*Grundsatz der Verschuldenshaftung*). Danach ist diese Ersatzpflicht allerdings in der Regel dann ausgeschlossen, wenn *keine Person* der Beschädiger ist, sondern etwa ein Elementarereignis oder ein wildes Tier (es sei denn nicht gehörig verwahrt worden, § 1320 ÖABGB.; §§ 833 ff. DBGB.). Es ist ferner der Regel nach der Ersatzanspruch dann ausgeschlossen, wenn ein *Zufall* den Schaden hervorrief, § 1311 ÖABGB.; § 823 DBGB. (ein vom Schlag Getroffener zerschlägt im Sturze fremdes Porzellan), sei es auch, daß eine Person, nur ohne Verschulden, den Zufall hervorrief (§ 1306 ÖABGB.). Da bleibt es also dabei, daß der Beschädigte den Schaden dauernd selbst tragen muß, er sei denn durch Versicherungen gedeckt.

Es gibt aber Ausnahmen von diesen Regeln, Tatbestände, in denen der Beschädigte *Ersatz* von jemandem fordern darf, obwohl der Schade nicht durch eine Person oder obwohl er durch einen Zufall hervorgerufen ist. Diese Ausnahmsfälle, ziemlich planlos von den Gesetzen ausgewählt, *erweitern* das gewöhnliche Gebiet der Schadenersatzansprüche. *In der Regel haftet freilich jedermann nur für sein Verschulden* (siehe b), in diesen Ausnahmsfällen aber auch *ohne* ein solches (*Grundsatz der Erfolghaftung*). Der gesetzgeberische Grund für diese Ausdehnung ist sehr verschieden. Bisweilen soll dem Beschädigten auf diese Art der Beweis erleichtert werden (z. B. beim Hoteldiebstahl); bisweilen handelt es sich darum, die Betriebsgefahren mancher gefährlicher Unternehmungen, z. B. der Eisenbahnen, nicht auf das Publikum überwälzen zu lassen; bisweilen sind auch andere Gründe im Spiele.

Hieher gehören unter anderen folgende Fälle der *Erfolghaftung*:

1. Es haftet der *Frachtführer* für Verlust, Minderung oder sonstige Beschädigung des Frachtgutes von dessen Übernahme zur Beförderung durch den Frachtführer bis zur Übergabe des Gutes in

---

[1]) Gilt auch für den Staat, jedoch nur als Wirtschaftsträger; OGH. vom 7. Dezember 1910, GlUNF. 5261.

[2]) Nicht bloß für deren sorgsame Auswahl, OGH. vom 10. November 1920, SZ. II/123.

die Gewahrsame des Empfängers (für Eisenbahnen zwingendes Recht). Entschuldigungsgründe des Frachtführers: höhere Gewalt; äußerlich unerkennbare Verpackungsmängel; innere Beschaffenheit des Gutes, Artikel 395 ÖHGB., § 429 DHGB.; §§ 35, 84 EVO. (§ 50 IV, § 51 IX). Ferner haftet der Frachtführer für seine Erfüllungsgehilfen (Art. 400 ÖHGB.; § 831 DBGB.). Siehe auch § 6 VI c Anmerkung.

2. Es haftet der Eisenbahnunternehmer (überdies) zwingend für Bau- und Betriebsfolgen (z. B. für jene des Funkenfluges), durch die unbewegliche und auf dem oder in der Nähe des Bahnkörpers befindliche bewegliche Sachen (z. B. Heu auf der Wiese, ausgeladenes ausgefolgtes Frachtgut) beschädigt oder vernichtet werden (ÖVdg. v. 14. September 1854, RGBl. Nr. 238); ferner zwingend für die Folgen der Verletzung oder Tötung von Menschen (Reisenden und anderen), die durch eine „Ereignung im Verkehr"[1]) herbeigeführt worden sind (ÖGes. v. 5. April 1869, RGBl. Nr. 27; v. 12. Juli 1902, RGBl. Nr. 147; sie gelten sinngemäß auch für gleislose Bahnen mit elektrischer Oberleitung; siehe auch § 53 II). Entschuldigungsgründe: Selbstverschulden; höhere Gewalt (siehe § 50 V c); unabwendbare Handlung Dritter[2]).

3. Die Unternehmer von Starkstromanlagen haften dem Publikum nur für den verschuldeten[3]), dem Grundeigentümer aber für den durch die Leitungsrechte verursachten, nicht vom Grundeigentümer selbst verschuldeten Schaden (ÖGes. v. 7. Juni 1922, BGBl. Nr. 348; vgl. G. v. 22. Juni 1919).

4. Es haftet der Kraftfahrzeugeigentümer (Unternehmer) und sein Lenker (Chauffeur) für den Schaden, der durch den Betrieb des Kraftfahrzeuges an Personen und Sachen verursacht wird; bei Schwarzfahrten haftet aber nur der Schwarzfahrer[4]). Entschuldigungsgründe; ÖGes. vom 9. August 1908, RGBl. Nr. 162: α) entweder Selbstverschulden oder β) Tadellosigkeit der Maschine und der Bedienung (Hupensignale) und daß nicht der Maschine Eigenart den Unfall herbeigeführt habe. Es entspricht der Richtung der jüngsten Gesetzgebung, daß die Haftung der Berufslenker durch das ÖGes. vom 3. Mai 1922, BGBl. Nr. 300, auf den Fall ihres Verschuldens zwingend herabgemindert worden ist.

5. Es haften der Eigentümer und der Lenker eines Motorluftfahrzeuges sinngemäß wie jene des Kraftfahrzeuges (ÖGes. v. 10. Dezember 1919, StGBl. Nr. 578; siehe § 53 IV).

---

[1]) Die Rechtsprechung siehe in „Systematische Darstellung der oberstgerichtlichen Entscheidungen" (1927), S. 1339 ff.

[2]) Über die Haftung des Binnenschiffers beim Personentransport, s. § 53 III.

[3]) OGH. vom 6. Oktober 1926, Zbl. 35/90 (Herabhängen zerrissener Leitungsdrähte).

[4]) Anders OGH. vom 14. Oktober 1913, Gl.-U. NS. 6602; vom 20. Jänner 1914, Gl.-U. NF. 6769.

6. Es haftet die Post für den Verlust der eingeschriebenen Briefe und für den Verlust, die Minderung oder Beschädigung der Wertbriefe und Pakete, es sei denn, daß dies auf Selbstverschulden des Absenders, auf höhere Gewalt oder daß die Vernichtung der dienstlichen Schriftstücke über das Gut auf höhere Gewalt zurückzuführen ist und daß wegen dieser Vernichtung das Schicksal des Gutes nicht feststellbar ist[1]) (§ 214 ÖPostO. v. 17. November 1926, BGBl. Nr. 329). Siehe § 52 VI.

7. Über die Haftung des Gastwirtes, der Fremde beherbergt (nicht auch der anderen Gastwirte), der Badeanstaltbesitzer und des Garagevermieters und über deren Entschuldigungsgründe siehe § 44 V bis VII, §§ 970 bis 970c, § 1316 ÖABGB. und das, der ersten zwei Haftung beschränkende Ges. vom 16. November 1921, BGBl. Nr. 638, in der Fassung, BGBl. Nr. 168/24; §§ 701 bis 703 DBGB. Über die ähnliche Haftung der Theaterunternehmer § 24, 25 des ÖSchauspielerges. vom 13. Juli 1922, BGBl. Nr. 441.

8. Über die Haftung des Geschäftsherrn für seine Erfüllungsgehilfen (eine Haftung für diese bei der Vertragserfüllung, keine Deliktshaftung), siehe oben; § 1313a ÖABGB.; § 228 DBGB.

b) Jener Beschädiger ist ersatzpflichtig, den an der Beschädigung ein Verschulden trifft. Verschulden setzt Handlungsfähigkeit voraus, darum haften weder Kinder noch entmündigte oder nicht entmündigte Wahnsinnige, es sei denn ausnahmsweise aus Billigkeitsrücksichten; §§ 1308, 1309 ÖABGB.; §§ 827, 828 DBGB.

Beim Deliktsschaden hat der Beschädigte zu beweisen: Schaden, Beschädiger, Verschulden. Dagegen ist beim Vertragsschaden die Beweislast anders verteilt: Der Beschädigte hat den Schaden und den Beschädiger nachzuweisen, dieser dagegen seine Unschuld, §§ 1296, 1298 ÖABGB.

c) Die Ausführungen unter a) und b) zeigen, daß der Beschädigte nicht immer Schadenersatz zu verlangen befugt ist. Aber auch dann, wenn er den Ersatzanspruch hat, gewährt ihm das Gesetz nicht immer den vollen Ersatzanspruch. Man hat vielmehr zwischen Delikts- und Vertragsschäden zu unterscheiden. Der Ersatzanspruch für Deliktsschäden richtet sich nie nach dem ÖHGB., sondern zunächst nach Sondergesetzen, so nach jenem über den Marken- (§ 29 IX), den Urheberrechtsschutz (§ 32 V), jenem gegen den unlauteren Wettbewerb (§ 16 ÖWettbewGes.: wirklicher materieller und immaterieller Schade und entgangener Gewinn, überdies noch eine Geldbuße; ähnlich § 20 DWettbewGes.). Dann kommen die Vorschriften des ÖABGB. in Betracht. Nach diesem muß man unterscheiden: Minderer Grad des

[1]) Rechtsprechung in „Systematische Darstellung der oberstgerichtlichen Entscheidungen“, S. 953ff.

Versehens; auffallende Sorglosigkeit; böse Absicht (verbotene Willensrichtung). Liegt ein minderer Grad des Versehens vor, so ist nur der wirkliche Schade zu ersetzen, und zwar durch die Wiederherstellung des früheren Zustandes (etwa durch den Widerruf einer Anschwärzung, § 1330 ÖABGB.; ähnlich § 249 DBGB.; siehe § 28 III b), und nur dann, wenn dies zwar vielleicht noch möglich, aber nicht „tunlich" ist, durch so viel Geld, als „dem gemeinen Werte, den die Sache zur Zeit der Beschädigung hatte", entspricht (§ 1332 ÖABGB.); Wertveränderungen bleiben unbeachtet. Liegt eine auffallende Sorglosigkeit oder böse Absicht des Beschädigers vor, so hat er allerdings auch den entgangenen Gewinn, und zwar diesen stets in Geld, zu ersetzen. Hiebei ist dem Beschädigten so viel Geld zu geben, als der normale Gewinn betragen hätte, den er redlicher- und erlaubterweise gemacht haben würde (also z. B. nicht jener aus Kettenhandel).

Ist danach die Haftung für Deliktsschäden vom Gesetz einheitlich geordnet, so steht es bei Vertragsschäden, entstanden aus der Nichterfüllung oder nicht ordnungsgemäßen Vertragserfüllung, anders.

Für solche Vertragsschäden besteht folgendes, etwas verwickeltes Schema: Parteienvereinbarung; Sondergesetze; Handelsgesetzbuch; bürgerliches Gesetzbuch.

1. Die Parteienvereinbarung: Konventionalstrafe (vereinbarter Vergütungsbetrag, § 1336 ÖABGB.; § 38 ÖAngestelltenges., Art. 284 ÖHGB.; §§ 339 ff. DBGB.; § 3 Schauspielerges. [Minderjährige betreffend]). Ihre Vereinbarung verschiebt die Beweislast über die Höhe des Ersatzes zugunsten des Beschädigten. Doch besteht richterliches Mäßigungsrecht (schon) bei „übermäßiger", nicht erst bei „maßloser", also wucherischer Höhe[1]) (nur) auf Antrag des Schuldners, und zwar auch in Handelssachen[2]) (zwingend, daher Verzicht bei Vertragsabschluß unwirksam; anders § 348 DHGB.). Sache der Parteienvereinbarung ist es, ob der Beschädigte neben der Konventionalstrafe auch die Vertragserfüllung oder ob er neben jener noch einen weitergehenden Ersatz fordern dürfe (siehe z. B. § 51 VII).

2. Sondergesetzliche Vorschriften über das Maß des Ersatzes enthalten z. B. die Postordnung, § 52 VI; das Markenschutzgesetz, § 29 IX; das Urheberrechtsgesetz, § 32 V; das ÖGes. vom 16. November 1921; BGBl. Nr. 638 (BGBl. 168/24) hinsichtlich der Gastwirte; § 1021 ÖABGB. für den Beauftragten, der zur Unzeit kündet, § 46 III; § 1120 ÖABGB. für den Vermieter, der durch den Verkauf der Mietsache den Mietvertrag verletzt.

3. Das ÖHGB. kommt dann an die Reihe, wenn weder die Parteienvereinbarung noch ein Spezialgesetz eingreifen. Es findet grundsätzlich

---

[1]) OGH. vom 21. Mai 1890, GlU. 13299.

[2]) Ständige Rechtsprechung.

(Art. 277 ÖHGB.) auf alle Vertragsverletzungen Anwendung, bei denen der Vertrag auch nur auf einer Seite ein Handelsgeschäft ist. Zu ersetzen sind stets der wirkliche Schade und der entgangene Gewinn; der entscheidende Zeitpunkt für die Berechnung des wirklichen Schadens ist jener der Beschädigung, § 1332 ÖABGB. (ähnlich § 88 EVO.; Art. 34 I. Ü.). Abstrakter (Kursdifferenz) und konkreter (etwa: der Deckungskauf) Schade; Art. 357 ÖHGB.

4. In letzter Linie kommt für Vertragsschäden das ÖABGB. zur Anwendung. Nach ihm wird grundsätzlich nur der wirkliche Schade zur Zeit der Beschädigung ersetzt; der entgangene Gewinn nur bei auffallender Sorglosigkeit oder böser Absicht des Beschädigers; der Wert der besonderen Vorliebe nur bei dessen Mutwillen oder Schadenfreude, §§ 1331, 1332 ÖABGB.

d) Die Verjährung der Ersatzansprüche tritt (Spezialgesetze vorbehalten) drei Jahre nach dem Zeitpunkt ein, in dem der Schade (wenn auch nicht dessen Höhe) und der Beschädiger dem Beschädigten bekannt geworden sind[1]). Es ist dabei unerheblich, ob es sich um Delikts- oder um Vertragsschäden handelt (§§ 1486, 1487 ÖABGB.; in Deutschland gilt diese Frist nur für Deliktsschäden, § 852 DBGB.). Bisweilen mindert das Gesetz diese Verjährungsfrist noch herab, was freilich nicht immer ohne Bedenken ist: § 933 ÖABGB. (Gewährleistung bei beweglichen Sachen sechs Monate); Artikel 349 HGB. (Bemängelung beim Kauf ebenso); Artikel 386 (Spediteur), 408 (Frachtführer) je ein Jahr; § 98 ÖEVO.; § 18 des ÖScheckges. vom 3. April 1906, RGBl. Nr. 84; § 34 ÖPrivatangestelltenges. vom 11. Mai 1921, BGBl. Nr. 292 (sechs Monate; ist eigentlich keine Verjährungsfrist); § 6 ÖAutomobilges. vom 9. August 1908, RGBl. Nr. 162 (drei Monate); § 20 ÖWBG. (sechs Monate von der erlangten Kenntnis an, längstens drei Jahre).

Insolange der Schade und der Beschädiger dem Beschädigten nicht bekannt sind, beginnen diese bisher genannten Verjährungsfristen nicht (Ausnahme Art. 349 ÖHGB.; § 477 DBGB.). Doch verjährt jeder Ersatzanspruch, mögen auch Schade oder Beschädiger verborgen bleiben, spätestens binnen 30 (40) Jahren nach der Beschädigung (§ 1489 ÖABGB.). Auf diesen langen Zeitraum verlängern sich aber auch alle kürzeren Verjährungsfristen dann, wenn der Schade aus einem Verbrechen entstanden ist (§ 1489 ÖABGB., siehe auch § 852 DBGB.). Ferner tritt an die Stelle einer kürzeren die (neu beginnende) dreißigjährige Verjährungsfrist dann, wenn der Ersatzanspruch dem Beschädigten durch ein rechtskräftiges Urteil zugesprochen worden ist.

e) Der Wechsel in der Person des Gläubigers (etwa durch Abtretung) oder des Schuldners (etwa durch Vererbung) verlängert die Verjährungs-

[1]) Wehli: Die Verjährung der Forderungen des täglichen Lebens (Jur. Bl. 1924, S. 34 ff.).

frist nicht, wenn diese einmal zu laufen angefangen. Wer sich einen Ersatzanspruch vom Beschädigten nach 32monatiger Verjährungszeit abtreten läßt, hat also der Regel nach nur mehr eine viermonatige Frist zur Geltendmachung vor sich.

§ 9. Forderungs- und Schuldübergang

I. Gesetz, Vertrag und einseitiges Schuldversprechen bestimmen die Person des Gläubigers und des Schuldners. Bisweilen dauernd, so daß keine Person an die Stelle dieses Gläubigers oder dieses Schuldners treten darf und kann. Beispiele: Ehevertrag; höchstpersönliche Dienstleistungen; vertragsmäßiger Ausschluß des Gläubiger- oder Schuldnerwechsels; Ersatz für Kränkungen und persönliche Nachteile (§ 16 ÖWBG.). Vgl. § 11 I.

Der Regel nach ist aber ein solcher Wechsel zugelassen.

II. Gläubigerwechsel. Dieser kann sich in den Formen der Forderungsabtretung, der Wertpapierübertragung, der Einantwortung des Gläubigernachlasses, des Vermächtnisses, der Forderungsüberweisung im Zwangsvollstreckungsverfahren und der Forderungsübertragung kraft Gesetzes vollziehen.

a) Die Forderungsabtretung (Zession) beruht auf einem entgeltlichen oder unentgeltlichen Vertrage des Gläubigers (Zedenten) mit dem Forderungsübernehmer (Zessionar); es ist weder die Zustimmung noch auch nur die Verständigung (§ 1395 ÖABGB., § 398 DBGB.) des Schuldners zum Vertragsabschluß erforderlich. Der Zessionar erwirbt alle die Rechte seines Vormannes (§ 1394 ÖABGB., Hauptrecht samt Nebenrechten), aber auch nicht mehr als diese. Bei entgeltlicher Zession haftet der Zedent für die Richtigkeit und Einbringlichkeit der Forderung; § 1397 ÖABGB. (nachgiebiges Recht). Von der Verständigung des Schuldners von der Abtretung ab darf der Schuldner nur mehr dem Zessionar bezahlen, § 1396 ÖABGB., §§ 406, 409 DBGB. Der Schuldner darf dem neuen Gläubiger die Einwendungen gegen den Zedenten und jene gegen den Zessionar (aber nicht die gegen Zwischenzessionare) entgegenhalten, §§ 1394, 1442 ÖABGB., §§ 404, 406 DBGB.

„Alle veräußerlichen Rechte sind ein Gegenstand der Abtretung" (§ 1393 ÖABGB); (ähnlich § 400 DBGB.), daher z. B. auch Buchforderungen (Buchforderungseskompte. Die Sicherungsabtretung ist Abtretung in Eigentumsform zu Sicherungszwecken). Der angeführte Rechtssatz ist nachgiebigen Rechtes; daher kann die Abtretbarkeit einer Forderung derart durch Vertrag ausgeschlossen werden, daß die dennoch erfolgte Zession wirkungslos ist (§ 442 ÖABGB.). Unabtretbar sind kraft nachgiebigen Gesetzes unter anderem die Kontrollrechte des persönlich haftenden Handelsgesellschafters; das Ausgedingrecht, soweit Naturalleistungen in Frage stehen; die Ansprüche auf persönliche Dienste, z. B. eines Hausgehilfen; der Anspruch auf das Schmerzensgeld, es sei denn schon gerichtlich geltend gemacht. Kraft zwingenden Rechtssatzes sind Ansprüche auf Gewerbekonzessionen unübertragbar. Siehe § 33 ÖSchauspielerges.

b) Forderungsübergang bei Inhaber- und bei Orderpapieren.

Inhaberpapiere (§ 7 II 2 a) werden durch die Papierübergabe übertragen, Orderpapiere durch die Papierübergabe unter Indossierung durch den Papiergläubiger auf dem Papier (seiner Allonge). Es bedarf keiner Zustimmung des Schuldners. Das Indossament, das Bianko-Indossament, das Scheinindossament (Zweck: Abschneiden von Einwendungen gegen den Indossanten). Über die Einwendungen des Schuldners bei Inhaberpapieren und gegen den Indossatar, siehe § 7, II 2a, d; Artikel 82 ÖWO.; Artikel 303 ÖHGB.; § 82 DWO.; § 360 DHGB.

c) Forderungsübergang durch die Einantwortung des Nachlasses an den Erben (in Österreich), durch den Nachlaßübergang an denselben (in Deutschland). Siehe § 17 IX.

d) Der Forderungsübergang durch die Überweisung[1]) geschieht im Exekutionsverfahren durch einen Gerichtsbeschluß: der (betreibende) Gläubiger hat einen Exekutionstitel, der seinen Schuldner (den Verpflichteten) zu einer Geldzahlung verpflichtet; dieser Schuldner ist nun seinerseits ein Forderungsgläubiger gegen einen (Dritt-)Schuldner. Der betreibende Gläubiger verlangt und erhält mit Gerichtsbeschluß[2]) die Überweisung dieser Forderung seines Verpflichteten gegen den Drittschuldner, kraft deren der Drittschuldner nun nicht mehr seinem Gläubiger (dem Verpflichteten), sondern dem betreibenden Gläubiger zu zahlen hat.

Diese Überweisung wirkt aber (anders als bei der Zession, siehe a) erst durch die Verständigung des Drittschuldners. Der Überweisungsgläubiger hat dann dem Drittschuldner gegenüber im wesentlichen die Rechte seines Vormannes, steht also im ganzen etwa so wie ein Zessionar kraft Vertrages (oben a). Doch ist der Überweisungsgläubiger zur Einziehung[3]) nicht völlig so unabhängig von seinem Vormann, dem Verpflichteten, wie ein vertragsmäßiger Zessionar vom Zedenten; denn der Überweisungspfandgläubiger zur Einziehung darf ohne die Zustimmung des Verpflichteten weder die Forderung erlassen noch sie vergleichen, § 308 ÖEV.; § 835 DZPO.

---

[1]) Walker: Grundriß des Exekutionsrechtes, 264 ff.

[2]) Selbst pfänden und sich überweisen darf der betreibende Gläubiger in Österreich nicht; § 19 ÖABGB.; § 294 ÖEO.; anders § 845 DZPO.

[3]) Nur dieser Fall ist praktisch.

Der Drittschuldner darf dem Überweisungspfandgläubiger nur die, aber auch alle die Einwendungen entgegensetzen, die dieser Drittschuldner dem Verpflichteten hätte entgegenhalten können, z. B. die Einwendung, daß er den Verpflichteten schon vor der Pfändung bezahlt habe.

e) Bisweilen schreibt das Gesetz unmittelbar einen Forderungsübergang vor: § 462 ÖABGB. (Einlösung einer Pfandforderung durch einen Dritten), § 1358 ÖABGB. (Regreßrecht des zahlenden Bürgen an den Hauptschuldner), § 1423 ÖABGB. (Regreßrecht eines sonstigen zahlenden Dritten), § 120 ÖKO. (Einlösung einer Pfandforderung durch den Masseverwalter zugunsten der Masse), Artikel 382/4, 410/2 ÖHGB. (§ 411/2, 432 DHGB., Gutsübergang vom Spediteur oder Frachtführer an einen neuen). Ähnlich § 27 des ÖVorkriegsschuldenges. vom 16. Juli 1921, BGBl. Nr. 393.

Der Zustimmung des Schuldners bedarf es zum Forderungsübergang in diesen Fällen ebensowenig wie seiner Verständigung von demselben. Die Rechtsstellung des Schuldners gegen den neuen Gläubiger ist die gleiche, wie sie es gegen dessen Vormann war. Die Rechtslage des Schuldners wird durch diesen, auf Grund des Gesetzes erfolgenden Forderungsübergang weder verbessert noch verschlimmert, noch sonstwie (z. B. hinsichtlich des Erfüllungsortes oder der Erfüllungsart) verändert.

III. Schuldnerwechsel. Er kann beruhen:

a) Auf einem Gläubigervertrag (§ 1406 ÖABGB.; § 414 DBGB.), das ist auf einem Vertrage zwischen dem Gläubiger und dem Schuldübernehmer, ohne daß es der Einwilligung des Schuldners bedürfte. Sehr selten und bei zweifelhaftem Vertragsinhalte nicht zu vermuten!

b) Auf einem Schuldnervertrag (§ 1405 ÖABGB.; § 415 DBGB.). Schuldner und Übernehmer vereinbaren, daß der Übernehmer an Stelle des Schuldners zahle (Schuldübernahme). Der Schuldner scheidet aus, der Übernehmer tritt ganz (z. B. hinsichtlich der Schuldwährung, der Verjährung) an seine Stelle. Ein solcher Vertrag bedarf zur Wirksamkeit der Zustimmung des Gläubigers.

Während die Schuldübernahme einen Schuldnerwechsel dem Gläubiger gegenüber bezweckt, beabsichtigt die Erfüllungsübernahme etwas anderes: Dem Gläubiger bleibt der Schuldner verhaftet; aber der Schuldner (nur er) hat dem Übernehmer gegenüber einen Anspruch, daß dieser für ihn, den Schuldner, zahle.

c) Auf der Hypothekenübernahme bei dem Erwerb aus freier Hand einer mit der Hypothek belasteten, im Grundbuch eingetragenen Liegenschaft (§ 1408 ÖABGB., § 416 DBGB.). Bei einem solchen Eigentumsübergang kann es sein, daß der bisherige Eigentümer dem Hypothekargläubiger als Personalschuldner weiter haftet, der neue neu als Pfandschuldner. Das bindet Mittel zweier Schuldner für dieselbe Forderung. Dem soll die Hypothekenübernahme begegnen, die nur den neuen Eigentümer als Schuldner beläßt. Der Übernahmsvertrag ist ein solcher des Eigentümers der Liegenschaft mit deren neuem Erwerber; damit nun der bisherige Eigentümer aufhöre, Schuldner zu sein, bedarf es der Zustimmung des Hypothekargläubigers oder seines Stillschweigens durch sechs Monate nach der schriftlichen Aufforderung, den neuen Eigentümer statt des alten als seinen Schuldner anzunehmen.

Anders beim Liegenschaftserwerb durch Zwangsversteigerung; siehe § 12 VII g.

d) Auf der Einantwortung des Schuldnernachlasses. Siehe § 17 IX.

IV. Der Schuldbeitritt bezweckt, dem Gläubiger neben seinem Schuldner einen zweiten Schuldner zu verschaffen; der erste wird nicht frei, so daß kein Schuldnerwechsel eintritt.

Ein solcher Schuldbeitritt kann sich auf eine einzelne Forderung oder auf Gruppen von solchen beziehen. Im zweiten Falle spricht man von einer Passivenübernahme. Eine solche kann kraft Gesetzes oder kraft Gewohnheitsrechtes erfolgen.

Kraft Gewohnheitsrechtes:

Durch öffentliche Ankündigung aus Anlaß der Geschäftsübernahme eines Handelsbetriebes. Dazu bedarf es einer besonderen Erklärung des Übernehmers gegenüber den Geschäftsgläubigern (§ 94 ÖGes. v. 6. März 1906, RGBl. Nr. 58; siehe § 20 V). Diese aber braucht kraft Handelsgewohnheitsrechtes nicht individuell zu geschehen, vielmehr genügt für alle Geschäftsgläubiger die öffentliche Bekanntmachung (freilich nicht bloß der Geschäfts-, sondern auch) der Passivenübernahme. Das ist dann ein unbegrenzter Schuldbeitritt und für den zustimmenden Gläubiger eine Schuldübernahme.

Kraft Gesetzes:

a) Nach § 1409 ÖABGB. bewirkt die Übernahme eines jeden, also auch eines Handelsunternehmens zwar auch keine Schuldübernahme, somit keine Befreiung des bisherigen Unternehmers, aber doch einen Schuldbeitritt des Übernehmers, (lediglich) für die Geschäftsschulden, die er kannte oder kennen mußte, mit seinem ganzen Vermögen, und zwar nur bis zum Werte des Unternehmens (vgl. § 419 DBGB.)[1]). Diese zwingenden Vorschriften gelten übrigens im Konkurse nicht. b) Der Erwerber eines Zeitungsunternehmens übernimmt die Redakteurverträge, § 8 JournGes. (nachgiebiges Recht). c) Der Enteigner eines Wirtschaftsbetriebes tritt in die Dienst- und Arbeitsverträge ein, § 9 ÖGes. vom 30. Mai 1919, StGBl. Nr. 48.

---

[1]) Über die strittigen Einzelheiten Pisko: Lehrbuch, 60.

Es bleibt mit Rücksicht auf den Inhalt des § 1409 ÖABGB. in Österreich noch neben der Passivenübernahme kraft Gesetzes Raum für die oben besprochene öffentliche angekündete Passivenübernahme.

§ 10. Umänderung und Ergänzung der Forderung

I. Forderungen sind grundsätzlich so zu erfüllen, wie sie begründet worden sind (§ 11); es ist dabei rechtlich gleichgültig, wie schwer oder leicht diese Erfüllung dem Schuldner fällt, wie nützlich für den Gläubiger sie ist.

Doch erleidet diese Regel Ausnahmen. Es gibt Fälle, in denen die Leistungspflicht entfällt (§ 11 V), andere Fälle, in denen sie ergänzt (z. B. durch die Pflicht zur Zahlung von Verzugszinsen erweitert) oder umgeändert wird.

Eine solche Umänderung der Forderung besteht darin, daß an die Stelle des Anspruches auf die bestimmte Leistung ein solcher auf eine andere Leistung tritt, z. B. an die Stelle des Anspruches auf Übergabe einer bestimmten Uhr, jener auf die Hingabe eines bestimmten Schmuckstückes. Jede solche Umänderung bedeutet, daß der ursprüngliche Forderungsgegenstand nun nicht mehr gefordert werden darf, sondern nur mehr der neue. Handelt es sich um eine Forderung aus Verträgen, so geht also der Anspruch auf die ursprüngliche Vertragsleistung infolge der Umänderung der Forderung unter und es entsteht ein Anspruch auf die neue. Solche Umänderung, ein solches Ersetzen der Forderung a durch die Forderung b kann durch Vereinbarung, durch einseitige Parteierklärung, durch Richterspruch oder unmittelbar durch das Gesetz geschehen (Vergleich, Zwangsausgleich, Schadenersatz anstatt der Vertragsleistung). Die Begründungen wirtschaftlicher oder sonstiger Art für solche Forderungsänderungen können sehr verschieden sein, etwa z. B. die Unerschwinglichkeit der Leistung, die Unsicherheit des Schuldners, oder daß der Gläubiger das kaufmännische Interesse an der Leistung verloren hat (Vertrag auf Lieferung von Bildern eines inzwischen verstorbenen Staatsmannes).

II. Der Neuerungsvertrag bringt ohne Personenänderung durch Veränderung des Rechtsgrundes (z. B. Schenkung statt Kauf) eine solche Umänderung der Forderung, § 1376 ÖABGB.; Bürgschaft und Pfandrecht gehen unter (nachgiebiges Recht), § 1378 ÖABGB. Die Hingabe eines Wechsels an Zahlungsstatt beruht auf einem Neuerungsvertrag und vernichtet darum die ursprüngliche Forderung; anders dagegen die ungleich häufigere Hingabe eines Wechsels zahlungshalber. Über den Kontokorrentverkehr Artikel 291 ÖHGB.; §§ 355, 356, 357 DHGB.

Änderungen lediglich in den Nebenbestimmungen eines Vertrages sind kein Neuerungsvertrag, lassen also den ursprünglichen Anspruch bestehen, § 1379 ÖABGB.

Ein besonderer Fall des Neuerungsvertrages ist die Hingabe an Zahlungsstatt, § 1414 OeABGB., § 364 DBGB., siehe § 8 II. Die Eigentümlichkeit besteht darin, daß die geänderte Forderung zugleich mit der Vereinbarung der Änderung auch schon erfüllt wird. Kein Schuldner ist einseitig zur Hingabe an Zahlungsstatt, sei es selbst einer wertvolleren als der versprochenen Leistung, befugt; es bedarf hiezu des Vertrages. Ausnahme § 6 VIc (fremde Währung).

III. Der Vergleich ist ein Vertrag zur Ordnung strittiger oder zweifelhafter Rechte dergestalt, „daß jede Partei sich wechselseitig etwas zu geben, zu tun oder zu unterlassen verbindet“, § 1380 ÖABGB.; § 779 DBGB. Er ist formfrei, grundsätzlich für alle streitigen oder zweifelhaften Rechte zulässig; doch gibt es Ausnahmen, dem Vergleich nicht zugängliche Ansprüche, wie z. B. §§ 93, 1382 (Ehetrennung, Ehe-ungültigkeit), § 1383 (noch nicht kundgemachte letzte Willenserklärung), § 1384 ÖABGB. (Abbüßung einer Strafe). Die Nebenrechte der ursprünglichen Forderung (namentlich auch die Pfandrechte) haften nun für die Vergleichsforderung, § 1390 ÖABGB.; ebenda über den Einfluß des Vergleichs auf die Rechte und Pflichten Dritter. Über die Anfechtbarkeit der Vergleiche, namentlich wegen Irrtums, siehe §§ 1385 bis 1387 ÖABGB., § 5 IVa; Rechnungsverstöße dürfen und müssen auf Verlangen einer Partei stets berichtigt werden.

Bei alledem ist an den Vergleich außerhalb des (ordentlichen oder Sonder-) Gerichtes gedacht. Gerichtliche Vergleiche unterscheiden sich von diesen. Sie sind Parteienvereinbarungen über streitige oder unstreitige Forderungen, vor Gericht in urkundlicher Form (Verhandlungsprotokoll!) abgeschlossen und von den Parteien und vom Gericht unterschrieben, und zwar solche Parteivereinbarungen, durch welche unanfechtbar die Verwirklichung, Durchsetzung eines (schon) vor Gericht erhobenen Anspruches im Exekutionswege gesichert werden soll. Zum gerichtlichen Vergleiche wird diese Parteienvereinbarung erst und nur durch die Unterschrift der Parteien und des Gerichtes (des letzteren nur als einer Urkundsperson: das Gericht bestätigt nicht den Vergleich, sondern nur die Tatsache seines Abschlusses). Ohne diese Unterschriften ist der vor Gericht abgeschlossene Vergleich vielleicht bindend, aber kein gerichtlicher Vergleich, daher auch als ein außergerichtlicher Vergleich wegen Zwanges, Betruges, Irreführung anfechtbar. Der Abschluß gerichtlicher Vergleiche dient wiederholt als ein Urteilsersatz nur dem Zwecke der Ersparnis an Gerichtsgebühren.

IV. Der Zwangsausgleich im Konkurs und der Ausgleich im gerichtlichen Ausgleichsverfahren geben dem Gericht einen ganz anderen Einfluß als die gerichtlichen Vergleiche. Auch hier liegen Parteivereinbarungen vor; aber sie gewinnen ihre Kraft nur durch die gerichtliche Bestätigung. Der Zwangsausgleich und der gerichtliche Ausgleich sind keine forderungsändernden Verträge, sondern Gerichtsentscheidungen ganz eigentümlicher Art (§ 151 ÖKO., §§ 173 ff. DKG., § 18 ÖAusglO., die sogar des Einflusses auf früher abgeschlossene außergerichtliche Vereinbarungen nicht entbehren; siehe § 22 VIII, 23 I.

V. Die Konkurseröffnung gibt bei gegenseitigen, noch von keiner Seite völlig erfüllten Verträgen (z. B. bei Versicherungs-, Bestand-, Dienstverträgen) bald dem Masseverwalter, bald dem Vertragsgegner ein Rücktrittsrecht und damit das Recht, einseitig die Vertragsforderung umzuändern, z. B. an Stelle einer Lohn- eine Ersatzforderung zu setzen; siehe § 22.

Die Konkurseröffnung verwandelt überdies kraft Gesetzes jene Forderungen der Konkursgläubiger, die vor dem Konkurse nicht auf Geld gerichtet waren, in Geldforderungen. Siehe § 22.

Sowohl die Konkurseröffnung als auch die Einleitung des gerichtlichen Ausgleichsverfahren ändert unter Umständen den Inhalt der Verträge über Forderungsabtretungen, § 150 ÖKO.; § 47 ÖAusglO., siehe § 23 I.

VI. Warenlieferungsverträge, einschließlich der Holzlieferungsverträge und Werkverträge[1]), abgeschlossen in der Zeit bis 1. Dezember 1921, ferner Lebensversicherungsverträge, abgeschlossen vor dem 28. Juli 1914 und auf Gold oder fremde Währung lautend, durften unter Umständen vom Gericht abgeändert werden (siehe § 6 Va), wenn „durch deren vertragsmäßige Erfüllung einem Teil infolge der durch den Ausgang des Krieges verursachten wirtschaftlichen oder politischen Veränderungen ein unverhältnismäßiger oder unbilliger Nachteil entstehen könnte“, und zwar nach Erwägungen der Billigkeit (ÖGes. v. 4. April 1919, StGBl. Nr. 220; ÖGes. v. 1. Oktober 1920, StGBl. Nr. 470; ÖGes. v. 5. Juli 1920, BGBl. Nr. 373; Vdg. v. 7. September 1921, BGBl. Nr. 510; ÖGes. v. 10. Februar 1922, BGBl. Nr. 108).

Diese Gesetze waren ein ungemein schwerwiegender Bruch mit erprobten, kaufmännisch wertvollen Rechtsgrundsätzen. Sie haben den Geschäftsverkehr auch mit dem Ausland empfindlich gestört. Erfreulicherweise ist ihre Geltungsdauer abgelaufen.

VII. Vertragsänderungen gegen eine Partei sind (waren) gestattet:

a) Den Gas- und Elektrizitätswerken je nach einem Monate, wenn die Gestehungskosten um mehr als 20% gestiegen waren und wenn es sich um Verträge handelte, die vor dem 15. Dezember 1919 ab-

[1]) Überdies gewisse Vergleiche.

geschlossen waren und nur unter der Einhaltung einer mehr als dreimonatigen Kündigungsfrist auflösbar sind (VA. v. 6. Dezember 1919, StGBl. Nr. 551; v. 2. Mai 1920, StGBl. Nr. 207; Vdg. vom 27. November 1921, BGBl. Nr. 753; v. 26. Februar 1923, BGB Nr. 102, befristet mit 31. Dezember 1926[1]). Allenfalls Schiedsspruch.

b) Den Versicherungsanstalten. Diese haben das Recht zur — freilich für alle Versicherungsnehmer gleichmäßigen — Prämienerhöhung wegen erhöhter Verwaltungsauslagen; dem Versicherungsnehmer ist unbilligerweise nicht das Recht eingeräumt worden, daraufhin den Vertrag aufzulösen (VA. v. 15. Dezember 1919, StGBl. Nr. 554).

Ein wirtschaftliches Bedürfnis zu diesen nicht einverständlichen Vertragsänderungen ist nicht zuzugeben. Etwas anders steht es in den folgenden Fällen, in denen eine ordentliche Behörde die Vertragsänderung — übrigens stets nur auf Antrag einer Vertragspartei — verfügt:

a) Geldausgedingeleistungen dürfen vom Gericht erhöht oder herabgesetzt werden (ÖGes. v. 27. Oktober 1921, BGBl. Nr. 520).

b) Pachtzinse dürfen vom Gericht erhöht werden, wenn der Pachtvertrag vor dem 1. September 1922 auf mehr als drei Jahre abgeschlossen wurde und einen land- oder forstwirtschaftlichen Betrieb, eine Eigenjagd oder ein Fischereirecht zum Gegenstande hat (ÖGes. v. 20. Dezember 1921, BGBl. Nr. 746; ÖBG v. 18. Juli 1924, BGBl. Nr. 260). Pachtverträge über Handels , Gewerbe- oder Industrieunternehmungen (mit Ausnahme der Eisenbahnbetriebe), sind ebenso zu behandeln, wenn sie vor dem 1. Juli 1921 auf mehr als drei Jahre abgeschlossen wurden (ÖGes. v. 7. Juni 1922, BGBl. Nr. 343).

c) Mietzinse von Wohnungen, Wohnungsbestandteilen und Geschäftslokalen dürfen unter Umständen vom Wohnungsamt (von der Mietkommission) erhöht werden. Siehe darüber § 41 III.

d) Das Familiengläubigergesetz vom 26. November 1923, BGBl. Nr. 545, in der Fassung BGBl. 16/25, sah die Aufwertung mancher Verwandtenforderungen und Ansprüche der Ehegatten nach Billigkeit durch das Bezirksgericht vor. Seine Wirksamkeit ist praktisch erloschen.

VIII. Viel nüchterner als diese, den Rechtsboden bisweilen erschütternden Regeln sind jene, bei denen das Gesetz selbst Forderungsänderungen und Anspruchsergänzungen vornimmt. Eines hiehergehörenden Falles ist schon oben unter V gedacht. Andere bedeutsame Tatbestände für die Umänderung oder Ergänzung der Forderungen sind:

a) Die schuldhafte Nichterfüllung eines Vertrages oder einer gesetzlichen Verpflichtung außerhalb eines Vertrages (z. B. der Trottoirreinigung als Obliegenheit des Hauseigentümers). Da hat der Vertrags-

---

[1]) In der Tschechoslowakei Vdg. vom 27. Juli 1920, Nr. 524. In Deutschland überwiesen die Vdgn. vom 1. Februar 1919, RGBl. S. 135, und 11. März 1920, RGBl. S. 329, die Entscheidung einem Schiedsgericht.

treue den Anspruch auf Schadenersatz wegen Nichterfüllung, wenn er zurücktritt, den Anspruch auf Schadenersatz wegen der Verspätung, wenn er die nachträgliche Erfüllung begehrt (§§ 918, 919 ÖABGB., Fix- und Nichtfixgeschäft[1]), § 286 DBGB., siehe aber § 36 VI). Es ist dabei für die Anspruchsänderung (statt der Vertragsleistung Schadenersatz) oder Anspruchsergänzung (neben der Erfüllung Ersatz) gleichgültig, ob die zu erfüllende Leistung eine positive Handlung oder eine Unterlassung (z. B. die Bewahrung von Geschäftsgeheimnissen) gewesen ist. Die Vertragspartei haftet übrigens nicht nur für ihr eigenes Verschulden, sondern auch für jenes ihres gesetzlichen Vertreters (Vaters, Vormundes, Beistandes, Vorstandes, Masseverwalters) sowie der Erfüllungsgehilfen, das ist der Personen, deren sich die Vertragspartei zur Erfüllung des konkreten Vertrages bedient (§ 1313a ÖABGB., § 278 DBGB.), mögen diese Gehilfen ihre Angestellten oder selbständige Unternehmer, mögen sie zur Vorbereitung der Vertragserfüllung oder zur Erfüllung selbst herangezogen worden sein (Art. 400 ÖHGB.; § 5 EVO.; § 431 DHGB.). Bei Militärlieferungsverträgen haftet der Unternehmer sogar für die Agenten und sonstigen Vermittler, deren er sich zur Erwirkung des Vertragsabschlusses bediente (KaisV. v. 12. Juni 1915, RGBl. Nr. 158).

Die Haftung für das eigene Verschulden sowie jene für die sorgsame Auswahl der Erfüllungsgehilfen kann durch Vertrag ausgeschlossen werden (nachgiebige Rechtssätze), es liege denn böse Absicht oder (strittig) grobe Fahrlässigkeit der schuldhaft handelnden Vertragspartei vor. Dagegen darf die Haftung für das Verschulden der Erfüllungsgehilfen (selbst außerhalb der eben gesteckten Grenzen) durch Vertrag sogar gänzlich ausgeschlossen werden, wenn es sich um Schadenszufügung nicht bei, sondern aus Anlaß der Vertragserfüllung handelt.

Über das Maß der Ersatzpflicht siehe § 8 IVc.

b) Verzug des Schuldners liegt vor, wenn er, ob nun durch sein oder ohne sein Verschulden, die ihm obliegende Leistung nicht spätestens mit dem Ablauf der Erfüllungsfrist (§ 903 ÖABGB.; Art. 330, 332 ÖHGB.; § 20 ÖUrheberrechtsges.; § 358 DHGB.) erfüllt. Diesen Verzug muß der Verziehende stets verantworten, er kann dawider nie auf seine Unschuld verweisen; durch einen solchen Hinweis kann er zwar seine (sonstige, siehe a) Ersatzpflicht abwehren, aber nicht die Folgen des Verzuges selbst. Diese strengen Sätze sind namentlich für den Handelsverkehr nötig, der sonst die geschäftliche Genauigkeit vermissen ließe.

Der Gläubiger, dessen Schuldner verzieht, kann vom Vertrag (allenfalls erst nach Erteilung einer Nachfrist) zurücktreten; da hat er freilich,

---

[1]) Bei Fixgeschäften ist die Erfüllungsfrist Vertragsbedingung; s. § 5 II.

fehlt es am Verschulden (siehe a), keinen weiteren Anspruch. Oder er bleibt beim Vertrage; da hat er bei Geldleistungen jedenfalls, mag der Zögernde im Verschulden sein oder nicht, den Anspruch auf die Verzugszinsen, die durch nachgiebige Rechtssätze in der Höhe von 7%, in Handelssachen 9% pro anno, in Deutschland 4%, bzw. 5%, in der Tschechoslowakei 5%, bzw. 6%, bestimmt sind. Bei allen Leistungen hat der Vertragstreue, ob er nun auf Erfüllung dringt oder zurücktritt, überdies die Ausübungsrechte frei, die sich vertragsmäßig an den Terminsverlust, das ist an die Nichteinhaltung der für Begünstigungen zur Bedingung gemachten Zahlungstermine (siehe z. B. § 40 VIII) knüpfen, etwa den Anspruch auf sofortige Zahlung des ganzen Kaufschillings statt der Ratenzahlungen; ferner die Geltendmachung des Zurückbehaltungs- (§ 471 ÖABGB.; Art. 313 ÖHGB.; § 369 DHGB.) und des kaufmännischen Pfandrechtes (Art. 310, 311 ÖHGB.; §§ 1220 ff. DBGB.; § 368 DHGB.). Besonderes gilt noch zugunsten des Staates gegen den verziehenden Unternehmer bei Militärlieferungsverträgen (KaisV. v. 12. Juni 1915, RGBl. Nr. 158), zugunsten des Orderpapiergläubigers hinsichtlich der Regreßforderungen.

Ist der Verzug des Schuldners ein verschuldeter, so treten überdies die unter a) bezeichneten Rechtsfolgen ein.

c) Der Verzug des Gläubigers (Annahmeverzug) berechtigt den Schuldner nicht, den Gläubiger zur Annahme zu zwingen; trotz Artikel 346/1 ÖHGB. gilt dies auch beim Handelskauf (richtig § 373 DHGB.). Es ist dabei gleichgültig, ob den Gläubiger ein Verschulden am Verzuge trifft oder nicht, ob er z. B. die Ware deshalb nicht übernimmt, weil der Preis gefallen, oder deshalb nicht, weil er, der Käufer, kriegsgefangen ist.

Dagegen hat der Schuldner stets das Recht der Hinterlegung der Sache bei dem Gericht (erster Instanz) des Erfüllungsortes; hiedurch wird er, hat er genau so hinterlegt, wie er hätte erfüllen müssen, seiner Vertrags- oder sonstigen Pflicht ledig (§ 1425 ÖABGB.; Art. 40 ÖWO.; § 372 DBGB.) und es ist gleichgültig, ob den Gläubiger ein Verschulden (durch den Annahmeverzug) trifft oder nicht. Die Schuldbefreiung durch die Hinterlegung bei Gericht tritt sogar dann ein, wenn der Gläubiger verschollen ist. Hinterlegt der Schuldner aber nicht die Leistung genau wie sie ihm obliegt, sondern z. B. nur einen, sei es selbst sehr großen Teil derselben (z. B. 98% seiner Geldschuld, indem er ein Kassaskonto mit Unrecht abrechnet), so ist der Erlag bei Gericht nicht schuldtilgend, sondern ohne rechtliche Wirkung.

Über die weiteren Rechtsfolgen des Annahmeverzuges beim Kauf siehe § 39 IX.

d) Die Gewährleistung besteht in der Haftung für die gesetzes- und vertragsmäßige Beschaffenheit der Sache. Sie hat nur bei entgeltlichen Geschäften statt (§ 922 ÖABGB.), hängt nicht vom Verschulden des Gewährleistungspflichtigen ab und ist durch nachgiebige Rechtssätze geregelt.

Ihre Voraussetzung ist, daß der Mangel im Zeitpunkte der erfolgenden Erfüllung vorhanden war und daß der Übernehmer der Sache ihn in diesem Zeitpunkte nicht kannte und (weil er nicht in die Augen fiel) nicht kennen mußte; ob ein Mangel, z. B. ein Fehler des Pferdes, in die Augen fallend war, das ist hiebei (zugunsten des Übernehmers) nicht nach objektiven Merkmalen, sondern nur nach seinen persönlichen Kenntnissen und Erfahrungen zu beurteilen. Für seine Arglist und für seine Zusicherungen haftet der Gewährleistungspflichtige aber immer; wer auf die Zusicherung einer bestimmten Eigenschaft hin kauft, dem darf der Verkäufer also nicht entgegenhalten, er hätte besser zusehen sollen.

Aus der Gewährleistung entspringen bei unbehebbaren Mängeln, die den ordentlichen Gebrauch hindern, die Rechte auf Rücktritt (Wandlung), bei anderen Mängeln jene auf Preisminderung oder Verbesserung, mögen es offene oder geheime, Sach- oder Rechts-, Qualitäts- oder Quantitäts-, behebbare oder unbehebbare Mängel sein. § 932 ÖABGB., etwas anders §§ 459, 462 DBGB. Für Viehmängel § 926 ÖABGB., § 481 DBGB. Dreijährige, bei beweglichen Sachen sechsmonatige Verjährungsfrist § 933 ÖABGB.; §§ 477 DBGB.

Über die Voraussetzungen der Gewährleistung beim Handelskauf siehe § 39 VIII.

§ 11. Die Erfüllung der Forderung

I. Die Forderungserfüllung geschieht durch Leistung des Geschuldeten und nur durch sie (§ 1412 ÖABGB.; § 362 DBGB.; Ausnahmen siehe § 8 II). Zu leisten ist das Versprochene völlig (nicht in Teilen, Ausnahmen § 8, II, III), am richtigen Orte, zur richtigen Zeit, auf die richtige Art (also in der richtigen Währung), alles dies, so wie Treu und Glauben im Verkehr es erfordern (§ 6 VI). Gerade darum muß allerdings der Gläubiger über kleine Unebenheiten der Erfüllung dann hinweggehen, wenn sie zu beachten Schikane wäre.

Eine Art der Schuldtilgung ist die Aufrechnung (Kompensation) der Schuld mit einer richtigen, gleichartigen und fälligen Forderung des Schuldners an denselben Gläubiger (§§ 1437 ff. ÖABGB.; §§ 387 ff. DBGB.; im Konkursverfahren bestehen Besonderheiten). Das Gegeneinanderstehen solcher Forderung und Gegenforderung bewirkt nicht von selbst die Forderungsausgleichung, sondern es bedarf hiezu einer einseitigen, empfangs-, wenn auch nicht annahmebedürftigen Erklärung einer der beiden Parteien. Aufrechnungsverbote: In Verwahrung genommene, entlehnte, in Bestand genommene Stücke, § 1440 ÖABGB.;

von der Zwangsvollstreckung befreite Gehaltsbezüge und Lohnbezüge (Ausnahme: Gehaltsvorschüsse und absichtlich zugefügte Schäden) § 293 ÖEO.; Lohnschulden gegen gesetzwidrig kreditierte Waren, § 78a ÖGewO.; vertragsmäßige Aufrechnungsverbote. Die Aufrechnung spielt bei der Abwicklung der Börsegeschäfte (§ 40 IX) eine erhebliche Rolle.

Die Hingabe an Zahlungsstatt ist keine Schuldtilgung, sondern ein vereinbarter Ersatz derselben. Siehe § 10 II.

II. Der Schuldner hat zu zahlen; doch darf ohne seine und des Gläubigers Zustimmung der Bürge, ferner mit des Schuldners Zustimmung allein[1]) auch ein Dritter zahlen; der Gläubiger hat dann grundsätzlich (Ausnahme: höchstpersönliche Leistungen; vertragsmäßiger Ausschluß, § 9 I) kein Widerpruchsrecht, muß vielmehr dem Zahlenden die Rechte gegen den Schuldner abtreten, §§ 1422, 1423 ÖABGB.; § 267 DBGB.; Artikel 62 ÖWO. über die Ehrenzahlung des Wechsels. Über Schuldübernahme und Schuldbeitritt § 9 IIIb.

Der Gläubiger hat zu empfangen, kein Dritter. Der Inkassobevollmächtigte ist freilich kein „Dritter", sondern stellt den Gläubiger vor; an den Inkassobevollmächtigten, z. B. an den Bahnkassier, zahlt der Schuldner also mit Wirkung. Dasselbe gilt für die Zahlung an den Domiziliaten eines Wertpapieres, z. B. des Wechsels oder Lagerscheines, ferner für jene an den Masseverwalter als den gesetzlichen Stellvertreter des (Gemein-) Schuldners, § 22, unter Umständen auch an das pfändende Vollstreckungsorgan, § 25 ÖEO.; §§ 754 ff. DZPO. Sonst aber ist die Zahlung an eine vom Gläubiger verschiedene Person keine Schuldtilgung, der Gläubiger genehmige denn den Vorgang. Wer an den Überbringer einer unquittierten Rechnung (Art. 51 ÖHGB.) oder an denjenigen leistet, der eine Vollmacht vorschützt oder fälscht, der hat also seine Schuld nicht bezahlt, Art. 55 ÖHGB.; § 177 DBGB.

III. Zahlt der Schuldner von mehreren Verbindlichkeiten an denselben Gläubiger nicht alle, sondern nur eine oder einzelne, so entscheiden die Parteienvereinbarung und die Usancen darüber, welche der Schulden bezahlt sind. Fehlt es daran, so entscheidet der Schuldner, welche Schulden durch die Zahlung getilgt sind, jedoch zweckwidrigerweise unter Vorbehalt des Widerspruchsrechtes des Gläubigers (§ 1416 ÖABGB.; mit Recht anders § 366 DBGB.). Die Ausübung dieses Widerspruchsrechtes steht in des Gläubigers Ermessen. Macht er davon Gebrauch, so bestimmt dann der § 1416 ÖABGB. (siehe § 367 DBGB.), welche Schulden getilgt sind: Zuerst die Zinsen, dann das Kapital; die fälligen vor den nichtfälligen, dann die belasteten vor den nichtbelasteten Schulden.

---

[1]) Oder mit jener des Gläubigers allein.

IV. Der Gläubiger hat die Bezahlung auf seine Kosten (nachgiebiges Recht) zu quittieren (§ 1426 ÖABGB.; anders § 369 DGBB.), wenn auch nicht immer in einer besonderen Urkunde (Saldierungsvermerk). Die Unterschrift des Gläubigers ist erforderlich, es begnüge sich denn der Geschäftsverkehr üblicherweise mit Stampiglien (§§ 886, 1426 ÖABGB.). Zusätze und Vorbehalte des Gläubigers in der Quittung darf der Schuldner nicht zurückweisen, wenn nur die Quittung den Empfang der geschehenen Leistung richtig bestätigt.

Der Gläubiger hat dem Schuldner den Schuldschein (das Wertpapier) oder die an seine Statt getretene Kraftloserklärungsurkunde (§ 7 II) herauszugeben; andernfalls braucht der Schuldner nur sicherzustellen oder gegen Sicherstellung zu leisten.

V. Bisweilen entfällt die Leistungspflicht.

a) Dem Schuldner kann vertragsmäßig das Rücktrittsrecht zustehen; ob er für die Ausübung dieses Rechtes dann ein Reugeld zu bezahlen hat, das hängt vom Vertrag ab (§ 909 ÖABGB.; siehe § 12 III).

b) Der Tod des Schuldners behebt die Leistungspflicht, wenn es sich um persönliche, nicht oder nicht wohl vererbliche Dienstleistungen handelt (ein Tenorist stirbt). Sonst geht die Leistungspflicht auf die Erben (§ 17 I) über. Der Tod des Gläubigers hat fast immer die Wirkung des Rechtsüberganges auf die Erben; siehe jedoch den Rasiervertrag.

c) Wird die Leistung nach dem Vertragsabschluß, also nachträglich, unmöglich, so entfällt die Leistungspflicht (§ 1447 ÖABGB.), und zwar ohne Rücksicht darauf, ob den Schuldner ein Verschulden an dieser Unmöglichkeit trifft oder nicht (böswillige Vernichtung des Kaufstückes). Die Leistung wird ja nicht dadurch möglich, daß der Schuldner sie etwa böswillig vereitelte; es besteht nur ein Ersatzanspruch des Gläubigers.

Die nachträglich eingetretene Unerschwinglichkeit der (möglichen, aber ruinösen) Leistung dagegen befreit nur dann von der Leistungspflicht, wenn die Unerschwinglichkeit eine unverschuldete ist; siehe § 6 Va. Über die Vertragsänderung wegen der Unerschwinglichkeit der Leistung siehe § 6 V a.

d) In einer Reihe von Fällen gewährt schon das (nachgiebige) Gesetz ein Rücktrittsrecht. Es handelt sich dabei stets um gegenseitige Verträge. Ein solches Rücktrittsrecht hat z. B. der Erwerber einer, mit gewissen unbehebbaren Mängeln behafteten Sache, § 932 ÖABGB (§ 10 VIII d).; der Käufer beim Lieferungsverzug des Verkäufers, § 918 ÖABGB., Artikel 355 ff. ÖHGB. (§ 39 IX); der Vermieter, wenn der Mieter mit zwei aufeinanderfolgenden Mietzinsraten im Rückstand ist, § 1118 ÖABGB.; der Dienstnehmer während des Dienstvertrages „aus wichtigen Gründen"; der Pächter oder Verpächter bei Pachtzinserhöhungen oder -ermäßigungen durch das Gericht (ÖGes. v. 20. Dezember 1921, BGBl.

Nr. 746; siehe § 10 VII); der Masseverwalter bei zweiseitigen, beiderseits noch nicht erfüllten Verträgen des (Gemein-) Schuldners mit einem Dritten, § 21 ÖKO.

Über die etwaigen weiteren Rechtsfolgen dieser Situationen siehe § 8 IV; § 10 VIII.

e) Eine lediglich schikanöse Rechtsausübung braucht sich der Schuldner nicht gefallen zu lassen; § 1295 a ÖABGB.; § 826 DBGB.

§ 12. Die Sicherung der Erfüllung

I. Es gibt Rechtsgeschäfte gegen bar und solche auf Borg; geborgt kann dabei sowohl eine Geld- als auch eine andere Leistung werden. Beispiel: Vorausbezahlung des Honorars für ein in vier Wochen durchzuführendes Konzert.

Rechtsgeschäfte gegen bar, gegen sofortige Erfüllung, verlangen und gewähren kein Vertrauen, bedürfen darum auch keiner Sicherung ihrer Erfüllung. Anders bei Rechtsgeschäften auf Kredit; welche Vertragsleistung immer da kreditiert, geborgt werden mag, Vertrauen wird gefordert und gewährt. Hier ist darum Raum und Anlaß für die Sicherung der späteren Erfüllung dieser geborgten Leistung.

Bisweilen fordert allerdings der Gläubiger weder beim Vertragsabschluß noch in der Folgezeit eine solche Sicherung; er vertraut dem Schuldner, er gewährt seiner Person Kredit. Aber der Schuldner erscheint dem Gläubiger nicht immer als derart kreditwürdig; des Schuldners Personalkredit reicht bisweilen nicht aus, um den Gläubiger zum Vertragsabschluß zu bewegen; da muß der Schuldner schon beim Vertragsabschluß eine besondere Sicherung für die seinerzeitige Erfüllung beistellen, z. B. ein Pfand oder Bürgen. Oder der Gläubiger verliert nach dem Vertragsabschluß, aber vor der Vertragserfüllung das Vertrauen in den Schuldner, etwa deshalb, weil dessen Vermögenslage sich offenkundig verschlechtert; auch da wird der Gläubiger trachten, sich eine Erfüllungssicherung zu verschaffen, obwohl er sie beim Vertragsabschluß nicht ausbedang (siehe § 8 II a).

Die Rechtsordnung gewährt mit Recht mannigfaltige Sicherungsmittel der Erfüllung. Mit Recht deshalb, weil jedes Sicherungsmittel den Kredit verbilligt und somit der Regel nach der Privatwirtschaft des Schuldners nützt; freilich ist die Regel keine ausnahmslose.

II. Das Angeld (§ 908 ÖABGB.; Art. 285 ÖHGB.; Draufgabe, § 336 DBGB.) wird beim Vertragsabschluß als dessen Zeichen (nicht versprochen, sondern) gegeben. Ob das geschehen und welche der Parteien es geben soll, das bestimmt nicht das Gesetz, sondern der Parteienwille (anders nur bei einzelnen Gesindeordnungen, nicht anders nach dem ÖHausgehilfenges. vom 26. Februar 1920, StGBl. Nr. 101); das Geben und Nehmen des Angeldes ist also keine Gültigkeitsbedingung des Vertrages. Auch gewährt dessen Hingabe dem Geber kein einseitiges Rücktrittsrecht vom Vertrage; er kann sich (nachgiebiger Rechtssatz!) dessen Erfüllung nicht dadurch entziehen, daß er das Angeld verfallen läßt; Angeld ist kein Reugeld (nachgiebiger Rechtssatz des § 910 ÖABGB.; § 336 DBGB.).

Die Bedeutung des Angeldes steckt vielmehr darin, daß es der schuldlosen, vertragstreuen Partei die Vertragserfüllung durch die andere Partei sichert, es sei denn, diese Erfüllung sei durch Zufall unmöglich geworden (das Miethaus brennt ab); der Vertragstreue darf zwischen Erfüllung, Behalten des Angeldes (Forderung des doppelten Angeldes), Schadenersatz wählen, § 908 ÖABGB.; § 338 DBGB.; siehe aber auch § 39 IX (Handelskauf). Bei Ratengeschäften über bewegliche Sachen (ÖGes. vom 27. April 1896, RGBl. Nr. 70) ist übrigens zu unterscheiden: Tritt der Käufer (ein Nichtkaufmann) zurück, so gilt § 908 ÖABGB.; tritt der Verkäufer zurück, so hat er das Angeld herauszugeben.

Leihkauf, Halftergeld, Schlüsselgeld sind kein Angeld, sondern selbständige Verpflichtungen; die entsprechenden Rechte stehen bisweilen nicht einmal dem Vertragsgegner, sondern einem Dritten (etwa das Schlüsselgeld der Ehefrau des Vertragsgegners) zu.

III. Das Reugeld (§ 909 ÖABGB.; § 359 DBGB.), beim Vertragsabschlusse nicht gegeben, sondern versprochen, ist eine vereinbarte Vergütung für die Ausübung des Rücktrittsrechtes; es sichert demnach die Vertragserfüllung nur insoweit, als es dem Zurücktretenden vertragsgemäß ein bestimmtes Opfer für den Rücktritt auferlegt. Das Reugeld ist übrigens (nachgiebiger Rechtssatz des § 911 ÖABGB.) nicht nur beim Rücktritt vom Vertrage, sondern auch dann zu entrichten, wenn die Partei durch ihr „Verschulden an der Erfüllung des Vertrages verhindert wird". Die Vereinbarung eines Reugeldes schließt sinngemäß Ersatzansprüche wegen der Nichterfüllung des Vertrages aus; Ausnahme § 1295/2 ÖABGB. (offenbar schikanöse Rechtsausübung, § 11 V e), § 826 DBGB.

Wichtiger Fall: Prämiengeschäfte, das sind Börsegeschäfte (ÖGes. v. 1. April 1875, RGBl. Nr. 67) und auch börsenmäßige (ÖGes. v. 4. Januar 1903, RGBl. Nr. 10) Geschäfte, bei denen die eine Partei (oder jede der Parteien) gegen Bezahlung der Prämie am Stichtag von der Vertragserfüllung zurücktreten darf; diese Prämienvereinbarung beschränkt für den zum Rücktritt gegen Prämienzahlung Befugten die Verlustmöglichkeit auf die Höhe der Prämie. Vorprämie heißt es beim Käufer, Rückprämie beim Verkäufer. Siehe § 40 IX.

IV. Der Vergütungsbetrag (die Vertragsstrafe, Konventionalstrafe, § 1336 ÖABGB.; Art. 284 ÖHGB.; §§ 339 ff. DBGB.; § 348 DHGB.) sichert die Vertragserfüllung lediglich dadurch, daß deren Vereinbarung auf den Schuldner einen starken Druck ausübt. Sie verschiebt die Beweislast (nicht für den Schaden, aber) für die Schadenshöhe vom Vertragstreuen auf den Vertragsbrüchigen. Erfüllt nämlich der Schuldner (es sei denn ohne sein Verschulden) den Vertrag nicht oder nicht gehörig, so muß er den Vergütungsbetrag bezahlen, ohne daß der Vertragsgegner einen Schaden beweisen müßte[1]) und es bleibt dem Schuldner nur offen (zwingendes Recht), das Übermäßige dieses Betrages nachzuweisen — eine schwerwiegende Verschiebung zuungunsten des Vertragsbrüchigen. Siehe Einzelheiten bei § 8 IVc.

V. Einstweilige Verfügungen und Maßnahmen zur Sicherung der Konkursmasse folgen der Entstehung der Ansprüche nach. Diese Sicherungsmittel werden also nicht beim Abschluß des Rechtsgeschäftes erworben, sondern im nachhinein: Der Gläubiger bekommt um der veränderten Umstände des Schuldners willen eine Sicherung, auf die er nicht von vornherein rechnete.

Die Maßnahmen zur Sicherung der Konkursmasse trifft das Konkursgericht von Amts wegen zugunsten nicht einzelner, sondern aller Gläubiger; diese Maßnahmen sollen Vermögensverschleppungen und Vermögensverschleierungen des Gemeinschuldners oder Dritter verhüten. Beispiele: Sperre des Bankdepots; Aufenthaltspflicht des Gemeinschuldners am Gerichtssitz. Siehe § 22.

Einstweilige Verfügungen verfügt (fast immer nur auf Antrag) das Gericht zugunsten der gefährdeten Partei, sei es bevor diese ihren Anspruch eingeklagt hat, sei es während des Prozesses; sie sollen die künftige Urteilserfüllung sicherstellen, gewährleisten. Die einstweilige Verfügung gibt dem Gläubiger (genauer: der gefährdeten Partei) kein dingliches Recht an irgend einem Vermögensstück des Schuldners; die gefährdete Partei wird z. B. durch den Vollzug der einstweiligen Verfügung kein Pfandgläubiger. Die Sicherung durch eine solche Verfügung ist leicht erlangt: ohne Beweis, auf die bloße Bescheinigung (= Wahrscheinlichmachung, nimmt man gewöhnlich an) des Anspruches der gefährdeten Partei und der Gefahr, in die sie hinsichtlich der späteren Forderungserfüllung der Gegner (in der Regel durch sein bösliches Verhalten) bringt. Aber die Stärke der Sicherung entspricht auch diesen leichten Voraussetzungen: Es wird vom Gericht nur dafür gesorgt, daß die derzeitige tatsächliche Situation bis zur Urteilsrechtskraft erhalten bleibe. Beispiel: Veräußerungsverbot hinsichtlich der bei einer Bank erliegenden Wertpapiere, von denen die gefährdete Partei bescheinigt, sie seien ihr verkauft.

VI. Der Bürgschaftsvertrag ist ein Vertrag des Bürgen mit dem Gläubiger, nicht mit dem Schuldner; der Bürge verspricht dem

---

[1]) Spruch-Rep. 145.

Gläubiger, er werde ihm für seine Forderung aufkommen. Um der Gefahren willen, die diese Gläubigersicherung für den Bürgen mit sich bringt, ist die Verpflichtungserklärung des Bürgen nur gültig, wenn sie (nicht der ganze Vertrag) schriftlich ist[1]; doch gilt diese wichtige Schutzvorschrift nicht, wenn die Bürgschaft oder das verbürgte Geschäft ein Handelsgeschäft ist (siehe § 350 DHGB).

Jeder Bürgschaftvertrag setzt eine Hauptschuld voraus, § 1351 ÖABGB. Darum sind zwar gültig, scheiden aber mangels einer solchen Hauptschuld an den Gläubiger aus den Bürgschaftsverträgen aus: Der Garantievertrag (namentlich beim Kreditauftrag); das Delcredere-Stehen des Kommissionärs, Artikel 370 ÖHGB.; § 394 DHGB.; siehe § 46 IV a); die Wechselbürgschaft (das Aval, Art. 81 ÖWO.; § 81 DWO.); der Versicherungsvertrag (siehe § 54 I).

Neben den Bürgschaftsverträgen stehen in eigentümlicher Weise im Zwangsausgleich und gerichtlichen Ausgleiche die Vereinbarungen der Gläubiger mit dem Ausgleichsgaranten. Sie haben im wesentlichen die Bedeutung und Wirkung von Bürgschaftsverträgen, sind aber keine Verträge, schon weil sie nicht der Zustimmung aller Gläubiger (also aller etwaigen Vertragsparteien) bedürfen; die Verbindlichkeit des Ausgleichsgaranten beruht vielmehr auf einer Gerichtsentscheidung. Siehe §§ 22, 23 über den Zwangsausgleich und gerichtlichen Ausgleich.

Es verbleiben demnach als dem Bürgschaftsrecht unterstellt nur nachfolgende Arten: a) „Bloße Bürgschaft" des ÖABGB., § 1346 ÖABGB.; Haftung des Bürgen nach vorheriger Mahnung des Hauptschuldners, § 1355 ÖABGB.; (weitergehend: § 771 DBGB., Vorausklage erfordernd); b) „Bürge und Zahler", haftet nicht subsidiär, sondern solidarisch mit dem Hauptschuldner, § 1357 ÖABGB.; c) Bürgschaft nach dem Handelsrecht, begründet stets Solidarhaftung wie beim Bürgen und Zahler (nachgiebiges Recht), Artikel 281/2 ÖHGB., §§ 349 ff. DHGB.; d) Schadlosbürgschaft. Der Bürge haftet nur, wenn über das Vermögen des Hauptschuldners der Konkurs eröffnet oder über ihn das gerichtliche Ausgleichsverfahren eingeleitet worden oder wenn er zur Erfüllungszeit unbekannten Aufenthalts ist, § 1356 ÖABGB. Es darf überdies kein Gläubigerverzug vorliegen; e) Entschädigungsbürgschaft eines Dritten zugunsten des Bürgen, wenn er zur Zahlung herangezogen wird, § 1348 ÖAGBB.

Der Bürge haftet für die Hauptschuld, und zwar je nach dem Vertrage völlig (z. B. auch für die Kapitalszinsen) oder beschränkt, im Zweifel beschränkt (Auslegungsregel des § 1353 ÖABGB.), daher für Prozeßkosten nur, wenn er sich ausdrücklich für sie verbürgt hat (anders § 767/2 DBGB.). Früher oder länger als der Hauptschuldner haftet der

---

[1]) Ohmeyer, Die Schriftform der Bürgschaftserklärung (Jur., Bl. 1927, Nr. 12).

Bürge nie (§ 1353 ÖABGB.; § 767 DBGB.), so daß die dem Schuldner gewährte Stundung auch zugunsten des Bürgen wirkt und daß des Schuldners Zahlung, aber ebenso der gegen den Hauptschuldner ausgesprochene Schulderlaß den Bürgen befreit; dasselbe tritt ein, wenn die Hauptschuld verjährt. Die Bürgschaft kann aber auch vor der Hauptschuld enden: kraft des etwa befristeten Bürgschaftsvertrages (§ 1363 ÖABGB.); durch Zahlung des Bürgen (§ 1358 ÖABGB.; § 774 DBGB.; siehe § 9 II e); dadurch, daß der Gläubiger den Bürgen der Haftung entläßt; durch Verjährung der Bürgschaftsschuld; endlich binnen drei Jahren nach dem Tode des Bürgen (hiezu § 1367 ÖABGB., gilt nicht beim Bürgen und Zahler und nicht, wenn neben der Bürgschaft noch Hypothek oder Faustpfand haftet).

Der zahlende Bürge hat grundsätzlich nach der Maßgabe seiner Zahlung und erst nach dieser ein Rückgriffsrecht an den Schuldner und an den Pfandeigentümer (§ 1358 ÖABGB.; § 774 DBGB.) und erwirbt dann von Gesetzes wegen, also ohne eine besonders ausgesprochene Forderungsabtretung alle früheren Rechte des nun bezahlten Gläubigers, soweit dieser bezahlt ist, also namentlich auch des Gläubigers Pfandrechte (über die Bürgenstellung im Konkurs § 17 ÖKO.; § 193 DKO.). Diese Rechtsstellung des Bürgen verschiebt sich dann noch zu seinen Gunsten, wenn er (auch) mit dem Schuldner einen Vertrag auf Übernahme der Bürgschaft geschlossen hat; da darf (nachgiebiges Recht) der Bürge vom Schuldner nach Fälligkeit, ferner bei Zahlungsunfähigkeit desselben schon vor der Zahlung, §§ 1364, 1365 ÖABGB., Sicherstellung fordern.

VII. Die stärkste Sicherung der Erfüllung eingegangener Verbindlichkeiten ist das Pfandrecht. Zwar ist es wenig tauglich, die Pünktlichkeit der Erfüllung zu sichern. Aber es gewährleistet dem Gläubiger, und zwar der Regel nach in erheblichem Maße, daß er seine Befriedigung unabhängig von einem etwaigen Vermögensverfalle seines Schuldners und unabhängig davon finde, wie viele Gläubiger nach der Pfandrechtsbegründung noch entstehen. Dieses Ziel erreicht das Gesetz durch folgende zwei Sätze: Das Pfandrecht ist (kein bloß persönliches, sondern) ein dingliches Recht, haftet als solches an der Sache, grundsätzlich unabhängig vom Eigentümerwechsel (wichtige Ausnahmen: §§ 367, 456 ÖBGB.; Artikel 306 ÖHGB.; § 1238 DBGB.); mehrere Pfandgläubiger derselben Sache werden aus dem Pfanderlöse grundsätzlich nicht nach dem Verhältnis ihrer Forderungen, sondern nach der Regel befriedigt, daß das ältere Pfandrecht dem jüngeren vorgehe (Grundsatz der zeitlichen Rangordnung); § 216, Z. 4; 286; 312 ÖEO.; siehe unten f). Diese zwei Sätze sind die Stützen des Realkredites; ohne sie kann er kaum bestehen, keinesfalls billig sein. Darum gewährt die Rechtsordnung dem Pfandgläubiger seine Rechtsstellung auch im Konkurs- und gerichtlichen Ausgleichsverfahren (Ausnahme in Österreich und der Tschechoslowakei § 12 KO.; § 12 AusglO. für richterliche Pfandrechte der letzten sechzig Tage vor Eröffnung des Konkurs- oder Ausgleichsverfahrens).

a) Das Pfandrecht ist das dingliche Recht des Gläubigers einer Geldforderung, sich aus dem Wert eines bestimmten Vermögensstückes im Range seiner Pfandforderung bezahlt machen zu lassen, falls die Geldforderung nicht bezahlt wird (§ 447 ÖBGB.; §§ 1113, 1191, 1199, 1204 DBGB.).

b) Das Pfandrecht kann nur zugunsten von Geldforderungen begründet werden, wenn auch von solchen jeder Währung; es haftet aber dann das Pfand (nachgiebiges Recht) für diese Pfandforderung samt den Zinsen (dreijährige Rückstände im Range des Kapitals) bis zum Zuschlagstage der Pfandsache sowie samt den Zwangsvollstreckungskosten (§ 216, Z. 4/2 ÖEO.; § 1210 DBGB.).

c) Das Pfandrecht kann an jedem Gegenstand und an jedem Rechte begründet werden, die „im Verkehr" stehen (§ 448 ÖABGB.; Handpfand, Hypothek = Grundstückpfand). Was nicht im Verkehre steht, daran kann also kein Pfandrecht wirksam begründet werden; daher nicht an ärarischen Monturstücken oder ausländischen Lotterielosen; ebensowenig an den Bezügen der in (öffentlichen oder privaten) Diensten stehenden Personen und ihrer Hinterbliebenen, soweit diese Bezüge der Pfändung entzogen sind (Dienstbezüge bis 1200 S jährlich völlig, darüber bis 4800 S zum Teil, § 289 c ÖEO.); ebensowenig an gewissen Brandschadensversicherungssummen für unbewegliche Güter (§ 290, Z. 2 ÖEO., § 97 DVVG.), an Postsparkassengeldern (anders steht es mit Geldern im Clearing-Verkehr der Postsparkasse; diese können verpfändet und gepfändet werden) usw.

Personal- und Pfandschuldner: Die Pfandsache gehört oft dem Schuldner = Personalschuldner. Da dieser dem Gläubiger = Personalgläubiger ohnedies der Regel nach (es gibt auch Fälle beschränkter Haftung) mit seinem ganzen Vermögen für die Zahlung der Forderung haftet, gewinnt der Gläubiger in solchen Fällen durch das Pfand kein neues Sicherungsobjekt, sondern nur (infolge der Dinglichkeit des Pfandrechtes und des Grundsatzes der zeitlichen Rangordnung) eine stärkere Sicherheit für seine Befriedigung. Neue Sicherungsobjekte entstehen dagegen dem Gläubiger dann, wenn ein Dritter ihm ein Pfandrecht an der Sache oder an dem Rechte dieses Dritten (des Pfandschuldners) einräumt (C verpfändet seine Sache dem A für dessen Forderung an B); dieser Pfandschuldner haftet ihm freilich nicht wie der Personalschuldner persönlich und nicht mit dem ganzen Vermögen, aber es haftet doch das Pfand.

Das begründete Pfandrecht haftet am ganzen Pfandgegenstande (mag dieser auch an Wert die Pfandforderung übersteigen) samt Zuwachs und Zubehör, samt Zivil- und Naturalfrüchten (z. B. Zinsen, Obst), solange sie noch nicht bezogen oder abgesondert sind (§ 457 ÖABGB.; anders bezüglich der Zinsen § 1212 DBGB.).

d) Pfandgläubiger und Pfandschuldner (Eigentümer des Pfandes) haben grundsätzlich verschiedene Personen zu sein. Daraus ergibt sich bei einer Mehrheit von Pfandgläubigern an derselben Pfandsache das Vorrücken späterer Pfandgläubiger, wenn der Pfandschuldner ihren Vormann ausbezahlt. Dieser Grundsatz der Vorrückung ist wirtschaftlich unbegründet; denn er bereichert die Nachmänner im Pfandrecht ohne Grund und erschwert dem Eigentümer der Pfandsache die Aufnahme neuer Pfandforderungen. Darum — freilich nicht bloß darum — gibt es auch Eigentümerhypotheken (§§ 469, 1446 ÖABGB.; §§ 1163, 1168 DBGB.) und Eigentümerpfandrechte (Art. 374 ÖHGB.; § 397 DHGB.), bei denen der Pfandgläubiger und der Pfandschuldner dieselbe Person sind.

e) Die Pfandrechtsbegründung kann geschehen durch Vertrag (Verpfändung, Lombardierung[1]), Gesetz, durch Eigenmacht, durch letztwillige Erklärung (ohne praktische Bedeutung), durch behördlichen Akt (Pfändung).

aa) Der Vertrag der Parteien erzeugt kein Pfandrecht. Hiezu gehört vielmehr bei beweglichen Pfandsachen noch die Übergabe, bei unbeweglichen die Eintragung des Pfandrechtes in das Grundbuch (§ 1368 ÖABGB., § 1205 DBGB.), bei unbeweglichen, die in keinem Grundbuch stehen, die Urkundenhinterlegung bei Gericht (siehe § 39 III b). Bei beweglichen Pfandstücken hat die Übergabe von Hand zu Hand zu geschehen; nur wenn dies nicht geht, reicht die Verwendung leicht erkennbarer Zeichen aus (ist aber auch nötig; anders §§ 1205, 1206 DBGB.), so der Pfandzettel an Maschinen; so der Übergabe der einzigen Schlüssel des Kellers, in dem der verpfändete Wein liegt; so der Anmerkung des Pfandrechtes im Schiffsregister bei verpfändeten Seeschiffen (Über das Schiffsregister ÖBGes. v. 17. Januar 1921, BGBl. Nr. 176). Bei unbeweglichen Pfandstücken, die nicht im Grundbuch stehen, ist die Urkundenhinterlegung Gültigkeitsbedingung für die Pfandrechtsentstehung. Bei unbeweglichen Pfandstücken dagegen, die, wie der überwiegenden Regel nach, in einem Grundbuch eingetragen sind, ist die Eintragung des Pfandrechts in das Lastenblatt C der Grundbuchseinlage der Pfandsache (etwa des verpfändeten Hauses) Gültigkeitsbedingung (§§ 451, 1368 ÖABGB.; §§ 13 ff. ÖGrundbGes. v. 25. Juli 1871, RGBl. Nr. 95; §§ 1115, 1192, 1200 DBGB.).

Das Grundbuch[2]), den Römern noch völlig unbekannt, hat sich in Deutschland entwickelt und ist für Eigentum und Pfandrecht

[1]) Über deren Eigentümlichkeit Schey, Obligationsverh. 292 ff.
[2]) Es gibt neben ihm noch Landtafel- und Eisenbahnbuch.

gleich bedeutsam geworden. Die ältesten erhaltenen Bücher dieser Art sind die Kölner Schreinsbücher, die schon im 12. Jahrhundert begannen. In west- und nordwestlichen Städten Deutschlands bildete sich zuerst der Brauch, daß die Rechtsgeschäfte über Liegenschaften in eigene von den Gerichten geführte Bücher eingetragen wurden (zuerst freilich nur zu Beweiszwecken). Diese wertvolle Übung dehnte sich in Böhmen und Mähren auch auf die ländlichen Grundstücke aus; hier setzte sich auch vor allem der Grundsatz durch, daß die Eintragung in das Grundbuch nicht bloß Beweiszwecken diene, sondern eine Gültigkeitsbedingung für das Rechtsgeschäft, z. B. für die Pfandrechtsbegründung, sei. Das Eindringen des römischen Rechtes in Deutschland hemmte diese, die Rechtssicherheit und den Kredit fördernde Bewegung nicht überall und nirgends auf die Dauer. Denn seit dem Vorherrschen der Geldwirtschaft stellte sich der große Nutzen des Grundbuchs für den Realkredit überzeugend heraus. Schließlich griff man fast überall zu dieser Einrichtung, am zögerndsten in England. Das Grundbuch ist jetzt ein von dem Gerichte geführtes öffentliches Grundstückverzeichnis. Angelegt nach dem System der Realfolien. Grundbuchskörper als die Verkehrseinheit. Grundbuchseinlage (EZ.). Die Blätter einer jeden einzelnen Grundbuchseinlage: A Gutsbestand, B Eigentum, C Lasten (obligatorisch). Die Eintragungsformen: Einverleibung (unbedingte), Vormerkung (bedingte Eintragung), Anmerkung. Gegenstand der Einverleibung oder Vormerkung: Eigentum, Baurecht (ÖGes. v. 26. April 1912, RGBl. Nr. 86; deutsche Vdg. v. 15. Januar 1919, RGBl. S. 72), Dienstbarkeit (z. B. Wege- und Fensterrechte), Reallast (darunter Ausgedinge), Pfandrecht (= Hypothek; in Deutschland auch Grund- und Rentenschuld), Wiederkaufs- und Vorkaufsrecht, Bestandrecht (§§ 1120, 1121 ÖABGB.). „Die Erwerbung, Übertragung, Beschränkung und Aufhebung bürgerlicher Rechte wird nur durch die Eintragung derselben... bewirkt“ (§ 4 ÖGrundbGes.). Wer aber im Vertrauen auf das Grundbuch auf Grund eines privatrechtlichen Rechtsgeschäftes (z. B. eines Kaufvertrages, eines Testaments) eine solche Eintragung in das Grundbuch gegen den eingetragenen Eigentümer erwirkt, zu dessen Gunsten gelten die Grundbuchseintragungen als richtig und vollständig (Publizitätsprinzip), auch wenn sie es nicht sind[1]). Dieses Publizitätsprinzip gilt nur nicht im Exekutionsverfahren, also nicht für den richterlichen Pfandrechtserwerb und nicht für den Ersteher in der Zwangsversteigerung (der Ersteher wird also durch den Zuschlag nur dann der Eigentümer des versteigerten Hauses, wenn der als Eigentümer desselben eingetragene Verpflichtete mit Recht eingetragen war). Diese Grund-

---

[1]) Für die obgenannte Urkundenhinterlegung bei Gericht gilt dieses Publizitätsprinzip nicht; das erschwert die Verpfändung der nicht in einem Grundbuch eingetragenen Liegenschaft.

buchseinrichtungen sind für die Rechtssicherheit des Geschäftsverkehrs mit unbeweglichen Sachen von entscheidender Bedeutung. Gerade darum muß aber dafür gesorgt werden, daß die Eintragungen in das Grundbuch in der Tat richtig seien (und bleiben). Für Pfandrechtseinverleibungen bedarf es darum unter anderem einer mit der gerichtlich oder notariell beglaubigten Unterschrift des Eigentümers versehenen Zustimmungserklärung desselben in einer von sichtbaren Mängeln freien, den Rechtsgrund und die Forderungsziffer (allenfalls Höchstziffer bei Kautions- und Kredithypotheken) enthaltenden Urkunde[1]) (§§ 26, 27, 31 ÖGrundbGes.; § 1113 DBGB.). Die Rangordnung des einverleibten Pfandrechtes richtet sich dann nach der Grundbuchs-Einreichungszahl (§ 29 ÖGrundbGes.); nach ihr richtet sich also die Reihenfolge mehrerer Pfandforderungen an derselben Pfandsache; eine Vorrangseinräumung des älteren an ein späteres Pfandrecht ist aber zulässig (§ 45 bis 54 KaisV. v. 19. März 1916, RGBl. Nr. 69; § 1165 DBGB.).

Neben der Pfandrechtseinverleibung gibt es noch eine Pfandrechtsvormerkung, die dem Pfandrechte zeitweilig wenigstens den Rang sichert; hier werden an die Urkundsförmlichkeiten geringere Anforderungen gestellt.

bb) Das gesetzliche Pfandrecht entsteht ohne Vertrag, bisweilen auch ohne die Übergabe oder Eintragung in das Grundbuch; es knüpft einfach an einen bestimmten Tatbestand an: ist dieser gegeben, so ist das Pfandrecht — ohne Willensäußerung einer Partei darüber — entstanden. Vielfach sind gesetzliche Pfandrechte nichts anderes als die Fortbildungen früher vertragsmäßig begründeter; doch gilt dies nicht allgemein. Die gesetzlichen Pfandrechte sind für den Realkredit nicht günstig; darum wurde den Bauhandwerkern bisher kein solches eingeräumt. Die Vorschriften über die gesetzlichen Pfandrechte sind (mit Ausnahme des unten zuletzt genannten) nicht zwingenden, sondern nachgiebigen Rechtes. Derzeit bestehen sie zugunsten mancher (nicht aller) Steuern und sonstiger öffentlicher Abgaben[2]) (z. B. der Krankenkassenbeiträge [3]), Gemeindeumlagen [4]), nicht auch der Telephongebühren[5]) und dann unter anderem noch in folgenden Fällen:

für die Bestandzinsforderungen der Bestandgeber (§ 1101 ÖABGB.; enger § 559 DBGB.), sie seien denn Gastwirte, Garagevermieter, Lager-

---

[1]) Diese Erfordernisse gelten übrigens auch für die Hinterlegungsurkunde.

[2]) Ausführliche Rechtsprechung in „Systematische Darstellung der oberstgerichtlichen Entscheidungen", S. 314 bis 325.

[3]) Jud. B. 150.

[4]) Jud. B. 65.

[5]) Spruch-Rep. 251.

halter, Badeanstaltsbesitzer; der Vermieter hat dieses Pfandrecht an den eingebrachten Sachen nicht nur des Mieters, sondern auch dessen, den Haushalt teilenden Familienmitglieder bis drei Tage nach Entfernung der einzelnen Sache. Siehe auch unten VIII b,

für den Kommissionär, Artikel 374 ÖHGB.; § 379 DHGB., und zwar am Kommissionsgut für die Dauer der Gewahrsame für alle Forderungen aus laufender Rechnung in Kommissionsgeschäften § 46 IVb),

für den Spediteur, Artikel 382 ÖHGB., § 410 DHGB., am Speditionsgute für die Dauer der Gewahrsame, jedoch nur für dessen Forderungen aus dem einzelnen Speditionsgeschäft,

für den Frachtführer ausschließlich der Eisenbahn, Artikel 409 ÖHGB., § 440 DHGB., für Forderungen aus dem einzelnen Frachtgeschäft, noch durch drei Tage nach der Gutsauslieferung,

für die Eisenbahn, § 76 EVO., Artikel 21 J. Ü. ebenso (die oben genannten drei Tage kommen ihr jedoch nicht zugute; ihr Pfandrecht geht mit der Ausfolgung des Gutes unter),

für das öffentliche Lagerhaus (§ 28 ÖGes. 28 April 1889, RGBl. Nr. 64, und zwar am Lagergute während der Einlagerung für Forderungen aus laufender Rechnung in Lagergeschäften; siehe die Einzelheiten bei § 45 VI. Andere als die öffentlichen Lagerhäuser haben in Österreich kein gesetzliches Pfandrecht; anders § 421 DHGB., der in Deutschland jedem Lagerhalter dasselbe Pfandrecht gibt wie etwa dem Spediteur,

gegen das öffentliche Lagerhaus an dessen Kaution für die aus dem Lagerhausbetrieb gegen das Lagerhaus entstehenden Forderungen, § 5 ÖGes. vom 28. April 1889, RGBl. Nr. 64,

bei der Haftpflichtversicherung (§ 127 ÖVVG.; siehe § 157 DVVG.) hat der Beschädigte gegen den Versicherungsnehmer ein Pfandrecht an dessen Entschädigungsforderung aus dem Versicherungsvertrage (zwingendes Recht für die Parteien des Versicherungsvertrages, nicht auch für den Beschädigten).

cc) Die Pfandrechtsbegründung durch Eigenmacht ist im § 19 ÖABGB. grundsätzlich verboten und der Versuch erzeugt kein Pfandrecht; ebenso § 1205 DBGB. Ausnahme § 1321 ÖABGB. (Tierpfändung).

dd) Die Pfändung durch eine Behörde, insbesondere durch das Gericht, erzeugt Pfandrecht an den pfändbaren und gepfändeten Sachen (§ 450 ÖABGB.; § 804 DZPO.). Voraussetzung ist ein Exekutions-(Zwangsvollstreckungs-) Titel (z. B. ein Leistungsurteil, ein Zahlungsauftrag über Steuern) und eine behördliche Exekutionsbewilligung. Das Pfandrecht entsteht dann durch den Vollzug der Zwangsvollstreckung; er besteht bei verbücherten unbeweglichen Sachen in der Pfandrechtseinverleibung in das Lastenblatt C, bei nicht verbücherten unbeweglichen und bei körperlichen beweglichen Sachen in deren Verzeichnung in einem behördlichen Pfändungsprotokoll (ohne Übergabe der Sachen, aber bei

Mobilien zwingend auf ein Jahr beschränkt); bei Forderungen des Verpflichteten der Regel nach in einem Leistungsverbot an dessen Drittschuldner.

Es sollen nur die Sachen des Verpflichteten gepfändet werden. Doch ist diese Beschränkung nicht immer durchführbar und die Wirkung der bisweilen nicht zu vermeidenden Pfändung von Sachen eines Dritten, die in der Gewahrsame des Verpflichteten sind, erzeugt dann doch das Pfandrecht[1]). Der Rechtsbehelf des Dritten dagegen zur Pfandfreimachung seiner materiell mit Unrecht (wenn auch formell richtig) gepfändeten Sachen ist (wichtig) die Exszindierungsklage.

f) Eine Mehrheit von Pfandrechten an derselben Sache ist für denselben und für verschiedene Gläubiger möglich. Nur müssen es auch mehrere Forderungen sein, für welche die Pfandrechte begründet sind. Regelung der Gläubigerkonkurrenz nach dem Grundsatze der zeitlichen Rangordnung der Pfandrechte (nicht der Forderungen) auch im Konkurs- und gerichtlichen Ausgleichsverfahren; Ausnahmen durch Vorzugsrechte, z. B. zugunsten der Renten aus Meliorationsdarlehen.

g) Der Pfandgläubiger hat, eine abweichende Vereinbarung vorbehalten, kein Gebrauchs- und kein Fruchtbezugsrecht an der Pfandsache (§§ 459, 1372 ÖABGB.), aber auch keine Pflicht, Aufwendungen zu ihrer Verbesserung oder Erhaltung zu machen; nur muß er die Sache (ist er Verwahrer) mit aller Sorgfalt verwahren. Kraft zwingenden Rechtssatzes ist behufs der Wucherverhütung die Vereinbarung im Pfandvertrag verboten und unwirksam, daß der Gläubiger das Pfand nach einer Taxation auf Abschlag seiner Pfandforderung behalten oder daß er es selbst verkaufen dürfe (§ 1371 ÖABGB.; teilweise abweichend § 1245 DBGB.). Der Pfandgläubiger hat also in Österreich lediglich das Recht, das Pfandstück in gesetzlich zwingend bestimmter Weise verwerten zu lassen:

1. Durch das Gericht. Normaler Weg: Klage, Urteil, Exekutionsvollzug. Abgekürzter Weg, sofort mit der Exekution einsetzend, bei den kaufmännischen gesetzlichen Pfandrechten (außer jenem des Lagerhauses) und bei vertragsmäßigen schriftlich vereinbarten Pfandrechten unter Kaufleuten, Artikel 310[2]), 375, 382, 387, 407, 409 ÖHGB.; ferner (auch gegen Nichtkaufleute) manchen Anstalten, welche Kreditgeschäfte betreiben; konzessionierten Pfandleihergewerben.

2. Durch Exekution durch die Verwaltungsbehörde oder den Sensal, Artikel 311 ÖHGB. bei vertragsmäßigem Pfandrecht unter Kaufleuten mit entsprechender schriftlicher Klausel und bei manchen Anstalten, welche Kreditgeschäfte betreiben; Sparkassen; Pfandleiher-

[1]) Die juristische Konstruktion ist strittig.
[2]) In Österreich durch Bestimmungen des BGB. so gut wie bedeutungslos.

gewerben, die auf Grund einer Konzession betrieben werden; Börsebesuchern und Börsemitgliedern bei jenen Pfandprolongations- und Kostgeschäften, die Börsegeschäfte sind (§ 40 IX).

Durch die öffentlichen Lagerhäuser hinsichtlich der bei ihnen eingelagerten Waren.

Durch das Dorotheum (nur) hinsichtlich der daselbst verpfändeten Waren.

Die Verwertung kann durch den öffentlichen Verkauf (die Versteigerung) an den Meistbietenden, der dann grundsätzlich (Ausnahme Hypothekenübernahme unter Anrechnung auf das Meistbot, siehe § 9 III c) pfandfrei erwirbt, durch Verkauf aus freier Hand zum Börsen- oder Marktpreis, Artikel 353 ÖHGB., oder auf andere Weise, z. B. durch die Zwangsverwaltung (zur Früchteziehung) geschehen. Erzielt wird ein Erlös in Geld. Über diesen „Verkauf" siehe auch § 40 XII.

h) Der Erlös wird unter die Pfandgläubiger nach ihrem Rang verteilt. Der Überschuß gehört dem Pfand- (nicht dem Personal-) Schuldner.

i) Simultanhypothek an mehreren Liegenschaften für eine Forderung (ähnlich wie Solidarhaftung). Afterpfand, § 454 ÖABGB.

VIII. Das Zurückbehaltungsrecht (Retentionsrecht) beruht auf Vertrag oder (nachgiebigem, Art. 316 ÖHGB.) Rechtssatz.

a) Die handelsrechtlichen Zurückbehaltungsrechte aus dem Titel des Gesetzes stehen dem Gläubiger an Sachen des Schuldners zu, die in des Gläubigers Gewalt sind. Sie geben dem retentionsberechtigten Gläubiger sowohl das Recht, die Sache zurückzubehalten, als auch jenes, sie durch das Gericht verwerten und sich aus dem Erlöse befriedigen zu lassen. Sie stehen somit dem Pfandrecht sehr nahe, sind ihm denn auch im Konkurs und gerichtlichen Ausgleichsverfahren des Schuldners gleichgestellt. Der wichtigste Unterschied ist das Gebot, dem Schuldner die bevorstehende Rechtsverfolgung anzudrohen (Art. 315 ÖHGB.; § 371 DHGB.; § 1234 DBGB.), wessen es bei der Ausübung des Pfandrechtes nicht bedarf, und das dem Pfandrechte fremde Umtauschrecht des Schuldners.

Fälle und Voraussetzungen: bei normaler Vermögenslage des Schuldners für fällige Forderungen des Kaufmannes an in seiner Gewahrsame befindlichen Sachen des schuldnerischen Kaufmannes, dieser habe denn disponiert; Artikel 313 ÖHGB.; § 369 DHGB.;

beim Konkurs oder gerichtlichen Ausgleichsverfahren, ferner bei der Zahlungsunfähigkeit (Zahlungseinstellung), bei einer fruchtlos gebliebenen Zwangsvollstreckung in das Vermögen des Schuldners, — auch für nicht fällige Forderungen trotz entgegenstehender Disposition des Schuldners, Artikel 314 ÖHGB., § 370 DHGB.;

bei Handelsagenten (neben dem sonstigen Zurückbehaltungsrecht auch) an den Mustern, und zwar nach dem Ende des Agenturvertrages trotz entgegenstehender Anordnung des Geschäftsherrn, § 18 ÖHandelsagentenges. vom 24. Juni 1921, BGBl. Nr. 348.

Gang der Rechtsverfolgung: Androhung vor der Ausübung des Zurückbehaltungsrechtes. Frist für den Schuldner zur Zahlung oder doch zum Umtausch oder zur sonstigen Sicherstellung (begünstigtes Umtauschrecht des Schuldners). Klage auf Verkauf; dann Urteil auf Verkauf. Noch ist der Urteilsvollzug durch die Zahlung abwendbar. Verkauf durch das Gericht. Verteilung des Erlöses durch das Gericht.

b) Die gesetzlichen Zurückbehaltungsrechte des bürgerlichen Rechtes gestatten dem Gläubiger gleichfalls, solche Sachen zurückzubehalten, die in des Gläubigers Gewalt stehen oder kommen; in der Regel sind es Sachen des Schuldners, manchmal auch solche dritter, die der Schuldner mit sich führt. Nur darf der Gläubiger die Sachen nicht durch List, Eigenmacht, Entlehnung oder durch einen Verwahrungs- oder Bestandvertrag in seine Gewahrsame bekommen haben (§ 1440 ÖABGB.; ähnlich § 273/2 DBGB.).

Durch die Ausübung dieses gesetzlichen Zurückbehaltungsrechtes kann sich der Gläubiger ein Befriedigungsmittel sichern. Aber ein Verkaufsrecht und einen Rang bei der Verteilung des Erlöses gibt ihm das ÖABGB. nicht; der Gläubiger muß zu diesem Zweck erforderlichenfalls (es geht nicht immer) erst ein Pfandrecht erwerben. Diese Zurückbehaltungsrechte sind also schwächer als jene nach dem HGB.

Fälle: „Gastwirte, die Fremde beherbergen"; Lagerhalter, ferner Garagevermieter, Badeanstaltsbesitzer „zur Sicherung ihrer Forderungen... und Auslagen aus dem betreffenden Geschäfte, §§ 970, 970 c ÖABGB.; § 704 DBGB. (dieser nur für den „Gastwirt, der gewerbsmäßig Fremde zur Beherbergung aufnimmt"), an Sachen, die ein solcher Schuldner mit sich führt, seien es nun seine, seien es solche von Dritten (entlehnter Pelz; anders § 704 DBGB.). Dieses Zurückbehaltungsrecht schließt das gesamte Pfandrecht des § 1101 ÖABGB. aus.

Der Vermieter für seine Mietzinsforderung, wenn „der Mieter aus(zieht) oder (wenn) Sachen verschleppt" werden (§ 1101/2 ÖABGB., § 561 DBGB.), es handle sich denn um eine solche Entfernung der Sachen aus der Mietsache, „die im regelmäßigen Betriebe des Geschäftes des Mieters oder den gewöhnlichen Lebensverhältnissen entsprechend erfolgt" (§ 560 DBGB.). Dieses Zurückbehaltungsrecht dient der Sicherung des gesetzlichen Pfandrechtes; siehe oben VII e. Anrufung des Gerichtes binnen drei Tagen (§ 1101/2 ÖABGB.) geboten.

Die Verpächter haben für den Pachtzins ein gleichartiges Zurückbehaltungsrecht am Vieh, an den Wirtschaftsgerätschaften und Früchten, § 1101/2, 3 ÖABGB.; anders § 590 DBGB.

Hat eine Sache Schaden verursacht (z. B. ein bissiger Hund), so darf sie der Beschädigte zurückhalten und braucht sie dann nur

Zug um Zug gegen Schadenersatz herauszugeben, § 471 ÖABGB.; § 273/2 DBGB.

Wer den fälligen Werk- oder Arbeitslohn aus der Arbeit an einer Sache, z. B. für die Reparatur einer Uhr, zu fordern hat, darf die Sache zurückhalten und er braucht sie dann nur Zug um Zug gegen Bezahlung zurückgeben, § 471 ÖABGB., § 273/2 DBGB.

Wer Zug um Zug eine Sache (etwa auf Grund eines Kaufvertrages) zu liefern hat, darf sie bis zur Erbringung der Gegenleistung zurückhalten (§ 1052 ÖABGB.; § 273/1 DBGB.). Siehe § 8 II c.

Derjenige, der die Sache zu fordern hat (etwa der Eigentümer, der Hinterleger), darf aber trotz des Zurückbehaltungsrechtes die Ausfolgung der Sache fordern, wenn er dem Zurückbehaltungsberechtigten (aber nicht durch Bürgen) Sicherheit leistet (Art. 315 ÖHGB.; § 471/2 ÖABGB.; § 273/3 DBGB.).

IX. Der Buchforderungseskompt ist die Übertragung des „Eigentums", das ist der Gläubigerrechte an Buchforderungen, zu Sicherungszwecken. Der Eskompteur ist nach außen Eigentümer, nach innen Pfandgläubiger. Diese Ausbildung des Treuhandeigentums ist vor dem Weltkriege dadurch nötig geworden, daß die Verkäufer vielfach Waren gegen langen, aber nicht durch Wechsel des Käufers gedeckten Kredit verkauften, und daß des Verkäufers Betriebskapital nicht zur Betriebsführung bis zum Eingange der Kaufpreise ausreichte.

Der Eskompt von Buchforderungen ist für den Eskompteur riskanter als jener von Wechseln, weil dem redlichen Wechseleskompteur nur die Einwendungen aus seiner Person und jene aus dem Wechselrecht entgegengehalten werden dürfen (Art. 82 ÖWO.), während dem Eskompteur einer Buchforderung auch jene aus der Person des Vormannes (aus dem Grundgeschäft) entgegenstehen, §§ 1394, 1442 ÖABGB.; §§ 404, 406 DHGB. Siehe auch § 9 II a.

§ 13. Die Rechtsdurchsetzung

I. Der Rechtssatz gebietet, zu tun, zu dulden, zu unterlassen; wird das Gebot nicht befolgt, so soll dessen Befolgung erzwungen werden (§ 1, 3). Dieser Zwang ist nötig; denn sonst wäre die Befolgung der Gebote nicht wohl gesichert. Nur wenn und weil jedermann damit zu rechnen hat, daß die Befolgung staatlicher Gebote erzwungen wird, haben diese ihre, die Lebensverhältnisse ordnende Kraft. Vereinzelt mag es vorkommen, daß staatliche Gebote unbefolgt bleiben und dennoch nicht erzwungen werden (unentdeckter Dieb); aber zur Regel dürfte es nicht werden, ohne daß die Rechtsordnung untergraben würde.

Diese Sätze gelten insbesondere für die Durchsetzung der Ansprüche des einzelnen, der Forderungen. Der Zwang des Staates muß ihnen (wenige Ausnahmen vorbehalten) zur Seite stehen, sollen sie Wert haben. Freilich werden die meisten Forderungen erfüllt, die meisten Schulden gezahlt, ohne daß es dieses Zwanges bedarf; dies aber doch nur deshalb, weil dem Schuldner der staatliche Zwang droht, wenn er nicht „freiwillig“ erfüllt.

II. Die Selbsthilfe ist hiefür kein Ersatz; sie steht nur dem Starken zu Gebot und macht ihn zum Richter in eigener Sache; auch überschreitet sie leicht das zur Rechtsdurchsetzung erforderliche Maß. Sie ist freilich nicht immer strafbar und nicht immer unwirksam (der Eigentümer nimmt seine Sache eigenmächtig dem Verwahrer weg); aber sie ist grundsätzlich verboten und macht ersatzpflichtig (§ 19 ÖABGB.; § 231 DBGB.). Über das Maß der Ersatzpflicht siehe § 8 IV c.

Erlaubte Fälle der Selbsthilfe: §§ 19, 344 (manche Besitzstörungen), 384 (Tierfang auf fremdem Grund), 1321 ÖABGB. (Tierpfändung); §§ 227, 229 DBGB. Siehe auch § 12 VIII.

III. An Stelle der verbotenen Selbsthilfe bietet der Staat den Rechtsschutz durch seine Behörden. Er bietet (und muß bieten) diesen Rechtsschutz nicht nur dem Berechtigten, sondern jedem, der auch nur behauptet, es zu sein. Nur diese leichte Anrufbarkeit der Behörden rechtfertigt das Selbsthilfeverbot des Staates. Wer sich beschwert, der muß von der Behörde angehört, seine Beschwerde muß auf ihre Richtigkeit geprüft und, ist sie als richtig befunden, muß ihr abgeholfen werden. Behauptet jemand, eine mit Unrecht noch unerfüllte Forderung zu haben, so hat er also ein Recht darauf, daß die Behörde ihn anhöre und seine Forderung prüfe. Erweist sich diese Rechtsbehauptung nach Anhörung der Parteien als begründet, so muß dann der Rechtsschutz dahin gehen, daß der Anspruch, die Forderung durch staatlichen Zwang durchgesetzt werde (§ 19 ÖABGB.; § 1 ÖEO.).

Für diese Aufgaben stehen an Behörden zur Verfügung: die Zivilgerichte für die Privatrechtsforderungen und Privatrechtsstreitigkeiten (Art. I EinfGes. zur JurNorm; § 3 DGerichtsverfGes.); die Strafgerichte für die gerichtlichen Strafsachen; die Verwaltungsbehörden für die übrigen öffentlich-rechtlichen Sachen (z. B. Steuer-, Wahlsachen). Die Grenzen zwischen diesen drei Behördengruppen werden allerdings bisweilen durch die Gesetze selbst durchbrochen.

Zivilgerichte sind in Österreich:

a) Ordentliche Zivilgerichte: Bezirksgerichte und Bezirksgericht für Handelssachen in Wien (bis 1500 S), Landes-, Kreis-, Handels-, Landes- (Kreis-) als Handelsgerichte, Landes- (Kreis-) Gerichte als Bergrechtssenate; Oberlandesgerichte; der Oberste Gerichtshof.

b) Sondergerichte:

Börsenschiedsgerichte[1]) kraft Gesetzes für Börsegeschäfte und bei Effektenbörsen auch für die börsenmäßigen Geschäfte der Börsebesucher; ferner kraft schriftlichen Vertrages[2]) (Schlußbriefe) für andere Geschäfte über die an der Börse zugelassenen Waren unter Brancheangehörigen.

Einigungsämter „zur Schlichtung von Streitigkeiten aus dem Arbeitsverhältnis, zur Regelung des Arbeitsverhältnisses und zur Förderung der kollektiven Arbeitsverträge", Ges. vom 18. Dezember 1919, StGBl. Nr. 16 aus 1920.

Gewerbegerichte, Ges. vom 5. April 1922, BGBl. Nr. 229. Ihnen ist nun fast die ganze Rechtsprechung über Arbeitsrechtsansprüche sowohl der Angestellten als auch der Arbeiter (mit Ausnahme jener der Betriebsräte) überwiesen, so namentlich bezüglich jener Personen, die dem Angestellten- und dem Schauspielergesetz unterstellt sind. Die Rechtsprechung des Obersten Gerichtshofes ist gedanklich[3]) so gut wie völlig ausgeschaltet, ein sehr bedauerlicher Rückschritt der Rechtspflege.

Arbeiterversicherungsschiedsgerichte zur Austragung von Ansprüchen aus den Zwangsversicherungen der Angestellten und Arbeiter.

Als Vergleichs-, nicht auch als Spruchbehörden fungieren Gemeindevermittlungsämter und die schiedsgerichtlichen Ausschüsse der Genossenschaften.

c) Schiedsgerichte[4]) durch schriftlichen (zwingend!) Parteienvertrag oder durch Vereinsstatut über an sich vergleichbare Ansprüche. Über Schiedsgerichte bei Versicherungsverträgen siehe § 54 VIII.

IV. Die Anrufung der Zivilgerichte geschieht der Regel nach im Wege der individualistischen, der Einzelrechtsverfolgung, und zwar bisweilen durch einfachen Antrag, in der Regel durch Klage (Leistungs-, Feststellungs-, Rechtsgestaltungsklage). Der Fordernde, Kläger, hat sie zu erheben und in ihr ein bestimmtes Begehren zu stellen; er muß genau sagen, wie er den Urteilsspruch haben will. Damit dieses Begehren auf seine Richtigkeit geprüft werde, wird auf jede ordnungsgemäße Klage ein Verfahren eingeleitet. Dessen Schema vor den Bezirksgerichten: Klage, mündliche Streitverhandlung mit rechtlichem Gehör für beide Parteien, Urteil; Berufung, Urteil; Revision, Urteil — vor den Gerichtshöfen erster Instanz: Klage, erste Tagsatzung, (schriftliche)

[1]) Horowitz: Börsenschiedsgerichte, — Rechtsprechung in der Gesetzesausgabe des HGB. der Staatsdruckerei, S. 1805 ff.

[2]) Auch Bevöllmächtigte dürfen unterschreiben; aber da muß auch die Vollmacht schriftlich sein; Spruch-Rep. 250.

[3]) Noch nicht tatsächlich, weil es noch nicht viele Gewerbegerichte gibt. Wo sie fehlen, treten die Bezirksgerichte an ihre Stelle.

[4]) Hanausek: Schiedsvertrag und Schiedsgericht.

Klagebeantwortung, mündliche Streitverhandlung, Urteil; Berufung, Urteil; Revision, Urteil[1]).

Der Schwerpunkt für die Urteilsbildung liegt in der mündlichen, der Regel nach auch öffentlichen Streitverhandlung. Zwang zum Erscheinen wird freilich gegen die Parteien (anders gegen die Zeugen) nicht geübt. Aber jede erschienene Partei, der Kläger und der Beklagte, soll eine vollständige und wahrheitsgemäße Sachverhaltsdarstellung geben. Diese beiden Darstellungen decken einander bisweilen völlig; da ist das Gericht an sie gebunden (anders im Strafprozeß) und hat nur die Rechtsfrage zu lösen. Häufiger ist es, daß die beiden Sachverhaltsdarstellungen zum Teil einander decken, zum Teil einander widersprechen. Da muß dann vom Gerichte vor der Lösung der Rechtsfrage, soweit ein (für das Urteil erheblicher) Widerspruch vorliegt, ermittelt werden, welche der beiden Sachverhaltsdarstellungen richtig ist. Dies geschieht durch Beweisaufnahmen vor Gericht.

Beweisen heißt jemanden von der Richtigkeit einer Behauptung überzeugen. Die Beweismittel hiefür sind: Zeugen (die über die Vorgänge des einzelnen Falles aussagen sollen; unerheblich ist für ihre Zeugeneigenschaft, daher auch für Zeugnispflicht und Zeugniszwang, ob sie etwas Sachdienliches wissen. Zeugenpflichten: zu erscheinen, den Zeugeneid zu leisten, die Wahrheit auszusagen), Urkunden (von Menschenhand hergestellt, um die Erinnerung an einen Vorgang festzuhalten; Handelsbücher, Briefe, Zeitungen, Denkmäler), Augenscheinsgegenstände[2]) (Zeitungen; Sachverständige über Gegenstände besonderen Fachwissens; unter Umständen Sachverständigenkollegien, siehe § 32 VI), Anfragen an Behörden (etwa an die Preisprüfungsstelle), Parteivernehmung. Das Beweisergebnis ist vom Gericht nicht auf Grund gesetzlicher Beweisregeln, sondern auf Grund freier Beweiswürdigung, das ist nach sorgfältig gebildeter richterlicher Überzeugung (Ausnahme: öffentliche Urkunden, Handelsbücher) festzustellen; es kann die zu beweisende Behauptung bestätigen, widerlegen, im Ungewissen lassen: gelungener, mißlungener, indifferenter Beweis. Die Beweislast trägt grundsätzlich jene Partei, zu deren Gunsten die Behauptung auf den Urteilsinhalt wirken würde, also z. B. bei der Klage auf Zurückbezahlung des Darlehens der Kläger für die Behauptung seiner Zuzählung, der Beklagte für jene seiner Zurückzahlung. Bisweilen ist jedoch die Beweislast durch das Gesetz verschoben, so daß einer Partei eine größere Beweislast als normalerweise obliegt, siehe z. B. §§ 771 (Enterbung), 1298, 1336 ÖABGB.; Artikel 395 ÖHGB.; § 14 ÖLager-

[1]) Beer: Der Gang des österreichischen Zivilprozesses (ein wenig überholt).

[2]) Die Urkunde hat es mit dem Inhalte, der Augenscheinsgegenstand mit der Form zu tun.

hausGes. Eine solche Verschiebung ist immer gefährlich. Denn der Beweislastträger trägt nicht nur die Gefahr des mißlungenen, sondern auch jene des indifferenten Beweises (indifferentes Beweisergebnis = mißlungener Beweis, siehe §§ 8 IV a; 17, VII, IX) und ist darum schlechter gestellt als sein Gegner.

Auf Grund des festgestellten Sachverhaltes prüft das Gericht die Rechtslage und fällt die Entscheidung als ordentliches oder Gewerbegericht regelmäßig in der feierlichen Form des Urteils. Rechtsmittel dawider: Berufung, Revision (diese nur in Ehesachen, in manchen Mietsachen oder in Prozessen mit einem Streitwert von mehr als 100 S). Verurteilt das Gericht eine Partei rechtskräftig zu einer Leistung, so darf der Sieger nach dem Ablaufe der Erfüllungsfrist den Antrag auf die Exekutionsbewilligung bei Gericht stellen. Der Staat vollzieht dann den Zwang gegen den Verurteilten (auch mehrmals), freilich ohne für den Exekutionserfolg einzustehen und (bei Geldforderungen) unter Schonung mancher Vermögensstücke, wie des unentbehrlichen Hausrats und gewisser Gehaltsbezüge (Exekutionsnovelle v. 11. Juli 1922, BGBl. Nr. 460); siehe § 12 VII c.

Ist der Schuldner in einer sehr schlechten Vermögenslage, so ändert sich bisweilen diese individualistische Art der Rechtsverfolgung; siehe §§ 22, 23, Konkurs, gerichtlicher Ausgleich.

Zweites Kapitel

Die Lehre vom Kaufmann

§ 14. Die Rechts- und Handlungsfähigkeit

I. Unter Personen versteht man die Rechtsträger, die Subjekte von Rechten und Pflichten. Nur Personen können solche Rechtsträger sein: ein Tier, eine sonstige Sache kann weder ein Recht haben noch eine Pflicht. Dieser, der modernen Auffassung selbstverständliche Satz war es freilich nicht immer; Tierprozesse gab es.

Jeder Mensch ist eine Person, § 16 ÖABGB. Außer diesen physischen gibt es noch juristische Personen, das sind als Rechtssubjekte anerkannte menschliche Organisationen, Verbandseinheiten: Körperschaften (von der Summe ihrer Mitglieder verschieden; z. B. Erwerbs- und Wirtschaftsgenossenschaft, Verein, Braukommunion, Allmende); Stiftungen (in Österreich nur für gemeinnützige oder fromme Zwecke). Nicht jeder Personenverband gehört übrigens zu den Körperschaften; so nicht die Kommanditgesellschaft.

II. Die Rechtsfähigkeit ist die Fähigkeit, ein solches Rechtssubjekt zu sein. Sie kommt jeder Person zu, aber Menschen in anderem Umfang als juristischen Personen.

Jeder Mensch ist von Geburt bis zum Tode rechtsfähig (siehe § 15 I). Jede juristische Person ist von ihrer Entstehung bis zu ihrem Ende vermögensrechtlich rechtsfähig (das gilt in Österreich auch von der „toten Hand", während die §§ 42, 45, 54 DBGB. für Vereine Besonderheiten aufweisen), aber von allen Rechten und Pflichten ausgeschlossen, die einen Menschen als Rechtsträger voraussetzen (ein Verein kann erben, aber nicht testieren). Diese Rechtsfähigkeit ist unbeschränkbar und unverzichtbar (§ 16 ÖABGB.; Sklaverei, Leibeigenschaft bestehen nicht; jeder Sklave wird durch Betreten österreichischen Bodens frei). Sie wird grundsätzlich nach dem Heimatsrecht der betreffenden Person beurteilt, so daß eine ausländische Gesellschaft dann in Österreich als eine Person angesehen wird, wenn sie es in ihrem Heimatsstaat ist. Beschränkungen der Rechtsfähigkeit eines Ausländers nach seinem Heimatsrechte (z. B. solche aus konfessionellen Gründen) werden jedoch in Österreich dann nicht respektiert, wenn sie gegen die österreichische Auffassung von den guten Sitten eines Kulturstaates verstoßen (siehe § 6 V b).

III. Die Handlungsfähigkeit[1]) ist die Fähigkeit, durch eigene Handlungen Rechte zu erwerben und Verbindlichkeiten auf sich zu nehmen, z. B. selbst zu mieten. Diese Handlungsfähigkeit umfaßt die Geschäftsfähigkeit, das ist die Fähigkeit, Rechtsgeschäfte abzuschließen (§ 16 I) und die Deliktsfähigkeit (= Zurechnungsfähigkeit), das ist die Fähigkeit, eine schuldhafte Handlung zu setzen, Verschulden zu haben (§ 16 III). Während jede Person rechtsfähig ist, ist keineswegs jede von ihnen handlungsfähig. Juristische Personen sind vielmehr nie handlungsfähig; Menschen sind es nicht immer (so z. B. Kinder nicht) und sind es namentlich nicht immer unbeschränkt; so z. B. Minderjährige nicht (siehe § 16 I).

Die Person, die keine oder keine unbeschränkte Handlungsfähigkeit hat, bedarf eines Menschen als ihres Vertreters, das ist als einer Person, die (nicht bloß für, sondern) im Namen der und (nur) mit Wirkung für die handlungsunfähige oder beschränkt handlungsfähige Person handelt; die Handlungen dieses gesetzlichen Stellvertreters haben für ihn selbst keine Wirkung: kauft er ein Pferd namens einer Aktiengesellschaft, so ist diese und nicht der Vertreter der Käufer und der Kaufpreisschuldner. Bezeichnungen: Organ, Vorstand (bei juristischen Personen), Vater, Vormund, Beistand (bei Menschen), Kurator usw.

Die Handlungsfähigkeit (z. B. die Ehefähigkeit, Großjährigkeit) richtet sich nach dem Heimatsrecht (nach der Staatsangehörigkeit) der Person, nicht nach dem Ort, an dem sie die Handlung vornimmt (§§ 4, 34 ÖABGB., Art. 7 EinfGes. z. DBGB.). Dieser Satz ist keines-

[1]) Eltzbacher: Die Handlungsfähigkeit.

wegs stets zweckmäßig; denn er zwingt zu Erkundigungen über die Staatsangehörigkeit des Vertragsgegners und über die Rechtslage in dessen Heimat. Dennoch gilt dieser Satz in Österreich und in der Tschechoslowakei sowohl für die Geschäfts- als auch für die Deliktsfähigkeit. Deutschland läßt ihn mit Recht nur für die Geschäftsfähigkeit gelten; selbst diese begrenzte Respektierung des ausländischen Rechtes hinsichtlich der Geschäftsfähigkeit ist für den Verkehr in Deutschland drückend. Noch bedenklicher liegt aber die Sache in Österreich und in der Tschechoslowakei, wo nicht nur die Geschäfts-, sondern sogar die Deliktsfähigkeit eines Ausländers, von der doch oft seine Ersatzpflicht für angerichteten Schaden abhängt, nach dem Heimatsrechte des betreffenden Ausländers (statt nach dem Recht des Begehungsortes) beurteilt werden muß. Dennoch kennt das österreichische Recht nur wenige Ausnahmen: Artikel 84 ÖWO. (Wechselfähigkeit der Ausländer), § 3 ÖZPO. (prozeßunfähiger Ausländer); endlich bedürfen ausländische Aktiengesellschaften für den Gewerbebetrieb in Österreich einer besonderen Zulassung.

§ 15. Der Mensch

I. Jeder Mensch ist eine Person von der Geburt bis zum Tod. Ungeborene, aber schon Erzeugte sind, ihre Lebendgeburt vorausgesetzt, schon Personen, § 22 ÖABGB.; § 1923 DBGB. Eine Fortsetzung der Persönlichkeit über den Tod hinaus hat nicht statt; die Nachlaßabhandlung (siehe § 17 II) hat es nur mit dem Vermögen des Erblassers zu tun, nicht mit seiner Person; die höchstpersönlichen Rechte und Pflichten, wie z. B. die Vormundschaftsführung, enden.

Geburt und Tod bedürfen oft des Beweises (siehe § 13 IV). Die Geburts- und Sterbematriken sind bestimmt, für diesen Beweis die urkundlichen Grundlagen zu bieten (Urkundenbeweis). Die Matriken werden in Deutschland von den Standesbeamten, in Österreich (mit Ausnahme des Burgenlandes) und in der Tschechoslowakei von hiezu befugten Seelsorgern der anerkannten Religionsgenossenschaften, und nur für jene Personen von den Verwaltungsbehörden geführt, die keiner anerkannten Religionsgenossenschaft angehören; der Staatsvertrag von St. Germain hat an der Matrikenführung nichts geändert. Die österreichische Ordnung ist für den Staat billiger, für die Bevölkerung wegen der Nähe des Matrikenorgans bequemer als die deutsche, wird jedoch von einzelnen politischen Parteien abgelehnt.

II. Die Matriken und die aus ihnen gezogenen Geburts-, Tauf- und Totenscheine sind öffentliche Urkunden und machen darum einen vollen Beweis der Tatsache, die sie jeweils bestätigen sollen: Geburt, Taufe, Tod. Aber es sind das nicht die einzig zulässigen und sind auch keine unwiderlegbaren Beweismittel; können doch z. B. Matriken verbrannt oder unrichtig (Schreibfehler!) sein. Geburt (Taufe) und Tod können darum durch jedes zur Verfügung stehende Beweismittel nachgewiesen werden; für die besonders wichtige „Beweisführung des Todes“ steht sogar auf Antrag das Gericht zur Verfügung, dessen Beschluß dann den Totenschein ersetzt (§ 10 ÖRingtheaterges. v. 16. Februar 1883, RGBl. Nr. 20).

Ganz anders steht es mit Verschollenen. Bei ihnen vermutet man, daß, weiß aber nicht, ob sie gestorben sind, ebensowenig, wann dies geschah. Und doch ist die Feststellung dieser Umstände oft, z. B. für Dienstverträge, Ehe, Erbrecht, von großer Bedeutung, namentlich (aber keineswegs nur) im Bauernstande. Darum besteht die im Anschluß an das kanonische Recht entwickelte Möglichkeit einer gerichtlichen Todeserklärung[1]) (ÖRingtheaterges.; § 13 ff. DBGB.; §§ 960 ff. DZPO.), und zwar in folgenden Fällen: a) bei Altersverschollenheit: 70 Jahre alt und 5 Jahre seit dem Jahresende nach der letzten Nachricht verschollen; b) Verjährungsverschollenheit: 30 Jahre alt und 10 ebenso berechnete Jahre verschollen; c) Gefahrverschollenheit: diese ist entweder eine Seeverschollenheit durch 3 Jahre seit dem Ende des Kalenderjahres, in dem das Schiff unterging, oder eine Kriegsverschollenheit schwer Verwundeter oder Vermißter durch 3 Jahre seit dem Ablaufe des Kalenderjahres, in dem der Krieg beendet wurde (für vermißte österreichisch-ungarische oder verbündete Teilnehmer am Weltkrieg ist die Frist in Österreich[2]) auf 2 Jahre, frühestens am 18. März 1919 ablaufend, verkürzt) oder eine Unfallverschollenheit eines seit 3 Jahren, vom Kalenderjahresende an gerechnet, Vermißten, der „in einer anderen nahen Todesgefahr“, z. B. in einem Theater war, als es abbrannte.

Die Todeserklärung erfolgt vom Gericht, und zwar nur auf Antrag; für den Verschollenen wird (in der Tschechoslowakei nicht immer) ein Kurator bestellt. Die Todeserklärung spricht nicht nur aus, daß der Verschollene tot sei, sondern gibt auch einen Todestag an: bis zu diesem gilt nun der Verschollene als lebend, von da an als tot. Fiel ihm ein Vermächtnis vor diesem angenommenen Todestage zu, so vermehrt es darum seinen Nachlaß; aber von diesem Todestag an gilt er jedermann gegenüber als an diesem Tage verstorben, so daß z. B. das Erbrecht und der Erbanfall (§§ 545, 703 ÖABGB.) nach ihm sich nach diesem Tage richten. Nur zur neuerlichen Eheschließung des zurückgebliebenen Ehegatten berechtigt die Todeserklärung nicht; hiezu bedarf es in Österreich und in der Tschechoslowakei (Art. V Ges. v. 30. Juni 1921, SGes.

---

[1]) Bartsch: Die Vorschriften über Todeserklärung und die Beweisführung des Todes (1918).

[2]) Für Deutschland Vdg. v. 9. August 1917, RGBl. S. 703.

Nr. 252) — um Doppelehen möglichst zu vermeiden — einer (in Österreich auf einer strengeren Prüfung aufgebauten) besonderen Erklärung des Gerichtes, daß die Ehe mit dem Verschollenen als aufgelöst anzusehen sei (§§ 8, 9 ÖRingtheaterges. Das burgenländische, ÖVdg. v. 29. Mai 1922, BGBl. Nr. 316, und das Deutsche Recht kennen die Teilung in Todeserklärung und Eheauflösungserklärung nicht).

Immerhin gilt der Verschollene nur als tot. Ist er am Leben, so ist er es auch rechtlich (anders bei der Kraftloserklärung von Urkunden, § 7 II). Er kann und darf darum bei Gericht die Aufhebung der obengenannten Erklärungen beantragen. Aber auch ohne diese Aufhebung tritt der früher Verschollene, nun nicht mehr Verschollene ohne weiteres in seine Rechte und Pflichten, auch wenn er nicht zurückkehrt, sobald seine Verschollenheit aufhört. Die Erben haben ihm darum „wie ein anderer redlicher Besitzer" (sie seien denn unredlich) den (vermeintlichen) Nachlaß zurückzugeben, die zweite Ehe ist aufgelöst (anders bezüglich dieser Ehe § 1348 DBGB.).

Die Todeserklärung darf nur dann in Österreich erfolgen, wenn der Verschollene seinen letzten Wohnsitz oder Aufenthalt in Österreich hatte. Sie wirkt in Österreich, nicht aber immer im Auslande. Vielmehr werden die Todeserklärungen österreichischer Gerichte im Auslande der Regel nach nur dann anerkannt, wenn es ein österreichischer Staatsangehöriger ist, der hier für tot erklärt wurde. Ein in Österreich (mit Rücksicht auf seinen letzten Wohnsitz daselbst) für tot erklärter Bulgare gilt darum in Österreich als tot, in Bulgarien nicht.

III. a) Menschen haben Namen. Die Namen[1]) sollen die eine Person von der anderen unterscheiden. Das geschieht in verschiedener Weise bei physischen und juristischen Personen und bei den Handelsgesellschaften (auch soweit sie keine juristischen Personen sind). Bei den Einzelpersonen knüpft die im jetzigen Rechte vorgesehene Namensbezeichnung an das römische, nicht an das germanische Recht an: der bürgerliche Name besteht nicht bloß aus dem Vor-, sondern setzt sich aus dem Vor- und Zunamen zusammen; das soll zu Individualisierungszwecken ausreichen, tut es freilich nicht immer, da zwar nicht die Zahl der verfügbaren, wohl aber jene der wirklich im Leben vorkommenden Vor- und Zunamen nicht groß ist. Bei den wenn auch keine juristischen Personen darstellenden Handelsgesellschaften fällt der Name mit der Firma zusammen; siehe darüber unten c) und §§ 20, 21.

Das bürgerliche Namensrecht des einzelnen geht auf die Führung und den Gebrauch des eigenen Namens. Es ist unverzichtbar und unabtretbar. Die Namensänderung ist an die Erlaubnis durch

---

[1]) Adler, Em.: Die Namen im deutschen und österreichischen Recht (1921).

die Verwaltungsbehörde gebunden. Die Übertragung des Rechtes zur Namensführung an einen anderen ist zur Etablissement- (§ 27) und Warenbezeichnung zulässig; das bedeutet aber nicht und darf nicht derart geschehen, daß der bisherige Namensträger aufhöre, diesen Namen zu führen (Namensablegung), der andere ihn als seinen Namen führe. Würde doch andernfalls der bisherige Namensträger namenlos! (Anderes gilt für die Firma; siehe § 18 VII.)

Die Ehefrau erwirbt durch die Eheschließung den Zunamen des Mannes und behält ihn trotz der Scheidung und Trennung der Ehe, es sei denn, die Ehetrennung (in Deutschland: Scheidung) sei aus ihrem alleinigen Verschulden vom Gericht ausgesprochen und der Ehemann untersage ihr die Führung seines Namens. Eheliche und die Kinder von Kriegsbräuten erwerben den Familiennamen des Vaters, andere uneheliche den Mädchennamen der (wenn auch inzwischen verehelichten) Mutter; doch darf ihnen (mit ihrer und der Mutter Zustimmung) der Stiefvater durch eine beglaubigte urkundliche Erklärung vor der Verwaltungsbehörde seinen Familiennamen geben (§ 165 ÖABGB.; siehe § 1706 DBGB.).

Der Namensträger hat den Anspruch auf die ausschließliche Führung und den ausschließlichen Gebrauch seines Namens, außer gegen den Gleichnamigen und gegen jenen, dem er den Namensgebrauch zulässigerweise gestattete. Er kann darum Warenbezeichnungen mit seinem Namen, ebenso dessen Verwendung in einem Roman, auch dessen Aufnahme in eine „schwarze Liste", ja selbst in einen Wohnungsanzeiger untersagen.

Namensschutz: 1. Unterlassungsklage für die Zukunft; 2. Überdies bei verschuldetem Eingriff die Ersatzklage für die Vergangenheit, § 43 ÖABGB.; § 9 ÖGes. gegen den unlauteren Wettbewerb durch Namensmißbrauch im geschäftlichen Verkehr; § 12 DBGB. 3. Ferner Artikel 24, 26 ÖHGB.; §§ 24, 37/1 DHGB. über den Schutz (auf Antrag oder von Amts wegen) gegen die unbefugte Firmenfortführung durch den neuen Inhaber des übernommenen Unternehmens; 4. § 10 ÖMarkenschutzges. verbietet die Warenbezeichnung mit dem Namen eines anderen ohne dessen Einwilligung und § 24 erklärt dies für strafbar; 5. § 46 ÖGewO. enthält ein gleichartiges Verbot für Etablissementsbezeichnungen von Gewerbetreibenden (das Verhältnis zu § 43 ÖABGB. ist unklar). Für Deutschland § 14 Warenzeichenges.; § 16 Ges. gegen den unlauteren Wettbewerb.

b) Der Deckname (das Pseudonym) tritt nicht an die Stelle, sondern neben den bürgerlichen Namen. Der Deckname ist nur zulässig, wenn Sitte oder Herkommen es gestatten, wie bei Künstlern und Schriftstellern, im Handelsbetrieb also nicht (siehe § 18 VII). Erworben wird der Deckname durch den öffentlichen Gebrauch und nur durch einen solchen (Theaterzettel); seine Formulierung ist grundsätzlich frei. Die Übertragung des Decknamens ist als solche wirkungslos, da sie noch keinen öffentlichen Gebrauch des Decknamens durch den neuen Namensträger bedeutet; doch kann in einer solchen Übertragung ein zulässiger Verzicht des bisherigen Namensträgers auf die Fortführung des Decknamens liegen.

Über den Decknamenschutz siehe a Z. 1, 2; § 43 ÖABGB.[1]), § 12 DBGB. Über das Bedürfnis hiezu siehe den Fall Hauff-Clauren (der Mann im Monde).

c) Die Firma eines (Voll-) Kaufmannes ist der Name, unter welchem er im Handel seine Geschäfte betreibt und die Unterschrift abgibt (Art. 15 ÖHGB.; § 17 DHGB.). Hierüber siehe § 18 VII.

IV. „Die Verschiedenheit der Religion hat auf die Privatrechte keinen Einfluß", § 39 ÖABGB. Dieser in Österreich für das Jahr 1811 weitsichtige Satz ist seitdem wiederholt worden: „Der Genuß der bürgerlichen Rechte ist von dem Religionsbekenntnis unabhängig", ÖStaatsgrundges. vom 21. Dezember 1867, RGBl. Nr. 142, Artikel 14. Derzeit ist dieser Satz nicht nur in Artikel 17 BundVerf. enthalten, sondern durch Artikel 66/1 des Staatsvertrages von St. Germain en Laye für Österreich sogar zum völkerrechtlichen erhoben: „Alle österreichischen Staatsangehörigen ohne Unterschied der Rasse, der Sprache oder Religion sind vor dem Gesetze gleich und genießen dieselben bürgerlichen und politischen Rechte"; Österreich darf darum Änderungen an dieser Gleichstellung selbst im Gesetzeswege nur gegenüber Personen einführen, die, mögen sie auch in Österreich wohnen, doch keine österreichischen Staatsangehörigen sind. Artikel 69 des genannten Staatsvertrages stellt das Gebot des Artikels 66 „unter die Garantie des Völkerbundes".

Diese Rechtssätze stehen dem nicht entgegen[2]), daß das bestehende Eherecht in Österreich zwar ein staatliches, aber (mit Ausnahme jenes für Burgenländer) anders als in Deutschland ein konfessionell gefärbtes ist: für Katholiken, für nicht katholische Christen, für Juden, für Konfessionslose.

V. Was von der Religion gilt, gilt ebenso von der Rasse und Nationalität.

VI. Die Rechtsstellung der beiden Geschlechter kann keine derart gleiche sein, wie dies bei Bekennern der verschiedenen Religionsbekenntnisse oder bei Angehörigen verschiedener Nationalitäten ausführbar ist. Denn hier bedarf es nur eines Gesetzesbefehles; dort steht

---

[1]) § 9 des ÖGes. wider den unlauteren Wettbewerb erwähnt den Decknamen nicht ausdrücklich.

[2]) Herrschende Lehre und ständige Rechtsprechung; der auf den Staatsvertrag gestützte Widerspruch Burk--ts hat nicht durchgegriffen.

aber der physiologische Unterschied der Geschlechter einer völligen Gleichstellung entgegen.

Dennoch sind grundsätzlich Personen männlichen und weiblichen Geschlechts einander privatrechtlich gleichgestellt.

1. Mädchen und Witwen sind zum selbständigen Handelsbetriebe gleich dem Manne zugelassen. Aber eine Ehefrau bedarf hiezu der Zustimmung oder Duldung des Ehemannes; gegen den Widerspruch desselben darf allerdings das Gericht die Erlaubnis geben, jedoch nur insoweit „dadurch die Rechte des Ehemannes einer Gefährdung nicht ausgesetzt werden“ (§ 6 EinfGes. z. ÖHGB.; Art. 6, 7 ÖHGB.; § 1405 DBGB.; Art. 6, 7 ÖHGB.), also unter anderem jene auf gemeinsamen Wohnsitz und gemeinsame Kindererziehung. Die von der Ehefrau in dem wenn auch unzulässigen Betrieb abgeschlossenen Geschäfte sind trotz solcher Unzulässigkeit gültig.

2. Der Sohn hat nur den Anspruch auf eine (nicht zur Lebenshaltung, sondern zur ersten Einrichtung des ehelichen Haushaltes bestimmte) Heiratsausstattung, die Tochter dagegen — sie habe denn eigenes Vermögen — jenen auf ein Heiratsgut (§§ 1220, 1231 ÖABGB., ähnlich §§ 1620, 1624 DBGB.); die Tochter ist also begünstigt.

3. Dagegen ist der Ehemann das Haupt der Familie (§ 91 ÖABGB.); und die Gewalt über die Kinder ruht als „väterliche Gewalt“ bei ihm (§ 147 ÖABGB.; nur wenig anders das DBGB., obwohl es im § 1626 nicht von der „väterlichen“, sondern von der „elterlichen Gewalt“ spricht). Die Natur des Familienlebens gestattet eben — soweit überhaupt das „Recht“ in Betracht kommt — keine Doppelherrschaft.

4. Dafür, daß der Ehemann das Familienhaupt ist, obliegt ihm auch (verzichtbar!) die Erhaltung der wenn auch vermögenden Frau (§ 91 ÖABGB.), ohne daß der Ehefrau eine entsprechende Unterhaltspflicht gegenüber dem Ehemann obläge (anders § 1360 DBGB. mit Recht; die österreichische, übrigens strittige Regelung ist rückständig), es liege denn Dürftigkeit des Ehemannes vor[1]).

VII. Über die Bedeutung der Staatsangehörigkeit auf dem privatrechtlichen Gebiete siehe § 14 III.

VIII. Standesunterschiede sind privatrechtlich grundsätzlich ohne Bedeutung. Das ÖABGB., dieses schöne Ergebnis der Aufklärungszeit, spricht diesen früher gar nicht selbstverständlichen Satz (es gab genug „anrüchige Gewerbe“) nicht einmal ausdrücklich aus.

Immerhin bestehen einige Standesunterschiede:

1. Amtliche Sensale dürfen keine Handelsgeschäfte für eigene Rechnung machen (Art. 69 Z. 1 ÖHGB.). Es sind jedoch die verbotswidrig abgeschlossenen Geschäfte gültig; es droht nur Disziplinarstrafe.

---

[1]) Spruch-Rep. 16.

2. Gewerbeinspektoren dürfen kein der Gewerbeinspektion unterliegendes Unternehmen betreiben, auch nicht in dessen Diensten stehen, noch an ihm beteiligt sein (ÖGes. v. 14. Juli 1920, StGBl. Nr. 402). Die verbotswidrig abgeschlossenen Verträge sind gültig (Art. 11 ÖHGB.); doch droht Disziplinarstrafe.

3. Personen, die einem katholischen oder griechisch-orientalischen Orden angehören, verlieren infolge des Gelübdes der Armut die Fähigkeit, Vermögen zu erwerben, haben also insoweit keine Geschäftsfähigkeit; die von ihnen abgeschlossenen Geschäfte sind nichtig (§ 5, IV). Ausnahme für die auf selbständigen Säkularpfründen (nicht auch für die auf inkorporierten Pfarren) als Pfarrer und Kapläne angestellten Ordensgeistlichen; diese sind erwerbs- und verpflichtungsfähig.

4. Der Bauernstand in Tirol und Kärnten hat behufs der Erhaltung geschlossener Bauernhöfe ein zum Teil vom allgemeinen abweichendes gesetzliches Erbrecht, welches von der Erwägung beherrscht ist, daß der Hof, wenn möglich, in die Gewalt nur eines Erben gelange, und zwar eines solchen, der ihn ordnungsgemäß bewirtschaftet, und daß dieser Erbe den Hof zu einem solchen Schätzwert angerechnet erhalte, „daß der Übernehmer wohl bestehen kann". Die anderen Erben werden dadurch sicherlich benachteiligt; aber das öffentliche Interesse an der guten Bewirtschaftung des Grundes und Bodens überwiegt.

§ 16. Die Handlungsfähigkeit des Menschen und ihre Beschränkungen

Der Vater, der Vormund, der Kurator, der Beistand.

I. Die für die Geschäftsfähigkeit maßgebenden Altersstufen sind:

a) Das Kindesalter bis zum vollendeten 7. Lebensjahre: die Geschäftsfähigkeit fehlt gänzlich.

b) Die Unmündigkeit bis zum vollendeten 14. Lebensjahre: da ist die Fähigkeit vorhanden, durch eigene Handlungen Besitz und Rechte zu erlangen (Schenkungen); dagegen besteht die Unfähigkeit, selbständig Pflichten zu übernehmen (Fahrt eines 12jährigen auf der Straßenbahn?).

c) Die Mündigkeit bis zum vollendeten 21. Lebensjahre, § 172 ÖABGB.; § 2 DBGB., es erfolge denn die Großjährigkeitserklärung auf Antrag durch das Gericht früher, §§ 174, 252 ÖABGB., § 3 DBGB., oder es werde auf Antrag durch das Gericht die väterliche (vormundschaftliche) Gewalt „aus gerechten Ursachen" über das 21. Jahr hinausgeschoben, §§ 172, 251 ÖABGB. Eheschließung macht nicht großjährig, § 175 ÖABGB.; §§ 2, 3 DBGB.; Ausnahme für Burgenländer ÖVdg. vom 29. Mai 1922, BGBl. Nr. 316.

An die Mündigkeit knüpft sich ein gewisser Einfluß auf die Berufswahl, (§ 148 ÖABGB.), ferner die Ehefähigkeit (§ 45 ÖABGB.; anders § 1303 DBGB.: 21 Jahre für den Mann, 16 Jahre für die Frau), desgleichen die Testierfähigkeit (zunächst vor Gericht oder einem Notar, vom 18. Jahr an wie ein Großjähriger, § 569 ÖABGB.). Mündige Minderjährige in elterlicher Verpflegung haben die Geschäftsfähigkeit nur hinsichtlich der ihnen zum Gebrauch oder Verbrauch (nicht bloß versprochenen[1]), sondern schon übergebenen Sachen (Taschengeld); solche, die zwar einen Vater haben, aber außerhalb der elterlichen Verpflegung stehen, haben diese Geschäftsfähigkeit auch hinsichtlich dessen, was sie durch ihren Fleiß erwerben (Lehrstunden); solche, die unter einem Vormund stehen, dürfen sich überdies noch selbständig zu Diensten verdingen (Buchhalter), von welcher Dienstesstellung der Vormund sie dann nur aus wichtigen Gründen vorzeitig abberufen darf, §§ 151, 246 ÖABGB.; anders und einfacher § 107 bis 113 DBGB. Über Bühnendienstverträge siehe d).

d) Bedeutungsvoll ist in Österreich für die mündigen Minderjährigen noch die Vollendung des 18. Lebensjahres für die Erlangung der Freiheit zum Abschlusse von Bühnendienstverträgen, § 3/1 Ges. vom 13. Juli 1922, BGBl. Nr. 441 (das Verhältnis zum ÖABGB. ist unklar), ferner für die Erlangung der völligen Testierfreiheit, § 569 ÖABGB., und der Fähigkeit zum Testamentszeugen, § 591 ÖABGB.; endlich deshalb, weil das Gericht dann einem unter Vormundschaft stehenden Minderjährigen „den reinen Überschuß seiner Einkünfte zur eigenen freien Verfügung überlassen darf", § 247 ÖABGB.

II. Die gesetzliche Stellvertretung der Minderjährigen obliegt — soweit diesen die Geschäftsfähigkeit fehlt — dem ehelichen Vater und, fehlt es an der väterlichen Gewalt, § 187 ÖABGB., dem Vormund (Einzelvormund, Anstaltsvormund, Generalvormund). Sie handeln im Namen und mit Wirkung für den Minderjährigen (siehe § 14 III) gegen eine alljährlich zu erfüllende Rechnungslegungspflicht an das Vormundschaftsgericht. Der Vater bedarf zur Vornahme der einzelnen Rechtsgeschäfte namens des Kindes keiner Genehmigung des Gerichtes, dagegen der Vormund einer solchen nur dann nicht, wenn das Geschäft zum ordentlichen Wirtschaftsbetriebe gehört und nicht von größerer Wichtigkeit ist (§ 233 ÖABGB. Wechselakzept? Aufnahme eines Taglöhners? Anders die §§ 1810, 1822 DBGB.). Andernfalls bedarf das Rechtsgeschäft, das der Vormund abschließt (z. B, jeder gerichtliche Vergleich[2]), zu seiner Gültigkeit dieser gerichtlichen Genehmigung. Das Gesetz vertraut eben der Gewissenhaftigkeit und Umsicht des Vaters mehr als jener des Vormundes.

[1]) OGH. v. 1. Oktober 1913 GlUNE. 6667.

[2]) Jud. B. 18 V.

Diese Erwägung trifft noch jetzt zu, obwohl die General- und Anstaltsvormundschaft bestehen. Um so mehr war sie zur Zeit der Erlassung des ÖABGB. richtig, das nur den Einzelvormund kannte.

Jeder österreichische Minderjährige, der nicht unter der väterlichen Gewalt steht, erhält sofort einen Vormund (§ 190 ÖABGB.; für Deutschland ähnlich § 1773 DBGB.), während für in Österreich wohnhafte ausländische Minderjährige nur ein einstweiliger Vormund bestellt wird. a) Die Anstaltsvormundschaft (§ 207 ÖABGB.) tritt von selbst für die Zöglinge von der Fürsorgeerziehung gewidmeten öffentlichen oder staatlich genehmigten privaten Fürsorgeanstalten und der Zwangsarbeits- und Besserungsanstalten, und zwar für die Dauer des Zöglingsaufenthaltes ein; als Vormund fungiert der Anstaltsdirektor (neben ihm unter Umständen ein Vermögensvormund). b) Den Einzelvormund bestellt für jedes einzelne Mündel von Amts wegen das Gericht, und zwar auf Berufung des Vaters, eventuell der Mutter, wenn der Berufene (Mann oder Frau; die Ehefrau bedarf der Zustimmung des — nicht von ihr geschiedenen — Ehemannes, es handle sich denn um ihre eigenen Kinder) tauglich ist; andernfalls wählt das Gericht den Vormund selbst unter den tauglichen Personen aus. Über die Untauglichkeitsgründe § 191 bis 194 ÖABGB.; §§ 1781 ff. DBGB.; Hauptfälle: Minderjährigkeit, Verbrecher, Verfeindet. Die Übernahme des vormundschaftlichen Amtes ist eine Bürgerpflicht; über die Entschuldigungsgründe § 195 ÖABGB.; § 1786 DBGB.; Hauptfälle: Alter über 60 Jahre, öffentliche Dienstleistung, Frauen mit Ausnahme der Mutter und Großmutter. Der Vormund hat die Pflicht zur Angelobung § 205 ÖABGB., aber keine Sicherstellungspflicht § 237 ÖABGB. Grundsätzlich besteht Unentgeltlichkeit der Amtsausübung, §§ 266, 267 ÖABGB.[1]). c) „Insoweit geeignete Vormünder... nicht zur Verfügung stehen oder dies zur... Wahrung der Rechte und Interessen unbemittelter Pflegebefohlener erforderlich ist, kann die Vormundschaft" einem Amtsorgan oder „einer Vereinigung für Jugendschutz übertragen werden", § 208 ÖABGB. Die Einführung dieser Generalvormundschaft der Berufsvormünder in Österreich war durch die ungünstigen Erfahrungen geboten, die man mehrfach mit den Einzelvormündern Unbemittelter gemacht hatte; diese hatten bisweilen nicht genug Bürgersinn für das Amt aufgebracht. Der Generalvormund ist ein Beamter; das Gericht darf ihn von Fall zu Fall bestellen, ihm aber auch von vornherein gewisse Mündelgruppen, z. B. die unehelichen Kinder, zuweisen.

III. Für die Deliktsfähigkeit der Minderjährigen gelten andere Altersregeln.

---

[1]) Die deutsche Einrichtung des Familienrats kennt Österreich nicht.

Die privatrechtliche Ersatzpflicht für eine Beschädigung beruht entweder auf dem Gedanken der Verschuldens- oder auf jenem der Erfolghaftung (siehe §§ 8 IV, 10 VIII). a) Die Verbindlichkeit zum Ersatz aus dem Titel der Erfolghaftung ist vom Alter des Haftpflichtigen unabhängig, so daß auch der sechsjährige Gastwirt „für die von den aufgenommenen Gästen eingebrachten Sachen“ haftet wie ein Großjähriger. b) Anders steht es mit der Verschuldenshaftung. Kinder (oben I) haften überhaupt nicht (Ausnahme: § 1310 ÖABGB.; § 829 DBGB.); andere Unmündige dann nicht, wenn der Beschädigte zur Beschädigung „durch irgendein Verschulden... selbst Veranlassung gegeben hat“ (§ 1308 ÖABGB.; der Großjährige hatte den Zwölfjährigen gereizt; dieser griff daraufhin zum Messer); mündige Minderjährige sind gleich Großjährigen ersatzpflichtig (§ 248 ÖABGB.).

Die gesetzlichen Stellvertreter Unmündiger haften statt derselben, wenn ihnen „der Schade wegen Vernachlässigung der ... anvertrauten Obsorge beigemessen werden kann“ (§ 1309 ÖABGB.; § 832 DBGB.); im Worte „kann“ des § 1309 ÖABGB. steckt für den Beschädigten eine Erleichterung der Beweislast (siehe § 13 IV).

IV. Die Entmündigung behebt oder vermindert die Handlungsfähigkeit (Ö. K. V. v. 28. Juni 1916, RGBl. Nr. 207; § 6 DBGB.; §§ 645 ff. DZPO.). Sie kann eine volle Entmündigung oder eine beschränkte sein. Der voll Entmündigte steht rechtlich einem Kinde gleich, was bei nicht eingeschlossenen Geisteskranken recht bedenklich für seine Umgebung sein kann; der beschränkt Entmündigte hat die Handlungsfähigkeit eines mündigen Minderjährigen. Der voll Entmündigte bekommt einen Kurator „für die Person und das Vermögen“, während der beschränkt Entmündigte einen Beistand als gesetzlichen Stellvertreter erhält; praktisch steht jeder dieser beiden Stellvertreter im wesentlichen hinsichtlich der Verwaltung einem Vormunde gleich (in Deutschland heißt er auch so).

Die Entmündigung darf nur erfolgen:

a) Wegen Geisteskrankheit oder Geistesschwäche. Auf Antrag oder von Amts wegen, aber nicht obligatorisch; bei Kindern, weil unnötig, unzulässig. Nur nach persönlicher Einvernehmung des zu Entmündigenden und nach Anhörung von Sachverständigen. Volle oder beschränkte Entmündigung möglich (bei Minderjährigen über sieben Jahre nur die erste). Die Anhaltung des Kranken in der geschlossenen Anstalt ist mit der Entmündigung nicht notwendig verbunden.

b) Wegen Trunksucht. Also nur jener Gewohnheitstrinker, den eine unwiderstehliche Neigung zum Trinken antreibt und bei dem die Einräumung einer angemessenen Bewährungsfrist aussichts- oder erfolglos ist. Überdies muß der Fall so liegen, daß der Trunksüchtige sich oder seine Familie dem künftigem Notstande preisgibt oder daß er eines

„Beistandes“ bedarf oder daß er die Sicherheit anderer gefährdet: Trunksucht für sich allein ist also mit Recht noch kein Entmündigungsgrund. Überdies zulässig nur auf Antrag des Ehegatten, der Verwandten und Verschwägerten (statt dieser: des Vormundes), des Gemeindevorstehers, und, „wenn es das öffentliche Interesse erfordert“ (Gewalttätigkeit), des Staatsanwalts. Nur nach persönlicher Einvernehmung des zu Entmündigenden. Nur beschränkte Entmündigung.

c) Wegen Mißbrauchs von Nervengiften, z. B. des Morphiums. Wie unter b).

d) Wegen Verschwendung, d. i. wegen eines auf seiner Charakterschwäche oder Verstandesschwäche beruhenden unwirtschaftlichen Gebarens des zu Entmündigenden, das ihn oder seine Familie, wenn schon nicht der Verarmung, so doch dem Notstande zuführt. Die Gefahr der Deklassierung durch das Verhalten des Verschwenders berechtigt also schon zu seiner Entmündigung, ebenso daß er sich durch sein Verhalten der Mittel beraubt, seine Kinder angemessen zu erziehen. Nur auf Antrag. Antragsberechtigt sind die unter b) genannten Personen mit Ausnahme des Staatsanwalts. Nur nach persönlicher Einvernehmung des zu Entmündigenden. Nur beschränkte Entmündigung.

Die Entmündigung wird durch den öffentlich kundzumachenden Gerichtsbeschluß ausgesprochen (dawider Widerspruch mit mündlicher Verhandlung und Rekurs ohne solche zulässig; gegen die Verweigerung nur der Rekurs). Während des Verfahrens ist der zu Entmündigende handlungsfähig; jedoch ist ihm, wenn es zu seinem Schutze „dringend“ notwendig ist, schon während des Verfahrens ein vorläufiger Beistand zu bestellen. Auch wenn dies geschieht, bleibt jedoch der zu Entmündigende — bis zur Entmündigung — handlungsfähig, so daß gleichzeitig sowohl er als in seinem Namen der vorläufige Beistand handeln darf (jeder von ihnen verkauft dasselbe Pferd einem andern); doch gehen im Widerspruchsfalle die Rechtshandlungen des vorläufigen Beistandes begreiflicherweise vor.

Die Kosten des Entmündigungsverfahrens trägt im Falle der Entmündigung der Entmündigte, sonst der Bundesschatz und statt dessen (zur Abwehr leichtfertiger Entmündungsanträge) der schuldhafte Antragsteller.

Vgl. auch § 6 IV a, § 8 IV b.

§ 17. Der Tod — Der Nachlaß

I. Der Mensch endet mit dem Tode. Bis zu diesem Ende dauert unverzichtbar die Rechtsfähigkeit der menschlichen Persönlichkeit, über den Tod hinaus kann sie nicht fortdauern. Zwar hat der Mensch in den Erben (Gesamt-) Rechtsnachfolger, § 532 ÖABGB.; § 1922 DBGB., die das Vermögen des Verstorbenen, den Nachlaß des Erblassers als Ganzes übernehmen. So gehen die vermögensrechtlichen Rechte und Pflichten des Erblassers grundsätzlich nicht durch seinen Tod unter, sondern auf den oder die Erben über, und darum sind auch die Vermögensgläubiger des Erblassers durch dessen Tod an ihrer Rechtsverfolgung grundsätzlich nicht gehindert, § 811 ÖABGB. (siehe IX). Aber die Person des Erblassers wird nach seinem Tode nicht fortgesetzt und darum gehen wie seine höchstpersönlichen Rechte so auch seine höchstpersönlichen Pflichten durch denselben unter.

Dieses Vermögenserbrecht, das System der Gesamtrechtsnachfolge der Erben in das Vermögen des Erblassers, ist neben dem Vertrag und dem Eigentum eine der wichtigen Säulen der Privatrechtsordnung. Gerade darum wird das Erbrecht von der kommunistischen Lehre völlig, von der sozialdemokratischen großenteils verworfen. Ob man seiner in einer anders als privatwirtschaftlich orientierten Gesellschaftsordnung würde entraten können, das ist in einer Darstellung des geltenden Rechtes nicht zu erörtern. Aber mit einer privatwirtschaftlich orientierten Rechtsordnung ist das Vermögenserbrecht notwendigerweise verbunden; denn keine solche Rechtsordnung vertrüge einen Satz: Vermögens-Rechte und -Pflichten gehen durch den Tod des Rechts- oder Pflichten-Trägers unter. Wer könnte einen Kaufvertrag auf Zeit schließen, wenn er mit dessen Wegfall für den Fall rechnen müßte, daß sein Vertragsgegner vor der Vertragserfüllung stürbe? Solange die geltende Privatrechtsordnung, sei es auch nur in ihren Grundzügen, aufrecht bleibt, muß darum der Grundsatz gelten: Rechte und „Verbindlichkeiten, die der Erblasser aus seinem Vermögen zu leisten gehabt hätte, übernimmt sein Erbe“ (§ 548 ÖABGB.; siehe auch § 33/2 ÖSchauspielerges.); der Erbe ist durch diesen Grundsatz ohnedies nicht beschwert, da jetzt niemand gegen seinen Willen Erbe werden muß (siehe IX).

Immerhin erleidet der Grundsatz Ausnahmen: a) Anträge (§ 6 IV) erlöschen durch den Tod der einen oder der anderen Partei — nur — dann, wenn dies dem erkennbaren Willen des Antragstellers entspricht (§ 862 ÖABGB.; § 153 DBGB.; Theaterengagementsantrag). b) Vollmachten (§ 35 III) erlöschen durch den Tod des Vollmachtgebers oder des Bevollmächtigten (nachgiebiges Recht). Unterausnahmen: die Prokura, Artikel 54 ÖHGB., sonstige Handelsvollmacht, Artikel 47, 54 ÖHGB., Prozeßvollmacht § 35 ÖZPO.; § 86 DZPO. erlöschen zwar durch den Tod des Bevollmächtigten, aber nicht durch jenen des Vollmachtgebers (nachgiebiges Recht); c) Verträge bleiben grundsätzlich unberührt; denn sie werden im allgemeinen wie die Anträge behandelt (Hausgehilfenvertrag, Bestellung eines Porträts). Einzelfälle: der Tod des persönlich haftenden Gesellschafters, Artikel 123, 170, 200 ÖHGB.; §§ 131, 161,

330 DHGB.; der Tod des Kommissionärs siehe § 46 IV; der Tod des Mieters (nicht auch des Vermieters) bei der Wohnungsmiete, § 1116 a ÖABGB. (genau genommen kein Auflösungs-, sondern ein Umwandlungsgrund des Vertrages; § 569 DBGB. beachtet den Tod des Mieters bei allen Mietverträgen); der Tod des Lehrherrn oder Lehrlings beim Lehrvertrag, § 103 ÖGewO. d) Der Anspruch auf ein Schmerzensgeld wegen einer Körperverletzung ist unvererblich, er sei denn bei Lebzeiten eingeklagt oder anerkannt[1]), § 1325 ÖABGB. e) Nur die rechtskräftig verhängten Geldstrafen belasten den Nachlaß (§ 548 ÖABGB.). f) Abfertigungsansprüche des Privatangestellten, die durch dessen Tod entstehen, vermindern sich auf die Hälfte der sonstigen Abfertigungsansprüche und gehen nur auf die unterhaltsberechtigten gesetzlichen Erben über (§ 23 Angestelltenges.; siehe § 36 VIII).

II. Das Vermögen des Erblassers bildet seinen Nachlaß (§ 531 ÖABGB.; § 1932 DBGB.). Das „Unternehmen" des Erblassers gehört dazu (Art. 22 ÖHGB.; § 22 DHGB.; § 33 ÖSchauspielerges. v. 13. Juli 1922, GBBl. Nr. 441); dagegen grundsätzlich nicht, weil eine höchst persönliche Befugnis, die ihm verliehene gewerbliche Konzession, z. B. zum Gasthausbetriebe (§ 56 ÖGewO. Ausnahmen zugunsten der Witwe und der minderjährigen Kinder).

III. Der Erbe ist der Gesamtrechtsnachfolger des Nachlasses, zum Unterschied vom Vermächtnisnehmer (Legatar), der ein Einzelrechtsnachfolger ist: Der Erbe bekommt das Vermögen, der Vermächtnisnehmer Vermögensstücke des Erblassers (§§ 532, 535 ÖABGB.; §§ 1922, 2174 DBGB.). Von mehreren Erben ist jeder ein Gesamtrechtsnachfolger; denn er ist auch dann am ganzen Vermögen des Erblassers beteiligt. Der Erbe „übernimmt" darum die „Verbindlichkeiten, die der Erblasser aus seinem Vermögen zu leisten gehabt hätte" (§ 548 ÖABGB., § 1967 DBGB.), und zwar je nach seiner Erbserklärung (siehe IX) entweder nur bis zur Höhe des Nachlasses oder auch mit seinem eigenen Vermögen (§§ 801, 802 ÖABGB.; ähnlich § 1994 DBGB.). Mehrere Erben haften bei der unbedingten Erbserklärung solidarisch; bei einer bedingten Erbserklärung haftet „jeder einzelne selbst für die die Erbschaftsmasse nicht übersteigenden Lasten nur nach Verhältnis seines Erbteiles" (§§ 820, 821 ÖABGB.; ähnlich §§ 2058, 2060 DBGB.).

IV. Erbrechtstitel (der Stärke nach): Erbvertrag, Testament, Gesetz; sie können nebeneinander bestehen (§§ 533, 534 ÖABGB.).

V. Der Erbvertrag. Gehört in Österreich zu den Ehepakten (Unterschied gegenüber dem „Ehevertrag"; abweichend die Deutsche Terminologie: Ehevertrag, § 1432 DBGB., Eheschließung). Ist einseitig nicht widerruflich. Bedarf zur Gültigkeit des Notariatsaktes (ähnlich

[1]) Jud. B. 204.

§ 2276 DBGB.). Nur zulässig zwischen Ehegatten oder Brautleuten im Hinblick auf die künftige Eheschließung, § 1249 ÖABGB. (anders § 2275 DBGB.). Jede Vertragspartei muß geschäftsfähig, also mindestens großjährig (§ 16 I) sein oder die gerichtliche Genehmigung des Erbvertrages erlangen (§ 1250 ÖABGB.; zwingendes Recht), es werde denn dem Minderjährigen lediglich eine „unnachteilige Verlassenschaft" zugewendet.

Zulässiger Umfang der vertragsmäßigen Erbeinsetzung: nur drei Viertel des frei vererblichen (also des durch die Pflichtteile geminderten) Vermögens, § 1253 ÖABGB. Pflichtteilsrechte bleiben stets unberührt, ebenso Verfügungsrechte der Vertragsparteien unter Lebenden.

VI. Das Testament. Das germanische Recht hatte (wenigstens für unbewegliche Güter) das System des unentziehbaren gesetzlichen Erbrechtes; das diente dazu, das Vermögen der Familie zu erhalten. Das römische Recht dagegen war lange und das englische Recht ist bis jetzt vom System der unbeschränkten Testierfreiheit beherrscht; der Erblasser darf sein Vermögen hinterlassen, wem er will. Man pflegt den Gegensatz dahin zu fassen: das erstgenannte System schütze die Familie vor der Willkür des Erblassers, dem das zweite System sie ausliefere; beim Lobe des ersten Systems wird sicherlich unbeachtet gelassen, daß das starre gesetzliche Erbrecht den Bedürfnissen des einzelnen Falles sich nicht anzupassen vermag und daß es die Kinder reicher Eltern leicht verweichlicht. In Österreich und Deutschland hat sich denn auch ein gemischtes System durchgesetzt: Testierfreiheit neben Pflichtteilsrecht; ein Teil des Vermögens ist zugunsten naher Angehöriger gebunden, über den Rest darf der Erblasser frei letztwillig verfügen.

Diese letztwilligen Verfügungen sind entweder Testamente (Erbeinsetzungen mit oder ohne die Bestellung von Vermächtnissen) oder Kodizille (nur Vermächtnisse enthaltend).

Das Testament ist eine letztwillige, jederzeit einseitig widerrufbare Erbseinsetzung durch den Erblasser. Da sie der unmittelbare Willensausdruck desselben sein soll, gibt es dabei keine Vertretung; eine Testamentserrichtung durch den Vormund oder durch einen Bevollmächtigten ist unzulässig und wirkungslos (§ 564 ÖABGB.; § 2064 DBGB.). Auch muß der Erblasser den Erben selbst, wenn auch nicht gerade mit Namen, benennen, und zwar im Testamente selbst (§ 582 ÖABGB.; § 2065 DBGB.) deutlich und bestimmt; Nicken auf einen Vorschlag und selbst Bejahen desselben ist bedeutungslos[1]). Von mehreren Erblassern muß jeder, will er testieren, sein Testament

[1]) OGH. vom 21. November 1907 GlUNF. 4475; vom 6. Oktober 1909 GlUNF. 4748; vom 18. November 1862 GlU. 1600.

für sich machen. Nur Ehegatten ist die Errichtung wechselseitiger Testamente in einer Urkunde gestattet; auch da darf jeder Ehegatte seine letztwillige Erklärung widerrufen, ohne daß hiedurch jene des anderen Ehegatten wegfiele, § 1242 ÖABGB.; anders § 2272 DBGB.

Die Testierfähigkeit hat grundsätzlich jeder Mensch in gleicher Weise. Doch sind in Österreich völlig testierunfähig: Unmündige; voll Entmündigte; die wenn auch (gar) nicht entmündigten Geisteskranken; in der Regel auch Ordensgeistliche (§ 573 ÖABGB.). Beschränkt testierfähig sind in Österreich Minderjährige bis zum vollendeten 18. Lebensjahre (anders § 2229 DBGB.) und beschränkt Entmündigte (der Verschwender, Trunksüchtige, Nervengifte Mißbrauchende nur über die Hälfte des Nachlasses, § 568 ÖABGB.; § 6 ÖEntmO.; die anderen nur mündlich vor Gericht oder vor einem Notar, § 569 ÖABGB.; § 70 ÖNotO.; § 4 ÖEntmO.; in Deutschland sind Verschwender und Trunksüchtige testierunfähig, § 2229 DBGB.). Ob ein ausländischer Erblasser testierfähig gewesen ist, beurteilt sich lediglich nach seinem Heimatsrecht in dem Zeitpunkte der Testamentserrichtung, §§ 575, 576 ÖABGB., Artikel 7 EinfGes. z. DBGB.

Testamentsformen in Österreich[1]): a) außergerichtlich eigenhändig (nicht mit Schreibmaschine) geschrieben und (auf jedem Bogen) unterschrieben; Zeugen unnötig, § 578 ÖABGB.; b) außergerichtlich nicht eigenhändig geschrieben, aber eigenhändig unterschrieben; drei erbetene taugliche Zeugen, von denen zwei gleichzeitig anwesend sind, § 579 ÖABGB.; über Analphabeten, § 581 ÖABGB.; c) außergerichtlich mündlich, vor drei erbetenen tauglichen, gleichzeitig anwesenden, des Erblassers Sprache kundigen Zeugen, § 585 ÖABGB.; über die Feststellung des Inhaltes § 586 ÖABGB.; d) begünstigte Testamente an verseuchten Orten, auf Meeresschiffahrten und für Militärpersonen im Feldzuge (§§ 597, 600 ÖABGB.); jüngere Zeugen zulässig und weniger Zeugen nötig als sonst (über die sechsmonatige Befristung der Gültigkeit § 599 ÖABGB.); e) vor einem Notar unter Zuziehung zweier Zeugen oder eines zweiten Notars; f) vor Gericht schriftlich oder mündlich, § 587 ÖABGB., im Gerichts- oder Sterbehause, § 590 ÖABGB. Alle diese Formvorschriften binden In- und Ausländer hinsichtlich der in Österreich errichteten Testamente; die in einer dieser Formen in Österreich errichteten Testamente sind dann auch im Auslande gültig.

Da in Österreich vielfach Testamentszeugen in Betracht kommen und da deren gesetzmäßige Auswahl eine Gültigkeitsbedingung des ihrer bedürfenden Testamentes ist, so ist die Begrenzung des Kreises

---

[1]) In Deutschland gibt es nur die Fälle a), e), f), § 2231 DBGB., ferner statt d) andere begünstigte Formen §§ 2249 bis 2254 DBGB.

der tauglichen Testamentszeugen wichtig. Absolute Unfähigkeitsgründe § 591 ÖABGB.: Alter unter 18 Jahren, blind, taub, stumm, aber kein Unterschied des Geschlechts; relative hinsichtlich bestimmter Zuwendungen: die Bedachten, deren nahe Angehörige und deren besoldete Hausgenossen, § 594 ÖABGB. Freier beurteilt § 2237 DBGB. die Tauglichkeit der Zeugen; das ist bedenklich, weil im Zeitpunkt ihrer Beiziehung das Ergebnis der späteren richterlichen Prüfung unvorhersehbar ist.

Testamentsinhalt ist die Erbeinsetzung; überdies können im Testament auch Vermächtnisse vorkommen. Ein oder mehrere Erben. Ein Erbe auf den ganzen Nachlaß oder auf einen Teil desselben, § 554 ÖABGB.; § 2088 DBGB. Mehrere Erben „ohne Vorschrift einer Teilung", § 555 ÖABGB., oder „in dem allgemeinen Ausdruck einer gleichen Teilung (Anwachsungsrecht bei Wegfall eines eingesetzten Erben) § 560 ÖABGB., § 2094 DBGB. Mehrere Erben, „alle in bestimmten Teilen" (§ 556 ÖABGB.; kein Anwachsungsrecht, § 560 ÖABGB.); einige in bestimmten, die anderen in unbestimmten Teilen (§ 557 ÖABGB., § 2092 DBGB.; kein Anwachsungsrecht der bestimmt Eingesetzten). Der Erblasser kann auch verfügen: Nacherbschaft = gemeine Substitution (§ 604 ÖABGB., § 2100 DBGB.: wenn A nicht Erbe sein kann oder will, soll es B sein; da wird entweder A oder B Erbe); ferner fideikommissarische Substitution (nach A soll B mein Erbe sein, § 608 ÖABGB.; A und B, etwa Sohn und Enkel des Erblassers, sollen nacheinander Erben sein. Bei beweglichen Sachen auf zwei, bei unbeweglichen gar auf eine Generation beschränkt, § 612 ÖABGB., um die Vermögen nicht allzulange binden zu lassen).

Der Erblasser kann mehrere Testamente machen. Da hebt das spätere — sei es auch nur ein teilweises — das ältere völlig, auch hinsichtlich der Vermächtnisse, auf (§ 713 ÖABGB., nachgiebiges Recht!). Da die Datierung der Testamente aber keine Gültigkeitsbedingung derselben ist (§ 578 ÖABGB.; anders in Deutschland § 2231 DBGB. mit Recht) und da überdies die erfolgte Datierung auch unrichtig sein kann, kann man bisweilen nicht entscheiden, welches Testament das spätere ist; da gelten alle; zwischen unvereinbaren Bestimmungen, z. B. unvereinbaren Erbeinsetzungen, muß dann die Konkordanz, allenfalls durch das Gericht, hergestellt werden (§ 715 ÖABGB.).

VII. Der Pflichtteilsanspruch (das Noterbenrecht) beschränkt die Testierfreiheit. Der Noterbe muß seinen Pflichtteil bekommen, ob dies der Erblasser will oder nicht (§ 775 ÖABGB.; § 2302 DBGB.). Ausnahmen: Erbverzicht, durch einen Notariatsakt oder eine gerichtliche Beurkundung festgelegt, §§ 551, 767 ÖABGB.; Enterbung, §§ 768, 773 (zugunsten der Erbeserben!), 770 ÖABGB. (Erbunwürdigkeit, z. B. wegen Verbrechens gegen den Erblasser oder Verlassen des hilfslosen Erblassers); siehe § 2333 bis 2335 DBGB. Die Beweislast bei der Enterbung hat der Erbe, nicht der Noterbe zu tragen, § 771 ÖABGB.

Pflichtteilsberechtigt sind die Nachkommen und in deren Ermanglung die Vorfahren, § 762 ÖABGB. Weder Ehegatten noch Geschwister haben ein Pflichtteilsrecht; doch hat der (nicht aus seinem Verschulden geschiedene) Ehegatte bis zur Wiederverehelichung den Anspruch auf den mangelnden anständigen Unterhalt (§ 796 ÖABGB.; in Deutschland hat der Ehegatte ein Pflichtteilsrecht, § 2303 DBGB.).

Der Noterbe ist kein Erbe. Er hat keinen Teil des Nachlasses, auch keine einzelnen Nachlaßstücke zu fordern (hat auch kein Erbserklärung abzugeben[1]), sondern er hat einen (vererblichen und abtretbaren) Anspruch auf Geld, und zwar auf so viel, als nach gerichtlicher Schätzung der Nachlaßstücke nach ihrem Wert am Todestag auf diesen entfällt. Diese Schätzungen sind offenkundig unverläßlich und erfahrungsgemäß oft zu niedrig; dennoch darf der Pflichtteilsberechtigte nicht die Versteigerung der Nachlaßstücke verlangen, die den wahren Wert ergeben würde (§ 784 ÖABGB.; § 2311 DBGB.); es sind also die Testaments- vor den Noterben begünstigt.

Der Pflichtteil ist vom reinen Nachlasse zu berechnen, § 786 ÖABGB.; Heiratsgut und Ausstattung, sowie jene Beträge werden in die Pflichtteile von Nachkommen eingerechnet, die der Erblasser zur Bezahlung der Schulden eines großjährigen Nachkommen verwendet hat, § 788 ÖABGB. Der Pflichtteil der Nachkommen beträgt die Hälfte, jener der Vorfahren ein Drittel des gesetzlichen Erbteils, §§ 765, 766 ÖABGB. (in Deutschland auch die Hälfte, § 2303 DBGB.), der mangels Testamentes auf sie entfiele, § 763 ÖABGB.

Der Anspruch auf den Pflichtteil verjährt in drei Jahren, § 1487 ÖABGB.; § 2332 DBGB.

VIII. Das gesetzliche Erbrecht ist als Familienerbrecht gedacht; es tritt nur ein, wenn und insoweit weder ein Erbvertrag noch ein Testament über die Erbfolge verfügen, oder dann, wenn und insoweit die im Erbvertrag oder im Testament „eingesetzten Erben die Erbschaft nicht annehmen können oder wollen", § 727 ÖABGB. Es kann danach sein, daß zu einem und demselben Nachlasse zum Teil die vertragsmäßige, zum Teil die testamentarische, zum Teil die gesetzliche Erbfolge statt hat. Heimfallsrecht des Staates bei Erschöpfung der gesetzlichen Erbfolge.

Gesetzliche Erben sind:

1. Die Verwandten aus ehelicher Abstammung, und zwar die Nachkommen, und von den Vorfahren jene bis zu des Erblassers ersten Urgroßeltern. Die Nachkommen gehen den Vorfahren vor; die erste Linie

[1]) OGH. vom 17. März 1891, GlU. 13659.

erbt nach Köpfen, die folgenden nach Stämmen; §§ 731 ff. ÖABGB.; §§ 1924 ff. DBGB. (weitergehend als das österreichische Recht).

2. Die legitimierten Kinder. Es stehen die aus Putativehen (schuldlose Unwissenheit auch nur eines Gatten über das Ehehindernis) stammenden und die Mantelkinder (nachfolgende Ehe der Eltern) im Erbrechte den ehelichen Kindern gleich; die durch den Bundespräsidenten legitimierten nur dann, wenn die Legitimation auf den Antrag des Vaters geschah; §§ 160, 161, 752, 753 ÖABGB. Doch bezieht sich diese Gleichstellung in der Regel nicht auf Fideikommisse.

3. Die unehelichen Kinder, und zwar zum Nachlasse der Mutter und der mütterlichen Verwandten wie die ehelichen, § 754 ÖABGB. Über die Ehelichkeit der Geburt § 138 ÖABGB. Das sehr fortschrittliche ÖABGB. konnte doch den unehelichen Kindern kein gesetzliches Erbrecht zum Nachlasse des Vaters und seiner Verwandten geben, weil nach § 163 ÖABGB. nicht die Zeugung, sondern die Beiwohnung durch einen bestimmten Mann zwischen 180 und 300 Tagen vor der Geburt des Kindes die Vaterschaftsvermutung begründet (Gegenbeweis ist übrigens zulässig) und zwar selbst dann, wenn mehrere Männer in dieser Situation sind. (Anders §§ 1717, 1718 DBGB. für die Vaterschaft, ohne jedoch dem Kind ein weitergehendes Erbrecht als das ÖABGB. zu geben.)

4. Wahlkinder gegen beide Elternpaare, § 755 ÖABGB. Keine Gegenseitigkeit für die Adoptiveltern gegen den Kindernachlaß.

5. Eltern zu den unter 2. und 3. genannten Kindern wie diese Kinder zu ihnen, § 756 ÖABGB.

6. Der überlebende Ehegatte: stets den Voraus des (oder eines Teiles des) beweglichen Haushaltes (§ 758 ÖABGB.; § 1932 DBGB.), dann neben Kindern ein Viertel, neben Eltern und deren Nachkommen und neben Großeltern die Hälfte des Nachlasses; über den Fall, daß neben Großeltern Nachkommen verstorbener Großeltern vorhanden sind, siehe §§ 739, 740, 757 ÖABGB. (siehe § 1921 DBGB.). Dieses gesetzliche Erbrecht des Ehegatten erlischt und ebenso sein Anspruch auf den Voraus, wenn die Ehe aus Verschulden des Überlebenden von Tisch und Bett geschieden ist oder wenn zur Todeszeit die Klage auf Scheidung oder auf Trennung der Ehe aus dem Verschulden des (nun) Überlebenden gegen ihn schon mit Recht erhoben war (§ 759 ÖABGB.; § 1933 DBGB.).

Besonderheiten bestehen bei der gesetzlichen Erbfolge zum Nachlasse nach den Eigentümern von Erbhöfen (geschlossenen Höfen) in Kärnten und Tirol (siehe § 15 VIII); ferner manchmal nach katholischen und griechisch-unierten Geistlichen.

IX. Das Erbrecht ist ein Recht, keine Pflicht des zur Erbfolge Berufenen. Daher soll er nach § 799 ÖABGB. eine gerichtliche

Erbserklärung abgeben, will er die Erbschaft haben (Ausnahme in Österreich für Nachlasse bis 1000 S ohne unbewegliche Güter, Ges. v. 21. Dezember 1923, BGBl. 636); nach § 1942 DBGB. braucht der Erbe allerdings keine solche Erbserklärung abzugeben, aber er darf die Erbschaft ausschlagen.

Das österreichische und tschechoslowakische Recht verbietet den Erben, die „Erbschaft eigenmächtig in Besitz (zu) nehmen", § 797 ÖABGB. (völlig abweichend § 1960 DBGB.). Vielmehr hat (zwingend, aber in Österreich mit Ausnahme der obgenannten kleinen Nachlässe) eine Nachlaßabhandlung[1]) bei Gericht (behufs Vermeidung der häßlichen Erbrechtsprozesse und der Nachlaßverschleppungen, aber auch aus fiskalischen Gründen) zur Ermittlung des richtigen Erben und des Erbvermögens stattzufinden; für die Nachlaßgläubiger und für die Vermächtnisnehmer ist diese Nachlaßabhandlung allerdings grundsätzlich nicht bestimmt (Ausnahmen für Pflegebefohlene), so daß jeder von ihnen für sich selbst (anders als der Erbprätendent) zu sorgen befugt ist und zu sorgen hat, §§ 811, 812 ÖABGB.

Gang der Nachlaßabhandlung: Todesfallsaufnahme durch Notar oder Gericht; Erbserklärung (bedingte oder unbedingte, siehe III; unwiderruflich, § 800 bis 802, § 806 ÖABGB.); Inventarerrichtung durch das Gericht (§§ 802, 807 ÖABGB.); Erbrechtsnachweis (§ 799 ÖABGB.; widerstreitende Erbserklärungen); Nachlaßverwaltung; Gebührenzahlung oder Gebührensicherstellung; Nachweis der Erfüllung des letzten Willens; gerichtliche Einantwortung des Nachlasses an den oder die Erben (§ 819 ÖABGB.; keine körperliche Übergabe der Vermögensstücke); allenfalls vor oder nach der Einantwortung eine gerichtliche Erbteilung.

Kein Erbberechtigter ist gezwungen, sich durch seine Erbserklärung an der Nachlaßabhandlung des Gerichtes zu beteiligen. Er verliert auch sein Erbrecht nicht, wenn er diese Beteiligung aus welchem Grund immer unterläßt. Es wird gegen einen solchen Prätendenten also kein direkter, sondern nur ein indirekter Zwang geübt. Es wird nämlich die Nachlaßabhandlung dann ohne Rücksicht auf ihn durchgeführt, die Nachlaßeinantwortung an einen anderen vorgenommen und der Erbprätendent, der hiedurch ausgeschieden worden ist, der ist nun auf die Klage „auf Abtretung oder Teilung der Erbschaft" gegen jenen verwiesen, dem der Nachlaß vom Gericht eingeantwortet wurde, § 823 ÖABGB. Mit dieser Notwendigkeit, zu klagen, sind erhebliche Rechtsnachteile verbunden (Beweislast, siehe § 13 IV; bezogene Früchte; veräußerte Nachlaßstücke, § 824 ÖABGB.), die den Prätendenten erfahrungsgemäß veranlassen, sich schon an der Nachlaßabhandlung zu beteiligen.

---

[1]) Die Einrichtung, wiederholt von namhaften Juristen, wie Unger, angefochten, hat sich bewährt.

Da die Nachlaßgläubiger in ihrer Rechtsverfolgung durch die Nachlaßabhandlung nicht gehindert sind, entsteht für den Erben die Gefahr, daß bei einem überschuldeten Nachlasse die Gläubiger nicht gleichmäßig, sondern je nach ihrem Andringen befriedigt werden. Darum die Möglichkeit der Einberufung der Nachlaßgläubiger durch das Gericht auf Erbenantrag während der Nachlaßabhandlung, § 813 bis 815 ÖABGB.; § 1970 bis 1974 DBGB.; und die Zulassung der Aufschiebung der Exekution des andringenden Nachlaßgläubigers auf Erbenantrag bis zum Ablaufe der Einberufungsfrist.

§ 18. Der Einzelkaufmann — Der Reeder

I. Sowohl Menschen als auch juristische Personen (z. B. Vereine; unter Umständen in Österreich, immer in der Tschechoslowakei die Sparkassen) können Einzelkaufleute sein; hier ist im wesentlichen nur von den ersteren die Rede.

II. Kaufmann ist, wer gewerbemäßig im eigenen Namen (objektive oder subjektive) Handelsgeschäfte[1]) betreibt, Artikel 4 ÖHGB. (ähnlich § 1 DHGB.). Daher macht der Betrieb einer Bank, Sparkassa[2]), eines Gastwirt-, Gemischtwarengeschäftes, nicht aber jener der Urproduktion (Landbau, Weinbau, Fortstwirtschaft, Bergbau) zum Kaufmann. Aber Artikel 275 ÖHGB. sagt: „Verträge über unbewegliche Sachen sind keine Handelsgeschäfte" und will damit auch (anders als das DHGB.) den ganzen Immobiliarverkehr aus dem Handelsrechtsgebiet ausscheiden; wer sich mit diesem Verkehr befaßt, also der Grundstückkäufer nicht minder als der Grundstückmakler, der Hypothekendarleiher ebenso wie der Bauunternehmer und Bauhandwerker, keiner von ihnen sollte um dieses wenn auch gewerbemäßig geübten Betriebes willen ein Kaufmann sein. Die Absicht des ÖHGB. war, die Mobilisierung des Güterverkehres zu erschweren. Das DHGB. hat diese Absicht aufgegeben und es schien wahrscheinlich, daß die österreichische Rechtsentwicklung der deutschen folgen werde. Immerhin zeigten sich schon vor dem Kriege Widerstände, die aus dem Wunsche nach der Erhaltung tüchtiger Bauernwirtschaften entsprangen; diese Widerstände führten im Jahre 1889 zum Erbhöfegesetz, das seither in den Jahren 1900 und 1903 in Tirol und Kärnten durch LG. in Wirkung kam (siehe § 15 VIII). Das war kein gutes Zeichen für den Versuch einer Abschaffung des Artikels 275 ÖHGB. Schwer stemmte sich ihm dann die durch den Weltkrieg entstandene wirtschaftliche Entwicklung entgegen; denn

[1]) Überdies gibt es ohne Rücksicht auf die Art des Geschäftsbetriebes (z. B. Theaterunternehmen) sog. Formalkaufleute: Gesellschaft m. b. H. (§ 20 VI), Gemeinwirtschaftliche Unternehmung.

[2]) In der Tschechoslowakei gesetzlich festgelegt; in Österreich vom OGH. in Jud. B. 84 ausgesprochen.

sie ließ deutlich die Wichtigkeit eines ertragsfähigen bäuerlichen Grundbesitzes für die Volkswirtschaft des einzelnen Staates erkennen. So wurde denn behufs „Erhaltung eines leistungsfähigen Bauernstandes" durch die KaisV. vom 9. August 1915, RGBl. 234 der Verkauf kleiner und mittlerer Bauerngüter zwingend an die Genehmigung der Grundverkehrskommission[1]) geknüpft, die sie unter anderem dann versagen sollte, wenn das Grundstück in der Hand des neuen Eigentümers der landwirtschaftlichen Produktion voraussichtlich entzogen werden würde. Jetzt dehnen die Ges. vom 13. Dezember 1919, StGBl. Nr. 583[2]) und vom 23. Juni 1921, BGBl. Nr. 346 dies auch auf die Einräumung des Fruchtgenuß- und der mehr als sechsjährigen Pachtrechte an landwirtschaftlichen und aller Pachtrechte an forstwirtschaftlichen Betrieben aus und beziehen sich zum Teil auch auf Großbetriebe. Damit ist für die Dauer dieser Rechtssätze der Aufhebung des Artikels 275 ÖHGB. der Boden abgegraben, die Ausdehnung des Handelsrechtes auf den Immobiliarverkehr abgeschnitten, wenngleich diese Gesetze nur zum Teil den Güterverkehr der Großgrundbesitzer und jenen in den Städten gar nicht berühren (siehe § 39 II).

Die Wirkung des Artikels 275 ÖHGB. ist übrigens nicht so groß, als man gemeint haben mochte. Zwar können sich in Österreich und in der Tschechoslowakei Handelsgesellschaften zum Betriebe des Realitätenhandels ebensowenig bilden als Einzelunternehmer durch den Betrieb des Realitätenhandels Kaufleute werden. Aber die Hypothekargeschäfte werden durch Artikel 275 ÖHGB. deshalb nicht getroffen, weil die Rechtsprechung sie, auf § 299 ÖABGB. gestützt, als Geschäfte über bewegliche Sachen behandelt; es gibt denn auch in Österreich Hypothekenbanken. Ebenso behandelt die Rechtsprechung, wenn auch mit schwächeren Rechtsgründen, die Bauunternehmer als Kaufleute.

III. Der gesetzliche Kaufmannsbegriff umfaßt:

a) den Händler;

b) den Fabrikanten. Eine gesetzliche Begriffsbestimmung fehlt. Eine (nicht kundgemachte) Dienstesanweisung des Handelsministeriums vom 18. Juli 1883, Z. 22037[3]) weist die Unterbehörden an, dann einen Fabriks- (und keinen Handwerks-) Betrieb anzunehmen (siehe § 25 II), wenn der nicht persönlich manuell mitarbeitende Unternehmer durchschnittlich mehr als zwanzig Arbeiter in geschlossener Arbeitsstätte im arbeitsteiligen Verfahren und der Regel nach mit Maschinenbenutzung verwendet;

---

[1]) In Deutschland einfacher an die des Landrates, bzw. Bürgermeisters; B. vom 15. März 1918, RGBl. S. 125.

[2]) Für das Burgenland Vdg. vom 29. Mai 1922, BGBl. Nr. 317.

[3]) Das ÖBetriebsräteges. vom 15. Mai 1919, StGBl. Nr. 283 formuliert anders.

c) jenen Handwerker, der die Rohstoffe selbst anschafft (viele Müller, aber nicht die Lohnmüller);

d) den Geschäftsvermittler von Handelsgeschäften im weitesten Sinne: Kommissionär, Handelsagenten (nicht immer Versicherungsagenten, § 47 V b), Spediteur, Frachtführer, Lagerhalter, Mäkler (Sensal).

Ihnen ist gemeinsam: die Gewerbemäßigkeit des Betriebes und die Gewinnabsicht im Betriebe, wenn auch nicht bei jedem einzelnen Geschäft (Reklameverkauf). Ohne einen Betrieb (Wohltätigkeitsball) und ohne Gewinnabsicht (Wärmestube) gibt es kein Handelsunternehmen und daher auch keinen Kaufmann. Gleichgültig ist dagegen, mit wessen Mitteln, für wessen Rechnung und Nutzen (Sparkassen!) und mit welchem Erfolge der Kaufmann arbeitet (Jahresabschluß mit Verlust).

IV. Kaufmann darf jetzt grundsätzlich jeder werden, ohne Unterschied des Alters, des Geschlechts, der Rasse, Nationalität, des Religionsbekenntnisses, des Standes, der Staatsangehörigkeit. Diese Freiheit ist kaum älter als 150 Jahre[1]).

Über die Bedeutung des Alters siehe § 15 I, 16 (einjähriger Kaufmann).

Über den Einfluß des Geschlechts auf die Zulassung zum Handelsbetriebe siehe § 15 VI.

Über Rasse, Nationalität, Religionsbekenntnis siehe § 15 IV, V.

Über den Einfluß der Standesunterschiede siehe § 15 VIII, ferner Artikel 11 ÖHGB.; § 7 DHGB.

Von der Bedeutung der Staatsangehörigkeit ist in § 14 II, III gehandelt. In der Regel steht danach dem Ausländer die Errichtung, der Betrieb und die Beteiligung an Handelsunternehmen gleich dem Österreicher zu, Reziprozität vorbehalten[2]) (§§ 4, 34 ÖABGB.); fehlt diese, behandelt ein ausländischer Staat die Österreicher nicht gleich seinen Landeskindern, dann übt Österreich allerdings Retorsion (§ 33 ÖABGB.). So wird denn auch die Geschäftsfähigkeit des Ausländers grundsätzlich nach seinem Heimatsrechte beurteilt (§§ 4, 34 ÖABGB.; anders Art. 7/3 EinfGes. z. DBGB.), und ausländische Aktiengesellschaften sind infolgedessen in Österreich stets geschäftsfähig. Aber zum gewerbemäßigen Geschäftsbetrieb in Österreich bedürfen sie doch einer besonderen Zulassung durch die Verwaltungsbehörde, so daß sie ohne diese Erlaubnis zwar Gesellschafter einer Gesellschaft m. b. H., nicht aber einer offenen Handelsgesellschaft werden können.

V. Der Kaufmann wählt grundsätzlich seine Branche, den Geschäftszweig, frei, den er in seinem Unternehmen bearbeiten will; er ist aber

---

[1]) Rehme: Geschichte des Handelsrechtes 213.

[2]) Walker: Internationales Privatrecht 247 ff.

durch diese Wahl rechtlich nicht gehindert, außerhalb seines Geschäftszweiges Geschäfte zu machen, und auch diese werden dann in der Regel Handelsgeschäfte sein. Wichtig wegen des den Detailhandel beherrschenden Artikels 277 ÖHGB.: Anwendung der Vorschriften über Handelsgeschäfte auf beide Parteien, auch wenn das Geschäft nur auf einer Seite ein Handelsgeschäft ist; § 345 DHGB. über die Anwendbarkeit des vierten (in Deutschland dritten) Buches des HGB. statt des allgemeinen bürgerlichen Rechtes.

An die Beschränkungen der ÖGewO. und an deren Einteilung der Gewerbe in freie, handwerksmäßig betriebene und konzessionspflichtige (siehe darüber § 25 III) ist allerdings der Kaufmann gebunden, ebenso an den Konzessionszwang für Bankgeschäfte, es seien denn Börsegeschäfte im eigenen Namen (ÖGes. v. 17. Juli 1924, BGBl. Nr. 284). Doch ist es gemäß Artikel 11, 276 ÖHGB., § 7 DHGB. handelsrechtlich gleichgültig, wenn ein Kaufmann gegen diese Vorschriften verstößt (Auskocherei ohne Konzession); die von ihm abgeschlossenen Geschäfte, z. B. seine Mietverträge, sind daher auch dann gültig und verbindlich, wenn er die etwa erforderliche Konzession zum Gewerbebetriebe nicht hat.

VI. Vollkaufleute und Minderkaufleute.

Einteilungsgrund: staatliche Erwerbsteuer von mindestens 420 S jährlich, § 7 EinfGes. zum ÖHGB.; ÖGes. vom 16. November 1921, BGBl. Nr. 637; § 4 DHGB. Vorrechte: Firma, Prokura (siehe § 35 I), Bildung von Handelsgesellschaften. Besondere Pflichten: Eintragungspflicht in das Handelsregister (ihre Erfüllung unterbleibt nicht selten so lang als möglich, und zwar wegen der damit verbundenen Buchführungspflicht); Pflicht zur Führung ordnungsgemäßer Handelsbücher (diese ohne einen direkten Erfüllungszwang); siehe § 33.

VII. Die Firma[1]). Das Firmenrecht ist in Österreich auf Vollkaufleute beschränkt (§ 7 EinfGes. zum ÖHGB.; anders § 4 DHGB.). Minderkaufleute sind verbunden, ihren Betrieb unter ihrem bürgerlichen Namen zu führen (siehe IX.).

Die Firma ist weder ein Rechtssubjekt[2]), noch ein Rechtsobjekt; weder eine Person noch ein Unternehmen. Sie ist nichts als ein geschützter Name. „Die Firma eines Kaufmannes ist der Name, unter welchem er im Handel seine Geschäfte betreibt und die Unterschrift abgibt“ (Art. 15 ÖHGB.; § 17 DHGB.). So soll der Kaufmann verfahren: der bürgerliche Name außerhalb des Geschäftes, die Firma im Geschäftsbetrieb. Aber die Rechtsgültigkeit seiner Handlungen ist von der Einhaltung dieser Regel unabhängig: er mietet seine Sommerwohnung

---

[1]) Adler, E.: Beiträge zum Firmenrecht (Zeitschr. f. Handelsrecht 85. Bd. 93).

[2]) OGH. v. 20. Jänner 1920, SZ. II/4.

auch unter seiner Firma rechtswirksam und stellt unter seinem bürgerlichen Namen wirksam einen Buchhalter an.

Der Kaufmann hat die Firma; nicht hat sie das Unternehmen (strittig). Aber der Kaufmann darf ohne Unternehmen keine Firma haben. Führt er sie dennoch, dann hat das Handelsgericht von Amts wegen dagegen einzuschreiten, Artikel 27 ÖHGB., § 37 DHGB.

Personenfirma bei Einzelkaufleuten mit neuem Unternehmen: mindestens der Familienname, Artikel 16 ÖHGB., § 18 DHGB.

Grundsatz der Firmenwahrheit bei neuen Unternehmen, §§ 18, 19 DHGB.; Artikel 16, 17 ÖHGB.

Grundsatz der Übertragbarkeit der Firma (nur) mit dem Unternehmen (siehe § 25); Artikel 22, 23 ÖHGB.; §§ 22, 23 DHGB.

Über den Passivenübergang hiebei siehe § 9 III d.

Grundsatz der Unterscheidbarkeit der Firma von allen anderen an demselben Ort oder in der gleichen Gemeinde, Artikel 20, 21 ÖHGB.; § 30 DHGB.

Grundsatz der, durch Ordnungsstrafen erzwingbaren Registrierungspflicht Artikel 19, 20 ÖHGB.; §§ 29, 31 DHGB. In Österreich gibt es nur eine solche, keines Mannes Registrierungsrecht; anders § 3 DHGB. für die in der Theorie sogenannten Kannkaufleute, das sind jene, die als Nebenbetrieb neben der Land- oder Forstwirtschaft ein gewerbliches Unternehmen in kaufmännischer Einrichtung oder die in welcher Einrichtung immer ein Handelsgewerbe betreiben (Großgrundbesitzer mit einer Spiritusbrennerei).

Firmenschutz auf Antrag und von Amts wegen für die Vergangenheit (Schadenersatz) und Zukunft (Unterlassung der Führung) Artikel 26, 27 ÖHGB.; § 9 des Ges. gegen den unlauteren Wettbewerb; § 37 DHGB. Siehe auch § 15 III a; § 28.

VIII. Die Firma wird in das Handelsregister eingetragen. Bis in das 13. Jahrhundert läßt sich diese Einrichtung verfolgen[1]). Es ist ein Verzeichnis der Vollkaufleute, für privatrechtliche Eintragungen aus deren kaufmännischem Leben bestimmt, von den Handelsgerichten (in Deutschland von den Amtsgerichten) geführt, öffentlich. Artikel 12 ÖHGB.; §§ 8, 9 DHGB. Nur jene Tatsache darf eingetragen werden, deren Eintragung das Gesetz ausdrücklich gestattet oder gebietet; die Eintragung eines anderen Vorganges (z. B. der Spezialhandelsvollmacht) ist unzulässig und wirkungslos, jederzeit von Amts wegen zu löschen.

Deklarative und konstitutive Eintragungen (z. B. des Einzelkaufmannes, der Aktiengesellschaft); obligatorische und fakultative

---

[1]) Rehme: Geschichte des Handelsrechtes 98, 157, 214.

(als einzige: Ehepakten); auf Antrag (die Regel) und von Amts wegen (Anmerkung des Konkurses, der Zwangsverwaltung).

Die deklarative Eintragung erzeugt keine Rechte, sondern bekundet sie; sie hat in der Regel Bedeutung gegen jedermann, es sei denn „daß er die Tatsache weder gekannt habe noch habe kennen müssen" (Art. 25, 46 ÖHGB.); die deklarativen Anmerkungen des Konkurses und des gerichtlichen Ausgleichsverfahrens sind aber bedeutungslos, weil diese Tatsachen ohnedies vom Konkurs- (Ausgleichs-) Gericht öffentlich kundgemacht werden, so daß es gleichgültig ist, ob jemand das Handelsregister einsieht oder nicht. Die konstitutive Eintragung dagegen hat als solche Rechtswirkungen, die ohne die Eintragung nicht eintreten (Gründung der Gesellschaft m. b. H.); darum ist die Wirkung unabhängig davon, ob jemand die Eintragung kannte oder doch kennen mußte.

IX. Minderkaufleute haben als Geschäfts- und Betriebsstättenbezeichnung (einen) richtigen Vor- und Zunamen zu führen, und zwar auch bei übernommenen Unternehmungen, Ges. vom 21. Dezember 1923, BGBl. Nr. 634. Kein Firmenrecht; keine Registrierung; keine Prokura.

X. Der Einzelkaufmann haftet für seine Geschäftsschulden ebenso wie für seine Privatschulden mit seinem ganzen Vermögen. Das HGB. kennt beim Einzelkaufmann keine rechtliche Teilung dieses Vermögens in ein Privat- und in ein Geschäftsvermögen. Eine solche mag der Kaufmann für sich vornehmen, in seinen Büchern durchführen, vielleicht auch der Steuerbehörde gegenüber geltend machen. Seinen Privat- wie seinen Geschäftsgläubigern gegenüber ist eine solche etwaige Vermögensteilung rechtlich bedeutungslos. Es gibt also keine beschränkte Haftung des Einzelkaufmannes für seine Geschäftsschulden; nur durch einen Vertrag mit dem einzelnen Gläubiger kann sie entstehen, etwa dahin, daß dieser Gläubiger sich nur aus dem Werte des Warenlagers seine Befriedigung suchen werde, — kein praktischer Fall. Da somit das Privat- und das Geschäftsvermögen des Einzelkaufmannes rechtlich nicht voneinander geschieden sind, vielmehr eine rechtliche Vermögenseinheit bilden, gibt es auch rechtlich keine Liquidation des Handelsbetriebes. Denn eine solche hat stets den Zweck, die Geschäftsaktiven zu versilbern und die Geschäftsschulden daraus zu bezahlen, sodann den Überschuß in das Privatvermögen zu überführen; derartiges ist aber beim Einzelkaufmann zwecklos, da das Privat- und das Geschäftsvermögen rechtlich ein und dasselbe sind. Gibt es nun keine Liquidation des Unternehmens eines Einzelkaufmannes, so kann es auch keine Liquidationsfirma desselben geben.

Es ist eine rechtspolitisch wiederholt erörterte Frage, ob das Gesetz nicht dem Einzelkaufmann die Möglichkeit eröffnen sollte, für seine

Geschäftsschulden nur beschränkt, nur mit dem Geschäftsvermögen zu haften. Derartiges setzte sicherlich die öffentliche Bekanntmachung voraus und würde darum den Personalkredit des Kaufmannes mindern. Aber das ist seine, nicht des Gesetzgebers Sache. Ernstere Bedenken ergeben sich aus der Bedachtnahme auf das leicht getäuschte Publikum. Es hat sich denn auch bisher noch keine Gesetzgebung dazu entschlossen, offiziell die beschränkte Haftung eines Einzelkaufmannes für seine Geschäftsschulden zuzulassen. Auf einem Umweg ist derartiges allerdings jetzt schon in Österreich möglich, nämlich dadurch, daß jemand alle Aktien einer Aktiengesellschaft oder alle Geschäftsanteile einer Gesellschaft mit beschränkter Haftung in seiner Hand vereinigt.

XI. Des Einzelkaufmannes Tod beendet zwar seine Persönlichkeit; aber sein Unternehmen endet damit nicht, löst sich nicht durch seinen Tod auf. Vielmehr tritt nun die Gesamtrechtsnachfolge in des Erblassers Vermögen ein, und zu diesen Vermögen gehört auch das Handelsunternehmen (§ 17 II).

Die Erben haben es zu übernehmen, wenn sie die Erbschaft antreten. Da es jedoch eine Weile dauern kann, bis das Gericht weiß, wer auf den Nachlaß als Erbe Prätensionen erhebt und ob er dies mit Recht tut, hat das Gericht (in Österreich) für die einstweilige Führung des Unternehmens Vorsorge zu treffen, z. B. einen firmazeichnungsberechtigten Verwalter zu bestellen.

XII. Reeder[1]) ist der Eigentümer eines Seeschiffes, der es bestimmungsgemäß zum (wenn auch nicht gewerbemäßigen) Erwerb durch Personen- oder Gütertransport oder durch Hochseefischerei benutzt (siehe § 49).

§ 19. Die Gesellschaften

I. Die einfachste Form eines kaufmännischen Unternehmens ist das durch einen Einzelkaufmann betriebene Handelsgeschäft. Aber sie ist dann für den Großbetrieb wenig geeignet, wenn dessen Anforderungen an die Arbeitskraft und an die Kapitalskraft größer und die Gefahr von Geschäftsverlusten stärker werden, als der einzelne sie zu tragen vermag. Darum tritt in solchen Fällen an die Stelle des einzelnen die Vereinigung mehrerer, die Gesellschaft. Derartiges geschah schon im Mittelalter mit dem Aufkommen der Geld- und Kreditwirtschaft und diese Assoziationsbewegung verstärkte sich im vorigen Jahrhundert um so mehr, je mehr der Großbetrieb sich dem mittleren und kleineren Unternehmer vordrängte.

Diese Entwicklung konnte nicht an jene Gesellschaftsformen anknüpfen, die damals bekannt waren: a) Die societas des römischen Rechtes

[1]) Schreckenthal: Das österr. Seerecht 85.

und die (nur für Minderkaufleute verwendbare) Erwerbsgesellschaft des bürgerlichen Rechtes, bei denen jede Selbständigkeit der Gesellschaft nach außen fehlte; b) die Gesellschaften zur Erreichung lediglich idealer Zwecke; c) die Reederei, die lediglich für die Sonderzwecke des Seeverkehrs eingerichtet war und selbst diesem nicht völlig entsprach. Zwar blieben alle diese Gesellschaftsformen aus der Zeit einer unentwickelten Kapitalswirtschaft bestehen; aber die neuen, starken Bedürfnisse forderten neben ihnen neue Gesellschaftsformen, solche, welche die Gesellschaft — mehr oder minder — als einen selbständigen, neben den Gesellschaftern stehenden Körper erscheinen ließen.

So hatte sich im Mittelalter die Commenda entwickelt und sehr verbreitet, die Vorläuferin der Kommandit- und der stillen Gesellschaft; sie wurde der Ausgangspunkt für die Neubildung von Gesellschaftsformen. Neben und wohl etwas nach der Commenda entwickelten sich um das Jahr 1300 die offene Handelsgesellschaft, dann nach und nach die übrigen Gesellschaftsarten. Die vorjüngste derselben, die Gesellschaft mit beschränkter Haftung, entstand erst gegen das Ende des vorigen Jahrhunderts; die jüngste, die gemeinwirtschaftliche Unternehmung, sogar erst in den allerletzten Jahren. Diese jüngste Form stellt den ersten Versuch dar, die bis dahin nur privatwirtschaftlichen Zwecken dienenden Gesellschaftsformen sozialistischen Zielen dienstbar zu machen.

II. Als die typischen Formen der Vergesellschaftung von Handelsleuten erscheinen jetzt die offene Handelsgesellschaft und die Gelegenheitsgesellschaft (das Syndikat). Sie unterscheiden sich voneinander hauptsächlich nur durch die beabsichtigte Dauer dieser Verbindungen: bei jener handelt es sich um einen Betrieb, beim Syndikat dagegen um eine Vereinigung zu einem oder mehreren Handelsgeschäften. Aber gemeinsam ist die zwingend vorgeschriebene unbeschränkte Haftung der offenen Teilnehmer für die Geschäftsschulden, so daß es neben dem Betriebskapital-Gesellschaftsvermögen noch ein Haftungskapital sämtlicher Gesellschafter-Vermögen gibt; nicht ebenso zwingend vorgeschrieben, aber als Regel gedacht ist, daß jeder Teilnehmer sowohl mitarbeitet als auch Kapital einbringt. So stellen sich diese Verbindungsformen, namentlich jene der offenen Handelsgesellschaft, als die intimste mehrerer Kaufleute dar; die Vereinigung zu ihr ist daher ein starker Vertrauensbeweis und die Individuen der Teilnehmer spielen dabei eine große Rolle, können nicht beliebig ausgetauscht werden.

Etwas anders steht es, wenn der Unternehmer hauptsächlich nur auf die Kapitalsbeschaffung und auf eine mäßige Beteiligung am etwaigen Geschäftsverluste, nicht aber auf die Mitarbeit Wert legt. Da bieten sich statt der offenen Handelsgesellschaft die Gesellschaftsformen der Kommanditgesellschaft und der stillen Gesellschaft: bei ihnen haftet allerdings (mindestens) einer wie bei der offenen Handelsgesellschaft (der Komplementär, Geschäftsinhaber), die anderen aber nur mit der oder bis zur Höhe der Einlage (Kommanditist, stiller Gesellschafter).

Diese vier Gesellschaftsformen sind Personenvereinigungen; es ist bei ihnen geschäftlich mehr oder minder wichtig, aus welchen Individuen sie bestehen; es ist Vertrauenssache der Gesellschafter zueinander, daß sie sich miteinander verbinden, und es ist rechtlich notwendig, daß einer derselben die Geschäfte führe und namens der Gesellschaft handle (Vertretungsbefugnis habe) und daß wenigstens einer den Gesellschaftsgläubigern unbeschränkt hafte.

Es ist kein rechtliches Hindernis dagegen, daß ein einzelner, und ebensowenig eines dawider, daß eine der genannten Gesellschaften sehr große Unternehmungen betreibe. Aber das Risiko und die Verantwortlichkeit sind dafür in der Regel zu beträchtlich, mag auch das Vermögen für den Betriebsfonds ausreichen. Hier tritt seit dem 15. Jahrhundert die Aktiengesellschaft ein, deren erste gesetzliche Regelung erst im Code de commerce 1807 geschah. Sie ist eine reine Kapitalsassoziation: kein Gesellschafter (Aktionär) haftet persönlich den Gesellschaftsgläubigern, keiner haftet unbeschränkt, keiner ist als solcher zur persönlichen Tätigkeit verpflichtet oder berechtigt; es haftet nur das Gesellschaftsvermögen, und gesellschaftliche Organe (der Vorstand usw.), nicht Gesellschafter als solche, besorgen die Geschäfte. Bei der Aktiengesellschaft sind also die Individuen der Aktionäre gleichgültig.

Die Aktiengesellschaft verfolgt gedankenmäßig privatwirtschaftliche Zwecke, und zwar handelsrechtliche; sie betreibt bestimmungsgemäß Handelsgeschäfte. Soll ihre Organisation zu privatwirtschaftlichen, aber nicht handelsrechtlichen Zwecken verwendet werden, so entstehen die Vereinigungsformen des Aktienvereines und des Versicherungsvereines auf Gegenseitigkeit.

Ganz eigentümlich ist dagegen die Verwendung der Organisationsform der Aktiengesellschaft zu Sozialisierungszwecken, also zu Zielen, die weit ab von dem Entstehungsgrund und der Verwendung dieser Gesellschaftsform liegen. Es handelt sich dabei um die gemeinwirtschaftlichen Unternehmungen[1]). Diese sollen der „Erfüllung wirtschaftlicher Aufgaben im Dienste der Allgemeinheit" sich widmen, also nicht dem Syndikalismus, wohl aber der Sozialisierung. Das ÖGes. vom 14. März 1921, StGBl. Nr. 41 „über die Vorbereitung der Sozialisierung" gab „aus Gründen des öffentlichen Wohles" die Möglichkeit, hiezu geeignete Wirtschaftsbetriebe — man mag zuerst an die Bergwerksunternehmungen und Munitionsfabriken gedacht haben — zu enteignen; sie durften dann, wollten Staat, Land oder Ge-

[1]) Die Tschechoslowakei hat diese Gesellschaftsform nicht übernommen.

meinde sie nicht selbst verwalten, „unter die Verwaltung öffentlichrechtlicher Körperschaften gestellt werden". Daran knüpfte das ÖGes. vom 29. Juli 1919, StGBl. Nr. 389 „über gemeinwirtschaftliche Unternehmungen" an, ging darüber hinaus, organisierte aber die in ihm vorgesehenen „gemeinwirtschaftlichen Anstalten[1]) und „Gesellschaften gemeinwirtschaftlichen Charakters" im wesentlichen nach dem Vorbilde der Aktiengesellschaft; nur bezüglich der Gewinnverteilung bestehen erhebliche Besonderheiten. Erfolge haben diese beiden Gesetze für die Wirtschaftsordnung bisher nicht gehabt, woran die schlechte Wirtschaftslage im Staat allerdings auch schuld hat.

Steht für diese Sozialisierungsgesetze der Gedanke der Kapitalsassoziation im Dienste des öffentlichen Wohles, so wird derselbe Gedanke (wenn auch zum Teil etwas abgewandelt) bei den Erwerbs- und Wirtschaftsgenossenschaften zugunsten des „kleinen Mannes", sei es als Produzenten, sei es als Händlers, sei es als Konsumenten, gewendet. Es handelt sich da um Vereine, welche die „Förderung des Erwerbes oder der Wirtschaft ihrer Mitglieder mittels gemeinschaftlichen Geschäftsbetriebes oder mittels Kreditgewährung bezwecken" (ÖGes. v. 9. April 1873, RGBl. Nr. 70), wie Siedlungsgenossenschaften und Konsumvereine. Sie sind rechtlich nicht auf Zwecke des Alltags beschränkt; die Ziele der Aktiengesellschaft sind r e c h t l i c h den Erwerbs- und Wirtschaftsgenossenschaften nicht verschlossen (Ausnahme ÖGes. v. 15. Juli 1920, StGBl. Nr. 328). Aber t a t s ä c h l i c h können sie diesen Zielen wegen des in der Regel nur geringfügigen und s c h w a n k e n d e n Betriebskapitals nicht wohl nachgehen; diese Mängel werden keineswegs dadurch behoben, daß der Genossenschafter gewöhnlich (anders als der Aktionär) außer mit der Einlage noch mit einer Summe (im Konkursfalle) haftet, so daß es bei der Erwerbs- und Wirtschaftsgenossenschaft gewöhnlich (Ausnahme ÖGes. v. 15. Juli 1920, StGB. Nr. 328) neben dem Betriebs- noch ein Haftungskapital gibt (siehe § 21 V). Im übrigen ist diese Gesellschaft im wesentlichen nach dem System der Aktiengesellschaft organisiert, wenn jene auch nicht immer Kaufmann ist (§ 13 ÖGes. v. 9. April 1873, RGBl. Nr. 70).

Es haben sich nun noch zwei Gesellschaftsformen gebildet, die weder reine Personen- noch Kapitalsverbindungen sind, sondern, grundsätzlich darin (nur darin) der Erwerbs- und Wirtschaftsgenossenschaft gleich, eine Mittelstellung einnehmen. Es sind die K o m m a n d i t g e s e l l s c h a f t a u f A k t i e n und die G e s e l l s c h a f t m i t b e s c h r ä n k t e r H a f t u n g. Jene entnimmt den (unbeschränkt haftenden, vertretungsbefugten) Komplementär der Kommanditgesellschaft, während der Kommanditist dem Aktionär gleichgestellt ist, somit weder mitarbeitet

[1]) Am 1. Dezember 1921 gab es deren sieben. Die Zahl dürfte nicht gestiegen sein.

noch über seine Einlage hinaus haftet. Die Gesellschaft mit beschränkter Haftung, eine Neubildung des Deutschen Rechtes um die Jahrhundertwende (1892), teilt zwar von Gesetzes wegen wichtige Merkmale mit der Aktiengesellschaft, so die juristische Persönlichkeit, den Verzicht auf die Mitarbeit und auf die direkte Haftung der Gesellschafter; aber das einzelne Gesellschaftstatut darf (anders als bei der Aktiengesellschaft) der Verfassung in manchen Punkten einen ähnlichen Zuschnitt wie jener der offenen Handelsgesellschaft geben, insbesondere was die Mitarbeit der Gesellschafter betrifft.

§ 20. Die Handelsgesellschaften[1])

I. Die Handelsgesellschaften sind Vollkaufleute. Sie sind Vereinigungen mehrerer Personen zum gemeinsamen Betriebe von Handelsgeschäften unter gemeinsamer Firma. Sie sind registrierungspflichtig; Aktiengesellschaften, Kommanditgesellschaften auf Aktien, Gesellschaften mit beschränkter Haftung und gemeinwirtschaftliche Unternehmungen beginnen ihre Existenz sogar erst mit der Eintragung in das Handelsregister (Art. 178, 211 ÖHGB.; § 2 ÖGes. v. 6. März 1906, RGBl. 58; §§ 200, 320 DHGB.; § 11 DGes. v. 20. Mai 1918, RGBl. S. 846; § 5 ÖGes. v. 29. Juli 1919, StGBl. Nr. 389).

Die offene Handelsgesellschaft und die Kommanditgesellschaft sind keine juristischen Personen; die andern vier sind es.

Jede Handelsgesellschaft untersteht der Rechtsordnung ihres Sitzes; nach dieser richtet sich ihre Rechtsfähigkeit und ihre Staatsangehörigkeit. Auch im Auslande beurteilt sich ihre Rechtsfähigkeit nach ihrem heimischen Recht: ob eine österreichische Aktiengesellschaft zu Recht besteht, das wird auch in Deutschland und in der Tschechoslowakei nach dem ÖHGB. beurteilt. Nur wenn der Betriebsgegenstand einer ausländischen Handelsgesellschaft gegen das zwingende österreichische Recht oder nach der österreichischen Auffassung gegen die guten Sitten verstieße, würde die Rechtsfähigkeit dieser ausländischen Gesellschaft in Österreich nicht anerkannt. Ebenso Artikel 30 EinfGes. zum DBGB., siehe § 14 II.

Aus diesen Sätzen folgt: Ausländische Handelsgesellschaften vermögen in Österreich wirksam Rechtsgeschäfte, z. B. Verkaufsverträge abzuschließen. Das gilt auch für Aktien- einschließlich der Versicherungsgesellschaften des Auslandes, selbst wenn sie in Österreich nicht durch die Verwaltungsbehörde zum Geschäftsbetriebe zugelassen sind (KaisV. v. 25. November 1865, RGBl. Nr. 127) und wenn darum ausländische Versicherungsgesellschaften in Österreich keine Generalrepräsentanz

---

[1]) Eine synoptische Darstellung gibt Canstein: Lehrb. des Handelsrechts I 413 ff. Über die Sparkassen in der Tschechoslowakei siehe § 18 I, II.

errichtet haben (ÖGes. v. 29. März 1873, RGBl. Nr. 42[1]). Das gleiche gilt für ausländische Gesellschaften m. b. H., die nicht die Eintragung ihrer österreichischen Niederlassung in das österreichische Handelsregister erwirkt haben (§ 107 ÖGes. v. 6. März 1906, RGBl. Nr. 58). Denn alle diese Unterlassungen hinsichtlich der Zulassung zum Betriebe haben zwar gewerbepolizeiliche Bedeutung; aber gemäß den Artikeln 11, 276 ÖHGB. sind die von solchen ausländischen, in Österreich nicht zugelassenen und registrierten Gesellschaften in Österreich abgeschlossenen Verträge gültig.

II. Die offene Handelsgesellschaft ist jene Handelsgesellschaft, bei der „bei keinem der Gesellschafter die Beteiligung auf Vermögenseinlagen beschränkt ist", Artikel 85 ÖHGB.; § 105 DHGB.

Gesellschaftsvertrag formfrei, Artikel 85 ÖHGB.; (ebenso in der Tschechoslowakei und in Deutschland). Jedoch in Österreich Konzessionszwang für Bankgeschäfte, es handle sich denn nur um Börsegeschäfte im eigenen Namen.

Firma bei neuen Unternehmen wahr: mindestens ein Gesellschafter-(Familien-) Name und ein Hinweis auf das Gesellschaftsverhältnis. Firma bei übernommenen Unternehmen entweder wahr oder übernommen, Artikel 17, 22, 23 ÖHGB.; §§ 19, 22, 23 DHGB. Über das Handelsregister siehe § 18 VIII.

Gesellschaftsbeginn: Geschäftsbeginn oder Eintragung in das Handelsregister, Artikel 110 ÖHGB.; § 123 DHGB.

Vertretungsbefugnis, das ist Handeln mit Wirkung nach außen. Zwingend geregelt. Die Befugnis ist unbeschränkt (auch Geschäfte außerhalb der Branche umfassend), unbeschränkbar (Kollektivvertretung!), unwiderrufbar, Artikel 114 bis 117 ÖHGB.; § 125 bis 127 DHGB. Die Befugnis darf freilich im Gesellschaftsvertrag einzelnen (nicht allen) Gesellschaftern ganz entzogen werden, mit Wirkung nach außen hin aber nur durch Registrierung.

Geschäftsführungsbefugnis, das ist Handeln mit Wirkung nach innen. Nachgiebiges Recht, enthalten in den Artikeln 99 bis 104 ÖHGB., § 114 bis 117 DHGB. Grundsätzlich nur für gewöhnliche Geschäfte, sonst an einstimmige Gesellschafterbeschlüsse gebunden. Jederzeitige Kontrollbefugnis der Gesellschafter. Zulässigkeit ihrer Verzichtbarkeit im Vertrage bis zum Hervorkommen einer Untreue, Artikel 105 ÖHGB.; § 118 DHGB.

Konkurrenzverbot für gleichartige Handelsgeschäfte und gleichartige offene Handelsgesellschaften. Nachgiebiges Recht, Artikel 96 ÖHGB.; § 112 DHGB.

---

[1]) Über den gewerbemäßigen Betrieb ausländischer Aktiengesellschaften in Österreich siehe § 18 IV.

Einlagepflicht, Nachschußpflicht (nur bei Vertrag), Herausnahmerecht. Nachgiebiges Recht, Artikel 92, 95, 108 ÖHGB., §§ 706, 707 DBGB.; § 122 DHGB.

Pflicht zur Mitarbeit. Nachgiebiges Recht. Artikel 94, 99 ÖHGB.; § 705 bis 708 DBGB. Gedanklich zieht die offene Handelsgesellschaft die gesamte Persönlichkeit aller ihrer Gesellschafter, daher auch ihr gesamtes Können und Wissen in ihren Dienst.

Haftung nach außen. Zwingendes Recht. Artikel 112, 146 ÖHGB.; § 128, 129 DHGB. (direkt, solidarisch, unbeschränkt). Haftung des in die Gesellschaft neu eintretenden Gesellschafters auch für die vorgefundenen Verbindlichkeiten, Artikel 113 ÖHGB.; § 130 DHGB.

Haftung nach innen für zugefügte Schäden, Artikel 94 ÖHGB.; § 708 DBGB. Nachgiebiges Recht; daher ein Verzicht auf den Ersatzanspruch, im vorhinein ausgesprochen, wirksam, außer bei grober Fahrlässigkeit oder einer bösen Absicht der anderen Gesellschafter; siehe § 10 VIIIa.

Gewinnbeteiligung[1]). 4% der Einlagen, der Rest nach Köpfen. (Nachgiebiges Recht, Art. 106 bis 109. ÖHGB.; § 722 DBGB.; §§ 120, 121 DHGB.)

Gesellschaftsende: Tod eines Gesellschafters (seine Erben dürfen jedoch kraft Vertrages eintreten); Konkurseröffnung über das Vermögen der Gesellschaft oder eines Gesellschafters (nicht dagegen die Eröffnung des gerichtlichen Ausgleichsverfahrens); Entmündigung eines Gesellschafters; der Ablauf des Gesellschaftsvertrages; die Vereinbarung der Auflösung der Gesellschaft; sechsmonatige (nachgiebiges Recht) Aufkündigung derselben bei unbestimmter Vertragsdauer; „wichtige Gründe“ für die Auflösung auf Gesellschafterantrag nach „Ermessen des Richters“; Aufkündigung durch einen der Privatgläubiger eines Gesellschafters behufs seiner Befriedigung aus dessen Guthaben, Artikel 123 bis 126 ÖHGB.; § 131 bis 135 DHGB. Die Ausschließung des eine wichtige Auflösungsursache setzenden, z. B. entmündigten, ungetreuen Gesellschafters, kann auf Antrag aller übrigen Gesellschafter die Auflösung ersetzen (nachgiebiges Recht), Artikel 128 ÖHGB.; § 140 DHGB.

Liquidation, nur fakultativ. Sie dient der Durchführung der Gesellschaftsauflösung, hat die wirkliche Auflösung herbeizuführen. Sie bewirkt die Umwandlung der Firma in eine Liquidationsfirma, Artikel 139 ÖHGB.; § 153 DHGB. Geborene (die sämtlichen Gesellschafter), gekorene, gerichtlich bestellte (nur auf Antrag „aus wichtigen Gründen“) Liquidatoren, Artikel 133 ÖHGB.; § 146 DHGB. Deren

---

[1]) Der Oberste Gerichtshof hat am 7. Juni 1922 zu praes. 154/22 ein Gutachten über die Berechnung der Geschäfts- und Gewinnanteile im Hinblick auf die Valutaentwertung erstattet; veröffentlicht in der GerZtg. 1922, S. 65ff.

Vertretungsbefugnis ist begrenzt auf die Abwicklungsgeschäfte, Artikel 137 ÖHGB.; § 149 DHGB., und zwar (nachgiebiges Recht) als eine Kollektivvertretungsbefugnis, Artikel 136 ÖHGB.; § 150 DHGB. Aber in diesem Rahmen ist sie unbeschränkbar, Artikel 138 ÖHGB.; § 151 DHGB. Versilberung der Gesellschaftsaktiven, aus dem Erlöse Bezahlung der Passiven. Aufstellung eines Verteilungsplanes für die Gesellschafter, aber die Durchführung desselben durch die Liquidatoren nur bei Einverständnis aller Gesellschafter, Artikel 142 ÖHGB.; § 155 DHGB.

Über den Konkurs und das gerichtliche Ausgleichsverfahren siehe § 22, 23.

III. Die Kommanditgesellschaft ist eine Handelsgesellschaft, an der „ein oder mehrere Gesellschafter sich nur mit Vermögenseinlagen beteiligten (Kommanditisten), während bei einem oder mehreren Gesellschaftern die Beteiligung nicht auf diese Weise beschränkt ist" („persönlich haftende Gesellschafter" = Komplementäre), Artikel 150 ÖHGB.; § 161 DHGB. Es gelten für sie grundsätzlich die Regeln der offenen Handelsgesellschaft; namentlich stehen mehrere Komplementäre zu einander wie mehrere Gesellschafter einer offenen Handelsgesellschaft. Doch bestehen immerhin Unterschiede.

Gesellschaftsvertrag formfrei. Jedoch Konzessionszwang für Bankgeschäfte in Österreich, es handle sich denn um Börsegeschäfte im eigenen Namen.

Firma: Bei neuem Unternehmen darf der Name eines Kommanditisten nicht in ihr enthalten sein (Art. 17 ÖHGB.; § 19 DHGB.), widrigenfalls dieser gleich den persönlich haftenden Gesellschaftern den Gesellschaftsgläubigern haftet. Anders für die Firma bei übernommenen Unternehmen, Artikel 22, 23 ÖHGB.; §§ 22, 23 DHGB.

Gesellschaftsbeginn: Der Geschäftsbeginn oder die Eintragung in das Handelsregister; vor der Eintragung haften jedoch Gläubigern nach außen die Kommanditisten gleich Komplementären (außer gegen kundige Gläubiger), Artikel 163 ÖHGB.; § 176 DHGB., — ein indirekter Eintragungszwang.

Vertretungsbefugnis (zwingend) und Geschäftsführungsbefugnis haben nur die Komplementäre, Artikel 157, 158, 167 ÖHGB.; §§ 163, 170 DHGB. Für die Komplementäre gelten dabei alle Vorschriften der offenen Handelsgesellschafter. Vertreten dennoch die Kommanditisten (außer als erklärte Bevollmächtigte), so haften sie gleich Komplementären.

Kontrollbefugnis der Komplementäre wie bei der offenen Handelsgesellschaft; jene der Kommanditisten bezieht sich nur auf die Prüfung der Bilanzabschrift, ist jedoch durch Vertrag erweiterbar, Artikel 160 ÖHGB.; § 166 DHGB. Grenzen der Verzichtbarkeit; siehe II.

Konkurrenzverbot besteht für Kommanditisten nicht (nachgiebiges Recht).

Einlagepflicht, Nachschußpflicht, Herausnahmerecht wie bei der offenen Handelsgesellschaft. Siehe „Haftung nach außen". Recht und Pflicht zur Mitarbeit besteht für Kommanditisten nicht; Artikel 158 ÖHGB.; § 164 DHGB. Nachgiebiges Recht.

Haftung nach außen für die Komplementäre wie bei der offenen Handelsgesellschaft. Die Kommanditisten haften dagegen den Gesellschaftsgläubigern nicht direkt, wenn die Einlage einbezahlt ist; haften aber direkt bis zur Höhe der bloß versprochenen oder zurückgezahlten Einlage, jedoch keinesfalls für mehr als für die vereinbarte Einlage (zwingendes Recht), Artikel 165 ÖHGB.; § 171 DHGB., besser textiert. Ein neueintretender Kommanditist haftet in diesem Umfang „für alle von der Gesellschaft vor seinem Eintritt eingegangenen Verbindlichkeiten", Artikel 166 ÖHGB.; § 161 DHGB.

Haftung nach innen für zugefügte Schäden, Artikel 157 ÖHGB., § 163 DHGB. Nachgiebiges Recht. Siehe jedoch oben II.

Gewinnbeteiligung. (Nachgiebiges Recht.) Verteilung nach dem richterlichen Ermessen, Artikel 162 ÖHGB., eine zweckwidrige Vorschrift, da sie dem Richter eine schwer lösbare Aufgabe stellt (besser § 168 DHGB.: Kommanditisten werden gleich Komplementären behandelt).

Gesellschaftsende und Liquidation wie bei der offenen Handelsgesellschaft. Doch ist der Tod, Konkurs (um so mehr das gerichtliche Ausgleichsverfahren) und die Entmündigung des Kommanditisten bedeutungslos (nachgiebiges Recht).

Über das Konkurs- und das gerichtliche Ausgleichsverfahren siehe §§ 22, 23.

IV. Die Aktiengesellschaft ist eine Handelsgesellschaft, bei der „sich die sämtlichen Gesellschafter nur mit Einlagen beteiligen, ohne persönlich für die Verbindlichkeiten der Gesellschaft zu haften. Das Gesellschaftskapital wird in Aktien oder Aktienanteile zerlegt", Artikel 211 ÖHGB.; §§ 178, 210 DHGB; Mindestkapital 500 000 Schilling, für alte Aktiengesellschaften 100 000 Schilling.

Die Entstehung einer Aktiengesellschaft erfolgt nach dem DHGB. auf Grund des Legalitätssystems: Die Gründer haben lediglich die gesetzlichen Erfordernisse zu erfüllen; das Gericht prüft anläßlich des Antrages auf die Registrierung, ob dies geschehen sei, und registriert bejahendenfalls; die Verwaltungsbehörden haben bei diesen Vorgängen keine Funktion. Anders ist der Gründungsvorgang in Österreich geregelt; hier herrscht das System der Konzessionierung und der Legalität: Die Gründung einer Aktiengesellschaft hängt von der nach

Ermessen, also nach Erwägungen der Zweckmäßigkeit (keine Anrufung des Verwaltungsgerichtshofes, wenn „von diesem Ermessen im Sinne des Gesetzes Gebrauch gemacht" wurde[1]), Art. 129 ÖBVG.) erteilten Bewilligung der Verwaltungsbehörde ab; die Gesetzmäßigkeit des Gründungsvorganges ist überdies neben der (und unabhängig von der) Verwaltungsbehörde vom Gericht aus Anlaß des Registrierungsantrages zu prüfen. Das österreichische System bietet dem deutschen gegenüber den Vorteil, daß nicht nur die Gesetz-, sondern auch die Zweckmäßigkeit der Gründung behördlich geprüft wird; aber diese doppelte Prüfung durch bureaukratisch geleitete Behörden schwächt die Initiative der Kaufleute. Einen besonderen Einfluß hat in dieser Richtung der späte Zeitpunkt, in dem die nach Artikel 208 ÖHGB. erforderliche „staatliche Genehmigung" erteilt oder versagt wird: nach wirtschaftlich gelungener Gründung; die Gründer müssen danach den Gründungsversuch (auch) in der Richtung auf ihr eigenes Risiko machen, daß sie vor seiner Vollendung nicht wissen, ob die Verwaltungsbehörde die Genehmigung erteilen werde oder nicht.

Es galt in Österreich durch Jahrzehnte als selbstverständlich, daß das Aktienrecht veraltet sei, daß das Konzessionssystem fallen müsse; doch war eine Gesetzesänderung in dem trostlos arbeitsunfähigen Reichsrate nicht durchzusetzen. Es gelang nur, die Einrichtung der Vorkonzession einzuführen, das ist einer vor dem Gründungsbeginn erteilten „vorläufigen Bewilligung zur Bildung einer Aktiengesellschaft", die den Gründern befristet die Erteilung der Konzession für den Fall des Gelingens der Gründung zusichert. Dieses System der Vorkonzession galt seit langem für Eisenbahn-A.-G. (ÖVdg. v. 14. September 1854, RGBl. Nr. 238) und gilt seit 1899 für Industrie-A.-G. (Aktien-Regulativ, Vdg. v. 20. September 1899, RGBl. Nr. 175; v. 10. Juli 1925, BGBl. Nr. 225), nicht auch für Banken und Versicherungsgesellschaften[2]). Es galt im Jahre 1899 als ein unzureichender Fortschritt, daß nur das Anwendungsgebiet der Vorkonzession erweitert, nicht das Konzessionssystem abgeschafft wurde, was freilich beim Bestande des Artikel 208 ÖHGB. nicht im Wege einer Verordnung hätte geschehen können. Der Krieg hat die Auffassung über den Wert des Konzessionssystems für Aktiengesellschaften verändert; es wird jetzt mehrfach als haltbar angesehen. Die Änderung des Aktienrechtes wird freilich von vielen Seiten noch immer für erstrebenswert, ja für dringlich erachtet[3]); doch ist die Zeit wohl in Österreich hiefür wenig geeignet.

---

[1]) Daher Begründungszwang für die Verwaltungsbehörde.

[2]) Auch nicht für Aktienvereine und Kommandit-Aktiengesellschaften.

[3]) Vortrefflich das Gutachten von Durig, In welchen Richtungen empfiehlt sich eine Reform des Aktienrechts? (erstattet für die Tschechoslowakei) 1927.

Nach dem geltenden österreichischen Recht ist der Gründungsvorgang (nach dem Aktienregulativ): Antrag auf die vorläufige Bewilligung, der Antrag versehen mit Prospekt (bestehend aus tatsächlichen Mitteilungen, allenfalls auch Anpreisungen) und Statutenentwurf, welch letzterer die Namen der begünstigten Gründer zu enthalten hat. Der Antrag geht an die Landesregierung, die ihn als Bundesbehörde (Art. 10, Z. 6 Bundesverf.) bewilligen darf; will sie den Antrag nicht bewilligen, hat sie ihn dem Ministerium vorzulegen, welches dann entscheidet. (Hierauf stets) die Beschaffung des Aktienkapitals, sei es durch die Gründer, sei es durch eine öffentliche Subskription (siehe § 6 IVa; Folgen der Überzeichnung, § 6 IVb). Nach der gelungenen Subskription der Antrag auf die Konzessionserteilung unter Vorlage einer Schätzung der in Aussicht genommenen Apports (Sacheinlagen statt Geldes vor der Gründung) und Gründungserwerbungen (nach der Gründung gegen Geld); die Regierung darf durch Revisoren prüfen oder überprüfen lassen. Konzessionserteilung. Die konstituierende Generalversammlung zur Beschlußfassung über die Einrichtung und das Statut der A.-G. und zur Wahl der Gesellschaftsorgane (das österreichische Aktienregulativ begnügt sich hier gesetzwidrigerweise mit Mehrheitsbeschlüssen, da doch zum Vertragsabschlusse nach österreichischem Gesetz stets die Stimmeneinhelligkeit erforderlich ist). Registrierungsantrag. Registrierung. Veröffentlichung.

Der Gesellschaftsvertrag (das Statut) bedarf (zwingendes Recht) des Notariatsaktes oder der Gerichtsurkunde, Artikel 208 ÖHGB.; § 182 DHGB. Über seinen Inhalt, insbesondere Firma, Sitz, Betriebsgegenstand, Kapital, Vorstand, Artikel 209 ÖHGB. und für Industrieaktiengesellschaften das Aktienregulativ, insbesondere über die Apports, Gründungserwerbungen und (gesetzwidrigerweise!) wiederkehrenden Leistungen der Aktionäre (Zuckerfabriken).

Gesellschafter (Aktionär auszugebender Aktien) wird man durch die (zwingendes Recht) schriftliche Subskription und deren Annahme, Artikel 208 ÖHGB.; § 189 DHGB.; siehe § 6 IV. Aktionär bereits ausgegebener Interimsscheine oder Aktien wird man durch ein beliebiges, grundsätzlich formfreies (Art. 317 ÖHGB.) Rechtsgeschäft, etwa durch deren Ankauf auf der Börse. Nur im ersten Falle besteht stets eine Einlagepflicht bis zur Höhe des Nennwertes der Aktien, Artikel 220 ÖHGB.; anders § 241 DHGB. (der den etwa höheren Emissionskurs berücksichtigt). Im zweiten Falle, beim Erwerb bereits ausgegebener Aktien, besteht keine solche Einlagepflicht; bei jenem von Interimsscheinen eine solche nur für den noch nicht eingezahlten Teil des Interimsscheines, Artikel 222 ÖHGB. Nachschußpflicht besteht auf keinen Fall; Artikel 219 ÖHGB.; § 211 DHGB. Die Aktienzeichnung und ebenso der Erwerb ausgegebener Interimsscheine (Aktien) verpflichtet in Österreich nicht und darf nicht verpflichten zu wiederkehrenden Leistungen; anders § 212 DHGB. und gestzwidrigerweise § 30 ÖAktien-Regul. (Rübenbauern). Der Aktionär hat kein Recht, seine Einlage vor dem Gesellschaftsende ganz oder teilweise aus dem Gesellschaftsvermögen herauszunehmen (Ausnahme: Kapitalsreduktion, Art. 248 ÖHGB.); will er sie früher zu Geld machen, so muß er die Aktien verkaufen. Die Aktionäre sind vertretbare Persönlichkeiten, zur Mitarbeit weder berufen noch verpflichtet, unterliegen keinem Konkurrenzverbot.

Die Aktien sind Wertpapiere, und zwar entweder auf Inhaber oder auf Namen lautend; die letzteren sind kraft Gesetzes Orderpapiere (siehe § 7 II 2). Mindestbetrag 100 Schilling, bei alten Aktien 10 Schilling.

Da die Aktiengesellschaft eine reine Kapitalsassoziation darstellt, soll das auch in ihrer Firma zum Ausdrucke kommen; niemand soll an die persönliche Haftung eines Gesellschafters glauben dürfen. Das ÖHGB. selbst führt diesen Grundsatz nicht zureichend durch, wohl aber die Verwaltungsbehörde.

Die Firma bei neuen Unternehmungen darf nur eine Sach- oder Phantasiefirma (Merkur, Donau) sein, Artikel 18 ÖHGB. (milde: „muß in der Regel"), § 20 DHGB.; bei übernommenen Unternehmungen darf auch eine Personenfirma übernommen werden (Philipp Haas & Söhne), Artikel 22, 23 ÖHGB., jedoch nur mit den Buchstaben „A. G."; § 22, 23 DHGB. Doch darf eine Aktiengesellschaft immer nur eine Firma für alle ihre Niederlassungen haben (Art. 209, Z. 1 ÖHGB.: „Die Firma..", § 182 DHGB.).

Der Gesellschaftsbeginn ist an die Registrierung geknüpft. Wenn vor dieser „im Namen der Gesellschaft gehandelt worden ist, so haften die Handelnden persönlich und solidarisch"; (konstitutive Eintragung, § 18 VIII), Artikel 211 ÖHGB.; § 200 DHGB. (Bureaumiete durch die Gründer).

Die Gesellschaftsorgane: Vorstand: über die Bestellung bestimmt das Betriebsrätegesetz, in dessen Rahmen das Statut (Wahl durch die Generalversammlung, Kooptation durch den Vorstand, Bestellung durch die Regierung usw.); Generalversammlung,; ferner (in Österreich fakultativ) Aufsichtsrat, Revisoren.

Die Vertretungsbefugnis hat der Vorstand (Verwaltungsrat) und (außer für Prozesse gegen ihn selbst, Art. 226 ÖHGB.) nur dieser (Art. 227 ÖHGB.; § 231 DHGB.), wenngleich noch Bevollmächtigte bestellt werden dürfen. Ein jedes Vorstandsmitglied muß (mindestens Kollektiv-) Vertretungsbefugnis haben, mit Ausnahme der nach dem ÖBetriebsräteges. v. 15. Mai 1919, StGBl. Nr. 283 von den Betriebsräten der Angestellten und der Arbeiter entsandten zwei Vorstandsmitglieder; sonstige Unterschiede der Vorstandsmitglieder in dieser

Vertretungsbefugnis, z. B. zugunsten eines Exekutivkomitees, sind nach außen hin wirkungslos und nicht registerfähig. Vorstandsmitglieder sind jederzeit abberufbar, Artikel 227 ÖHGB.; § 231 DHGB., die Vertreter aus den Betriebsräten jedoch nur von diesen.

Die Geschäftsführungsbefugnis nach innen hat der Vorstand und hat nur er. Nachgiebiges Recht.

Kontrolltätigkeit: Die beschlußfähige Generalversammlung, Artikel 224 ÖHGB.; § 250 DHGB.; die Revisoren (intermittierende Tätigkeit nach Statut, zur Bücherprüfung) oder der Aufsichtsrat (nach Statut, zur ständigen Kontrolle des Vorstandes, allenfalls zur Einberufung der Generalversammlung, Art. 225 ÖHGB.; das Statut darf den Wirkungskreis nach innen erweitern, § 37 Aktien-Reg. [Mitfertigung von Vorstandsbeschlüssen ?]).

Konkurrenzverbot besteht wie nicht für die Aktionäre so auch bedauerlicherweise nicht für die Vorstands- und Aufsichtsratsmitglieder (anders § 236, 248 DHGB.), außer (nachgiebiges Recht) für die Vorstandsmitglieder einer Bank-A.-G. hinsichtlich gleicher oder ähnlicher Stellung im Bankgeschäft.

Haftung nach außen trägt die Gesellschaft, Artikel 230 ÖHGB.; § 210 DHGB., dagegen weder der Vorstand[1]), Artikel 241 ÖHGB.; § 231 DHGB., noch die Aktionäre oder einzelne von ihnen. Zwingendes Recht.

Haftung nach innen trägt der Vorstand, Artikel 231, 241 ÖHGB.; § 235 DHGB., auch der Aufsichtsrat und ebenso die Revisoren, der Aktionär aber nur für die von ihm nicht „in gutem Glauben empfangenen Zinsen und Dividenden", Artikel 218 ÖHGB. (weitergehend für Aktionäre § 217 DHGB.), der Großaktionär freilich auch für den Schaden, der daraus entsteht, daß er den Vorstand zu sorglosen Geschäften „veranlaßte", § 4 ÖG. vom 29. Juli 1924, BGBl. Nr. 284. (Wie der Großaktionär, so auch seine Ehegattin und seine nahen Angehörigen.)

Gewinnverteilung erfolgt grundsätzlich durch den absoluten Mehrheitsbeschluß der beschlußfähigen Generalversammlung (nachgiebiges Recht) jedoch — ein erst nach einer längeren Rechtsentwicklung erreichter Satz — unter Wahrung des Grundsatzes der gleichen Behandlung der Aktionäre. Ausnahmen: statutengemäße Begünstigung der Prioritäts- vor den Stammaktien oder auch einzelner bestimmter Personen; der Verzicht eines Aktionärs auf seine jener der anderen gleiche Behandlung.

Gesellschaftsende (allenfalls bei Bankgeschäften und, ist mehr als die Hälfte des Grundkapitals verloren, auch bei anderen A.-G. durch

---

[1]) Auch nicht bei ungehöriger Berichterstattung an die Generalversammlung; E. v. 14. Mai 1878, Adler-Clemens 764.

Verfügung der Verwaltungsbehörde) durch Löschung im Handelsregister. Artikel 242 ÖHGB.; §292 DHGB. Bei der A.-G. besteht die obligatorische Liquidation mit öffentlicher Einberufung aller Gesellschaftsgläubiger; Frist drei Monate. Die bereits begonnene Liquidation darf jedoch mit staatlicher Genehmigung abgebrochen werden und die A.-G. darf ihren Betrieb dann unter der alten Firma fortsetzen (ÖGes. v. 20. Februar 1921, BGBl. Nr. 578; § 307 DHGB.).

Fusion in Österreich nur mit staatlicher Genehmigung, Artikel 247 ÖHGB. (grundsätzlich) unter Einberufung der Gesellschaftsgläubiger der aufzulösenden Gesellschaft und (zwingend) unter getrennter Vermögensverwaltung bis zu deren Befriedigung oder Sicherstellung. Siehe hiezu ÖGoldbilanzenges. vom 4. Juni 1925, BGBl. Nr. 184, §§ 6, 11[1]).

Über das Konkurs- und gerichtliche Ausgleichsverfahren siehe §§ 22, 23.

V. Die Kommanditgesellschaft auf Aktien ist eine Kommanditgesellschaft (siehe III.), bei welcher das Kapital der Kommanditisten in Aktien zerlegt ist, Artikel 173 ÖHGB.; § 320 DHGB. Diese Gesellschaftsform ist um der Abhängigkeit ihres Betriebes von den unabrufbaren persönlich haftenden Gesellschaftern willen mit Recht wenig beliebt und wenig verbreitet. Sie lebt in Deutschland unter dem Legalitätssystem, in Österreich unter dem Konzessions- (Art. 174 ÖHGB.) und Legalitätssystem (siehe IV.); doch gilt das ÖAktienregulativ (siehe IV) für die Kommanditaktiengesellschaft nicht und es ist damit auch die Möglichkeit der Erwirkung einer Vorkonzession für eine solche Gründung versagt; diese Gesellschaftsform wird eben wenig begünstigt.

Der Gesellschaftsvertrag, einstimmig von den Komplementären und Kommanditaktionären (anders § 323 DHGB.) angenommen, bedarf (zwingend) des Notariatsaktes oder der Gerichtsurkunde, Artikel 174 ÖHGB.; § 321 DHGB. Über seinen Inhalt (namentlich Firma, Komplementäre, Sitz, Kapital, Aufsichtsrat). Artikel 175 ÖHGB.; § 322 DHGB.

Die Rechtsstellung des Kommanditaktionärs steht jener des Aktionärs gleich. Doch müssen die Aktien auf Namen lauten (anders §§ 183, 320 DHGB.) und es soll der Name des Kommanditaktionärs im Aktienbuche stehen, Artikel 182 ÖHGB.; §§ 222, 223 DHGB. Fehlt es daran, so darf der Aktionär (Indossatar) die reinen Vermögensrechte, z. B. auf die Dividendenzahlung, ausüben, nicht aber die sonstigen Gesellschaftsrechte, etwa auf die Abstimmung in der Generalversammlung, Artikel 183 ÖHGB.; § 223 DHGB.

Hinsichtlich der Firma steht die Kommanditaktiengesellschaft der Kommanditgesellschaft gleich (anders § 20 DHGB.).

---

[1]) Nusko-Ziegler 190 ff., 205.

Der Gesellschaftsbeginn ist an die Registrierung geknüpft, Artikel 178 ÖHGB.; § 320/3 DHGB. Wenn früher im „Namen der Gesellschaft gehandelt worden ist, so haften die Handelnden persönlich und solidarisch", Artikel 178 ÖHGB.

Gesellschaftsorgane: die Komplementäre, der Aufsichtsrat, die Generalversammlung (zwingendes Recht).

Vertretungsbefugnis: Die Komplementäre stehen persönlich haftenden Gesellschaftern gleich. Eine Vertretung der Arbeiter und Angestellten in dieser Gesellschaftergruppe der Komplementäre besteht nicht; das ÖBetriebsrätegesetz vom 15. Mai 1919, StGBl. Nr. 283 ersetzt diese Vertretungsbefugnis durch die Gewährung einer Vertretung der Betriebsräte der Arbeiter und Angestellten im Aufsichtsrat. Der Aufsichtsrat hat übrigens die Vertretungsbefugnis nur zur Prozeßführung gegen Komplementäre, Artikel 187, 194 ÖHGB.; weitergehend § 328 DHGB.

Geschäftsführungsbefugnis haben nur die Komplementäre, und zwar gleich persönlich haftenden Gesellschaftern einer offenen Handelsgesellschaft.

Konkurrenzverbot nur für die Komplementäre (anders § 320/3 DHGB. für den Aufsichtsrat).

Kontrolltätigkeit üben ständig der Aufsichtsrat, intermittierend die Versammlung der Kommanditaktionäre. Der Aufsichtsrat ist obligatorisch; seine Mitgliedschaft ist mit jener des Vorstandes unvereinbar. Leider besteht kein Konkurrenzverbot (anders in Deutschland § 236 DHGB.).

Haftung nach außen tragen die Gesellschaft und die stets unbeschränkt haftenden Komplementäre solidarisch, direkt und mit dem ganzen Vermögen. Die Kommanditaktionäre haften nicht wie Aktionäre, sondern etwa wie Kommanditisten, also direkt nur bis zur Höhe der nicht eingezahlten oder zurückgezahlten Einlage und der (als solche und nicht als Gewinn) bezahlten Zinsen, Artikel 197 ÖHGB.; § 320 DHGB., in diesem Umfang aber auch für ältere Verbindlichkeiten der Gesellschaft. Zwingendes Recht.

Haftung nach innen tragen die Komplementäre und der Aufsichtsrat; Artikel 204 ÖHGB.; § 326 DHGB. Nachgiebiges Recht. Siehe aber oben II und § 10 VIII a.

Über die Gewinnverteilung entscheidet in erster Linie der Gesellschaftsvertrag, sonst zweckwidrigerweise das richterliche Ermessen. Siehe oben III.

Gesellschaftsende und Liquidation wie bei der Kommanditgesellschaft, Artikel 205 ÖHGB. Daher ist die Liquidation — wohl mit Rücksicht darauf, daß den Gesellschaftsgläubigern persönlich haftende Gläubiger gegenüberstehen — fakultativ (siehe oben III.). Doch müssen die bekannten Gläubiger (nicht öffentlich) aufgefordert werden, sich zu melden, und erst nach Jahresfrist nach der Registrierung des Auflösungsbeschlusses dürfen Zahlungen an die Gesellschafter geschehen.

Über das Konkurs- und gerichtliche Ausgleichsverfahren siehe §§ 22, 23.

VI. Die Gesellschaft mit beschränkter Haftung[1]) (ÖGes. v. 6. März 1906, RGBl. Nr. 58; ÖGes. v. 20. Oktober 1921, BGBl. Nr. 577; ÖGes. v. 4. Juli 1924, BGBl. Nr. 246; DGes. v. 20. Mai 1898, RGBl. S. 846) ist stets eine Handelsgesellschaft, bei der keiner der Gesellschafter den Gesellschaftsgläubigern persönlich haftet. Nach außenhin ist somit eine solche Gesellschaft rechtlich eine reine Kapitalsassoziation; in der Tat aber rechnen die Geschäftsfreunde doch mit der persönlichen Anteilnahme und Arbeitsleistung der Gesellschafter. Nur daraus erklärt sich der bisweilen große Kredit, den eine solche Gesellschaft über ihr Gesellschaftsvermögen hinaus genießt.

Diese Gesellschaftsform wurde vom Gesetzgeber begünstigt, steuerrechtlich sowohl als dadurch, daß sie lediglich dem Legalitätssystem unterstellt wurde; diese zweite Begünstigung besteht nun nach einer Zwischenzeit wieder. Das Gesetz schließt diese Gesellschaft freilich von Versicherungsgeschäften und von der politischen Tätigkeit aus (§ 1 Ges.) und verlangt eine staatliche Genehmigung für Eisenbahn- und Luftschiffahrt- sowie Auswanderungsbetriebe, ferner für den Betrieb von Bankgeschäften (ÖGes. v. 4. Juli 1924, BGBl. Nr. 246), für die Ausgabe von Pfandbriefen und von fundierten Bankschuldverschreibungen (§§ 3, 49 Ges.); aber darüber hinaus ist die Gesellschaftsgründung (nicht jedes Stück des Betriebes, § 62 Ges.) von dem Einflusse der Verwaltungsbehörden frei.

Die Gesellschaft m. b. H. ist eine juristische Person und, mag sie welche Geschäfte immer (z. B. ein Theater, eine Realitätenagentur) betreiben, Kaufmann (sogenannter Formalkaufmann). Siehe § 18 II, Note 1.

Der Gesellschaftsvertrag bedarf des Notariatsaktes; § 4 Ges. Mindestkapital 20 000 S (für neugegründete Gesellschaften und bei Kapitalsherabsetzungen), für alte 10 000 S.

Gesellschafter wird man durch die Unterfertigung des Vertrages oder durch einen späteren, gleichfalls durch einen Notariatsakt beurkundeten Beitritt (§§ 4, 52, 76 Ges.), sei es durch die Übernahme eines bestehenden Geschäftsanteiles, sei es durch die Übernahme einer neuen Stammeinlage von mindestens 500 S (50 S). Jeder Gesellschafter muß eine, darf nicht mehr als eine Stammeinlage haben;

---

[1]) Grünhut: Gesellschaft m. b. H. (Österreich); Grünberg: Das Gesetz über die Gesellschaft m. b. H. in der österreichischen Rechtsprechung; Staub-Hachenburg: Die Gesellschaften m. b. H. (Deutschland).

dieselben brauchen nicht gleich hoch zu sein. Die Stammeinlage kann in Geld, (vertragsmäßigen) Apports oder auch in wiederkehrenden Leistungen bestehen, §§ 6, 8 Ges.; Bareinlagen müssen mindestens 250 S (25 S) betragen und mindestens mit einem Viertel bar einbezahlt werden, § 10 Ges. Jeder Gesellschafter haftet der Gesellschaft sowohl dafür, daß er seine Einlage als auch dafür, daß die anderen Gesellschafter die ihren einzahlen; überdies haftet er auch für die Folgen falscher Angaben über die geleisteten Barzahlungen und Apports, §§ 10, 63 Ges. Die Gesellschaft ist befugt, die Einzahlung der zugesicherten Einlage im Prozeßwege zu erzwingen und ist überdies berechtigt, den Säumigen nach erfolgloser, schriftlicher eingeschriebener Nachfristerteilung auszuschließen und den (auf der Stammeinlage fußenden) Geschäftsanteil zu verkaufen, §§ 66 bis 69 Ges. Dasselbe gilt sinngemäß für die Nichterfüllung der vertragsmäßigen Nachschußpflicht, § 72 Ges. Doch darf die Gesellschaft m. b. H. nicht selbst den Geschäftsanteil erwerben, § 81 Ges.

Die Firma, stets ein und dieselbe auch bei mehreren Unternehmungen, darf eine Personen- oder eine Sachfirma sein. Über den Grundsatz der Firmenwahrheit und der Firmenübertragbarkeit siehe § 18 VI. Unentbehrlich ist der Beisatz „Gesellschaft m. b. H.“, § 5 Ges.

Der Sitz des Unternehmens muß in Österreich sein, § 5 Ges. (siehe oben I.). Dagegen ist es zulässig, daß alle Gesellschafter und alle Geschäftsführer ihren Sitz im Auslande haben; das letztere ist unerwünscht, aber eine unvermeidbare Folgerung aus dem in diesem Punkt abänderungsbedürftigen Gesetze.

Der Gesellschaftsbeginn ist an die Registrierung geknüpft. „Wird vorher im Namen der Gesellschaft gehandelt, so haften die Handelnden persönlich zur ungeteilten Hand“, § 2 Ges. Das Ges. behandelt auch Änderungen des Gesellschaftsvertrages ähnlich; sie wirken, wenngleich ordnungsmäßig notariell beurkundet, erst durch die Registrierung, auch unter den Gesellschaftern nicht früher (so Erhöhung und Herabsetzung des Stammkapitals). Dagegen werden Veränderungen im Personenstande der Gesellschaft bisweilen weniger förmlich behandelt, und zwar mit Recht, da sie nach außen oft bedeutungslos sind. Der Erwerb einer neuen Stammeinlage ist freilich eine Vertragsänderung. Aber zum Erwerb eines bestehenden Geschäftsanteiles bedarf es nur entweder eines Notariatsaktes, § 76 Ges., oder der Nachlaßeinantwortung (§ 17 IX) oder des Vermächtnisses. Die Gesellschafter sind freilich von den Geschäftsführern in einem Anteilbuche zu verzeichnen und ihre Liste ist alljährlich im Januar dem Gerichte zu überreichen, § 26 Ges. Das ist aber alles; es ist um so weniger, als die Gesellschafterqualität hievon nicht abhängt.

Die Gesellschaftsorgane sind: a) Der oder die Geschäftsführer, handlungsfähige Menschen mit dem Wohnsitz im In- oder Auslande, Gesellschafter oder keine Gesellschafter; im Statut (Gesellschaftsvertrag) genannt oder nach dessen Bestimmungen erst zu wählen oder sonst zu bestellen. Die Bestellung zum Geschäftsführer ist jederzeit vom Bestellenden widerruflich; „wenn die Bestellung... im Gesellschaftsvertrag erfolgt ist, kann die Zulässigkeit des Widerrufes auf wichtige Gründe beschränkt werden", § 16 Ges. Konkurrenzverbot für die Branche (nachgiebiges Recht); überdies darf der Geschäftsführer bei sonstiger Schadenersatzpflicht Rechtsgeschäfte mit der Gesellschaft m. b. H. nur mit Zustimmung des Aufsichtsrates und, fehlt dieser, aller Geschäftsführer machen, § 25 Ges.; freilich ist das verbotswidrig abgeschlossene Geschäft gültig. b) Der Aufsichtsrat; obligatorisch bei einem Stammkapital von mehr als 50 000 S und beim Vorhandensein von mehr als fünfzig Gesellschaftern. Mindestens drei handlungsfähige Menschen, die weder Geschäftsführer noch Beamte der Gesellschaft m. b. H., noch nahe Angehörige derselben sind. Unerheblich, ob ihr Wohnsitz im In- oder Ausland ist und ob sie Gesellschafter sind oder nicht. Das Amt ist unübertragbar, stets widerruflich, § 30 Ges. c) Revisoren (Minderheitsrecht behufs Prüfung der Jahresbilanz bei Glaubhaftmachung von Verfehlungen), § 45 Ges. d) Generalversammlung, mündliche oder (nur bei Einstimmigkeit wirksam) schriftliche Abstimmung, § 34 Ges.

Die Vertretungsbefugnis haben der oder die Geschäftsführer, und zwar im Zweifel kollektiv; an ihrer Statt (aber nur im Fall ihrer Verhinderung) die Stellvertreter. Unbeschränkte, unbeschränkbare Befugnis; §§ 18, 19 Ges. Bedarf es aber der Vertretung der Gesellschaft m. b. H. gegen ihre Geschäftsführer (Abruf und einstweilige Geschäftsverwaltung; Prozesse, §§ 32, 42 Ges.), so übt sie, wenn vorhanden, der Aufsichtsrat.

Die Geschäftsführungsbefugnis, nach innen gewendet, haben hauptsächlich die Geschäftsführer, dann aber auch der Aufsichtsrat und die Generalversammlung, § 35 Ges., an deren Aufträge (wenn auch nicht immer nach außen hin) die beiden anderen Organe gebunden sind.

Kontrolltätigkeit: Aufsichtsrat (jederzeit über die ganze Geschäftsführung), Revisoren (nur für die Bilanzprüfung), Generalversammlung.

Haftung nach außen die Gesellschaft, § 61 Ges., und nur sie gegenüber den Gläubigern.

Haftung nach innen tragen a) die Geschäftsführer (insbesondere auch für die Buchführung und den rechtzeitigen Rechnungsabschluß, § 22 Ges.) zu ungeteilter Hand, § 25 Ges.; desgleichen b) die Mitglieder des Aufsichtsrates, § 33 Ges., und c) die Revisoren, mögen diese von der

Gesellschaft oder auf Minoritätsantrag vom Gerichte bestellt worden sein, §§ 45 ff. Ges. Sie alle haben bei ihrer Tätigkeit die Sorgfalt eines ordentlichen Kaufmannes anzuwenden und haften für die Folgen deren Verletzung. Die Geltendmachung der Ersatzansprüche gegen die genannten drei Organe steht der Gesellschaft zu; wenn diese es jedoch durch Gesellschafterbeschluß ablehnt, als ein Mittel des Minderheitsschutzes auch Gesellschaftern, die zusammen den zehnten Teil des Stammkapitals an Stammeinlagen erreichen, § 48 Ges. d) Neben diesen drei Organen haftet auch jeder Gesellschafter, an den die Gesellschaft gegen Gesetz oder Vertrag Zahlungen geleistet hat; aber, ist es die Zahlung eines Gewinnanteiles, nur dann, wenn der Gesellschafter die Zahlung im bösen Glauben empfangen hat, § 83 Ges.

Gewinnverteilung nach Verhältnis der eingezahlten Stammeinlagen (§ 82 Ges.; nachgiebiges Recht). Gründerprämien aus dem Stammkapital zwingend verboten, § 7 Ges.

Das Gesellschaftsende tritt durch Löschung im Handelsregister ein. Die Endigungsgründe bestimmt der Vertrag, überdies zwingend §§ 84, 86 Ges., darunter den Zeitablauf, Fusionsbeschluß, die Auflösung durch die Verwaltungsbehörde wegen der Überschreitung der gesetzlichen Grenzen des Wirkungskreises, z. B. wegen des Betriebes von Versicherungsgeschäften. Der Tod eines Gesellschafters, seine Entmündigung oder die Verhängung des Konkurses über sein Vermögen oder die Einleitung des gerichtlichen Ausgleichsverfahrens über ihn sind keine gesetzlichen Auflösungsgründe für die Gesellschaft m. b. H.

Liquidation obligatorisch, außer a) wenn der Bund, das Land oder die Gemeinde alle Geschäftsanteile oder unter der Erklärung der Passivenübernahme das ganze Vermögen der Gesellschaft m. b. H. übernehmen (§ 95 Ges.); siehe § 9 IV. b) im Falle der Fusion bei Verzicht beider Gesellschaften auf die Liquidation (§ 96 Ges.). Die Liquidation geht ähnlich wie jene bei der Aktiengesellschaft vor sich; die Ediktalfrist für die Gläubiger beträgt drei Monate. Siehe auch II.

Über das Konkurs- und gerichtliche Ausgleichsverfahren siehe §§ 22, 23.

VII. Die gemeinwirtschaftliche Unternehmung (ÖGes. v. 29. Juli 1919, StGBl. Nr. 389; ÖVdg. v. 10. Februar 1921, BGBl. Nr. 81; für Deutschland siehe Art. 156/3 der Reichsverfassung v. 11. August 1919) ist entweder eine gemeinwirtschaftliche Anstalt oder eine Gesellschaft gemeinwirtschaftlichen Charakters.

Die gemeinwirtschaftliche Anstalt ist eine juristische Person, stets ein Vollkaufmann (Formalkaufmann, § 18 II, Note 1), „muß“ eine Sachfirma haben und in das Handelsregister eingetragen sein (konstitutive Eintragung). Konzessionsprinzip, außer für Bund, Länder und Gemeinden als Unternehmer. Schriftliche „Satzungen“ (Solennitätsform). Anstaltskapital aus unübertragbaren Stammeinlagen der Gründer (keine öffentliche Subskription, keine Aktien) oder zum Teil aus diesen, zum Teil aus tilgbaren Teilschuldverschreibungen zusammengesetzt. Die Stammeinlagen können Geld oder Apports sein. Anstaltsorgane (zwingendes Recht): die Anstaltsversammlung (eine Delegiertenversammlung), „die Geschäftsleitung" (= der Vorstand, mit unbeschränkter und außer durch Kollektivvertretung unbeschränkbarer Vertretungsbefugnis mit Konkurrenzverbot), der Überwachungsausschuß (= Aufsichtsrat); überdies auch nach Ermessen des Finanzministers eine überwachende, aus Sachverständigen zusammengesetzte Treuhandstelle. Haftung nach außen trägt nur die Anstalt, Haftung nach innen trägt jeder Gesellschafter für die Einzahlung seiner Stammeinlage, jedes Organ für die Folgen seiner Handlungen. Gewinnverteilung: bis 5% Zinsen auf die Stammeinlagen; der Rest ist zwischen Arbeitern, Angestellten und Gründern nach den Vorschriften der Satzungen zu teilen. Liquidation ist bei der Auflösung obligatorisch, findet nach einer von den Anstaltsgründern festzusetzenden Liquidationsordnung statt.

VII. Umwandlung von Handelsgesellschaften. Fusion solcher.

§ 21. Die übrigen Gesellschaften

I. Die Gelegenheitsgesellschaft[1]), das Syndikat, liegt vor, wenn sich mehrere zu einzelnen Handelsgeschäften für gemeinsame Rechnung vereinigen, Artikel 266 ÖHGB. Sie hat daher keinen Geschäfts„betrieb" und darf darum auch keine Firma führen; sie ist kein Kaufmann. Beispiel: manche Konsortialgeschäfte.

Gesellschaftsvertrag formfrei, Artikel 266 ÖHGB.

Teilnehmer offen oder geheim, Artikel 269 ÖHGB.

Vertretungs- und Geschäftsführungsbefugnis nach dem Vertrag, in Ermanglung eines solchen vertritt jeder nur sich, Artikel 269 ÖHGB.

Kontrollbefugnis wie bei der offenen Handelsgesellschaft, Artikel 270 ÖHGB. Siehe § 20 II.

Konkurrenzverbot nur, wenn es der Vertrag bestimmt.

Einlage-, Nachschußpflicht, Herausnahmerecht nach Inhalt des Vertrages; in Ermanglung eines solchen hat jeder Teilnehmer im gleichen Verhältnisse zum Unternehmen beizutragen; Artikel 267 ÖHGB.

Pflicht zur Mitarbeit wie bei der offenen Handelsgesellschaft.

---

[1]) Ist im DHGB. nicht behandelt.

Haftung nach außen: Die offenen Teilnehmer haften direkt und solidarisch (zwingend) und mangels einer abweichenden Verständigung des Vertragsgegners auch unbeschränkt. Die geheimen Teilnehmer haften nicht.

Haftung nach innen nach Inhalt des Vertrages, im Zweifel nach Köpfen.

Gewinnbeteiligung nach Vertrag, im Zweifel 9% (in der Tschechoslowakei 6%) Zinsen von der Einlage, der Rest nach Köpfen, Artikel 268 ÖHGB.

Gesellschaftsende: Vertrag; die Beendigung oder Undurchführbarkeit des gemeinschaftlichen Geschäftes, Artikel 270 ÖHGB.; das Konkurs- oder gerichtliche Ausgleichsverfahren über das Vermögen eines Teilnehmers.

Liquidation fakultativ. Die offenen Teilnehmer besorgen sie nach den Regeln der offenen Handelsgesellschaft, Artikel 270 ÖHGB. (nachgiebiges Recht). Siehe § 20 II.

Es gibt keinen Konkurs und kein gerichtliches Ausgleichsverfahren über die Gelegenheitsgesellschaft als solche.

II. Die stille Gesellschaft liegt dann vor, wenn zwei oder mehrere Personen sich derart zum Betrieb eines Handelsgewerbes vereinigen, daß der eine der Geschäftsinhaber ist, der oder die andern sich bloß mit einer Vermögenseinlage[1]) gegen einen Anteil am Gewinn oder Verlust beteiligen, Artikel 250 ÖHGB.; § 335 DHGB. Die stille Gesellschaft steht der Kommanditgesellschaft nahe; doch ist der stille Gesellschafter kein Mitinhaber, darum auch kein Miteigentümer der Aktiven des Unternehmens; er darf nach außen nicht als Gesellschafter erscheinen, ist auch kein Kaufmann. Die stille Gesellschaft gilt denn auch nicht als eine Handelsgesellschaft, sondern ihr Betrieb als der eines einzelnen; sie hat daher auch keine Firma als stille Gesellschaft zu haben und gehört nicht als solche in das Handelsregister.

Vertrag formfrei, Artikel 250 ÖHGB.; §§ 125, 126 DHGB.

Firma die des Inhabers, Artikel 251, 257 ÖHGB.; § 18 DHGB., wenn dieser berechtigt ist, eine solche zu führen; siehe § 18 VI.

Gesellschaftsbeginn nach dem Vertrag; nach außen tritt dieser Beginn nicht hervor.

Vertretungsbefugnis hat nur der Geschäftsinhaber, Artikel 256 ÖHGB.; § 335 DHGB (zwingend).

Geschäftsführungsbefugnis ebenso (nachgiebiges Recht).

Kontrolltätigkeit kommt nur beim stillen Gesellschafter in Betracht. Dieser steht hier dem Kommanditisten gleich; Artikel 253 ÖHGB.; § 338 DHGB.; siehe § 20 III.

---

[1]) Diese kann vertragsmäßig durch Mitarbeit ersetzt werden; OGH. v. 12. Oktober 1921, Zbl. 40/70.

Einlage-, Nachschußpflicht, Herausnahmerecht nach dem Vertrag; eine Ausnahme hinsichtlich des Herausnahmerechtes siehe unten. Mangels Vertrages keine Nachschußpflicht.

Pflicht zur Mitarbeit besteht für den stillen Gesellschafter nicht (nachgiebiges Recht).

Haftung nach außen hat nur der Geschäftsinhaber, nicht auch der stille Gesellschafter, Artikel 256 ÖHGB.; § 335 DHGB. Zwei Ausnahmen: der Name des stillen Gesellschafters steht in der Firma, Artikel 257 ÖHGB.; die Einlage ist binnen Jahresfrist vor Konkurseröffnung oder Einleitung des gerichtlichen Ausgleichsverfahrens über den Geschäftsinhaber dem stillen Gesellschafter zurückbezahlt worden, Artikel 259 ÖHGB.; § 342 DHGB.

Haftung nach innen obliegt dem stillen Gesellschafter nicht (nachgiebiges Recht).

Gewinnbeteiligung wie beim Kommanditisten, Artikel 254 ÖHGB.; besser § 336 DHGB. („ein den Umständen nach angemessener Teil...").

Gesellschaftsende: Tod, Entmündigung des Geschäftsinhabers (nachgiebiges Recht), Konkurseröffnung (zwingendes Recht) oder (nachgiebiges Recht) Einleitung des gerichtlichen Ausgleichsverfahrens über den Geschäftsinhaber oder über den stillen Gesellschafter, Vertragsablauf, sechsmonatliche Aufkündigung (nachgiebiges Recht), sonstige „wichtige Gründe" nach Ermessen des Gerichtes; Artikel 261, 262, 264 ÖHGB.; § 726 bis 728 DHGB.

Die Liquidation tritt nach außen nicht hervor, ist nach innen fakultativ. Der Geschäftsinhaber besorgt sie (siehe § 20 II). Der stille Gesellschafter bekommt keinen Vermögensanteil, sondern Geld (nachgiebiges Recht, Artikel 265 ÖHGB.; § 340 DHGB.), und zwar erst nachdem seine Einlage in vertragsgemäßem Ausmaße zur Gläubigerbefriedigung herangezogen worden ist.

Es gibt kein Konkurs- und kein gerichtliches Ausgleichsverfahren über die stille Gesellschaft. Im Konkurse des Geschäftsinhabers ist der stille Gesellschafter Konkurs-, in dessen gerichtlichem Ausgleichsverfahren Ausgleichsgläubiger des Geschäftsinhabers für sein Auseinandersetzungsguthaben; Artikel 258 ÖHGB.; § 341 DHGB.

III. Die Erwerbsgesellschaft des ÖABGB. ist eine Vereinigung von zwei oder mehreren Personen behufs Erreichung eines diesen gemeinsamen egoistischen Zweckes durch die vereinbarten Leistungen an Kapital und (oder) Arbeit; § 1175 ÖABGB. Nur äußerlich steht diese Begriffsbestimmung jener der offenen Handelsgesellschaft nahe; die beiden Gesellschaftsformen unterscheiden sich namentlich sowohl hinsichtlich der Rechte am Gesellschaftsvermögen als auch hinsichtlich der Haftung der Gesellschaft gegenüber den Gläubigern wesentlich voneinander. Die Erwerbsgesellschaft spielt wirtschaftlich keine große Rolle; Kleinkaufleute bedienen sich ihrer bisweilen; auch die Gruppenakkordarbeit beruht auf einer solchen Erwerbsgesellschaft; eine größere Bedeutung hat die „brauberechtigte Bürgerschaft".

Der Gesellschaftsvertrag ist formfrei.

Es gibt keine Firma und daher auch keine Eintragung in das Handelsregister.

Den Zeitpunkt des Gesellschaftsbeginnes bestimmt der Vertrag oder in dessen Ermanglung der Brauch.

Das Gesellschaftsvermögen ist gemeinschaftliches Eigentum (lediglich) jener Gesellschafter, die Kapital beigesteuert haben, § 1183 ÖABGB. Im Zweifel (also: nachgiebiges Recht) ist allerdings jeder Gesellschafter zu gleichen Teilen mit den anderen einlagepflichtig, dagegen keiner Nachschuß zu leisten schuldig[1]), §§ 1184, 1189 ÖABGB. Das Herausnahmerecht wird durch „Teilung des gesellschaftlichen Vermögens" in natura und nur eventuell „vermittels gerichtlicher Feilbietung" ausgeübt, anders also als bei der Liquidation einer offenen Handelsgesellschaft; es besteht erst bei der Auflösung der Gesellschaft, § 1215 ÖABGB., oder beim Ausscheiden eines Gesellschafters (nachgiebiges Recht).

Keine Vertretungsbefugnis, es sei denn einem Teilnehmer eine (beschränkbare, wenn auch nicht leicht widerrufbare) Vollmacht erteilt. Geschäftsführungsbefugnis, Kontrollbefugnis hat jeder; das Konkurrenzverbot (für „schädliche Nebengeschäfte") lastet auf jedem Gesellschafter, §§ 1185, 1186 ÖABGB. (nachgiebiges Recht).

Haftung nach außen hat nicht die Gesellschaft. Es haften für die Gesellschaftsschulden nur die einzelnen Gesellschafter, und zwar jeder, wenn auch mit seinem ganzen Vermögen, so doch nur bis zur Höhe seines Geschäftsanteiles, § 1203 ÖABGB. Hierin steckt der wirtschaftlich wesentliche Unterschied gegenüber der offenen Handelsgesellschaft: die dargestellte Haftungsregelung bei der Erwerbsgesellschaft des ÖABGB. mindert deren Kredit um so mehr, als die einzelnen Gesellschafteranteile dem Gläubiger oft unbekannt sind; er kann sie aus keinem Register entnehmen.

Haftung nach innen nach der Höhe (nur) der Kapitalseinlagen, §§ 1197 ÖABGB. (nachgiebiges Recht).

Gewinnbeteiligung nach den Kapitalsbeiträgen, für die Arbeiter ohne Kapitalsbeiträge nach richterlichem Ermessen, § 1193 ÖABGB. (nachgiebiges Recht).

---

[1]) Spruch-Rep. 46.

Gesellschaftsende §§ 1205 (Geschäftsende), 1207 (Tod), 1212 (Aufkündigung). Austritt, § 1189 ÖABGB. Ausschließung (z. B. bei einer Jagdgesellschaft wegen Jagdschädigung), §§ 1189, 1210 ÖABGB.

Es gibt keine nach außen erscheinende Liquidation, keinen Konkurs und kein gerichtliches Ausgleichsverfahren der Erwerbsgesellschaft des ÖABGB.

IV. Das Komitee[1]). Komitees verfolgen keine eigennützigen Zwecke ihrer Mitglieder, sondern uneigennützige, und zwar in der Regel durch eine bloß vorübergehende Tätigkeit (Ball-, Ausstellungskomitee). Sie kommen für den Kaufmann wohl nur insoweit in Betracht, als er Gläubiger ist. Die für ihn wichtige Frage ist: Wer ist sein Schuldner? Sicherlich nicht die als Ehrenmitglieder bezeichneten Komiteemitglieder; dagegen nach der Analogie der Erwerbsgesellschaft des ÖABGB. jedes sonstige Komiteemitglied für einen Kopfteil der Forderung (strittig). Dieses unbefriedigende Resultat ist durch die Lückenhaftigkeit der Gesetze verschuldet.

V. Erwerbs- und Wirtschaftsgenossenschaften[2]) (ÖGes. v. 9. April 1873, RGBl. Nr. 70; ÖGes. v. 15. Juli 1920, StGBl. Nr. 328) sind Vereine von nicht geschlossener Mitgliederzahl, welche die Förderung des Erwerbes oder der Wirtschaft ihrer Mitglieder mittels des gemeinschaftlichen Geschäftsbetriebes oder mittels Kreditgewährung bezwecken. Sie sind zwar nicht auf Kleingewerbetreibende und Kleinbauern als Mitglieder rechtlich beschränkt, aber doch auf einen solchen Mitgliederkreis zugeschnitten; darum nämlich sind diese Genossenschaften derart organisiert, daß sie entweder neben dem Betriebs- noch ein Haftungskapital haben oder daß ihre Umsatzbefugnis beschränkt ist.

Arten: mit beschränkter Haftung (mindestens das Doppelte der Einlage), mit unbeschränkter Haftung (beide nur im Konkursfalle), (nur) mit Anteilhaftung. Die zwei ersten Arten dürfen (je nach ihrem Statut) mit jedermann Rechtsgeschäfte eingehen, während die dritte Art hiebei „auf die Mitglieder beschränkt ist“.

Genossenschaftsvertrag schriftlich (zwingend). Hat danach das „Unternehmen ganz oder teilweise Handelsgeschäfte zum Gegenstande“, so ist die Genossenschaft ein Kaufmann. Die Beitrittserklärung des einzelnen Genossenschafters schriftlich (zwingend).

Firma: Sachfirma mit dem Zusatz betreffend die Genossenschaft und ihre Art.

Gesellschaftsbeginn (nur) durch die Registrierung im Genossenschaftsregister. Wenn vorher „im Namen der Genossenschaft gehandelt worden ist, so haften die Handelnden persönlich und solidarisch“.

---

[1]) Bartsch: Die Uneigennützigkeit im Privatrechte 36.

[2]) Durig: Gesetz über Erwerbs- und Wirtschaftsgenossenschaften (1926).

Das Vermögen setzt sich in wechselnder Höhe, je nach der Mitgliederzahl aus den Anteilen der Genossenschafter zusammen (Betriebskapital); daneben besteht (nur) für den Konkursfall ein Haftungskapital für die Genossenschaftsgläubiger aus den Haftungen der Genossenschafter der Erwerbs- und Wirtschaftsgenossenschaften mit beschränkter und mit unbeschränkter Haftung. Nachschußpflicht laut Statut. Herausnahme erst bei der Auflösung, sonst nur laut Statut beim Austritt des einzelnen.

Organe: Vorstand, Generalversammlung; dann (nur laut Statut) Aufsichtsrat. Kein Konkurrenzverbot.

Vertretungsbefugt der Vorstand, und zwar im Zweifel kollektiv. Sonst ist die Befugnis nach außen unbeschränkt und unbeschränkbar; jederzeit widerrufbar, und zwar sowohl von der Generalversammlung als auch „vorläufig..., bis zur Entscheidung der... Generalversammlung" vom Aufsichtsrat, „sobald es ihm notwendig erscheint". Der Aufsichtsrat hat die Vertretungsbefugnis für Prozesse gegen den Vorstand, überdies für die Dauer der Suspension des Vorstandes dessen ganze Vertretungsbefugnis.

Geschäftsführungsbefugt der Vorstand, im Falle seiner Suspension der Aufsichtsrat; ferner unter Umständen die Generalversammlung. Kontrollbefugnis der Aufsichtsrat, die Generalversammlung.

Haftung nach außen nur die Genossenschaft. (Vdg. v. 21. März 1918, RGBl. 105).

Haftung nach innen Vorstand, Aufsichtsrat, und zwar die Schuldtragenden solidarisch.

Auflösung: Zeitablauf, Beschluß der Generalversammlung, Konkurseröffnung (nicht auch Einleitung des Ausgleichsverfahrens), Verfügung der Landesregierung wegen gewisser strafbarer Handlungen.

Liquidation obligatorisch, sonst ähnlich jener der offenen Handelsgesellschaft geordnet, siehe § 20 II.

Über das Konkurs- und gerichtliche Ausgleichsverfahren siehe §§ 22, 23. Der Konkurs über das Vermögen einer Erwerbs- und Wirtschaftsgenossenschaft zeigt allerdings Besonderheiten hinsichtlich der Beitragsberechnung und Einziehung der Haftungsbeträge der Genossenschafter.

VI. Die Reederei[1]) ist eine Gesellschaft zur, wenn schon nicht gewerbemäßigen, so doch erwerbsmäßigen Verwendung eines Seeschiffes zum Personen- und Gütertransport und zur Hochseefischerei. Die Reederei kann, muß aber nicht mit einer Handelsgesellschaft zusammenfallen. (Hochseefischerei auf einmaliger Seefahrt.)

---

[1]) Schreckenthal: Das österreichische Seerecht 85.

VII. Anhang: Kartelle[1]) sind freiwillige Vereinigungen von Unternehmern (insbesondere Produzenten) zur Wahrung von Interessengemeinschaften, bei denen die einzelnen Unternehmer rechtlich selbständig bleiben, aber trotzdem durch vereinbarte Beschränkungen oder Beseitigungen des freien Wettbewerbs die Produktions-, Preis- oder Absatzverhältnisse zu ihrem Vorteile zu beeinflussen bezwecken. Sie kommen in fast allen möglichen juristischen Verbindungen, in Österreich namentlich als Gesellschaften m. b. H. und Erwerbs- und Wirtschaftsgenossenschaften vor, weil es zu deren Gründung keiner Genehmigung der Verwaltungsbehörde bedarf.

Die Kartelle zerfallen in drei Gruppen: in erlaubte, unwirksame und ungültige (nichtige). Diese Gruppeneinteilung ist von der Rechts- (Gesellschafts-) Form unabhängig, in die das Kartell gekleidet ist, so daß z. B. ein ungültiges Kartell durch seine Registrierung als Gesellschaft m. b. H. nicht gültig wird.

a) Ungültig sind Kartelle, die gegen ein zwingendes gesetzliches Verbot, gegen die guten Sitten (z. B. immerwährende Stillegung einer Fabrik[2]), gegen die Sicherheit oder öffentliche Ordnung verstoßen (§ 26 ÖABGB.). b) „Ohne rechtliche Wirkung" = unwirksam, außerhalb der Rechtsordnung stehend, sind (zwingendes Recht[3]) die Preis- und Preiserhöhungskartelle, die den Warenverkauf, sei es auch nicht gerade von Artikeln des täglichen Bedarfes[4]), an das Publikum regeln. (ÖGes. v. 7. April 1870, RGBl. Nr. 43; Verkaufs-, nicht auch Einkaufsrayonierungskartelle; Kontingentierungskartelle, die den freien Wettbewerb ausschließen[5]), usf.). c) Alle übrigen Kartelle sind gültig.

Die gültigen Kartelle sind gegenüber dem Publikum ebenso wirksam wie unter den Kartellmitgliedern; sie stehen unter Vertrag und Gesetz. Die unwirksamen Kartelle sind dem Publikum gegenüber rechtswirksam (die Warenverkäufe ihrer Zentralen sind gültig), den Kartellgenossen gegenüber aber unwirksam (jeder Genosse kann jederzeit ausscheiden). Die ungültigen Kartelle sind sowohl dem Publikum als den Mitgliedern gegenüber nichtig.

---

[1]) Menzel: Die wirtschaftlichen Kartelle und die Rechtsordnung; Pollak: Rechtsstellung der Kartelle (Kartell-Rundschau X); Friedländer: Das Kartellgesetz (Deutsches Recht). Jetzt gibt es ein deutsches Kartellgesetz und Kartellgericht; Vdg. vom 3. November 1923, RGBl. 1007, 1071, 1090.

[2]) OGH. vom 20. März 1923, SZ. V/62.

[3]) OGH. vom 7. Mai 1912, GlUNF. 5706.

[4]) OGH. vom 6. April 1899 GlUNF. 538.

[5]) OGH. vom 9. Oktober 1914, Zbl. 34/89.

§ 22. Der Konkurs[1])

I. Die normale Rechtsdurchsetzung durch Klage, Urteil und Zwangsvollstreckung (§ 13 IV) reicht sowohl gegen den Einzelkaufmann als gegen Gesellschaften dann aus, wenn die wirtschaftliche Lage des Schuldners gewärtigen läßt, daß jeder der andringenden Gläubiger zu seiner Befriedigung gelange. Ist dem nicht mehr so (sogenannter materieller Konkurs), dann ist diese individualistische Rechtsverfolgung nicht mehr zweckmäßig; denn sie zwingt die Gläubiger zur unwirtschaftlichen Häufung von Zivilprozessen und Zwangsvollstreckungen und sie begünstigt ohne sachliche Rechtfertigung den harten vor dem milden Gläubiger. Rücksichten der Billigkeit und wirtschaftliche Erwägungen erfordern darum beim Vermögensverfalle des Schuldners eine Ersetzung der individualistischen, egoistischen durch eine von sozialen Gesichtspunkten ausgehende und gefährliche Wirtschaftskrisen möglichst vermeidende Rechtsverfolgung. Eine solche soziale Rechtsverfolgung entwickelte sich in den italienischen Städten im späten Mittelalter; aus ihr entstand das Konkursverfahren. Dessen Ziel ist die gleichmäßige Befriedigung der Gläubiger eines Schuldners aus dem Konkursvermögen unter Ausschluß des Grundsatzes der zeitlichen Rangordnung, wie er das Grundbuchs- und Exekutionsrecht beherrscht (siehe § 12 VII).

Die Ausführung dieser Gedanken, deren sozialpolitische Bedeutung wenig erkannt ist, ist in allen Konkursgesetzgebungen in den Anfängen stecken geblieben, nur zum Teil mit Recht.

II. Das Konkursverfahren ist ein Verfahren, bei welchem unter der Leitung und Aufsicht des Gerichtes die Auseinandersetzung des (Gemein-)Schuldners mit allen seinen Gläubigern durchzuführen unternommen wird. Bildhaft geredet: Eine gerichtliche Liquidation des Unternehmens des Zahlungsunfähigen ist durchzuführen.

III. Voraussetzungen:

1. Grundsätzlich wird ein Rechtssubjekt, eine Person als Schuldner verlangt. Unerheblich, ob eine physische oder eine juristische Person, ein Kaufmann oder nicht. Auch über das Vermögen von Handelsgesellschaften kann der Konkurs eröffnet werden, § 70 ÖKO.; § 209 DKO. desgleichen über einen Nachlaß, § 70/3 ÖKO., § 214 DKO., obwohl nicht jede Handelsgesellschaft und obwohl kein Nachlaß Rechtssubjekte sind; doch stehen sie solchen hinreichend nahe. Dagegen gibt es kein Konkursverfahren über das Vermögen eines Syndikats; einer stillen Gesellschaft; einer Erwerbsgesellschaft des ÖABGB.; einer Aktien-

---

[1]) Bartsch-Pollak: Konkursordnung, Ausgleichsordnung, Anfechtungsordnung, 1927 (Österreich); Jäger: Konkursordnung (Deutsches Reich).

gesellschaft, deren Firma im Register bereits gelöscht ist; eines aufgelösten Vereines.

2. Der Sitz des Unternehmens, in dessen Ermanglung der Wohnsitz des Schuldners, in dessen Ermanglung das (ein) Vermögen des Schuldners muß in Österreich sein (§ 63 ÖKO., § 71 DKO. läßt nur die zwei ersten Gründe gelten). Die Staatsangehörigkeit des Schuldners ist gleichgültig.

3. Vermögensverfall. Derselbe stellt sich dar:

Als Zahlungsunfähigkeit, das ist als die Unfähigkeit, die fälligen Verbindlichkeiten pünktlich zu bezahlen, § 68 ÖKO.; § 102 DKO. (= „Zahlungseinstellung“ im Art. 314 ÖHGB.; § 370 DHGB. Jetzt bedeutet „Zahlungseinstellung“ eine erklärte Zahlungsunfähigkeit). Diese Zahlungsunfähigkeit ist bei jedem Schuldner ein Konkurseröffnungsgrund.

Als Überschuldung, bei der die Passiva größer als die Aktiva ist. Sie ist in Österreich — neben der Zahlungsunfähigkeit — ein selbständiger Konkurseröffnungsgrund bei Verlassenschaften und juristischen Personen (z. B. Aktienvereinen und Aktiengesellschaften), § 69 ÖKO.; dies jedoch dann nicht, „wenn sich die Überschuldung nur daraus ergibt, daß infolge der Entwertung der inländischen Währung für die in einer anderen Währung zu erfüllenden Verbindlichkeiten ein höherer Betrag erforderlich ist als zur Zeit der Entstehung“, ÖVdg. vom 8. Juli 1920, StGBl. Nr. 295 — eine Maßregel, vor allem zum Schutze mancher österreichischer Banken getroffen.

Die Zahlungsstockung, eine ganz vorübergehende Zahlungsunfähigkeit, ist kein Konkurseröffnungsgrund.

4. Antrag. Keine Konkurseröffnung von Amts wegen, auch nicht bei offenkundigem Vermögensverfall. Antragsberechtigt jeder persönliche Gläubiger, der seine (Konkurs-)Forderung glaubhaft macht, ferner der Schuldner selbst, §§ 70, 71 ÖKO.; § 103 DKO., der allerdings hiezu verpflichtet ist (Ausnahme: ÖVdg. v. 8. Juli 1920, StGBl. Nr. 295 unter Bedachtnahme auf Vorkriegsvalutaschulden; Deutsche Bek. v. 8. Mai 1919, RGBl. S. 365).

5. Mindestens zwei persönliche Gläubiger oder ein Gläubiger und ein glaubhaft gemachter Anfechtungsanspruch, § 73 ÖKO. (Grund: Für einen Gläubiger reicht die Zwangsvollstreckung zu).

6. Ein Konkursvermögen, das voraussichtlich mindestens die Verfahrenskosten deckt, oder ein Kostenvorschuß des antragstellenden Gläubigers oder die Glaubhaftmachung eines Anfechtungsanspruchs, § 73/2 ÖKO. (nur das letztere läßt § 107 DKO. nicht gelten).

IV. Der Konkurseröffnungsbeschluß des inländischen (nur eines solchen)[1] Gerichtes entzieht dem Gemeinschuldner im Inland

[1] Eine Konkurseröffnung im Ausland ist in Österreich wirkungslos.

allerdings weder die Rechts- noch die Handlungsfähigkeit, wohl aber die Verfügungsbefugnis über das Konkursvermögen § 1 ÖKO.; § 6 DKO. Hauptsächlich zur Ausübung dieser Verfügungsbefugnis bestellt das Gericht einen Masseverwalter, der somit in dieser Funktion der gesetzliche Stellvertreter (siehe § 14 III) des Gemeinschuldners ist, § 80 ÖKO.; § 78 DKO.

Der Eröffnungsbeschluß wird öffentlich kundgemacht.

V. Das Konkursvermögen umfaßt grundsätzlich das inländische, nicht exekutionsfreie Vermögen und das ausländische nicht exekutionsfreie bewegliche Vermögen des Gemeinschuldners[1]), §§ 1, 67 ÖKO.; § 1 DKO. (sogenanntes Territorialprinzip); es vermehrt sich in Österreich um jenes Vermögen, das der Gemeinschuldner „während des Konkurses erlangt", § 1 ÖKO., z. B. durch eine Erbschaft. Doch bleibt dem Gemeinschuldner außer dem exekutionsfreien Gut (siehe § 12 VII c) noch so viel konkursfrei, als er durch eigene Tätigkeit oder durch unentgeltliche Zuwendungen Dritter (z. B. seines Vaters) während des Verfahrens erlangt und zu seiner und der Seinen Alimentation braucht, § 5 ÖKO. (anders das Deutsche Recht).

Dieses Konkursvermögen ist vom Masseverwalter zu ermitteln. Zu diesem Zwecke besteht eine Anzeigepflicht der Pfandgläubiger und eine Anzeige- und Abrechnungspflicht der Buchforderungs- und Eskomptegläubiger. Das ermittelte Konkursvermögen ist in einem amtlichen Inventar zu verzeichnen, das freilich keine Rechte schafft, sondern nur Evidenzzwecken dient, nämlich im wesentlichen nur zur Grundlage für die Verwaltung des Konkursvermögens.

Das Konkursvermögen vermehrt sich noch um den Erfolg der Anfechtungsprozesse[2]), die der Masseverwalter, (hier) als der gesetzliche Stellvertreter der Konkursgläubiger, nicht gegen den Gemeinschuldner, aber gegen Dritte führt (Klagemonopol § 37 ÖKO.; § 36 DKO.). Die Anfechtungsansprüche betreffen durchaus „Rechtshandlungen, die vor der Konkurseröffnung vorgenommen worden sind und das Vermögen des Gemeinschuldners betreffen", § 27 ÖKO., und die dasselbe ungünstig beeinflussen. Sie setzen auch voraus, daß es zur Konkurseröffnung gekommen ist[3]). Das Gesetz zählt die anfechtbaren Tatbestände taxativ auf. Es handelt sich danach um Rechtshandlungen, a) vorgenommen in Benachteiligungsabsicht (Scheinverkäufe des Gemeinschuldners an seine Frau); oder b) als Vermögensverschleuderungen; oder c) um unentgeltliche Verfügungen über das gesetzliche oder

[1]) Über das Verfolgungsrecht siehe § 39 IV.

[2]) Alb. Ehrenzweig: Kommentar zur Anfechtungsordnung 48 ff.; Bartsch-Pollak: 201 ff.

[3]) Einzelne dieser Rechtshandlungen sind übrigens auch außerhalb des Konkurses anfechtbar.

übliche Maß hinaus (übergroße Wohltätigkeit); oder d) um Gläubigerbegünstigungen, etwa um die vorzeitige Bezahlung oder Sicherstellung eines Gläubigers; oder e) endlich darum, daß ein Gläubiger zwar rechtzeitig und ordnungsgemäß bezahlt worden ist, aber von einem Schuldner, der schon „im Zustande der Zahlungsunfähigkeit war" (dies letztere jedoch nur dann, wenn der Zahlung die Konkurseröffnung binnen 60 Tagen nachfolgt). Der zuletzt genannte Fall ist der für das Anfechtungsrecht besonders bezeichnende; denn da hat der Gläubiger nur genau das bekommen, was er zu fordern hatte, und muß doch aus sozialen Erwägungen, nämlich deshalb anfechten lassen, weil der Schuldner damals schon zahlungsunfähig war und weil er darum nicht alle Gläubiger bezahlen konnte.

Die Anfechtungsklage richtet sich gegen den begünstigten Dritten oder dessen Erben (unter Umständen auch gegen den Einzelrechtsnachfolger) und verlangt: „was durch die anfechtbare Handlung dem Vermögen des Gemeinschuldners entgangen oder daraus veräußert oder aufgegeben worden ist, muß zur Konkursmasse geleistet werden; ist dies nicht tunlich, so ist Ersatz zu leisten" § 39 ÖKO., § 37 DKO.; wogegen der Anfechtungsgegner allerdings die „Zurückstellung seiner Gegenleistung aus der Konkursmasse" verlangen darf.

VI. Gläubigerarten. Nach dem Grundgedanken des Konkursverfahrens sollten in ihm alle Gläubiger einander gleichstehen und einander gleichbehandelt werden, z. B. der Eigentümer einer Uhr, der Pfandgläubiger einer Uhr, der Käufer einer Uhr. Davon ist jedoch im Gesetze gar keine Rede. Vielmehr hat man vier verschiedene Gläubigerarten voneinander zu unterscheiden, von denen jede im Konkurs anders als die andern behandelt wird.

Diese vier Arten sind: Die Aussonderungsberechtigten, die (wie z. B. die Eigentümer) bestimmte Vermögensstücke aus der Konkursmasse verlangen. Die Absonderungsgläubiger, die, wie z. B. die Pfandgläubiger, ihre Befriedigung aus dem Werte bestimmter Sachen des Gemeinschuldners (Sondermasse) suchen. Die Konkursgläubiger, das sind die persönlichen Gläubiger des Gemeinschuldners im Zeitpunkte der Konkurseröffnung; sie sind aus der „gemeinschaftlichen Konkursmasse" zu befriedigen. Die Massegläubiger, das sind Gläubiger, die es nach der Konkurseröffnung aus der Abwicklung des Konkursverfahrens werden, wie z. B. die Angestellten hinsichtlich ihrer Gehalte für die Zeit nach der Konkurseröffnung.

Die Konkurseröffnung ändert die Rechtsstellung der Aussonderungsberechtigten nicht. Auch jene der Absonderungsgläubiger, insbesondere ihr Anspruch auf die Befriedigung nach der zeitlichen Rangordnung (siehe § 13 IV), bleibt im Konkurs aus wohlerwogenen Rücksichten des Realkredits im wesentlichen unberührt; nur gehen der Regel nach die richterlichen Absonderungsrechte der letzten sechzig Tage vor Konkurseröffnung durch diese unter (ein großer Fortschritt), dies mit Ausnahme der für öffentliche Abgaben erworbenen Absonderungsrechte, § 12 ÖKO. Auch Massegläubiger werden im wesentlichen[1]) so behandelt, als wenn kein Konkurs wäre; jeder einzelne muß nämlich bei Fälligkeit bezahlt werden und darf klagen und exequieren; nur wenn mehrere nebeneinanderstehende Masseforderungen nicht vollständig befriedigt werden können, teilen diese Massegläubiger das Vorhandene untereinander verhältnismäßig.

So bleiben denn im wesentlichen nur die Konkursgläubiger übrig, deren Rechtsverfolgung die KO. ändert. Ihnen ist eine Klage- und ein Zwangsvollstreckungsverbot im Konkurs auferlegt, §§ 6, 10 ÖKO.; § 12 DKO., und der Grundsatz der zeitlichen Rangordnung ist für sie beseitigt, § 50 ÖKO.; § 61 DKO. An dessen Statt tritt eine Einteilung der Konkursgläubiger nach der Art (Qualität) ihrer Forderungen in drei[2]) Klassen (in Deutschland in sechs Ränge), von denen die Gläubiger der besseren Klasse völlig befriedigt sein müssen, ehe jene der nächsten Klasse zum Zuge kommen; nur innerhalb derselben Klasse teilen die Konkursgläubiger nach dem Verhältnis ihrer Forderungen. An Stelle der verbotenen Klage steht dem Konkursgläubiger die Forderungsanmeldung zu, § 102 ÖKO., § 138 DKO., die stets auf Geld lauten muß, auch wenn der Anspruch ursprünglich nicht auf Geld ging. Die Forderung wird dann im Prüfungsverfahren (nicht wie bei einer Klage durch das Gericht, sondern) durch den Masseverwalter und allenfalls durch andere Konkursgläubiger und den Gemeinschuldner auf ihre Richtigkeit und Klasseneinteilung geprüft. Erst bei Eintritt des (seltenen) Mißerfolges dieses Versuches, den Forderungsbestand ohne Prozeß festzustellen, ist ein Prüfungsprozeß zulässig. So erspart das Prüfungsverfahren zahlreiche Zivilprozesse.

VII. Die Organe des Konkursverfahrens sind: a) das Konkursgericht, stets ein Gerichtshof erster Instanz[3]); b) der Konkurskommissär (ein Einzelrichter des Gerichtshofes oder eines Bezirksgerichtes; in Deutschland fällt die Scheidung zwischen Konkursgericht und Konkurskommissär weg); c) der Gemeinschuldner (mit dem Anspruch auf rechtliches Gehör stets im Prüfungsverfahren, sonst bei wichtigen Verwaltungssachen); d) der Masseverwalter und allenfalls sein Stellvertreter (eine

[1]) Der Honoraranspruch des Masseverwalters macht eine Ausnahme.

[2]) In Österreich gehören u. a. rückständige Gehaltsansprüche des letzten Jahres vor Konkurseröffnung bis zur Höhe von 2400 S (überdies der Auslagenersatz) in die erste Klasse der Konkursforderungen (ÖG. vom 18. Juli 1924, BGBl. Nr. 54); Geschäftsforderungen in die dritte.

[3]) Ebenso in der Tschechoslowakei; in Deutschland stets ein Amtsgericht.

bezahlte Amtsperson, aber kein Beamter; das Amt kann jedem großjährigen Unbescholtenen aufgetragen, aber nur Rechtsanwälten und Notaren, und selbst diesen nicht immer, aufgezwungen werden; bei „Geldinstituten" darf auch [nur in Österreich] eine juristische Person Verwalter sein); e) die Gläubigerversammlung (im wesentlichen nur für Wahlen und den Zwangsausgleich); f) der Gläubigerausschuß (provisorisch vom Konkurskommissär ernannt, definitiv von der Gläubigerversammlung gewählt), besteht aus Gläubigern oder Nichtgläubigern, dient der Unterstützung und der Kontrolle des Masseverwalters.

VIII. Die Gläubigerbefriedigung der Aussonderungsberechtigten, Absonderungsgläubiger und Massegläubiger geschieht dem Wesen nach im Konkurse, wie sie außerhalb desselben geschehen wäre, also im Wege der Individualrechtsverfolgung (siehe VI).

Dagegen soll die Befriedigung der Konkursgläubiger auf eine dem Konkursverfahren eigentümliche Art, auf eine solche geschehen, die dem Gedanken Rechnung trägt, es handle sich hier um eine soziale Rechtsverfolgung. Vielerlei Möglichkeiten haben sich da im Laufe der Zeiten herausgebildet. Zwei von ihnen spielen im Leben eine Rolle: die Verteilung des Konkursvermögens und der Zwangsausgleich.

Behufs Verteilung des Vermögens muß dasselbe zu Geld gemacht, versilbert werden, oft genug eine wertvernichtende Operation. Soweit der Erlös nicht zur Befriedigung der Absonderungs- und Massegläubiger zu verwenden ist, verteilt ihn dann der Masseverwalter unter die Konkursgläubiger nach der unter VI erörterten Rangordnung, und zwar in Abschlags-, Schluß-, allenfalls Nachtragsverteilungen. Den unbezahlten Forderungsrest bleibt der Gemeinschuldner schuldig.

Diese Art der Abwicklung hält die deutsche und namentlich die ÖKO. nicht für zweckmäßig. Mit Recht nicht; denn schon die Versilberung der Aktiven verringert ihren Wert und ist überdies mit einem erheblichen Kostenaufwande verbunden. Nur individualistische Erwägungen können sich bei solchen Vermögensverteilungen beruhigen. Freilich hat es darum lange gedauert, bis man sich von dieser Art der Gläubigerbefriedigung grundsätzlich ab- und dem Zwangsausgleich (in Deutschland: Zwangsvergleiche) zuwandte, der seinen Namen nicht daher führt, daß er den Gemeinschuldner zwingt, sondern daher, daß er dies einer Gläubigerminderheit antut; sie wird gegen ihren Willen unter den Zwangsausgleich gebeugt. Darin steckt die Überwindung des Individualismus: der einzelne soll den Abschluß von Ausgleichen nicht dadurch hindern können, daß er sich ihm entzieht und ihn dadurch dem Gemeinschuldner entwertet.

Der Zwangsausgleich hat zur Voraussetzung, daß der Gemeinschuldner den Antrag stellt und daß allen Gläubigern, mit Ausnahme der Konkursgläubiger dritter Klasse. ihre Rechte vorbehalten bleiben oder daß sie völlig befriedigt oder sichergestellt werden, §§ 149, 150 ÖKO.; ähnlich § 191 DKO. Der Zwangsausgleich ist dann eine Gerichtsentscheidung auf Grund der Vereinbarung des Gemeinschuldners mit der doppelten (Hälfte der Anwesenden, Dreiviertel der Forderungssumme; eine Ausnahme bei Geldinstituten) Mehrheit der Konkursgläubiger dritter Klasse darüber, wie alle[1]) Konkursgläubiger dieser Klasse (mit mindestens 10% binnen Jahresfrist) befriedigt werden sollen; der etwaige Schuldenrest darf nicht nachgefordert werden, der Ausgleich enthalte denn eine Wiederaufnahmsklausel[2]). Sonderbegünstigungen sind (außer in Österreich zugunsten von Kleingläubigern bis 1000 S) verboten, nichtig und verhindern die gerichtliche Bestätigung des Zwangsausgleichs ebenso, wie eine Verletzung des Gebotes der Mindestquote es tut. Vor dieser Bestätigung hat das Gericht aber auch um des Minderheitsschutzes willen seine sonstige Gesetzmäßigkeit und seine Zweckmäßigkeit zu prüfen; abändern darf das Gericht nicht. Siehe § 10 IV.

IX. Das Verfahren. Eröffnungsantrag; Eröffnungsverfahren mit Gewährung des rechtlichen Gehörs an den Schuldner; Beschluß über die Konkurseröffnung; Bestellung des Masseverwalters; Inventarerrichtung; Prüfungsverfahren; Aktivenversilberung; Verteilung oder (und) Zwangsausgleich; Konkursaufhebungsbeschluß.

§ 23. Der gerichtliche Ausgleich[3])

I. Der Vergleich des ÖABGB. und des DBGB. ist eine gütliche Ordnung strittiger oder zweifelhafter Rechte; er entnimmt seinen Inhalt dem Willen der Vertragschließenden. Der außergerichtliche Ausgleich ist eine gütliche Vereinbarung über die Ordnung von, wenn auch nicht strittigen oder zweifelhaften Rechten; auch er entnimmt seinen Inhalt dem Willen der Vertragsparteien. Insoferne stehen einander der Vergleich und dieser Ausgleich sehr nahe; weder bei dem einen noch bei dem andern Vertrage gibt es die Majorisierung einer Minderheit wie beim Zwangsausgleiche. Schließt ein Schuldner mit seinen Gläubigern außergerichtliche Ausgleiche, so kann deren Inhalt darum für jeden Gläubiger ein anderer sein[4]), etwa dem einen Gläubiger 40%, dem andern 60% seines Anspruchs zusichern; es sind ja lauter Einzelverträge.

---

[1]) Für Vorkriegsschulden von Österreichern an gewisse ausländische Gläubiger der alliierten und assoziierten Staaten gelten Ausnahmen; ÖGes. vom 16. Juli 1921, BGBl. Nr. 393 in der Fassung der BGBl. 256/25.

[2]) Der im Ausland abgeschlossene Zwangsausgleich ist in Österreich ohne Wirkung (streitig).

[3]) Bartsch-Pollak: Konkursordnung, Ausgleichsordnung, Anfechtungsordnung (Österreich); Lucas: Kommentar zur Vergleichsordnung vom 5. Juli 1927, RGBl. I, 139 (Deutschland).

[4]) A. M. merkwürdiger Weise OGH. vom 22. September 1914, GlUNF. 7034.

Dies gilt jedoch nur dann und nur insolange, als dieser außergerichtliche Ausgleichsversuch gelingt, das heißt mit jedem Gläubiger zustande kommt und eingehalten wird. Da schadet diese individualistische Regelung niemandem über Gebühr, mag auch der Inhalt der einzelnen Ausgleichsverträge sehr verschieden sein. Mißlingt aber dieser Versuch eines außergerichtlichen Ausgleichs derart, daß es dann zu einem gerichtlichen Ausgleichs- oder Konkursverfahren kommt, dann greift das österreichische Gesetz mit einer entschiedenen Neuerung zugunsten der benachteiligten Gläubiger ein, und zwar in folgender Weise: Zum regelmäßigen Inhalt eines solchen außergerichtlichen Ausgleichs gehört, daß ein Dritter — nicht der Schuldner — dem Gläubiger die Forderung um einen Teilbetrag ihres Nennwertes „abkauft" und sich dieselbe abtreten läßt; überschreitet nun die Abtretungsvaluta jenes Entgelt, das der wirtschaftlichen Lage des Schuldners zur Zeit der Abtretung entsprach (sie war etwa 60 statt 40%), so ist das unbillig zu Lasten der andern Gläubiger, und darum wird vom Gesetze die Vereinbarung des Übermaßes infolge der Einleitung des gerichtlichen Ausgleichsverfahrens oder Konkursverfahrens als nichtig erklärt; das versprochene Übermaß darf vom Gläubiger nicht eingefordert und es darf, wenn geleistet, zurückgefordert werden; § 47 ÖAusglO.; § 150 ÖKO.; siehe § 10 V.

Diese Änderung des Inhaltes des außergerichtlichen Ausgleichs beruht nicht auf den übereinstimmenden Willenserklärungen der Vertragsparteien. Sie stellt daher einen starken Eingriff in die sonst maßgebenden Sätze der Rechtsordnung dar, daß Verträge nicht einseitig geändert und daß sie so erfüllt werden sollen, wie sie geschlossen sind. Dieser Eingriff ist jedoch durch die Rücksichtnahme auf die benachteiligten anderen Gläubiger gerechtfertigt.

II. Stärker greift die Rechtsordnung dann ein, wenn es nicht oder nicht mit allen Gläubigern zu solchen außergerichtlichen Ausgleichen kommt. Zwar wird nicht von Amts wegen eingeschritten. Aber auf Antrag des Schuldners (nicht auch eines Gläubigers) wird vom Gerichte das gerichtliche Ausgleichsverfahren eingeleitet und in diesem wird dann nach der Art der Zwangsausgleiche in die Rechte der einzelnen Gläubiger eingegriffen[1]).

Dieses gerichtliche Ausgleichsverfahren ist ein summarisches, oberflächliches Verfahren; die Oberflächlichkeit ist vom Gesetze gewollt, um das Verfahren zu einem billigen und schnellen zu gestalten.

a) Verfahrenseröffnung durch einen inländischen Gerichtsbeschluß lediglich auf den Antrag eines Schuldners, dessen Unter-

[1]) Im Ausland eingeleitete Ausgleichsverfahren haben in Österreich keine Wirkung (strittig).

nehmen, eventuell Wohnsitz, eventuell Vermögen im Inlande liegt, und der unter Berufung auf seine Zahlungsunfähigkeit (Überschuldung) einen bestimmten Ausgleichsantrag (siehe d) stellt; in Deutschland muß er dem Gericht überdies sofort die Zustimmung der Gläubigermehrheit zu diesem Ausgleichsantrage nachweisen (bedenklich). Der Beschluß wird öffentlich kundgemacht.

b) Das Vermögen des Ausgleichsschuldners wird weder inventarisiert noch durch ein Amtsorgan versilbert. Der Ausgleichsschuldner behält seine Verfügungsbefugnis (vgl. dagegen § 22 IV), führt selbst sein Geschäft fort (über seine Anträge auf Vertragsabschluß siehe § 6 IV) und erhält, anders als der Gemeinschuldner, keinen gesetzlichen Stellvertreter, sondern einen Ausgleichsverwalter, der im wesentlichen nur ein Berichterstatter über seine Vermögenslage und ein Kontrollorgan mit Einspruchsrecht ist (§ 31 ÖAusglO.; § 28 DVdg.). Bei „Geschäften, die nicht zum gewöhnlichen Geschäftsbetriebe gehören", bedarf der Ausgleichsschuldner allerdings der Zustimmung des Ausgleichsverwalters, aber auch da handelt der Ausgleichsschuldner und nicht in dessen Stellvertretung der Ausgleichsverwalter.

c) Gläubigerarten: Die Aussonderungsberechtigten; die Absonderungsgläubiger (siehe § 22 VI); die Ausgleichsgläubiger, das sind jene Personen, die persönliche, nicht bevorrechtete Forderungen vermögensrechtlichen Inhaltes gegen den Ausgleichsschuldner schon im Zeitpunkte der Verfahrenseinleitung hatten (etwa gleich der Gruppe der Konkursgläubiger dritter Klasse); die bevorrechteten Gläubiger (§§ 23, 23a ÖAusglO., im wesentlichen gleich den Massegläubigern und den Konkursgläubigern erster und zweiter Klasse, in Österreich unter Hinzutritt mancher Gläubigerschutzverbände).

Kein Gläubiger ist an der Erhebung der Klage selbst während des Ausgleichsverfahrens gehindert (kein Klageverbot wie bei Konkursgläubigern). Aussonderungsberechtigte, Absonderungsgläubiger (mit Ausnahme der richterlichen der letzten 60 Tage vor Verfahrenseröffnung) und bevorrechtete Gläubiger dürfen sogar (zwar keine Konkurseröffnung beantragen, aber) Exekution führen; die Ausgleichsgläubiger dürfen dies freilich nicht. Diese dürfen aber klagen und Urteil erwirken, überdies ihre Forderung anmelden und Feststellung ohne Urteil erlangen, auch beides nebeneinander tun. Die Forderungsanmeldung dient freilich in erster Linie der Stimmrechtsfeststellung für die Abstimmung über den Ausgleichsantrag, erst in zweiter Linie und nur bei gelungenem Ausgleich auch der (dann das Urteil ersparenden) Forderungsfeststellung.

d) Den Ausgleichsantrag (Mindestquote 35% binnen einem Jahre, 50% binnen zwei Jahren; in Deutschland 50%, bei qualifizierter Mehrheit 30%; in der Tschechoslowakei 35% binnen zwei Jahren) hat der Schuldner und nur er zu formulieren; Sonderbegünstigungen, seien sie offen oder geheim, sind (außer in Österreich, zugunsten der Kleingläubiger) verboten und nichtig. Stimmrecht hat jeder Ausgleichsgläubiger, der seine Forderung widerspruchslos angemeldet hat oder dem auf Widerspruch das Gericht das Stimmrecht zubilligt. Zur Annahme des Ausgleichs bedarf es der absoluten Mehrheit der erschienenen Ausgleichsgläubiger und einer Mehrheit von drei Viertel der Forderungen (eine Ausnahme in Österreich bei „Geldinstituten"). Die entscheidende Abstimmung muß in Österreich 90 Tage[1]) nach der Einleitung des Ausgleichsverfahrens geschehen, widrigenfalls das Verfahren als ergebnislos einzustellen ist (zwingendes Recht). Hat der Ausgleichsantrag rechtzeitig die erforderlichen Gläubigermehrheiten gefunden, so unterliegt er nun der Prüfung des Gerichtes auf seine Gesetz- und Zweckmäßigkeit; bejahendenfalls ist er vom Gerichte zu bestätigen. Abändern darf das Gericht nicht. Siehe auch § 10 IV. Der gerichtlich bestätigte Ausgleich ist eine Gerichtsentscheidung auf Grund der Vereinbarung des Ausgleichsschuldners mit der eben genannten Mehrheit der Ausgleichsgläubiger darüber, wie alle[2]) Ausgleichsgläubiger befriedigt werden sollen; der etwaige Schuldenrest darf nicht nachgefordert werden, es sei denn im Ausgleich eine Wiederauflebensklausel enthalten.

e) Organe des Ausgleichsverfahrens: 1. Ausgleichsgericht, ein Gerichtshof; 2. Ausgleichskommissär, ein Einzelrichter; 3. Ausgleichsverwalter, eine honorierte Amtsperson; 4. Schuldner (= Ausgleichsschuldner); 5. fakultativ der Gläubigerbeirat, vom Ausgleichskommissär aus Gläubigern oder Nichtgläubigern ernannt, mit bloß beratender Stimme; 6. Gebarungsprüfer, zur Unterstützung des Verwalters.

f) Verfahren: Eröffnungsantrag; Eröffnungsbeschluß; Abstimmungstagsatzung; Beschluß des Gerichtes über die Bestätigung des angenommenen Ausgleichs.

§ 24. Die Geschäftsaufsicht

Der Krieg und seine wirtschaftlichen Folgen haben vielfach Personen in derart schwierige Vermögenslagen gebracht, daß eine Konkurseröffnung oder die Einleitung eines gerichtlichen Ausgleichsverfahrens

[1]) Auf Antrag des Ausgleichsamtes durch das Gericht auf ein Jahr verlängerbar, ÖGes. vom 16. Juli 1921, BGBl. Nr. 393, sonst in Österreich und der Tschechoslowakei auf Antrag des Gerichtes durch das Justizministerium.

[2]) Ausnahmen hinsichtlich gewisser Vorkriegsschulden von Österreichern an Angehörige der alliierten und assoziierten Mächte bestimmt das ÖVorkriegsschuldenges. vom 16. Juli 1921, BGBl. Nr. 393 in der Fassung des BGBl. 256/25.

hätte nachfolgen sollen. Namentlich im Anfange des Krieges entstanden oft derartige schwierige Wirtschaftslagen, besonders, wenn auch nicht ausschließlich, bei Kaufleuten einschließlich der Handelsgesellschaften. Konkurseröffnungen mit ihren ansteckenden Wirkungen schienen nun ebenso gefährlich als nach der bestehenden Rechtslage unvermeidlich. Und doch sollten Konkurse gerade damals vermieden werden, um die ohnedies bestehenden Krisen nicht zu verschärfen. Diesem Bedürfnisse verdankte das Institut der Geschäftsaufsicht seine Entstehung. Die Entstehungsgründe sind weggefallen. Das Institut ist in Deutschland aufgehoben; in Österreich und in der Tschechoslowakei besteht es formell fort, ist aber materiell bedeutungslos.

Drittes Kapitel

Das Unternehmen

§ 25. Die Geschäftsgründung[1])

I. Das ÖHGB. spricht in den Artikeln 22 bis 24 und 4, 271 bis 274 (§§ 22 DHGB.) vom „Handelsgeschäft" in einem zweifachen Sinne: zur Bezeichnung der einzelnen Geschäfte (Verträge) und zur Bezeichnung des Handelsbetriebes, des Unternehmens. Nur im letzteren Sinn ist hier vom Handelsgeschäft die Rede.

II. Das Unternehmen, namentlich das Handelsgeschäft, ist keine, namentlich keine bloße Anhäufung von Sachen, etwa zusammenfallend mit dem Inhalte des kaufmännischen Inventars, mit dem Geschäftsvermögen. Das Unternehmen greift einerseits darüber hinaus, bleibt bestehen, wenn die eben genannten Sachen, z. B. das Warenlager, fehlen, sich ändern oder ganz fortfallen; es sei denn, das geschehe gerade um der Betriebseinstellung willen (Ausverkauf). Anderseits kann der Betrieb eingestellt werden, das Unternehmen enden, obwohl die Sachen (Warenlager, Außenstände usw.) unangetastet vorhanden sind. Das Unternehmen ist ein zu wirtschaftlichen Zwecken organisierter Wirtschaftsbetrieb mit Kapital und Arbeit. Zu ihm gehören ein Risiko, ein Absatzgebiet und eine Kundschaft, der Regel nach auch, aber nicht notwendigerweise (Marktfahrer) ein bestimmter Standort oder ein bestimmtes Geschäftslokal, keineswegs immer ein Warenlager (Rechtsanwaltskanzlei[2]), Dienstvermittlungsinstitut).

Das Unternehmen[3]) („unser Haus") ist kein Rechtssubjekt, keine Person, sondern stets ein Rechtsobjekt. Es hat weder Forderungen

---

[1]) Pisko: Das Unternehmen; Wieland: Handelsr. I 249 ff.

[2]) OGH. vom 30. Mai 1901 GlUNF. 1437; v. 17. März 1904 GlUNF. 4560.

[3]) Nur selten gebrauchen Gesetze das Wort „Unternehmen" statt „Unternehmer"; da handelt es sich dann um einen fahrlässigen Sprachgebrauch.

noch Schulden; „Geschäftsschulden“ sind solche des Geschäftsherrn, nicht des Unternehmens. Dagegen kann das Unternehmen als ein Rechtsobjekt veräußert (Art. 22 ÖHGB., § 22 DHGB.), verpachtet, verpfändet, vererbt, vermacht, sogar (in Österreich) in Exekution gezogen werden (§ 341 ÖEO.). Dabei stellt das Unternehmen einen selbständigen Verkehrsgegenstand dar; wer ein „Handelsgeschäft“ kauft, hat damit nicht notwendigerweise auch dessen Warenlager gekauft. Es gingen folgerichtig auch die Geschäftsschulden an sich, nicht notwendigerweise auf den Erwerber des Unternehmens über; doch bestehen aus Verkehrsrücksichten besondere Vorschriften über den Passivenübergang; siehe § 9 IV. Enger hängen Schutzmarke und Firma mit dem Unternehmen zusammen: die Schutzmarke klebt an ihm, geht darum vorbehaltlich einer abweichenden Vereinbarung mit dem Unternehmen über, § 9 ÖMarkenschutzGes. vom 6. Jänner 1890, RGBl. Nr. 19; die Firma geht zwar nicht mit dem Unternehmen von selbst auf den neuen Erwerber über, darf aber mit dem Unternehmen (dagegen nicht ohne dieses) übertragen werden; Artikel 23 ÖHGB.; § 23 DHGB.

III. Die Gründung eines Unternehmens steht in Österreich grundsätzlich jedem frei, ohne Unterschied von Alter, Religion, Nationalität, Rasse, Geschlecht, Stand, Staatsangehörigkeit (siehe das einzelne und die Beschränkungen im § 15). Doch bestehen gewerbepolizeiliche Beschränkungen. Werden sie nicht eingehalten, so kann Strafe und behördliche Schließung des Betriebes eintreten; die bis zu dieser Schließung im Betrieb abgeschlossenen Rechtsgeschäfte sind jedoch gültig und verbindlich, Artikel 11, 276 ÖHGB.; § 7 DHGB.

Für diese gewerbepolizeilichen Beschränkungen muß man unterscheiden, ob das Unternehmen der ÖGewO. unterliegt oder nicht.

1. Die ÖGewO. teilt die ihr unterstellten Unternehmen ein:

a) in freie. Bloße Anmeldepflicht bei der Gewerbebehörde;

b) in handwerksmäßige. Zum Betriebe bedarf es nicht bloß der Anmeldung, sondern auch des Befähigungsnachweises; dieser gibt — trotzdem die Genossenschaft noch anläßlich der, natürlich späteren, Gewerbeanmeldung zur Erstattung eines Gutachtens (nur) über diesen Nachweis befugt ist — ein Recht zum Gewerbebetrieb. Von der Erbringung des Nachweises sind allerdings befreit und damit zu den freien Gewerben gestellt: die Handelsgewerbe (Ausnahmen: der Detailhandel im Gemischtwarenhandel; der Kolonial-, Spezerei- und Materialienhandel); die fabriksmäßigen (siehe § 18 III) Betriebe; jene zur Herstellung patentierter Erfindungen (§ 17 ÖPatGes.; siehe § 31 IV); der Betrieb des verstorbenen Gewerbsmannes zugunsten der Witwe bis zu deren Wiederverehelichung und der minderjährigen Kinder bis zur Großjährigkeit. Es gibt mehr als fünfzig handwerksmäßige Gewerbe, so daß die Belastung des Verkehrs mit diesem wenig wertvollen Befähigungsnachweise stark ist;

c) in konzessionierte, konzessionspflichtige. Zum Betriebe eines konzessionierten Gewerbes genügt die Betriebsanmeldung nicht, sondern es bedarf einer Konzession der Gewerbebehörde, deren Erteilung im behördlichen Ermessen steht (keine Anrufung des Verwaltungsgerichtshofes, wenn „von diesem Ermessen im Sinne des Gesetzes Gebrauch gemacht" wurde[1]), Art. 129 ÖBVG.) und die unübertragbar und unvererblich ist. Die Verwaltungsbehörde hat die Frage, ob die Konzession zum Gewerbebetriebe zu erteilen sei, aus Erwägungen nicht über das Interesse des einzelnen, sondern über das öffentliche Interesse zu beantworten und (nur) darum ein Gutachten der Genossenschaft entgegenzunehmen: nicht der Schutz vor Konkurrenz, sondern der Schutz des Publikums ist der entscheidende Gesichtspunkt. — Von der Notwendigkeit, eine solche Konzession zu erlangen, sind befreit der Erfinder, ferner die Witwe und die minderjährigen Kinder des Gewerbetreibenden. Es gibt mehr als zwanzig konzessionspflichtige Gewerbe, darunter die Buchhandlungen und Buchdruckereien[2]), die Baumeister-, Rauchfangkehrer- und Schankgewerbe, jene der Ausgleichsvermittler, Privatgeschäftsvermittler, außer in Handelsgeschäften.

2. Für die der ÖGewO. nicht unterstellten Unternehmen gelten andere Gebote. Häufig enthalten diese auch einen Konzessionszwang. Das gilt unter andern für Bankgeschäfte, und zwar auch von Einzelkaufleuten (ÖGes. v. 29. Juli 1924, BGBl. Nr. 284; Vdg. v. 17. Juli 1925, BGBl. Nr. 263), es handle sich denn lediglich um Börsegeschäfte auf eigene Rechnung; ferner für Sparkassen, öffentliche Lagerhäuser mit oder ohne Freilager (§ 45 III), Bergbau, Theater- und Kinobetrieb, Telegraphenagenturen, Hausierer (Hausierpatent v. 4. September 1852, RGBl. Nr. 252; ÖGes. v. 30. März 1922, BGBl. Nr. 204).

IV. Betriebsstätte und Betriebsanlage, §§ 25 ff. ÖGewO. Nur für die letzteren bedarf es einer behördlichen Genehmigung, und auch da nur, wenn besondere Feuerstätten oder Motore dazugehören oder wenn die Anlage gesundheitsschädlich, sicherheitsgefährlich, ungewöhnlich lärmend oder übelriechend ist.

Die Gewerbe- und Baubehörde prüft nur diese Sachlage, nicht die durch die Errichtung der Anlage aufgeworfenen Privatrechtsfragen, z. B. nicht die Frage, ob ein grundbücherlich eingetragenes Bauverbot wirksam auf dem Baugrunde laste.

---

[1]) Daher Begründungszwang für die Entscheidung der Verwaltungsbehörden.

[2]) Da soll der Konzessionszwang beseitigt werden.

V. Die Betriebspflicht besteht nach der ÖGewO. nur für Bäcker, Fleischer, Rauchfangkehrer, Kanalräumer und Transportgewerbetreibende; die beabsichtigte Betriebseinstellung muß da bei sonstiger Strafe vom Gewerbeinhaber vier Wochen vor dem Einstellungstage der Gewerbebehörde angezeigt werden. Außerhalb der ÖGewO. ist die Betriebspflicht den dem öffentlichen Verkehre dienenden Eisenbahn- und Schiffahrtsunternehmern auferlegt und besteht auch für Post, Telegraphen und Fernsprecher.

Aus der Betriebspflicht folgt nicht notwendigerweise ein Kontrahierungszwang, das ist die Vertragsabschlußpflicht mit jedem Antragsteller zu den gleichen Tarifen und sonstigen Bedingungen. Dieser ist auferlegt den Eisenbahn- (§§ 3, 53 EisVO.), Schiffahrtsunternehmern, der Post, den Telegraphen- und Fernsprecherunternehmern, in gewissem Maße (§ 358 ÖStG.) den Ärzten und Hebammen, endlich den „Gewerbsleuten, welche Waren, die zu den notwendigen Bedürfnissen des täglichen Lebens gehören, zum allgemeinen Ankaufe feilbieten“, § 482 ÖStGes. (Greißler, Gastwirte). Diese zuletzt genannte Vorschrift war zur Zeit des großen Warenmangels gegen das Kriegsende zu mehrfach in Anwendung gekommen, ist aber jetzt wieder zur früheren Bedeutungslosigkeit herabgesunken. Ähnlich steht es mit den in den letzten Jahren häufigen Rayonierungen der Kunden bei den Gewerbsleuten für Bedarfsartikel des täglichen Lebens; auch diese Rayonierungen sind jetzt bedeutungslos geworden.

§ 26. Die Niederlassung[1])

I. Der Unternehmer, insbesondere der Kaufmann, bedarf zwar nicht notwendigerweise eines festen örtlichen Mittelpunktes für seinen Geschäftsbetrieb (siehe § 25 II); wohl aber ist ein solcher Mittelpunkt der Regel nach vorhanden.

Unter der Niederlassung versteht man den (wirklichen, nicht bloß vorgeschützten) Mittelpunkt des Geschäftes, unter einer Handelsniederlassung jenen eines Handelsbetriebes. Hieran knüpft sich die Zuständigkeit des Registergerichtes für die Firmenregistrierung, Artikel 19 ÖHGB.; § 29 DHGB., und ein Gerichtsstand für jene Zivilklagen gegen den Geschäftsherrn, die sich auf seine geschäftliche Tätigkeit beziehen, § 87 ÖIN., § 21 DZPO., ferner für Klagen auf Grund des § 22 des ÖGes. gegen den unlauteren Wettbewerb (ebenso § 24 des DGes. v. 7. Juni 1909, RGBl. S. 499). In Österreich ist überdies noch ein solcher Gerichtsstand bei der Niederlassung des seinen Kaufpreis einklagenden registrierten Kaufmannes begründet, wenn der Beklagte ein Kaufmann und wenn Bestellung und Ablieferung urkundlich nach-

[1]) Wieland: Handelsr. I 159 ff.; Pisko: Lehrb. 53.

gewiesen ist (§ 87 a ÖIN.; wichtig gegen ungarische Käufer). An den Sitz des Unternehmens knüpft sich auch die Zuständigkeit für die Eröffnung des Konkurses und für die Einleitung des gerichtlichen Ausgleichsverfahrens (siehe §§ 22, 23).

II. Über die Zulässigkeit von selbständigen Niederlassungen der Ausländer überhaupt siehe §§ 14 III, 18 IV.

III. Die Hauptniederlassung ist der Zentralpunkt, der wirtschaftliche Mittelpunkt der auf mehrere Betriebe an verschiedenen Orten ausgedehnten geschäftlichen Tätigkeit eines Kaufmannes. Ein Einzelkaufmann kann mehrere Hauptniederlassungen haben, Handelsgesellschaften dagegen nur eine (Art. 86 Z. 2 ÖHGB.: „der Ort, wo sie ihren Sitz hat"), eine Vorschrift, deren Zweckmäßigkeit zweifelhaft ist. Wollen die Gesellschafter dennoch mehrere Hauptniederlassungen (z. B. für verschiedene Geschäftszweige) haben, so bleibt ihnen nur übrig, mehrere Handelsgesellschaften zu gründen!

IV. Zweigniederlassungen sind solche Niederlassungen, die, an einem andern Ort als die Hauptniederlassung bestehend, von dieser nach innen hin rechtlich und wirtschaftlich abhängen, während sie nach außen hin selbständig Rechtsgeschäfte abschließen und ausführen dürfen. Darum sind Fabriken, Eisenbahnstationen (streitig; siehe Ges. v. 19. Juli 1923, BGBl. Nr. 407), Niederlassungen von Versicherungsagenten (diese hätten denn ausnahmsweise eine Abschlußvollmacht, § 47 VI a) keine Zweigniederlassungen. Die Zweigniederlassung ist dann, wenn die Hauptniederlassung es ist, registrierungspflichtig, Artikel 21 ÖHGB.; § 13 DHGB.

Nebenstellen nach Art der Zweigniederlassungen, jedoch am Orte der Hauptniederlassung gelegen, sind Filialen (der Sprachgebrauch schwankt übrigens) und nicht registrierungspflichtig.

V. Ob ein Kaufmann oder eine Handelsgesellschaft, deren Hauptniederlassung in Österreich ihren Sitz hat, eine Zweigniederlassung dieser Hauptniederlassung im Ausland errichten dürfe, das richtet sich nach dem ausländischen Rechte.

Für den umgekehrten Fall (der Ausländer will in Österreich eine Zweigniederlassung, also eine vom ausländischen Haupthaus rechtlich und wirtschaftlich abhängige Niederlassung errichten) ist gesetzlich verfügt: a) Ungarischen Gesellschaften ist dies gestattet (Ges. v. 27. Juni 1878, RGBl. Nr. 63, das freilich nicht von allen Gesellschaften spricht); man wird diese Erlaubnis wohl auch auf Einzelkaufleute auszudehnen haben. b) Ausländische Aktiengesellschaften, Kommanditgesellschaften auf Aktien und Versicherungsgesellschaften (außer den ungarischen) bedürfen zum gewerbemäßigen Geschäftsbetrieb in Österreich einer Konzession der Verwaltungsbehörde[1]), auf Grund welcher sie dann berechtigt und verpflichtet sind, in Österreich eine Repräsentanz zu errichten (KaisV. v. 29. November 1865, RGBl. Nr. 127; Ges. v. 29. März 1873, RGBl. Nr. 42; Ausnahmen für manche Neuausländer VA. v. 21. März 1919, StGBl. Nr. 189); diese Repräsentanz ist eine Zweigniederlassung der ausländischen Hauptanstalt, nur von Rechts wegen mit einer zwingend vorgeschriebenen Selbständigkeit nach außen hin bedacht. Gleichartiges bestimmen die §§ 107, 108, 111 ÖGes. vom 6. März 1906, RGBl. Nr. 58, für die Gesellschaften mit beschränkter Haftung[2]). c) Für ausländische Einzelkaufleute, offene Handelsgesellschaften und Kommanditgesellschaften außer den ungarischen gilt die Erlaubnis zur Errichtung von Zweigniederlassungen nur auf Grund Staatsvertrages, da sonst kein Rechtssatz sie verfügt; sie sind mangels Staatsvertrages darauf verwiesen in Österreich eine Hauptniederlassung zu gründen (siehe aber hiezu oben II).

§ 27. Die Bezeichnung des Unternehmens

I. Die Firma ist keine Bezeichnung des Unternehmens, sondern eine solche des Unternehmers; siehe § 18 VII, § 20.

II. Die Etablissementsbezeichnung[3]) dagegen ist die äußere Bezeichnung des „Geschäftes“ im Gegensatze zur Firma, die den Geschäftsherrn bezeichnet (§§ 46 ff. ÖGewO.; DGes. v. 7. Juni 1909, RGBl. Nr. 499).

Es besteht kein Zwang zur Etablissementsbezeichnung und sie ist auch nur für Geschäfte üblich, die mit dem Publikum im unmittelbaren Verkehr stehen, wie Gasthäuser, Parfümeriegeschäfte. Jede Etablissementsbezeichnung ist (auch dem Minderkaufmann) erlaubt (und daher auch beliebig abänderbar), die nicht mit den Straf- und Polizeigesetzen oder mit Rechten Dritter im Widerspruch steht, und die sich nicht eines Namens bedient, der von der registrierten Firma des Unternehmers abweicht[4]). Aber nicht jede solche Bezeichnung ist des behördlichen Schutzes fähig. a) Hiezu ist vor allem erforderlich, daß sie das Geschäft einigermaßen individualisiere; „Kleiderhaus“ ist darum keine schutzfähige Etablissementsbezeichnung, wohl aber „Erstes Mariahilfer Kleiderhaus“. b) Ferner darf sie der Wahrheit nicht widersprechen („Anstalt“ für ein kleines Unternehmen) und c) darf sie nicht, ob nun beabsichtigter- oder unbeabsichtigterweise, zur Täuschung des Publikums

---

[1]) Die ohne Zulassung abgeschlossenen Geschäfte sind aber gültig, Art. 11, 276 ÖHGB.

[2]) Die Rechtsprechung schwankt. Vgl. Walker: Internationales Privatrecht, 174 ff.

[3]) Pisko, Lehrb. 69.

[4]) OGH. vom 20. Februar 1900, Amtl. Slg. 228.

geeignet sein („Neue Post", „Junge Post"). d) Den bürgerlichen Namen eines andern darf man überdies als Etablissementsbezeichnung nur mit dessen Zustimmung führen (§ 15 III).

Die Etablissementsbezeichnung ist nicht bestimmt, statt des Namens verwendet zu werden; der Hotelier soll mit seinem Namen oder mit seiner Firma, nicht mit „Hotel Metropole" unterschreiben. Tut er dies dennoch, so ist er freilich aus dieser Art Unterschrift berechtigt und verpflichtet.

III. Von Amts wegen wird die (an sich zulässige) Etablissementsbezeichnung nicht verfolgt und nicht geschützt, sondern nur auf Antrag.

In Österreich gewährt den Schutz für die Zukunft die Gewerbebehörde; von ihr darf der „Verletzte" „die Einstellung des ferneren Gebrauchs..., die Untersagung der fälschlichen Ankündigung" fordern; Schadenersatzansprüche des Verletzten dagegen für die Vergangenheit sind vor Gericht geltend zu machen (in Deutschland sind stets die Gerichte zuständig). Dieser Schutz wird (Gegenseitigkeit vorausgesetzt) gewährt, ob nun der im Inlande seßhafte Geschäftsherr ein Österreicher oder ein Ausländer ist; auch wenn sich die Niederlassung nicht in Österreich befindet, wird ihre Bezeichnung in Österreich unter der Voraussetzung der Gegenseitigkeit geschützt.

Der Schutz, den die Gewerbebehörde gewährt, reicht freilich nicht weiter als das Bedürfnis des schutzbedürftigen Unternehmers im einzelnen Falle. Das hängt mit der Gesetzeslage zusammen. Während nämlich Artikel 20 ÖHGB., § 30 DHGB. die inhaltlichen Grenzen des Firmaschutzes genau und generell bestimmt (territorial auf den Ort oder die Gemeinde, sprachlich auf die deutliche Unterscheidbarkeit, aber nicht auf die Branche beschränkt), ist eine derartige genaue gesetzliche Vorschrift bei der Etablissementsbezeichnung nicht erlassen; die Behörde hat darum von Fall zu Fall zu untersuchen, ob und inwieweit ein solches Schutzbedürfnis, also eine solche Verwechslungsgefahr vorliegt (Gasthaus „Zum Ritter", Drogerie „Zum Ritter").

IV. Die Etablissementsbezeichnung ist als solche zur Eintragung in das Handelsregister weder bestimmt noch geeignet. Nur in der Form des Firmenzusatzes, Artikel 16/2 ÖHGB., § 18/2 DHGB. kann eine solche Registrierung geschehen, ist aber dann ein Firmenbestandteil und darum auch der beliebigen Änderung durch den Inhaber entzogen, welche diesem bei reinen Etablissementsbezeichnungen grundsätzlich zusteht.

V. Anhang. Als Auszeichnung darf „Gewerbeunternehmungen" vom Bundesministerium für Handel und Verkehr gestattet werden, „in ihrem geschäftlichen Verkehr das Staatswappen des Bundes zu führen" (ÖGes. v. 3. März 1922, BGBl. Nr. 136).

Über Zeitungstitel siehe § 28 III e).

§ 28. Schutz gegen Wettbewerb

I. Unsere Wirtschaftsordnung ist auf dem Gedanken der Konkurrenz des einzelnen aufgebaut; von dieser erwarten ihre Freunde die stärkste Produktion, die beste Verteilungsart der Güter und den angemessensten Erfolg für den einzelnen. Die Rechtsordnung ist dieser Auffassung beigetreten und steht darum auf dem Standpunkte: Schutz vor einer Konkurrenz wird von der Rechtsordnung grundsätzlich nicht gewährt.

II. Der Satz erleidet jedoch eine Reihe von Ausnahmen:

a) Die staatliche Monopolverwaltung, so jene für Tabak und Salz (in Österreich), ist im Rahmen des Monopols vor der Konkurrenz, oft zum Nachteile des Publikums, geschützt; finanzielle Erwägungen gehen hier den sonstigen wirtschaftspolitischen vor.

b) Gesetzliche Konkurrenzverbote (freilich lauter solche nachgiebigen Rechtes) bestehen in Österreich zu Lasten 1. der persönlich haftenden Gesellschafter (§ 20 II, V), 2. der Geschäftsführer der Gesellschaft m. b. H. (§ 20 VI), 3. der Geschäftsleitung gemeinwirtschaftlicher Unternehmungen (§ 20 VII), ferner 4. der Teilnehmer an einer Erwerbsgesellschaft des ÖABGB. (§ 21 III); in Deutschland überdies auch zu Lasten vom Vorstand und Aufsichtsrat bei den Aktien- und Kommanditaktiengesellschaften (§ 20 IV, V). Ein solches gesetzliches Konkurrenzverbot besteht ferner zu Lasten 5. der Privatangestellten nach § 7 ÖGes. vom 11. Mai 1921, BGBl. Nr. 292 (nachgiebiges Recht). Diese Beschränkungen der Konkurrenz beruhen durchwegs auf dem Gedanken, daß hier der Wettbewerb dem Treueverhältnisse widerspreche; das Wettbewerbsverbot als ein gesetzliches[1]) endet darum mit diesem Treueverhältnisse.

c) Jeder bürgerliche und (zulässige) Deckname ist gegen Mißbrauch geschützt, § 15 III.

d) Jede registrierte Firma ist gegen gleichnamige oder nicht deutlich unterschiedene Firmen (welcher Branche immer) „an demselben Orte oder in derselben Gemeinde" geschützt, Artikel 20 ÖHGB.; § 30 DHGB. (nachgiebiges Recht, wie Art. 26/1 ÖHGB. ergibt); § 18 DGes. vom 7. Juni 1909, RGBl. S. 499.

e) Jede an sich zulässige Etablissementsbezeichnung ist gegen gleiche oder täuschend ähnliche Etablissementsbezeichnungen in so weitem Umfange geschützt, als die Verwechslungsgefahr besteht (§ 27 III); ein solcher Schutz wird darum in der Regel nur gegen Brancheangehörige gewährt werden, aber nicht immer auf den Ort beschränkt sein, an dem das Unternehmen seinen Sitz hat.

---

[1]) Vertragsmäßige Verbote sind in gewissem Umfang auch für die Zeit nachher zulässig.

f) Markenschutz, Musterschutz und Erfinderschutz beschränken die Konkurrenz, schützen also gegen Wettbewerb. Siehe §§ 29, 30, 31.

III. Die unter II. genannten Rechtseinrichtungen beschränken den Wettbewerb, er sei ein lauterer oder unlauterer; sie suchen dem einzelnen die Früchte seiner geistigen und sonstigen Tätigkeit dadurch zu sichern, daß andere sich nicht der gleichen Behelfe zur Erzielung dieser Früchte bedienen dürfen.

Daneben gibt es aber auch Rechtseinrichtungen, die sich nur gegen den unlauteren Wettbewerb (namentlich im Geschäftsverkehr) richten (insbesondere ÖGes. v. 26. September 1923, BGBl. Nr. 531[1]); DGes. v. 7. Juni 1909, RGBl. S. 489; auch die Tschechoslowakei hat seit 28. Juli 1927 ein Gesetz gegen den unlauteren Wettbewerb).

Ein unlauterer Wettbewerber ist jener, der solche ungehörige Handlungen vornimmt, die bestimmt und geeignet sind, den Erfolg der Tätigkeit des Konkurrenten zu beeinträchtigen. Solche Wettbewerber gibt es nicht bloß im Kaufmannsstand; jede äußere Form der Streberei ist, z. B. im Verhältnis zum Konkurrenten, ein unlauterer Wettbewerb. Aber in der Regel denkt man bei Wettbewerbsfragen an Kaufleute und da muß man als einen unlauteren jenen Wettbewerb bezeichnen, der sich im geschäftlichen Verkehre solcher Mittel bedient, die durchschnittlich denkende anständige Kaufleute seiner Branche nicht zu solchen Zwecken anwenden würden, mögen die Mittel auch vom Gesetze nicht eben ausdrücklich verboten sein.

Gegen diesen unlauteren Wettbewerb reagieren neben einzelnen sonstigen Vorschriften insbesondere die Wettbewerbsgesetze. Sie enthalten ein weitgefaßtes Generalverbot sittenwidriger Handlungen und überdies Spezialverbote einzelner bestimmter Tatbestände. Das generelle Verbot von Handlungen, die gegen die guten Sitten verstoßen, wäre früher in Österreich bei der Verschiedenheit der Kulturstufen einzelner Bevölkerungsteile recht bedenklich gewesen und stellt auch jetzt noch mit Rücksicht auf die Unvorhersehbarkeit der richterlichen Beurteilung ein Element der Unsicherheit dar; nur ist es jetzt wohl unentbehrlich. Denn kein Gesetz gegen den unlauteren Wettbewerb kann durch Einzelvorschriften alle Formen dieses Wettbewerbes treffen, da sich solche stets neu bilden.

Österreich hatte lange kein entsprechend zusammenfassendes Sondergesetz; die Regierungsversuche waren zum Teil an juridisch-technischen Schwierigkeiten gescheitert, zum Teil daran, daß der Kulturstand und die Auffassung von dem, was gute Sitte sei, in den einzelnen Teilen

---

[1]) Kadecka: Gesetz gegen den unlauteren Wettbewerb (1924); Weiser: Entscheidungen... zum Gesetz gegen den unlauteren Wettbewerb (Österreich und Deutschland) 1927.

der Doppelmonarchie sehr verschieden waren. Es blieb darum lange bei zerstreuten Sondervorschriften in verschiedenen Gesetzen. Da legte Artikel 266 des Staatsvertrages von St. Germain en Laye Österreich die Verbindlichkeit auf, die erforderlichen Gesetzgebungs- (und Verwaltungs-) Maßnahmen gegen den unlauteren Wettbewerb zu erlassen; die Regierung hat in weitherziger Auslegung dieser Verbindlichkeit eine Gesetzesvorlage dem Nationalrat vorgelegt, die nun als Gesetz verkündet ist.

a) Niemand darf „im geschäftlichen Verkehr" gegen die guten Sitten handeln, das ist Handlungen setzen, die anständige Geschäftsleute dieser Gruppe mißbilligen würden; so darf z. B. keine Zeitung die Rundfunknachrichten einer anderen abfangen und ohne Quellenangabe verarbeitet oder unverarbeitet veröffentlichen. Überdies darf auch außerhalb des geschäftlichen Verkehres niemand einem andern absichtlich einen Schaden zufügen, sei es auch in einer an sich befugten, aber offenbar schikanösen Rechtsausübung (§ 1295/2 ÖABGB.: Versperren einer Durchgangstüre zum Laden des Konkurrenten).

b) Wahrheitswidrige Anpreisungen geschäftlicher Verhältnisse (z. B. daß besonders billige Einkaufsquellen zur Verfügung gestanden hätten) „in öffentlichen Bekanntmachungen oder in Mitteilungen, die für einen größeren Kreis von Personen bestimmt sind", sind (ohne Rücksicht auf ihren Erfolg) verboten, wenn sie „geeignet sind, den Anschein eines besonders günstigen Angebotes hervorzurufen. Offenkundige Reklameübertreibungen („verkaufe am billigsten auf der Erde") fallen demnach nicht hieher. Sonst Klage auf Unterlassung und auf Schadenersatz; enthalten solche Anpreisungen „wissentlich unwahre und zur Irreführung geeignete Angaben", so sind sie auch (auf Privatanklage) strafbar (§§ 2, 4 ÖGes.; §§ 3, 4 DWettbewGes.).

Es gibt, wie selbstverständlich, eine im vorhinein unmeßbare Zahl solcher wahrheitswidriger Anpreisungen in Wort und Bild. Einer Anzahl von ihnen, die als besonders bedenklich betrachtet werden, sucht darum der Gesetzgeber nicht bloß zivil- und strafrechtlich, sondern auch auf dem Wege des Verwaltungsverfahrens zu begegnen.

α) Darum sind öffentliche Ankündigungen von Warenverkäufen aus einer Konkursmasse besonders verboten und von der Gewerbebehörde von Amts wegen strafbar, wenn die Waren „nicht mehr zum Bestande der Konkursmasse gehören" (§ 30 ÖWBGes., § 6 DWettbewGes.). Die bei der Gelegenheit solcher Ausverkäufe abgeschlossenen Verträge sind aber gültig.

β) Öffentliche angekündete Ausverkäufe „zum Zwecke der beschleunigten Veräußerung... im Kleinverschleiße" bedürfen grundsätzlich (in Deutschland fakultativ, § 7 DWettbewGes.) einer Bewilligung der Gewerbebehörde (ÖGes. v. 16. Jänner 1895, RGBl.

Nr. 26), und zwar jener erster Instanz bei einer Ausverkaufsdauer bis zu drei Monaten, der Landesregierung bis zur Höchstdauer eines Jahres. „Vor... Bewilligung darf ein Ausverkauf weder angekündigt noch begonnen... werden“. Ist aber der Verkauf, sei es auch ein öffentlich angekündeter, vom Gericht oder von sonst einer Behörde angeordnet oder vom Konkursmasseverwalter verfügt, dann bedarf es keiner Bewilligung nach dem Ges. vom 16. Jänner 1895, RGBl. Nr. 26; die Verkäufe im gerichtlichen Ausgleichsverfahren (§ 23) dagegen sind an dieses Gesetz über die Ausverkäufe gebunden, und zwar deshalb, weil da der Ausgleichsschuldner selbst, nicht der Ausgleichsverwalter verkauft.

Die Belastung des Geschäftsverkehres durch die Einschiebung dieser behördlichen Bewilligung erklärt sich durch den Erfahrungssatz, daß der Konsument meint, im Ausverkaufe billig zu kaufen. Darum sollen nur wirkliche Ausverkäufe (kein Nachschieben von Waren bei sonstiger behördlicher Schließung des Ausverkaufes) als solche angekündet werden dürfen und darum muß der Antragsteller den Grund des Ausverkaufes der Behörde mitteilen (Todesfall, Geschäftsauflassung usw.). Gleichgültig ist, ob der Verkäufer gerade einen „Ausverkauf“ ankündet; jede gleichbedeutende Wendung, wie z. B. „Geschäftsauflösung wegen Todesfalles“ zwingt den Verkaufslustigen, die behördliche Bewilligung in Antrag zu bringen (daher „Saisonverkauf“, „Restenverkauf“ nicht).

Die verbotswidrig abgeschlossenen Einzelverkäufe sind übrigens gültig, Artikel 11, 276 ÖHGB. Den Verkäufer trifft lediglich die Strafe der Gewerbebehörde.

γ) Unrichtige Warenbezeichnungen. Das sogenannte Hopfenprovenienzges. vom 17. März 1907, RGBl. Nr. 93, führt zwar keinen Bezeichnungszwang für Hopfen ein, wohl aber gebietet es eine richtige Provenienzangabe, wenn eine solche erfolgt. Die Vdg. vom 26. Jänner 1918, RGBl. Nr. 25, verbietet täuschungsfähige Aufschriften auf Waren, die für den Verkehr bestimmt sind, und ebensolche Ankündigungen und Warenausstellungen (hauptsächlich gegen die Ersatzmittel im Kriege gerichtet). Die Ahndung von Verstößen erfolgt durch die Verwaltungsbehörde, die auch die Beschlagnahme und Verfallerklärung aussprechen darf[1]).

Artikel 227 des Staatsvertrages von St. Germain en Laye enthält Vorschriften über die Ursprungsbezeichnungen von Weinen oder anderen geistigen Getränken, die aus den alliierten und assoziierten Staaten stammen.

δ) Die Regierung darf bei Waren, die „unter Ersichtlichmachung der Menge, Beschaffenheit oder örtlichen Herkunft gewerbsmäßig...

[1]) Der Markenschutz (§ 29) besteht nebenher.

in Verkehr gesetzt werden", bestimmte Herkunftsbezeichnungen gebieten und verbieten, § 32 ÖGes. (Leinsamen).

ε) Anmaßung von in- oder ausländischen Orden und Ehrendekorationen ist gewerbepolizeilich abzustellen und zu ahnden; deren unbefugtes Tragen ist gerichtlich strafbar.

c) Über den Namensschutz siehe § 15 III, über den Firmenschutz § 18 VII. Unternehmenszeichen von Konkurrenten dürfen, seien sie auch nicht besonders geschützt, nicht gebraucht werden, wenn Verwechslungsgefahr besteht; dies gilt z. B. für nicht geschützte Marken.

d) Die Betriebsstätte Gewerbetreibender muß bei sonstiger Verwaltungsstrafe mit einer „entsprechenden äußeren Bezeichnung" versehen sein, § 48 ÖGewO.

e) Das Denigrement. Die Herabsetzung eines Unternehmers, eines Unternehmens oder seines Leiters zu Zwecken des „Wettbewerbes" verpflichtet den Anschwärzer zum Schadenersatz, es seien denn die „den Betrieb des Unternehmens oder den Kredit des Inhabers" gefährdenden Mitteilungen „erweislich wahr" (Beweislast!) oder sie seien vertraulich und zur Wahrung eines berechtigten Interesses des Mitteilenden oder des Empfängers der Mitteilung geschehen (Auskunfteien). Kannte der Mitteilende die Unrichtigkeit seiner Angaben, so ist er freilich auch im zuletztgenannten Falle verantwortlich (§ 7 ÖGes.; ähnlich § 1330/2 ÖABGB.; § 14 DWettbewGes.).

Neben dem Ersatzanspruch besteht ein Anspruch auf die Unterlassung der Wiederholung, auf Widerruf — auch wenn keine Wiederholung droht[1]) — und dessen Veröffentlichung. Unter Umständen tritt (auf Privatanklage) eine gerichtliche Freiheits- und Geldstrafe ein.

f) Zeitungstitel sind sowohl gegen vollständige, als auch gegen Übernahme mit schwer erkennbaren Abweichungen geschützt, wenn dies zur Irreführung des Publikums geeignet ist; § 22 ÖUrheberrechtsges., Fassung vom 13. Juli 1920, StGBl. Nr. 325 (StBGl. Nr. 417), § 9 ÖWBG.

g) „Bedienstete" eines Unternehmens sind verpflichtet, die Geschäfts- oder Betriebsgeheimnisse während des Dienstverhältnisses und (der überwiegenden Regel nach[2]) auch) nach demselben zu wahren, sie niemandem zu Wettbewerbszwecken mitzuteilen und diese Geheimnisse auch nicht selbst zu benutzen, wie immer sie dieselben erfahren haben. Ersatzpflicht; wenn die Mitteilung oder Verwertung „unbefugt... zu Zwecken des Wettbewerbes" oder in einer Schädigungsabsicht geschah, auch auf Privatanklage strafgerichtliche Verurteilung.

[1]) OGH. vom 17. Mai 1927 (Jur. Bl. 1927, S. 138); Zimbler in Jur. Bl. 1926, S. 160 ff., 1927, S. 198 ff.

[2]) Kadecka, 141.

Das gleiche gilt (§§ 10, 11 ÖGes.; §§ 17, 18 DWettbewGes.) für das Verhalten der Bediensteten als Zeugen im Zivilprozesse.

h) Unternehmer dürfen ihnen „anvertraute Vorlagen und Vorschriften technischer Art" (z. B. Konstruktionspläne zur Berechnung der Herstellungskosten) nicht unbefugt verwerten. Privatanklagedelikt.

i) Das Amtsgeheimnis.

k) Schmiergelder den Bediensteten oder Beauftragten des Vertragsgegners anzubieten, zu versprechen oder zu geben, damit sie „durch unlauteres Verhalten" im Dienste den Bestechenden begünstigen, ist verboten und auf Privatanklage strafbar; im Strafurteil ist das Schmiergeld für verfallen zu erklären; geschieht dies in concreto nicht, so darf es der Geschäftsherr an sich ziehen. Der Unterschied der Schmiergelder gegenüber Trinkgeldern ist, daß jene ein „unlauteres Verhalten des Bediensteten oder Beauftragten bezwecken" (§ 10 ÖGes., § 13 AngGes., § 879 ÖABGB.; § 12 DWettbewGes.).

l) Der Abschluß von Verträgen nach dem Schneeballensystem ist verboten, die abgeschlossenen Verträge sind nichtig; der Kunde darf, ist schon ganz oder zum Teile geleistet, die Wiederherstellung des früheren Standes fordern (§ 27 ÖWBG.).

Mit Recht hat ein Abgeordneter diese Vorschrift als derzeit gegenstandslos bezeichnet. Sie bezieht sich in der Tat auf vergangene schädliche Geschäftsvorkommnisse, deren Wiederkehr kaum zu gewärtigen ist.

m) Die Patentanmaßung (§ 113 ÖPatGes.) kann ein Patenteingriff (§ 31 IX), aber auch bloß eine lügnerische Reklame sein. Sie ist verboten und gewerbebehördlich strafbar, mag sie an Waren oder an deren Verpackung, mag sie öffentlich oder geheim geschehen.

Die unter einer Patentanmaßung abgeschlossenen Verträge sind nicht nichtig; ob sie wegen Irreführung anfechtbar sind, darüber siehe § 5 IV.

n) Öffentliche Lagerhäuser unterliegen einem Handelsverbote hinsichtlich der bei ihnen einlagerungsfähigen Waren, § 12 ÖLagerhausges.; siehe § 45 VI.

IV. Das Maß des Schadenersatzes umfaßt wirklichen Schaden und entgangenen Gewinn, unter Umständen auch Geldbuße, Widerruf; siehe auch § 8 IVc.

V. Die auf das WettbewGes. gestützten Ansprüche auf Schadenersatz und auf die Unterlassung der Wiederholung verjähren in sechs Monaten von der Kenntnis an, sonst in drei Jahren (§ 20 ÖWBG.; § 21 DWettbewGes.).

VI. Die unter III angeführten Verbote des unlauteren Wettbewerbes finden gleichmäßige Anwendung, ob der Beschädigte ein Inländer oder Ausländer ist, ob er seinen Wohnsitz in Österreich oder im Auslande hat (streitig, aber herrschende Lehre)[1]), wenn er nur in Österreich eine Hauptniederlassung hat; andernfalls wird kundgemachte Reziprozität gefordert (§ 40 ÖWBG.; ähnlich § 28 DWettbewGes.).

§ 29. Der Markenschutz[2])

I. Die Marke bezeichnet den Ursprungsort der Ware, sei es ihren Herstellungs-, sei es ihren Verkaufsort. Solche Ursprungszeichen gab es schon im Altertum. „Haus- und Hofmarken" gab es in den deutschen Provinzen der späteren Monarchie Österreich auch schon im Mittelalter, namentlich bei der Stahlwarenerzeugung; diese Marken bezeichneten aber nicht bloß den Ursprungsort, sondern auch das Eigentum. An diese Haus- und Hofmarken schlossen sich die Meisterzeichen, das sind solche, die zwar nicht den Erzeugungsort, aber den herstellenden Meister bezeichneten. Auf diese folgen dann die Marken jetziger Auffassung als Zeichen (nur) für den Ursprungsort.

Das österreichische Markenrecht beruht im wesentlichen auf den Ges. vom 6. Jänner 1890, RGBl. Nr. 19, vom 30. Juli 1895, RGBl. Nr. 108, vom 17. März 1913, RGBl. Nr. 65, und BG. vom 20. Februar 1924, BGBl. Nr. 56 (über die Wiedereinsetzung) und auf der V. A. vom 13. Mai 1919, StGBl. Nr. 290. Das deutsche Markenrecht beruht im wesentlichen auf dem Ges. vom 12. Mai 1894 und auf dem Ges. vom 31. März 1913, RGBl. S. 23. Internationales Markenrecht: Pariser Übereinkunft zum Schutze des gewerblichen Eigentums vom 20. März 1883; Brüsseler Zusatzakte vom 14. Dezember 1900; Beschlüsse der Konferenz in Washington vom 2. Juni 1911, RGBl. Nr. 64/1913 (hängen zusammen); Madrider Übereinkommen vom 14. April 1891 über die internationale Markenregistrierung, in Brüssel und Washington ergänzt; Berner Abkommen vom 30. Juni 1920, BGBl. Nr. 35, „über die Erhaltung oder die Wiederherstellung der durch den Weltkrieg beeinträchtigten gewerblichen Eigentumsrechte"; hiezu ÖGes. vom 26. Juni 1921, BGBl. Nr. 266.

II. Marken sind Zeichen, um „die zum Handelsverkehr bestimmten Erzeugnisse und Waren von anderen gleichartigen Erzeugnissen und Waren zu unterscheiden (Sinnbilder, Chiffren, Vignetten und dergleichen)" (§ 1 ÖMSchGes.). Wer Marken führen will, muß also ein Unternehmen tatsächlich — ob gewerbepolizeilich mit Recht oder ohne ein solches — betreiben, und zwar eines zum Warenverkehr; daher ist der Buchhändler, nicht auch der Schriftsteller, aber auch nicht derjenige markenfähig, der ein Dienstvermittlungsbureau oder eine Färberei betreibt.

---

[1]) Pisko: Unternehmen, in Ehrenbergs Handb. des HR. II 461.

[2]) Adler E.: Das österr. Markenrecht.

Wortmarken, Bildmarken, Kollektivmarken (diese für Unternehmerverbände) sind zulässig.

III. Schutzfähige Zeichen. Freizeichen. Unzulässige Zeichen.

Die Marke muß, um eine solche zu sein, zur Herkunftsbezeichnung bestimmt (darf daher kein Ergebnis des Erzeugungsprozesses) und darf kein Teil der Ware oder Verpackung sein; auch muß sie unterscheidbar, darf also nicht allgemein als Warenbezeichnung gebräuchlich sein (Freizeichen). Zeitungstitel auf der Zeitung sind daher keine Marken, weil nicht zur Herkunftsbezeichnung bestimmt (siehe § 28 IIIf).

Das Zeichen braucht nicht neu zu sein, um als Marke verwendbar zu sein, und es ist gleichgültig, an welcher Stelle der Ware es angebracht ist.

Unzulässige Zeichen sind solche, welche „unsittliche und Ärgernis erregende oder sonst gegen die öffentliche Ordnung verstoßende Darstellungen oder Aufschriften" enthalten (§ 3 ÖMSchGes.), z. B. Anpreisungen verbrecherischer Handlungen. Ferner sind unzulässig die trügerischen Marken (Dezeptivmarken), das sind jene, deren Angaben den tatsächlichen Verhältnissen in einer Art widersprechen, die zur Täuschung des Publikums geeignet ist (§ 3 ÖMSchGes.). Ob der Gebrauch einer fremden Sprache hierunter fällt, das ist eine Tatfrage; die Verwendung eines historischen Namens (z. B. Laudon) ist nicht zur Täuschung des Publikums geeignet; ob jene des Namens eines Mitlebenden (siehe § 15 III) oder seines Wappens, ist eine Tatfrage. Wortmarken dürfen nicht ausschließlich in Zahlen oder Buchstaben bestehen. Gelöschte und ihnen täuschend ähnliche Marken endlich sind durch zwei Jahre für die Branche gesperrt (§ 7 ÖMSchNovelle), um Täuschungen des Publikums zu verhindern.

IV. Ein Markenzwang besteht für Sensen, Sicheln, Strohmesser (ÖVdg. v. 15. Juli 1895, RGBl. Nr. 120) und verkaufsfähigen Zucker.

Das Markenrecht hat jeder, wenn auch nicht handelsgerichtlich registrierte Warenhändler (siehe II). Er darf eine oder mehrere Marken führen, mehrere selbst für ein und dasselbe Unternehmen, nicht aber eine und dieselbe für mehrere selbständige Unternehmen, da hiedurch zwar der Unternehmer, nicht aber der Herkunftsort bezeichnet wäre.

V. Der Markenschutz gewährt das ausschließliche Gebrauchsrecht der Marke an den Waren und an deren Umhüllung (§ 11, 23 ÖMSchGes.), leider nicht auch auf Preislisten, Plakaten und dergleichen mehr (mit Recht anders in Deutschland). Für welche Waren der Schutz besteht, das bestimmt der Markenschutzberechtigte bei seinem Registrierungsantrag; die Wahl dieser Warengattungen steht ihm frei; es können deren auch mehrere, voneinander völlig verschiedene sein. Damit sind dann nicht nur die so genannten, sondern auch die ihnen gleichartigen Waren durch den Markenschutz gedeckt. Für diese Warengruppen ist überdies nicht nur die registrierte Marke selbst geschützt, sondern der Schutzbereich erstreckt sich auch gegen täuschend ähnliche Marken, das sind solche, bei denen die Gefahr besteht, daß der gewöhnliche Käufer die beiden Zeichen miteinander verwechsle („Stern" „Gestirn"; „Schwarzer" „Mohr").

VI. Der Markenschutzberechtigte hat keine Pflicht, die Marke zu gebrauchen (sogenannte Defensivmarken).

VII. Der Markenschutz dauert zehn Jahre, ist verlängerbar, ist entgeltlich. Er endigt mit dem Unternehmen (§ 9 ÖMSchGes.), nicht auch mit dessen Übersiedlung, wohl aber mit dem Verzichte des Unternehmers auf die Marke, mit der Unterlassung der Markenerneuerung und mit der Unterlassung ihrer Umschreibung auf den neuen Unternehmer binnen drei Monaten. Handelt es sich um die Marke einer ausländischen Unternehmung, so geht überdies in Österreich der Markenschutz spätestens mit jenem im Auslande zu Ende.

Die Eröffnung des Konkurses über das Vermögen des Unternehmers und die Einleitung des gerichtlichen Ausgleichsverfahrens wider ihn ist kein Erlöschungsgrund für den Markenschutz, weil die Marke am Unternehmen klebt, nicht am Unternehmer. Wird das Unternehmen übertragen, so gehen darum die Markenrechte nicht unter, sondern über, es sei denn das letztere durch den Vertrag ausgeschlossen (§ 9 ÖMSchGes.). Über den Übergang des Unternehmernamens siehe § 15 III a.

VIII. Die Erwerbung des Markenschutzes geschieht nur auf Antrag und ist grundsätzlich nur durch die Registrierung möglich; Marken, die nicht registriert sind, sind allerdings unter Umständen (schwach) nach den UWBGes. geschützt, § 28 III c), nicht aber nach dem ÖMSchGes.[1]) (§ 2 ÖMSchGes.). Die rechtsbegründende Eintragung ist die in das Markenregister der Kammer für Handel, Gewerbe und Industrie (§ 17 ÖMSchGes.)[2]); erst von der Registrierung, nicht schon von der Markenhinterlegung an, beginnt der Markenschutz, während allerdings die Priorität einer Marke sich nach dem Zeitpunkte der Hinterlegung bestimmt. Diese Kammer prüft denn auch, ob es sich um eine schutzfähige Marke oder um ein Freizeichen oder um ein unzulässiges Zeichen handle.

Das Ministerium für Handel und Verkehr führt ein öffentliches Zentralmarkenregister (§ 17 ÖMSchGes.). Auch ihm obliegt die Überprüfung der Schutzfähigkeit der Marke und deren Löschung von Amts wegen, wenn sie nicht hätte registriert werden sollen (§ 21 ÖMSchGes.).

---

[1]) Anders in England.

[2]) Die Kammer für Angestellte und Arbeiter ist hiemit nicht befaßt; Vdg. vom 25. August 1921, BGBl. Nr. 497.

Ein internationaler Markenschutz wird durch die Hinterlegung der in Österreich registrierten Marke beim Internationalen Bureau in Bern erlangt, freilich für jeden (dem Madrider Abkommen v. 14. April 1891 beigetretenen) Staat nur unter der Bedingung wirksam, daß er nicht im einzelnen Falle für sein Gebiet Widerspruch einlege; doch darf er dies nur aus Gründen, die er auch gegen Registrierungsanträge in seinem Gebiete geltend machen dürfte. Übergangsvorschriften im Verhältnis zum Königreiche der Serben, Kroaten und Slowenen enthält die ÖVdg. vom 2. Juli 1921, BGBl. Nr. 343 (im wesentlichen: Aufrechterhalten der bestehenden österreichischen Markenrechte auf Grund einer Erklärung des Markenschutzberechtigten bei der Kammer für Handel, Gewerbe und Industrie in Wien).

IX. Der Schutz des Markenrechtes:

Antrag an den Handelsminister zur Feststellung des Markenrechtes, § 30 ÖMSchGes.; dessen Entscheidung ist für den Straf- und Zivilrichter bindend.

Privatanklage gegen jenen, der im Inlande wissentlich einen Markeneingriff durch das Nachmachen, Anbringen an der Ware (ihrer Umhüllung) oder durch das Inverkehrsetzen der markierten Ware begeht. Buße an den Verletzten.

Klage vor dem Zivilrichter (Handelsgericht) auf die Feststellung, daß dem (sei es auch unwissentlich, im In- oder Ausland) in das Markenrecht Eingreifenden der Markengebrauch nicht zustehe; ferner auf den Schadenersatz bei einem schuldbaren Markeneingriff.

X. Löschungsklage des älteren gegen den jüngeren Markenschutzberechtigten beim Ministerium für Handel und Verkehr.

Feststellungsklage des jüngeren gegen den älteren Markenschutzberechtigten beim Ministerium für Handel und Verkehr, daß jenem sein Gebrauchsrecht zustehe (z. B. weil die Marken nicht verwechlungsfähig seien).

§ 30. Muster- und Modellschutz

I. Muster oder Modell ist jedes auf die Form eines Industrieerzeugnisses bezügliche, zur Übertragung auf ein solches geeignete Vorbild (§ 1 KaisPat. v. 7. Dezember 1858, RGBl. Nr. 237). Es gibt sowohl Körper- (z. B. Spielzeug-) als auch Flächenmodelle (Muster für die Einteilung einer Zeitungsseite). Aber nur ein körperlicher Gegenstand (freilich aus welchem Material immer) kann ein Muster in diesem Sinne sein, weder eine Gebrauchsanweisung noch ein (vielleicht aber patentfähiges) Verfahren.

Das Gesetz unterscheidet nicht, ob es sich um Geschmacks- (Teppichmuster) oder Gebrauchsmuster (Einteilung eines Reisekoffers) handle.

Das ist ein Mangel, den das Deutsche Recht vermeidet, und den ein österreichischer Regierungsentwurf vom Jahre 1913 beseitigen wollte, welcher Entwurf aber nicht mehr zur Verabschiedung kam[1]).

II. Muster sind grundsätzlich schutzfähig. Hiezu wird nicht einmal immer die Neuheit des Musters gefordert (anders in Deutschland); doch kommt es im wesentlichen auf dasselbe hinaus, wenn die Schutzfähigkeit solchen Mustern versagt ist, die durch Druckwerke veröffentlicht oder (vor der Hinterlegung) im In- oder Ausland in Verkehr gesetzt worden sind. Nicht schutzfähig sind solche Muster, die nur Nachbildungen von selbständigen Werken der Kunst (Abbildung eines Palastes) oder die widerrechtlich erworben oder die schon zugunsten eines andern geschützt sind.

Des Schutzes teilhaftig ist der Hersteller oder der Geschäftsherr des hiefür Angestellten (Zeichner in der Fabrik).

Der Schutz besteht im Recht auf den Alleingebrauch des Musters als eines Formvorbildes für Industrieerzeugnisse im Inland (in Deutschland ist nur die gewerbemäßige Nachbildung vorbehalten) und, soweit Staatsverträge reichen, wie z. B. zwischen Deutschland und Österreich, im Auslande. Der Musterschutz ist nicht auf Gewerbetreibende beschränkt. Der Musterschutz und der Urheberrechtsschutz schließen einander nicht aus.

III. Der Musterschutz ist an die Hinterlegung des Musters in das Musterarchiv der Kammer für Handel, Gewerbe und Industrie geknüpft. Diese Hinterlegung kann offen oder geheim geschehen; doch sind geheime Muster nach Jahresfrist von Amts wegen zu eröffnen, damit ermittelt werden könne, ob der Hinterleger sie im Inland angewendet habe. Die Kammer nimmt das hinterlegte Muster ohne eine Prüfung seiner Schutzfähigkeit in das Register auf (Anmelde-, nicht Vorprüfungssystem, ebenso in Deutschland) und überläßt es dem Verletzten, den Antrag auf Löschung zu stellen.

Der Musterschutz ist entgeltlich, dauert (höchstens) drei Jahre, ist verzichtbar, (auch abgesondert vom Unternehmen) übertragbar, aber (zwingendes Recht) unverlängerbar. Er erlischt, wenn der Schutzberechtigte das Muster nicht binnen Jahresfrist im Inlande benutzt oder wenn er nur „nach dem Muster im Auslande verfertigte Waren" in Österreich einführt (Ausübungszwang im Inlande).

IV. Schutzmaßregeln:

Die Eingriffsanzeige bei der Verwaltungsbehörde wegen eines unwissentlichen (Einstellung der Herstellung des Musters und des Verschleißes der Ware, allenfalls vorher deren Beschlagnahme zur Sicher-

---

[1]) Die letzte internationale Regelung nimmt das Berner Abkommen vom 30. Juni 1920, BGBl. Nr. 35 vor.

stellung) und wissentlichen Eingriffes (Strafe und Einstellung, überdies vorläufige Beschlagnahme).

Die Schadenersatzklage vor dem Handelsgerichte wegen eines schuldhaften Eingriffes in das Musterschutzrecht.

V. Über die Übergangsbestimmungen im Verhältnisse zum Königreiche der Serben, Kroaten und Slowenen, ÖVdg. vom 2. Juli 1921, BGBl. Nr. 343 (im wesentlichen: Erhaltung der österreichischen Musterschutzrechte gegen die Erklärung des Musterschutzberechtigten bei der Kammer für Handel, Gewerbe und Industrie in Wien).

§ 31. Patentschutz[1])

I. Erfinder haben ein Interesse an einem Erfinderschutz. Zwar nicht immer auch ein vermögensrechtliches; bisweilen handelt es sich ihnen nur um die Festhaltung der wissenschaftlichen Ehre. Dafür sorgt das Gesetz nicht. Dagegen gewährt es jenen Erfindern seinen Schutz, die es auf eine gewerbliche Ausnützung ihrer Erfindung abgesehen haben. Dieser Schutz ist, wie selbstverständlich, ein Hemmnis für die Ausnützung der Erfindung, gewährt dem Erfinder ein Vorrecht, das die Wirtschaftsentwicklung aufhält. Dennoch haben alle Staaten sich mit Recht zur Gewährung eines solchen Erfinderschutzes entschlossen, nicht so sehr um der Individual-, als um öffentlicher Interessen willen.

Das Erfinderrecht ist das ausschließliche Recht des Schöpfers der Erfindung auf die Veröffentlichung und gewerbliche Anwendung derselben. Das Mittelalter kennt noch kein solches Erfinderrecht; das Bedürfnis hiezu entstand erst, als das Zunftwesen seiner Aufgabe nicht mehr genügte, jene Bedürfnisse des Erfinders zu befriedigen, denen das Erfinderrecht dienen soll. Seit dem 15. Jahrhundert erhielten darum die Erfinder von Fall zu Fall vom Landesherrn zeitlich begrenzte Privilegien zur Ausnützung ihrer Erfindungen. Hiebei unterliefen Willkür und Mißbräuche. Man empfand dies auch außerhalb des Kreises der Erfinder, und so bildete sich ein Rechtsbewußtsein, das die willkürlich erteilten und wohl auch ebenso entzogenen Privilegien durch gesetzliche Erfinderrechte ersetzt sehen wollte. Den ersten, noch unzureichenden Erfolg errang diese Rechtsbewegung im Jahre 1623 in England. Die Vereinigten Staaten von Nordamerika nahmen 1787 das Recht des Erfinders auf die ausschließliche Benutzung seiner Erfindung in ihre Verfassung auf; Frankreich übernahm diese Regelung der Erfinderrechte durch Gesetz im Jahre 1791. Seitdem ist es ein Rechtsgut der Kulturvölker geworden, dem Erfinder

[1]) Gierke: Deutsches Privatrecht I 848; Beck: Das neue österr. Patentrecht.

nicht nur das Veröffentlichungsrecht zu wahren, sondern ihm auch die ausschließende gewerbliche Benützung vorzubehalten; beide Rechte sind gedacht als solche, die dem Erfinder wegen der Tätigkeit an seiner geistigen Schöpfung gebühren. Ein Unterschied zwischen wertvollen und minder wertvollen Erfindungen wird dabei nirgends gemacht.

Die österreichische Rechtsentwicklung entspricht diesem allgemeinen Bilde. Das erste Privilegium erhielt Hans Cunradt im Jahre 1560; er hatte Nachfolger, doch nicht allzuviele. Maria Theresia und namentlich Joseph II. waren um der Arbeits- und Handelsfreiheit willen gegen die Privilegienerteilungen eingenommen, weniger ihre Nachfolger. Im Jahre 1810 erschien das erste österreichische Patentgesetz, somit etwa zwanzig Jahre nach dem ersten französischen. Jetzt gilt in Österreich das Gesetz vom 11. Januar 1897, RGBl. Nr. 30, ergänzt und wiederverlautbart im BGBl. Nr. 366/1925. (In der Tschechoslowakei gilt im wesentlichen noch die ursprüngliche Fassung. Deutsches Patentgesetz v. 7. April 1891.) Die letzte Regelung des internationalen Patentrechtes erfolgte im Berner Abkommen vom 30. Juni 1920, BGBl. Nr. 35.

II. Erfindungen sind Ideen, sind Schöpfungen; sie bereichern zum Unterschiede von den Entdeckungen die Welt um ein neues Verkehrsgut: die Jupitermonde wurden entdeckt, das Barometer erfunden. Eine Entdeckung liegt z. B. vor, wenn ein bisher unbekanntes Naturgesetz gefunden wird; zur Erfindung wird sie, wenn daraus die Idee einer neuen technischen Regel für den Gewerbebetrieb entsteht.

Nur an Ideen knüpft die Rechtsordnung die Rechte auf die ausschließende gewerbliche Anwendung, nicht an Entdeckungen. Aber doch nicht an jede Idee, und zwar begreiflicherweise nicht; denn solche Erfinderrechte sind ja Hemmnisse der Verkehrsfreiheit, bisweilen sogar der Kulturentwicklung. Nur überwiegende Vorteile der Erfindung überwiegen diese Nachteile. Dazu wird verlangt: die Erfindung müsse a) geeignet sein, menschlichen Zwecken zu dienen; müsse b) einen, zwar nicht absolut großen, aber doch erheblichen Fortschritt gegenüber dem bisherigen Zustand darstellen; c) müsse neu und gewerblich anwendbar sein.

Von diesen Erfordernissen spielen namentlich die zwei letzten eine Rolle.

Neu ist, was noch nicht da war oder wovon wenigstens die Kenntnis völlig untergegangen ist (Herstellungsart des griechischen Feuers). Als nicht neu gilt: was in Druckwerken wann immer (!, in Deutschland in den letzten 100 Jahren) sachkundig beschrieben; was öffentlich ausgestellt (dagegen Ausstellungsschutz durch Vdg. des Ministers für Handel und Verkehr) oder offenkundig benutzt oder was daselbst nach dem Ablauf eines früheren „Privilegiums“ (früherer Name in Österreich für Patent) „zum Gemeingute geworden ist“ (§ 3 ÖPatGes.). Die Veröffentlichung einer Patentbeschreibung im Aufgebotsverfahren (siehe VIII) benimmt danach der Erfindung die Neuheit, falls das Patent diesmal nicht erteilt wird; wieviele Leute von der Veröffentlichung Kenntnis nahmen, ist unerheblich.

Gewerblich anwendbar ist eine Erfindung nicht, die eine Erfindung wissenschaftlicher Lehr- oder Grundsätze als solche ist. Ebensowenig ist eine Erfindung gewerblich anwendbar, die für das Gewerbe ohne technischen Nutzen ist. Aber gewerbliche Anwendbarkeit ist nicht gleichbedeutend mit der gewerbe-, betriebsmäßigen Verwendung. Noch weniger kommt es auf den Vermögenswert der Erfindung an; auch vermögensrechtlich, z. B. wegen der hohen Herstellungskosten, wertlose Erfindungen sind patentierbar, wenn sie gewerblich anwendbar sind.

III. Erfindungen, die den unter II entwickelten Erfordernissen genügen, sind dennoch nicht patentfähig, wenn es Erfindungen von Nahrungs- und Genußmitteln (z. B. Parfüms) für Menschen (neue Herstellungsmethoden sind patentfähig), von Heil- und Desinfektionsmitteln sind; wenn ihr Gegenstand einem staatlichen Monopolsrechte vorbehalten ist; wenn ihr Zweck oder Gebrauch gesetzwidrig (z. B. Erfindungen zum Zwecke des Hasardspieles), gesundheitsschädlich, gegen die guten Sitten verstoßend ist oder auf eine Irreführung der Bevölkerung abzielt (§ 2 ÖPatGes.).

IV. Das Patent ist das vom Staate jemandem durch Urkunde erteilte Recht, den Gegenstand einer bestimmten Erfindung ausschließlich durch eine gemessene Zeit betriebsmäßig (in Deutschland: gewerbemäßig) herzustellen, in Verkehr zu bringen, feilzuhalten oder zu gebrauchen; ist ein Herstellungsverfahren patentiert, so erstreckt sich die Wirkung des Patentes auch auf die hergestellten Gegenstände (§ 8 ÖPatGes.; § 4 DPatGes.). Dieses Patentrecht ist vererblich, veräußerbar, verpfändbar und pfändbar. Über das Verhältnis zum Gewerbebetriebe siehe § 25 III.

Das Patentrecht besteht trotzdem nicht:

a) Gegen den gutgläubigen Vorbenützer im Inlande „für die Bedürfnisse seines eigenen Betriebes“, daher nur solange dieser Betrieb besteht (§ 9 ÖPatGes.; § 5 DPatGes.). Es ist dabei unerheblich, ob dieser Vorbenützer die Erfindung schon in Betrieb genommen oder ob er auch nur solche Veranstaltungen dazu getroffen hat, aus denen die ernste Absicht erhellt, die Erfindung alsbald zu benutzen. Auch der Umfang der Vorbenutzung ist für das Recht des Vorbenützers gleichgültig. Hat er dieses Recht einmal erworben, so darf er den Betrieb auch erweitern und verändern, so daß sein Vorbenutzungsrecht sich vergrößert. Sein Recht ist ein unentgeltliches.

b) Gegen die Heeresverwaltung bezüglich der „Erfindungen, welche sich auf zur Hebung der Wehrkraft notwendige Kriegswaffen ... beziehen". Die Heeresverwaltung hat hiefür eine Vergütung zu leisten; jedoch dürfen nicht die Gerichte zu deren Bemessung angerufen werden (§ 10 ÖPatGes.; § 5 DPatGes.).

V. Den Anspruch auf das Patent hat der in- oder ausländische Erfinder und dessen Rechtsnachfolger (Erbe, Käufer), ferner der Geschäftsherr des erfindenden „Angestellten und Arbeiters jeder Art", wenn dies durch Vertrag oder bei öffentlich-rechtlichen Angestellten durch die Dienstvorschriften vorgesehen ist (§§ 5a) bis 5n) ÖPatGes., Diensterfindungen; § 3 DPatGes., der die Schlußbestimmung nicht enthält; siehe § 36 VII). Der angestellten Person gebührt dann eine angemessene besondere Vergütung (zwingendes Recht). Wohnt der Anspruchsberechtigte im Ausland, so muß er sich eines inländischen, wenn auch von ihm frei gewählten Vertreters bedienen, will er den Anspruch auf das Patent geltend machen (§ 7 ÖPatGes., § 12 DPatGes.); der Vertreter muß nicht gerade ein Patentanwalt sein.

Der Anspruch ist vererblich und veräußerbar. Er wird durch die Patentanmeldung geltend gemacht; an sie knüpft sich die Priorität.

VI. Patentarten: Hauptpatent, Zusatzpatent (für den Hauptpatentinhaber), Abhängigkeitspatent (für einen anderen Erfinder); § 40 ÖPatGes. In der Tschechoslowakei noch Ausstellungspatent (behufs Wahrung der Neuheit einer Erfindung trotz ihrer Ausstellung; besteht in Österreich und Deutschland nicht).

Die Patentdauer beträgt achtzehn (in der Tschechoslowakei fünfzehn) Jahre von der Bekanntmachung der Anmeldung der Erfindung im Patentblatte; die Frist ist unverlängerbar. Zusatzpatente enden (als solche) mit dem Hauptpatent (§ 14 ÖPatGes.; § 7 DPatGes.).

VII. Die Patentlizenz[1]) ist eine Patentverwertung dadurch, daß der Patentinhaber einem anderen die gewerbliche Anwendung der patentierten Erfindung gestattet. Die Lizenzrechte sind durch das Patentrecht des Erfinders begrenzt, fallen mit ihm weg; innerhalb dieser Grenzen kann die Lizenz territorial, z. B. auf ein Land, oder zeitlich, etwa auf drei Jahre, beschränkt sein. Die Lizenzerteilung ist nicht notwendiger- aber regelmäßigerweise entgeltlich. Der Lizenzvertrag gewinnt dann Ähnlichkeit mit einem Pachtvertrag; er unterscheidet sich aber von diesem durch seine Wirkung gegen Dritte: Geht das Patent auf einen neuen Inhaber über, so muß dieser den vom Vormann abgeschlossenen Lizenzvertrag gelten lassen, auch wenn der neue Inhaber den Vertrag nicht kannte (§ 20 ÖPatGes.; § 6 DPatGes.).

[1]) Munck: Die patentrechtliche Lizenz.

Das Lizenzrecht ist vererblich und unter Lebenden übertragbar, verpfändbar und pfändbar, jedoch nur in Verbindung mit dem Unternehmen, für welches die Lizenz erteilt wurde (§ 22 ÖPatGes., nachgiebiges Recht).

Eine Zwangslizenz ist zu gewähren:

a) dem Abhängigkeitspatentbesitzer drei Jahre nach der Erteilung des Hauptpatentes, wenn „die spätere Erfindung von erheblicher gewerblicher Bedeutung ist",

b) im öffentlichen Interesse, namentlich weil der Patentinhaber die Erfindung drei Jahre nach Patenterteilung nicht im Inlande gewerblich verwertet. Reparaturwerkstätte genügt nicht.

Die Erteilung der Zwangslizenz erfolgt gegen eine Lizenzgebührenfestsetzung. Behörde: das Patentamt (§ 21 ÖPatGes.; § 11 DPatGes.). Patente der Bundesverwaltung sind aber von der Pflicht der Lizenzerteilung frei.

VIII. Die Patenterteilung. Vorprüfungs-, nicht bloßes Anmeldeverfahren. Schriftliche Anmeldung je nur einer Erfindung mit Beschreibung und Zeichnung beim Patentamt. Internes Vorprüfungsverfahren. Bei günstigem Ergebnis Aufgebotsverfahren (Auslagefrist zwei Monate), im Falle von schriftlichen Einsprüchen Einspruchsverfahren mit den „Beteiligten"; bei günstigem Ausgang Patenterteilung durch die Eintragung des Patentes in das Patentregister (in Deutschland: Patentrolle), Ausfertigung der Patenturkunde (reines Beweismittel!). Kundmachung der Patenterteilung.

Rechtsmittelweg gegen das Patentamt an den Patentgerichtshof.

Selbst das erteilte Patent ist der Anfechtung noch nicht entzogen. Vielmehr sind nun noch Anträge an das Patentamt „wegen Rücknahme, Nichtigerklärung oder Aberkennung von Patenten" (§ 67 ÖPatGes.) zulässig, z. B. mit der Begründung, daß die Erfindung nicht patentfähig oder daß sie schon früher zugunsten eines anderen patentiert war oder daß der Patentinhaber trotz Androhung das Patent durch drei Jahre nach der Patenterteilung nicht in Österreich ausgeübt oder nicht wenigstens alle Vorbereitungen dazu getroffen habe (§ 27 bis 29 ÖPatGes.; das deutsche Recht kennt diesen Ausübungszwang nicht).

IX. Eingriffsstreit. Ein Patenteingriff ist ein Eingriff in die Rechte des Patentinhabers. Der Patentschutz wird nicht von Amts wegen, sondern nur auf Antrag, und zwar von den Gerichten erteilt; die Vorfrage ist hiebei stets, ob ein gültiges Patent vorliege.

Die Einstellungsklage auf Unterlassung, ob nun die bisherigen Eingriffe wissentliche oder unwissentliche waren. Die Strafanklage wegen eines wissentlichen Patenteingriffes; ein Privatanklagedelikt, Vergehen; Urteilsveröffentlichung. Die Schadenersatzklage wegen des Schadens aus verschuldeten Patenteingriffen.

X. Jedermann darf einen Feststellungsantrag an das Patentamt des Inhaltes richten, „daß Erzeugnisse, welche er herstellen, in Verkehr bringen oder gebrauchen will, oder ein Verfahren, welches er anzuwenden beabsichtigt, weder ganz noch teilweise unter ein von ihm bestimmt zu bezeichnendes Patent fallen" (§ 111 ÖPatGes.). Das Patent selbst wird in solchen Fällen nicht angegriffen und bleibt aufrecht, auch wenn dem Feststellungsantrage Folge gegeben wird.

§ 32. Urheberrechtsschutz

I. Das Urheberrecht ist das ausschließende Recht des Schöpfers eines Geistesproduktes, es zu veröffentlichen, mag es sich dabei um ein Werk der Literatur, Kunst oder Photographie handeln (V. A. vom 31. August 1920, StGBl. Nr. 417). Dieses Urheberrecht entwickelte sich erst seit dem Bestande der Buchdruckerkunst. Erst seitdem es einen Nachdruck gab, konnte er als ungehörig empfunden werden. Die Reaktion hingegen äußerte sich zuerst gegen das Ende des 15. Jahrhunderts und nahm ähnliche Formen an wie jene zugunsten des Erfinders. Es ergingen nämlich landesfürstliche Privilegien zugunsten einzelner Verleger für bestimmte Bücher, erst später auch zugunsten einzelner Schriftsteller. Gesetzliche Nachdrucksverbote einzelner deutscher Staaten zum Schutze aller inländischen Verleger oder Schriftsteller folgten, aber nur zum Schutze dieser; darum konnten z. B. Schillers Werke in Österreich durch billige Nachdrucke verbreitet werden. Im heiligen römischen Reich deutscher Nation kam nicht einmal ein solches Nachdrucksgesetz wie in dessen Territorialstaaten zustande. Erst die Gesetzgebung der französischen Revolution erkannte an, dem Urheber eines Geisteswerkes stehe ein „geistiges Eigentum" an diesem zu. Man dachte dabei zuerst nur an Werke der Literatur; später kamen auch solche der Kunst und zuletzt jene der Photographie hinzu.

Internationale Verträge (Revidiertes Berner Übereinkommen vom 13. November 1908, StGBl. Nr. 435 ex 1920) dehnten und dehnen die Urheberrechte über die Staatsgrenzen hinaus aus. Siehe auch die V. A., StGBl. 224/19 für das Verhältnis zur Tschechoslowakei.

II. (Österreich.) Der Urheberrechtsschutz steht zu: den in Österreich erschienenen Werken der Literatur, (Ton- und bildenden) Kunst oder Photographie von In- und Ausländern, ferner den im Ausland oder noch gar nicht erschienenen Werken von Österreichern. Im Ausland erschienene Werke von Ausländern genießen in Österreich den Urheberrechtsschutz nicht, es sei denn „unter der Voraussetzung der Gegenseitigkeit" auf Grund eines Staatsvertrages oder einer V. A. oder Vdg. Zu den, diesen Schutz genießenden Werken gehören unter anderen Bücher, Zeitungen, dramatische Werke, Erzeugnisse der

Kinematographie, „wenn sie... eigentümliche Schöpfungen sind“; Werke der Tonkunst; Gemälde, Holzschnitte; Werke der Bildhauerei, der Baukunst (Baupläne[1]); Erzeugnisse des Kunstgewerbes — alle ohne Rücksicht auf die innere Bedeutung des einzelnen Werkes. Nicht schutzfähig sind unter anderem Gesetze, Verordnungen, Vorträge in öffentlichen Angelegenheiten (Sammlungen sind geschützt), Preislisten, Geschäftsankündigungen.

Das Urheberrecht an Werken der Literatur umfaßt das ausschließliche Recht, das Werk zu veröffentlichen, zu übersetzen, zu vertreiben oder durch mechanische Wiedergabe für das Gehör (außer in Verbindung der Wiedergabe des Textes mit dem Lied[2]) oder für das Gesicht zu verwerten (Kino), oder endlich vor dem Erscheinen das Werk öffentlich vorzutragen. Bei Urheberrechten an dramatischen Werken kommt auch das ausschließliche Recht der öffentlichen Aufführung (Radio!) hinzu. Das Urheberrecht an Werken der Tonkunst steht jenem an solchen der Literatur und dramatischen Kunst gleich; aber auch die Bearbeitung für das Grammophon und jene zu Potpourris und Arrangements steht unter diesem Schutze, dagegen nicht solche Variationen und Orchestrierungen, die „sich als eigentümliche Werke der Tonkunst darstellen“; die kann also auch ein anderer als der (erste) Urheber des Tonstückes machen und veröffentlichen. Das Urheberrecht an Werken der bildenden Kunst umfaßt das ausschließliche Recht zur Veröffentlichung, Vervielfältigung, Nachbildung und gewerbemäßigen Vorführung „durch mechanische oder optische Einrichtungen“ (Skioptikon), und zwar auch dann, wenn die Nachbildung „durch ein anderes als das vom Urheber angewendete Kunstverfahren erfolgt“ (die Nachbildung einer Statue als Gemälde); doch ist die Herstellung einer einzelnen Nachbildung[3]) und sind Nachbildungen als bloße Texterläuterungen unter Quellenangabe frei. Ähnlich ist der Urheberrechtsschutz an Werken der Photographie geordnet.

III. Der Urheber genießt den Urheberrechtsschutz; mehrere Miturheber haben ihn gemeinschaftlich und ungeteilt. Wer sich „in der üblichen Weise“ als den Urheber des Werkes, z. B. auf dem Titelblatt, Theaterzettel bezeichnet, „gilt bis zum Gegenbeweise als Urheber des Werkes“ (siehe § 13 IV). Fehlt diese Bezeichnung, so übt der Verleger die Urheberrechte aus. Bei Photographien ist allerdings der Gewerbeinhaber (nicht der Angestellte, der das Bild aufnimmt) der Urheber, es handle sich denn um entgeltlich hergestellte Porträts; da hat der Besteller das Urheberrecht. Dasselbe gilt für den Besteller des Porträts bei Werken der bildenden Kunst.

---

[1]) OGH. vom 26. Oktober 1909, GlUNF. Nr. 5302.
[2]) UGH. vom 15. September 1908, GlUNF. Nr. 4244.
[3]) Spruch-Rep. Nr. 247.

Das Urheberrecht ist ganz oder zum Teil veräußerlich (Verlagsvertrag[1]), und vererblich, aber beim Urheber (nicht auch beim Verleger) nicht vollstreckbar. Es kann darüber „auch hinsichtlich eines bestimmten, erst zu schaffenden Werkes... im voraus gültig verfügt werden", z. B. über das Übersetzungsrecht an einem noch nicht erschienenen Roman. Aber über „die Urheberrechte an (allen) künftigen Werken überhaupt oder an einer ganzen Gattung derselben", z. B. an allen Operetten eines Komponisten, kann wirksam (zwingendes Recht) nur derart Vertrag mit dem Verleger geschlossen werden, daß der Urheber jederzeit gegen höchstens einjährige Kündigung zurücktreten darf, § 16 UrhGes.

Hat der Urheber sein Werk zur Herausgabe oder öffentlichen Aufführung jemandem überlassen, so fällt jenem das Urheberrecht wieder zu, „wenn innerhalb dreier Jahre die Herausgabe oder Aufführung ohne Willen und ohne Verschulden des Urhebers unterblieben ist" (zwingendes Recht; das Gericht darf jedoch eine angemessene Fristverlängerung bewilligen).

IV. Dauer des Urheberrechtes: Der Regel nach dauert es bis dreißig (in der Tschechoslowakei fünfzig) Jahre nach dem Tode des Urhebers. Bei nachgelassenen Werken endet der Schutz frühestens zehn Jahre, bei anonymen und pseudonymen Werken spätestens dreißig (in der Tschechoslowakei fünfzig) Jahre nach der Veröffentlichung, im Falle der Eintragung des bürgerlichen Urhebernamens in das Urheberregister des Ministeriums für Handel und Verkehr (öffentliche Kundmachung) aber erst dreißig (in der Tschechoslowakei fünfzig) Jahre nach dem Tode.

Kürzere Urheberrechtsfristen gelten bei Photographien (der Regel nach zehn Jahre nach dem Erscheinen) und bei Sammelwerken, veranstaltet von Behörden, Unterrichtsanstalten und öffentlichen Instituten, z. B. der Akademie der Wissenschaften (dreißig Jahre nach dem Erscheinen des Werkes [anders für die einzelnen Beiträge]).

V. Der wissentliche Urheberrechtseingriff ist eine vom Gericht auf Privatanklage zu verfolgende strafbare Handlung. Mit der Strafverurteilung kann auch die Verurteilung zum Schadenersatz und zum Ersatz „für erlittene Kränkungen und anderweitige persönliche Nachteile" verbunden werden. Vgl. § 8 IV c.

Ein schuldbarer Urheberrechtseingriff verpflichtet zum Schadenersatz auf Klage beim Zivilgericht.

Jeder, auch unwissentliche Urheberrechtseingriff verpflichtet auf Klage beim Zivilgericht zur Unterlassung und zur Herausgabe der Bereicherung.

---

[1]) Der Verleger darf sein Verlagsrecht nur mit Zustimmung des Urhebers weitergeben (streitig).

VI. Sachverständigen-Kollegien zur Erstattung gerichtlicher Gutachten in Sachen des Urheberrechtes.

§ 33. Die Buchführung[1])

I. Die Buchführung im weiteren Sinne umfaßt alle geschäftlichen Aufzeichnungen, zu welchem Zweck immer sie gemacht seien; die Buchführung im engeren Sinne ist die — nicht chronologisch — geordnete übersichtliche Darstellung der Geschäftsvorgänge zu dem Zwecke, damit der Buchführer selbst den Stand seines Vermögens, dessen Veränderungen und damit auch seine wirtschaftliche Leistungsfähigkeit zu überblicken vermöge. Der Buchführer führt also die Bücher zunächst für sich selbst. Erst in zweiter Linie kommt für ihn deren Bedeutung als Beweismittel im Zivilprozesse (Art. 34, 37 ÖHGB.; § 295 ÖZPO.; §§ 45, 47 DHGB.) und im Ausgleichsverfahren des österreichischen Konkurses und gerichtlichen Ausgleichsverfahrens (§§ 22, 23) in Betracht (§ 142 ÖKO.; § 51 ÖAusglO.), sowie die Straffolge, welche jenen „Schuldner mehrerer Gläubiger" trifft, der vorschriftswidrigerweise keine oder keine ordentlichen Geschäftsbücher führt (§ 486 a ÖStGes.; ähnlich § 239 DKO.).

Die Buchführung dient somit in erster Linie der Ermittlung der Wirtschaftserfolge des Buchführers. Darum kommen die Vermögensbestandteile hier nicht vom Rechtsstandpunkte, sondern als Wertträger in Betracht: nicht Rechtsgeschäfte werden gebucht, sondern Geschäftsvorfälle; darum erscheinen z. B. mündlich abgeschlossene Verträge erst dann in den Büchern, wenn sie erfüllt werden. Die Buchführung und die Rechtssätze für sie müssen durchwegs unter dem Gesichtspunkte betrachtet werden, daß für sie die Rechtsbedeutung der Vorfälle, ihre Wirkung nach außen, etwa für den Gläubiger oder für das Gericht, lediglich sekundärer Natur, gewissermaßen eine Reflexwirkung ist, während in erster Linie die Bedeutung der Buchführung für die Wirtschaft des Buchführers selbst steht. Daraus folgt, daß es an sich gleichgültig ist, welcher Art der Buchführung der Buchführer sich bedient, wenn die gewählte nur geeignet ist, ihm selbst die Ermittlung seiner Wirtschaftserfolge zu ermöglichen.

II. Geschäftsaufzeichnungen gab es selbstverständlich schon im Altertum; eine bestimmte römische Vertragsart, der Literalkontrakt, beruhte geradezu auf der Tatsache, daß Bankiers Bücher führten. Die mittelalterliche Buchführung begann mit der chronologischen Aufzeichnung der Geschäftsfälle, emanzipierte sich aber um das Jahr 1400

[1]) Pisko: In Ehrenbergs Handb. II 462 ff.; Wieland: Handelsr. I 296 ff.; Gustav Seidler: Einführung in die doppelte Buchhaltung... auf wirtschaftswissenschaftlicher Grundlage (1918).

hievon und ging zum System der doppelten Buchführung über. Die erste ernstliche gesetzliche Regelung der Buchführung enthielt die ordonnance pour le commerce vom Jahre 1673. Auf sie führen alle späteren gesetzlichen Vorschriften zurück, auch die etwas starren, den kaufmännischen Übungen nicht immer entsprechenden Vorschriften des ÖHGB. und die freieren des DHGB.

III. Jedermann darf Bücher führen; seine Bücher sind Urkunden und als solche auch Beweismittel (§ 13 IV). Zur Buchführung verpflichtet ist nur der Vollkaufmann, aber auch jeder solche, § 7 EinfGes. z. ÖHGB.; § 38 DHGB., mag er dieser Pflicht nach seiner Vorbildung gewachsen sein oder nicht (siehe § 18 VI). Unerheblich ist, ob dieser Vollkaufmann ein Einzelkaufmann oder eine Handelsgesellschaft ist; die Gelegenheits- und die stille Gesellschaft freilich sind, weil keine Handelsgesellschaften, auch nicht als solche zur Buchführung verpflichtet. Die Verbindlichkeit zur Buchführung beginnt mit dem Geschäftsbetrieb und endet mit diesem; doch müssen Handelsbücher „während zehn Jahren, vom Tag der in dieselben geschehenen letzten Eintragung an gerechnet", aufbewahrt werden, Artikel 33 ÖHGB.; § 44 DHGB., also unter Umständen über das Ende des Geschäftsbetriebes hinaus.

Der Geschäftsherr muß die Bücher nicht in Person führen. Er genügt seiner Pflicht, wenn er die Bücher, jedoch unter seiner Verantwortung, durch Handlungsgehilfen oder andere Personen führen läßt, Artikel 36 ÖHGB.

IV. Das Gesetz schreibt grundsätzlich keine bestimmte Art der Buchführung vor; es gebietet dem Kaufmann nur, die Bücher derart zu führen, daß aus ihnen — wenn auch nicht jederzeit — „seine Handelsgeschäfte und die Lage seines Vermögens vollständig zu ersehen sind", Artikel 28 ÖHGB.; § 38 DHGB., daß also aus ihnen eine materienweise geordnete Übersicht über die Vermögenslage vollständig zu gewinnen ist. Das ist das gesetzliche Gebot; wie es auszuführen ist, das steht der Regel nach beim einzelnen.

Das ÖHGB. gibt nur wenig Regeln: Ein Eingangsinventar und die Eingangsbilanz sind geboten. Jedes Jahr, nicht am Schlusse, sondern auf den Schluß des Geschäftsjahres eine neue Bilanz[1]; spätestens alle zwei Jahre ein neues Inventar, Artikel 29 ÖHGB.; § 39 DHGB. Sammlung der empfangenen Handelsbriefe und Führung eines Kopierbuches, Artikel 28 ÖHGB.; diese österreichische Vorschrift bezüglich des Kopierbuches ist im § 38 DHGB. mit Recht aufgegeben. Bücher

[1]) Über die Bilanzgrundsätze im Zusammenhang mit der Geldentwertung, Gutachten des Obersten Gerichtshofes vom 7. Juni 1922 praes. 154/22, veröffentlicht in der GerZtg. 1922, 65 ff. Über Goldbilanzen Nusko-Ziegler: Das Goldbilanzengesetz (1926).

gebunden; paginiert; keine unüblichen leeren Zwischenräume; nichts darf unleserlich gemacht sein; die Führung in einer lebenden Sprache (nicht Esperanto), nur mit Schriftzeichen einer solchen (Stenographie ?), Artikel 32 ÖHGB.; § 43 DHGB.

V. Die Handelsbücher vor dem Zivilgerichte.

Der Buchführer ist, ist er ein Vollkaufmann, vorlagepflichtig, und zwar im Zivilprozeß im Rahmen des Artikels 37 ÖHGB.[1]), § 45 DHGB.: legt er nicht vor, „so wird zum Nachteil des Weigernden der behauptete Inhalt der Bücher als erwiesen angenommen". Im Konkurs, im gerichtlichen Ausgleichsverfahren und in Erbschafts- und Gesellschaftsteilungssachen besteht die Vorlagepflicht im weiteren Rahmen des Artikels 40 ÖHGB., § 47 DHGB., nämlich der ganzen Bücher zur Einsicht.

Über die Beweiskraft der Handelsbücher zugunsten des Buchführers, Artikel 34 ÖHGB.; § 47 DHGB.

Viertes Kapitel

Die Hilfspersonen des Kaufmannes

§ 34. Allgemeines

I. Der Kaufmann ist der Geschäftsherr des Unternehmens; ist er handlungsfähig, so leitet er es auch selbst. Ist er handlungsunfähig oder hinsichtlich des Unternehmens verfügungsunfähig, so bedarf er zur Geschäftsleitung eines gesetzlichen Stellvertreters. Ein solcher handelt im Namen und mit Wirkung für und gegen den Kaufmann: Vater, Vormund, Kurator, Beistand, Masseverwalter, Vorstand, Geschäftsführer der Gesellschaft m. b. H., Geschäftsleitung der gemeinwirtschaftlichen Unternehmung. Diese gesetzlichen Stellvertreter repräsentieren den Geschäftsherrn, sind durch das Gesetz oder das Gericht berufen, haben keine Vollmacht vom Unternehmer, haben auch nach innen hin einen vom Prinzipal unabhängigen selbständigen Wirkungskreis; sie sind der Regel nach auch keine Angestellten des Kaufmannes. Zu seinen Hilfspersonen im üblichen Wortsinne können sie nicht gerechnet werden. Über ihre Rechtsstellung siehe §§ 16 II, 20, 21, 23.

Dagegen gehören wirtschaftlich manche Gruppen von selbständigen Unternehmern zu diesen Hilfspersonen: die Kommissionäre; die mit Verkaufsaufträgen Bedachten (§§ 1086 ff. ÖABGB.); die Agenten[2]) (ÖGes. v. 24. Juni 1921, BGBl. Nr. 348; §§ 84 ff. DHGB.);

[1]) Rechtsprechung in der Gesetzesausgabe des HGB. der Staatsdruckerei, 83 ff.

[2]) Pollak: Das Handelsagentengesetz (in Prager Jur. Ztschr., wissenschaftliche Beilage 1921 41 ff.); Behm: Der Handelsagent.

die Makler[1]) (unter anderen Art. 66 ff. ÖHGB.; §§ 93 ff. DHGB.). Die Darstellung ihrer Rechtslage ließe sich an dieser Stelle wohl rechtfertigen, namentlich jene der Agenten; doch fügt sie sich besser in die Lehre von den einzelnen Verträgen ein (V. Kapitel).

II. Die Hilfspersonen des Kaufmannes im engeren Sinne sind seine Bevollmächtigten und seine Angestellten (dieses Wort im weitesten Sinne genommen).

III. Vollmacht[2]) ist die Befugnis, vom Vollmachtgeber dem Bevollmächtigten erteilt, im Namen des und mit Wirkung für und gegen den Vollmachtgeber Dritten gegenüber zu handeln (§ 1017 ÖABGB.; §§ 164, 166 DBGB.); der Bevollmächtigte handelt also Dritten gegenüber so, als ob der Vollmachtgeber selbst gehandelt hätte. Die Voraussetzung ist hiebei freilich die, daß der Dritte die Vollmacht kannte oder kennen mußte; „geheime Vollmachten" sind also ihm gegenüber wirkungslos. Für das Verhältnis zwischen dem Vollmachtgeber und dem Bevollmächtigten mögen die geheimen Vollmachten freilich von Bedeutung sein; zwischen diesen zwei Personen entscheidet ja der Auftrag. Die Vollmacht kann eine solche zur Geschäftsbesorgung durch den Bevollmächtigten, muß es aber nicht sein; doch wird hier nur die Vollmacht zur Geschäftsbesorgung betrachtet.

Die Vollmachterteilung kann formfrei geschehen; sie kann dem Bevollmächtigten nicht aufgedrungen werden, bedarf aber keiner ausdrücklichen und ist sie schriftlich geschehen, daher auch keiner schriftlichen Annahme[3]). Jede Vollmacht kann Grenzen haben, und hat sie in der Regel, sei sie selbst eine noch so weitgehende Generalvollmacht (§ 1008 ÖABGB.). a) Grundsätzlich bestimmt einseitig der Vollmachtgeber diese Grenzen, und, sind sie dem Dritten bekannt oder mußten sie es sein, so gilt deren Bestimmung auch für ihn; der Dritte kann sich dann über diese Grenzen hinaus nicht mit dem Bevollmächtigten als einem solchen einlassen. b) Aber bisweilen bestimmt das Gesetz zwingend den Minimalumfang der Vollmachten; dies geschieht für den Prokuristen (Art. 43 ÖHGB.; § 50 DHGB.), den Versicherungsagenten (§ 46 ÖVVG.; siehe § 47 VI), den Prozeßbevollmächtigten (§ 31 ÖZPO.; § 83 DZPO.), endlich für den Prokura-Indossatar (Art. 17 ÖWO.; § 17 DWO.). c) In anderen Fällen endlich bestimmen nachgiebige oder auslegende Rechtssätze den Vollmachtsumfang für den Fall, daß ihn der Vollmachtgeber nicht genügend oder nicht deutlich angegeben hat. Das geschieht vom Gesetze derart, daß dieser Vollmachtsumfang dann auf den gewöhnlichen,

[1]) Mayer-Mallenau: Mäkler und Agenten; Lenhoff: Makler, Agenten und Angestellte (1922).

[2]) Schey: Obligationsverhältnisse 419 ff.

[3]) JudB. Nr. 212.

üblichen Wirkungskreis eines derartigen Bevollmächtigten abgestellt wird; so schon § 1029 ÖABGB., dann die Artikel 47, 49, 50 ÖHGB.; §§ 54 bis 56 DHGB. für die Handlungsbevollmächtigten einschließlich der Handlungsreisenden und des Kommis im Laden. Der Vollmachtgeber kann freilich von diesen nachgiebigen oder auslegenden Rechtssätzen eben wegen dieser ihrer Natur jederzeit Umgang nehmen; doch muß er dann Vollmachtsbeschränkungen unter dem Ausmaß des Gesetzes (z. B. die Entziehung der gesetzlichen Inkassobefugnis) dem Dritten, allenfalls dem Publikum (z. B. durch gut sichtbare Anschläge im Geschäftslokale) zur Kenntnis bringen, sonst sind diese Beschränkungen dem Dritten gegenüber ohne Wirkung.

Handelt der Bevollmächtigte (z. B. bei einem Vergleichsabschluß[1]) außerhalb der Vollmachtsgrenzen, so ist er kein solcher und berechtigt und verpflichtet daher den Vollmachtgeber nicht. Nach dem ÖABGB. ist aber ein solcher Bevollmächtigter dann auch nicht in Person zur Erfüllung, sondern nur zum Ersatze verpflichtet, und diese Regelung ist juristisch folgerichtig, da er nicht im eigenen Namen gehandelt, z. B. den Kaufvertrag nicht im eigenen Namen abgeschlossen hat. Aber vom wirtschaftlichen Standpunkt aus ist diese Regelung zweckwidrig. Darum gewähren Artikel 55 ÖHGB. und ähnlich § 179 DBGB. dem Dritten (der die Vollmachtüberschreitung nicht kannte) die Wahl, ob er vom Pseudovertreter Erfüllung oder Schadenersatz fordern soll.

Vollmachten (zur Geschäftsbesorgung) sind formlos (§ 5 III) und jederzeit vom Vollmachtgeber widerruflich (Vertrauenssache). Freilich besteht bisweilen ein wirtschaftliches Bedürfnis, den Verzicht des Vollmachtgebers auf diese Widerruflichkeit zu verlangen (Treuhandgesellschaft; „Vertrauensmann“ beim Zwangsausgleich oder gerichtlichen Ausgleich; siehe auch § 176 DBGB.); aber auch da ist der Verzicht nur begrenzt nach Zeit und Geschäft wirksam und wird selbst in diesen Grenzen (zwingendes Recht) unwirksam, wenn der Bevollmächtigte sich einer Untreue gegen den Vollmachtgeber schuldig macht, gleichgültig, in wessen Interesse die Unwiderruflichkeit der Vollmacht seinerzeit ausgemacht worden ist (etwa im Gläubigerinteresse).

Der Tod des Bevollmächtigten beendet die Vollmacht; über den Einfluß des Todes des Vollmachtgebers siehe § 17 I b).

IV. Die Angestellten[2]) sind Personen, die auf Grund eines privatrechtlichen, in der Regel entgeltlichen Vertrages im Handelsgewerbe eines Kaufmanns diesem ihre Arbeitskraft und Arbeitszeit zur Verfügung stellen; es ist dabei nicht erforderlich, daß es gerade die ganze Arbeitskraft sei und daß sie dieselbe für die ganze Arbeits-

[1]) OGH. vom 23. September 1885 GlU. Nr. 13707.

[2]) Breyer: Leitfaden des österr. Arbeitsrechtes (1923), Grünberg: Angestelltenrecht (1926). Für Deutschland Kaskel: Arbeitsrecht.

zeit verdingen. Selbstverständlich ist, daß es auch viele Angestellte außerhalb des Handelsgewerbes gibt, so z. B. die land- und forstwirtschaftlichen Arbeiter. Jene im Handelsgewerbe zerfallen nach der Ausdrucksweise der österreichischen Gesetze in Angestellte (im engeren Sinne), Lehrlinge, gewerbliche Hilfsarbeiter einschließlich der Taglöhner, Heimarbeiter, Gesinde (Hausgehilfen).

Der Dienstvertrag ist von großer sozialer Bedeutung. Nun hatte die rechtliche Gleichstellung der Arbeitgeber und Arbeiter nicht vermocht, die wirtschaftliche Ungleichheit dieser Vertragsparteien auszugleichen; die Arbeiter waren und blieben trotz dieser Gleichheit vor dem Gesetz zunächst beim Abschluß von Dienstverträgen im Nachteil. Dem trachtete die Gesetzgebung der letzten Jahrzehnte dadurch zu begegnen, daß sie zugunsten der Arbeiter den Grundsatz der Vertragsfreiheit durch solche zwingende Rechtssätze beschränkte, welche die wirtschaftliche Übermacht der Arbeitgeber vermindern oder beheben sollten. Ein wenig früher als diese Bewegung in der Gesetzgebung kamen freilich auch die Organisationsbestrebungen der Arbeiter zuerst in Fluß und dann zur Reife und drückten, wie es auch die Absicht war, auf die Unternehmer. Ob die wirtschaftliche Übermacht trotzdem auf Seite der Unternehmer geblieben war, war bald zweifelhaft. Die Gesetzgebung ist jedoch bei ihrer Auffassung (daß die Arbeiter die Schwächeren seien) und darum auf ihrem Wege geblieben. Insbesondere sind einzelne Gesetze der letzten Jahre noch von der nun doch schon etwas überholten Auffassung ausgegangen, der Angestellte sei dem Geschäftsherrn gegenüber noch immer der wirtschaftlich viel schwächere und bedürfe auch sonst des Schutzes der Gesetzgebung mehr als andere. So sind denn eine ganze Reihe von zwingenden Rechtssätzen zugunsten dieser Personengruppe im Laufe der Jahre erlassen worden. Eine Anzahl dieser Sätze betrifft den Dienstvertrag unmittelbar, beschränkt den Inhalt der Parteienvereinbarung durch Zwangsnormen (siehe § 36), andere betreffen sonst das Dienstverhältnis.

Hieher gehören: das ÖAngestelltengesetz vom 11. Mai 1921, BGBl. Nr. 292; das Gutsangestelltengesetz vom 20. November 1923, BGBl. Nr. 531; das ÖJournalistengesetz vom 11. Februar 1920, StGBl. Nr. 88, abgeändert durch das Gesetz vom 12. Mai 1921, BGBl. Nr. 295 (schützt den Redakteur unter anderem gegen den Wechsel der politischen Richtung der Zeitung); das ÖSchauspielergesetz vom 13. Juli 1922, BGBl. Nr. 441; das ÖArbeiterurlaubsgesetz vom 30. Juli 1919, StGBl. Nr. 395; das ÖGes. vom 17. Dezember 1919, StGBl. Nr. 581 über den achtstündigen Arbeitstag; das Ladenschlußgesetz vom 14. Januar 1910, RGBl. Nr. 19; die Vorschriften über die Sonn- und Feiertagsruhe vom 16. Januar 1895, RGBl. Nr. 21; vom 8. Juli 1905, RGBl. Nr. 125; vom 15. Mai 1919, StGBl.

Nr. 282; die Gesetze über die zwangsweise Pensions-, Kranken- und Unfallversicherung einzelner oder aller Kategorien von Angestellten; das Ges. vom 14. Juli 1921, BGBl. Nr. 402 über die Gewerbeinspektion.

§ 35. Die Handlungsbevollmächtigten

I. Der Prokurist ist derjenige Handlungsbevollmächtigte, der vom Geschäftsherrn ermächtigt ist, in dessen Namen und für dessen Rechnung das Handelsgeschäft (Unternehmen) zu betreiben und per procura die Firma zu zeichnen, Artikel 41 ÖHGB. Der Einzelkaufmann erteilt die Prokura selbst, ebenso mit Wirkung nach außen jeder vertretungsbefugte Gesellschafter (Art. 118 ÖHGB.; § 126 DHGB.; im Innenverhältnis bedarf es freilich der Zustimmung aller geschäftsführenden Gesellschafter, außer bei Gefahr im Verzuge, Art. 104 ÖHGB.; § 116 DHGB.), der Vorstand, Geschäftsführer, die Geschäftsleitung. Die Erteilung der Prokura ist in das Handelsregister einzutragen (Art. 45 ÖHGB.; § 53 DHGB.; bloße Ordnungsvorschrift!).

Der Umfang der Prokura umfaßt alle, wenn auch branchefremden Geschäfte irgendeines Handelsbetriebes mit Ausnahme der Veräußerung und Belastung von Grundstücken und der Erteilung der Prokura, Artikel 42 ÖHGB.; § 49 DHGB.; nach außen (zwingendes Recht) unbeschränkbar; Ausnahme Kollektivprokura. Prokurist der Zweigniederlassung?

Die Prokura ist jederzeit widerruflich. Ist der Widerruf registriert, so wirkt er gegen jedermann, dieser habe denn das Erlöschen der Prokura nicht gekannt und habe es auch nicht kennen müssen; ist der Widerruf nicht in das Register eingetragen, so wirkt er nur gegen jenen, der ihn kannte; Artikel 46 ÖHGB.; § 15 DHGB.

II. Der Generalhandlungsbevollmächtigte hat Vollmacht „zum Betriebe seines (des Geschäftsherrn) ganzen Handelsgewerbes", Artikel 47 ÖHGB.; § 54 DHGB. Diese Handlungsvollmacht ist nicht registerfähig.

Ihr Umfang ist auf gewöhnliche Branchegeschäfte beschränkt; Wechselunterfertigung und Prozeßführung sind außergewöhnliche Geschäfte, Artikel 47 ÖHGB.; § 54 DHGB. Diese Vollmacht ist beschränkbar. Sie ist jederzeit widerruflich; Wirkung des Widerrufes gegen Dritte nur, wenn er den Widerruf kannte oder kennen mußte.

Beispiel: Generaldirektor.

III. Der Spezialhandlungsbevollmächtigte hat die Vollmacht „zu einer bestimmten Art von Geschäften oder zu einzelnen Geschäften in seinem (des Geschäftsherrn) Handelsgewerbe", Artikel 47 ÖHGB.; § 54 DHGB. Diese Handlungsvollmacht ist nicht registerfähig.

Ihr Umfang umfaßt je nach Usance bald nur die Geschäftsvermittlung bald auch Vertragsabschlüsse, Artikel 47 ÖHGB.; § 54 DHGB. Diese Vollmacht ist beschränkbar. Sie ist jederzeit widerruflich; Wirkung gegen Dritte wie II.

Beispiele: Der Handlungsreisende (mit Abschluß oder mit Sammelvollmacht; mit Inkassovollmacht für die von ihm abgeschlossenen Geschäfte), Artikel 49 ÖHGB.; § 55 DHGB.; der Kassier; der Kommis im Laden (mit der in Laden der betreffenden Art üblichen Verkaufs- und Inkassovollmacht), Artikel 50 ÖHGB.; § 56 DHGB.; der Versicherungsagent (Vermittlungs-, Abschluß-, Bezirksagent, §§ 43 bis 47 ÖVVG.); der Straßenbahnschaffner; der Überbringer einer quittierten Rechnung (hat Inkassovollmacht; Stampiglie statt Unterschrift genügt dabei, wenn dies im betreffenden Geschäftsverkehr üblich war und ist[1]), Artikel 51, 296 ÖHGB.

IV. Jeder Handlungsbevollmächtigte kann ein Angestellter des Geschäftsherrn, muß es aber nicht sein (Ehefrau des Kaufmannes). Ist der Bevollmächtigte zugleich ein Angestellter, so bewirkt der Widerruf der Vollmacht an sich die Auflösung des Dienstverhältnisses noch nicht; dieses besteht fort, bedarf einer besonderen Auflösungserklärung (siehe § 36).

§ 36. Die Privatangestellten nach dem Angestelltengesetz[2])

I. Angestellte können im öffentlichen oder im privaten Dienstverhältnisse stehen; sind sie im öffentlichen Dienste, so kann ihre Anstellung auf einem Verwaltungsakt oder auf einem privatrechtlichen Vertrage beruhen (Bundesbeamte, Vertragsbeamte des Bundes, Gemeindebeamte, Straßenbahnbedienstete). Hier kommen nur jene Angestellten in Betracht, die einen privatrechtlichen Dienstvertrag mit dem Geschäftsherrn abgeschlossen haben, zu diesem infolgedessen in einem privatrechtlichen Dienstverhältnis stehen. Ein solcher Dienstvertrag ist ein — der Regel nach entgeltlicher — Vertrag, dessen Gegenstand eine persönliche Arbeitsleistung des Dienstnehmers bildet, und zwar als eine „Dienst"leistung (Unterschied zum Werkvertrag). Der Dienstnehmer schuldet ein Wirken, kein Werk (Gierke); er hat kraft eines solchen Dienstvertrages durch eine gewisse Zeit die versprochenen geistigen oder körperlichen, höheren oder niederen Dienste zu leisten, und zwar der Regel nach unübertragbar in eigener Person (§§ 1151, 1153 ÖABGB.; § 613 DBGB.; dafür hat er vom Dienstgeber, es sei denn die Unentgeltlichkeit ver-

---

[1]) OGH. vom 14. Januar 1914 GlUNF. 6759.

[2]) Mayer-Mallenau und Grünberg: Angestelltengesetz; Grünberg: Angestelltenrecht.

einbart, das vereinbarte oder mangels einer Vereinbarung das angemessene Entgelt zu fordern, und zwar in der Regel im nachhinein (§§ 1152, 1154 ÖABGB.; § 614 DBGB.), bei der Akkordarbeit allerdings gegen entsprechende Vorschußleistungen (§ 1154a) ÖABGB.).

Das ÖABGB. enthält ausführliche Vorschriften über diesen Dienstvertrag (von denen übrigens manche, so § 1154b) über die Entlohnung während einer höchstens einwöchigen Erkrankung zu Auseinandersetzungen Anlaß gegeben haben). Aber aus dem ÖABGB. kann man das österreichische Dienstvertragsrecht fast gar nicht entnehmen. Dieses findet vielmehr in einer Fülle zum Teil arg durcheinanderlaufender und übereinandergreifender Sondergesetze seine Regelung. Nur wenn solche Sondergesetze fehlen oder insoweit sie lückenhaft sind, kommt das Dienstrecht des ÖABGB. zur Geltung. So gibt es z. B. noch kein Gesetz für Privatlehrer und in der GewO. keine zureichende privatrechtliche Regelung des Dienstvertrages der gewerblichen Hilfsarbeiter; da gelten denn die §§ 1152 ff. ÖABGB. Aber die Privatangestellten eines Kaufmannes unterstehen zwar nicht alle, aber großenteils dem Angestelltengesetz vom 11. Mai 1921, BGBl. Nr. 292 (allenfalls den Geldinstitutszentralges. v. 28. Juli 1924, BGBl. Nr. 285; v. 19. Oktober 1925, BGBl. Nr. 17), und gemäß seinem § 42 kommt für diese Gruppe dem ÖABGB. nur zu, Lücken dieses Angestelltengesetzes auszufüllen[1]).

II. Dieses Angestelltengesetz ist an die Stelle des Handlungsgehilfengesetzes vom 10. Januar 1910, RGBl. Nr. 20 getreten[2]), welches seinerseits die Artikel 57 bis 65 ÖHGB. ersetzt hatte. Die Jahreszahlen 1862, 1910, 1921 bezeichnen Marksteine der Gesetzgebung über den Dienstvertrag des kaufmännischen Personals; das jüngere Gesetz bot ihnen, im ganzen genommen, immer eine erheblich günstigere Rechtsstellung als das vorhergehende[3]). Kein Wunder, daß auch andere Angestelltengruppen solcher Vorteile teilhaftig werden wollten und daß sie es auch durchsetzten. So ist das Angestelltengesetz keine Regelung der Rechtslage lediglich der Handlungsgehilfen, sondern umfaßt auch Personengruppen, die wie die Rechtsanwaltsanwärter oder die Krankenpflegerinnen durchaus keinen Zusammenhang mit kaufmännischen Betrieben oder mit einer kaufmännischen Dienstestätigkeit haben. Diese Personengruppen bleiben hier außer Betracht.

---

[1]) Adler, E.: Das Verhältnis des Dienstvertragsrechtes der III. Teilnovelle des ÖABGB. zu den für bestimmte Dienstverhältnisse bestehenden besonderen gesetzlichen Vorschriften.

[2]) Dieses gilt noch in der Tschechoslowakei.

[3]) Über die Gleichstellung der Kammer für Angestellte und Arbeiter mit der Kammer für Handel, Gewerbe und Industrie, ÖGes. vom 14. Juli 1921, BGBl. Nr. 424; Vdg. vom 25. August 1921, BGBl. Nr. 407.

III. Wirkungsgebiet: Dem Angestelltengesetz unterstehen die Handlungsgehilfen, die zu höheren Dienstleistungen sonst Angestellten (daher Werkmeister nicht[1]), die zu (nicht untergeordneten [streitig]) Kanzleiarbeiten angestellten Dienstnehmer, alle diese, wenn der Dienstvertrag ein privatrechtlicher ist. Dagegen unterstehen diesem Gesetze nicht jene Angestellten, die durch einen Verwaltungsakt und nicht durch einen privatrechtlichen Dienstvertrag bestellt sind (§§ 3, 4 Angestelltenges.). Es findet auch auf solche Angestellte keine Anwendung, deren Erwerbstätigkeit nicht hauptsächlich, sondern nur nebenher durch das Dienstverhältnis in Anspruch genommen ist (Stundenbuchhalter, siehe § 37 I). Auf Lehrlinge und auf Personen im Bühnendienstvertrag und Gastspielvertrage (§ 50 Schauspielerges.) findet es keine Anwendung; auch auf Angestellte der Seeschiffahrt, der Eisenbahnen, der Versicherungsunternehmer nicht und auf Angestellte der land- und forstwirtschaftlichen Betriebe nur insoweit sie Handlungsgehilfen sind (§ 5 Angestelltenges.; § 1 Gutsangestelltenges., siehe §§ 37, 47 V).

Endlich kommt für das Geltungsgebiet des Angestelltengesetzes auch maßgebend in Betracht, wo und wer der Unternehmer ist, bei dem der Handlungsgehilfe, Ingenieur, Kanzlist bestellt ist. Der diesem Gesetz unterstellte Unternehmerkreis ist freilich in den §§ 1, 2 Angestelltenges. so weit und so willkürlich abgesteckt, daß man nur sagen kann, es müsse ein Unternehmer in Österreich sein[2]), während sonst nur hieher gehörende Beispiele genannt werden können: Kaufmann, Geschäftsstelle der Klassenlotterie[3]), Sparkasse, Versicherungsanstalt, Makler, Auskunftei, Zeitschriftenbetrieb (soweit nicht das Journalistengesetz vom 11. Februar 1920, StGBl. Nr. 88 [in der Fassung des BG. v. 12. Mai 1921, BGBl. Nr. 295] für die Redakteure günstiger ist), Bergbaubetrieb usw.

IV. Die Vereinbarung des Dienstnehmers mit dem Dienstgeber (des Angestellten mit dem Geschäftsherrn) beruht auf dem privatrechtlichen Dienstvertrage. Er ist im BGB. und auch im HGB. als ein Vertrag von Mann zu Mann von ihren rechtlich freien Willenserklärungen abhängig. Ursprünglich im deutschen Recht dem Treudienstverhältnis entsprungen, bewahrt er noch im BGB. und HGB. die Rechtsstellung eines individuell und frei geschlossenen Vertrages.

Die Rechtsentwicklung hat seitdem weitab von diesem Wege geführt. Vielfach kann und darf jetzt der Inhalt der Dienstverträge weder individuell festgesetzt noch frei vereinbart werden.

Vor allem ist die Rechtslage dadurch berührt, daß zwingende Rechtssätze die Freiheit der Willenserklärungen den Vertragsparteien

[1]) OGH. vom 5. Dezember 1924, Sz. VI/394.
[2]) Spruch-Rep. Nr. 219.
[3]) Spruch-Rep. Nr. 249.

beschränken; der Dienstvertrag ist von den privatrechtlichen Verträgen jener, der am meisten durch zwingende Rechtssätze beherrscht ist. Schon das Angestelltengesetz ist voll von ihnen. Dazu kommt noch die schwerwiegende weitere Einengung des einzelnen Dienstvertrages durch kollektive Arbeitsverträge. Das sind „jene Vereinbarungen..., welche zwischen Berufsvereinigungen der ... Angestellten und einem oder mehreren Arbeitgebern oder Berufsvereinigungen der letzteren schriftlich abgeschlossen wurden und die gegenseitigen, aus dem Arbeitsverhältnisse entspringenden Rechte und Pflichten oder sonstigen Angelegenheiten regeln, die für das Arbeitsverhältnis wirtschaftlich von Bedeutung sind" (§ 11 ÖGes. v. 18. Dezember 1919, StGBl. Nr. 16 ex 1920)[1]). Zwar kann kein Kollektivvertrag wirksam von zwingenden Vorschriften eines Gesetzes abweichen; die Zwangsnormen des Angestelltengesetzes gehen also jedem Kollektivvertrage vor. Aber innerhalb dieser Grenzen beengt er die Vertragsfreiheit des einzelnen oft noch weiter. Denn infolge der Kundmachung eines Kollektivvertrages durch das Einigungsamt werden dessen Bestimmungen derart zwingend, daß Sondervereinbarungen „zwischen einem Unternehmer und einem ... Angestellten" „nur dann gültig" sind, „wenn sie dem ... Angestellten günstiger" oder im Kollektivvertrage nicht geregelt sind (§ 14 a. a. O.).

Noch weiter reicht die Wirkung jenes Kollektivvertrages, der — seiner überwiegenden Bedeutung halber — durch einen kundgemachten Beschluß des Einigungsamtes (bzw. Obereinigungsamtes; in Deutschland des Reichsarbeitsministers) zur Satzung erhoben ist. Er gilt dann „auch außerhalb seines Geltungsbereiches für solche Arbeitsverhältnisse..., die mit den durch den Kollektivvertrag geregelten im wesentlichen gleichartig sind"; das heißt der Kollektivvertrag gilt dann auch für Unternehmer und Angestellte, die ihm nicht beigetreten sind, die das vielleicht abgelehnt haben. Hiedurch sind sozialdemokratische Gedanken in starkem Maße verwirklicht; die Vertragsfreiheit auf dem Gebiete des Dienstvertrages ist für den einzelnen sehr beschränkt. Der Zweck der Einrichtung der „Satzung" ist dabei nicht einmal so sehr deren Geltung als die Verbreitung der Kollektivverträge. Denn es setzt „jeder Kollektivvertrag... für seinen Geltungsbereich die von seinen Bestimmungen abweichende Satzung außer Kraft" (§§ 16, 17, 21 a. a. O.); Einzel-Dienstverträge dagegen haben diese Wirkung nicht.

V. Der Dienstvertrag des Angestellten und des Geschäftsherrn begründet das Dienstverhältnis. Der Vertrag ist formfrei; doch hat der Angestellte auf einen Dienstzettel Anspruch.

VI. Im Dienstvertrag ist von den Vertragsparteien der Zeitpunkt des Dienstantrittes zu bestimmen. Geschieht dies „fix", so kann

[1]) Für Deutschland Vdg. vom 23. Dezember 1918, RGBl. S. 1456; vom 31. Mai 1920, RGBl. S. 1128.

der Dienstgeber auch bei jedem zufälligen Verzuge des Angestellten zurücktreten; sonst hat der Dienstgeber das Rücktrittsrecht vor dem Dienstantritte nur, wenn er einen Entlassungsgrund hat (siehe unten) oder wenn der Angestellte aus welchem Grund immer den Dienstantritt um mehr als vierzehn Tage verzögert oder wenn er, „ohne durch ein unabwendbares Hindernis gehindert zu sein, den Dienst an dem vereinbarten Tage nicht antritt"; endlich darf der Masseverwalter des Dienstgebers wegen der Konkurseröffnung zurücktreten. Der Angestellte darf vor dem Dienstantritte zurücktreten, wenn der Dienstgeber in Konkurs verfällt, wenn dieser aus Zufall oder seinem Verschulden den Dienstantritt des Angestellten um mehr als vierzehn Tage verzögert oder wenn der Angestellte einen Grund zum vorzeitigen Austritte (siehe unten) hat (§ 30 Angestelltenges.). Ein unbegründeter Rücktritt verpflichtet jeden Schuldtragenden zum Schadenersatz, den Dienstgeber freilich strenger als den Angestellten: für den ersatzpflichtigen Dienstgeber wird nämlich bestimmt, er habe (auch ohne einen Schadensnachweis) mindestens das Entgelt bis zum Ablaufe des ordnungsgemäß gekündeten Dienstvertrages, bei Verträgen bestimmter Dauer aber jenes für drei Monate zu ersetzen (§ 31 Angestelltenges.).

Dienstdauer: Der Dienstvertrag kann auf Probe oder definitiv abgeschlossen sein, ferner auf bestimmte oder auf unbestimmte Zeit abgemacht; der Dienstgeber kann sich, nicht aber den Angestellten auf mehr als fünf Jahre binden (§ 21 Angestelltenges.; genauer: auf 5½ Jahre). Die Probezeit darf „nur für die Höchstdauer eines Monates vereinbart" werden, und der Vertrag führt nach dem Fristablaufe von selbst in ein dauerndes Dienstverhältnis über, wenn es fortgesetzt wird (§ 19 Angestelltenges.); während der Probezeit darf es freilich jeder Teil jederzeit durch eine einseitige Erklärung sofort auflösen. Dienstverhältnisse bestimmter Dauer sollen durch Zeitablauf enden (§ 29 Angestelltenges.), Dienstverhältnisse unbestimmter Dauer durch Kündigung (§ 20 Angestelltenges.). Die Kündigung ist eine einseitige Erklärung, daß der Vertrag nach dem Ablaufe der Kündigungsfrist beendet sein solle; die Kündigung muß behufs ihrer Wirksamkeit dem Aufgekündeten überhaupt, und zwar rechtzeitig, zukommen, bedarf aber seiner Zustimmung nicht. Minimalkündigungsfrist für Dienstverhältnisse „für die Zeit vorübergehenden Bedarfes" während des ersten Monates eine Woche. Sonst für den Angestellten ein Monat und bei Verträgen, die auf mehr als fünf Jahre abgeschlossen sind, sechs Monate. Dagegen beträgt die Kündigungsfrist für den Dienstgeber mindestens sechs Wochen bis fünf Monate[1]) (je nach der Zahl der Dienstjahre) vor dem Ablaufe des Kalendervierteljahres oder doch des 15. oder

[1]) Nach dem Journalistengesetz gelten zugunsten der Redakteure längere Fristen.

Letzten eines Kalendermonats. Diese Ungleichmäßigkeit bei den Kündigungsfristen stellt wohl eine Überspitzung richtiger sozialer Erwägungen dar. Bedenkenfrei ist dagegen, daß der Geschäftsherr Betriebsräten nur mit Zustimmung des Einigungsamtes kündigen darf (§ 14 Betriebsräteges. v. 15. Mai 1919, StGBl. Nr. 283), auch dann natürlich nur in denselben Fristen wie anderen Angestellten. (Siehe unten XIII.)

Die Dienstverträge aller Art können auch vorzeitig aufgelöst werden. Der Tod des Angestellten beendet das Dienstverhältnis sofort; doch dauert das Wohnungsrecht der Hinterbliebenen noch durch 14 Tage fort und es darf das Gericht bei einer sonst drohenden Obdachlosigkeit der Angehörigen diese Räumungsfrist um höchstens drei Monate verlängern (§ 24 Angestelltenges.). Überdies darf „aus wichtigen Gründen" jede Vertragspartei den Dienstvertrag „ohne Einhaltung einer Kündigungsfrist" lösen (vorzeitiger Austritt, Entlassung). Das Gesetz gibt nur Beispiele[1]) solcher Auflösungsgründe, wie z. B. die Untreue im Dienst oder Unfähigkeit zur Dienstleistung oder Verweigerung derselben „während einer den Umständen nach erheblichen Zeit[2])" (§§ 26, 27); ob andere Tatbestände (siehe unten XI), z. B. gegen Arbeitswillige beim Streik der anderen[3]), hinreichend wichtig zur sofortigen Auflösung sind, beurteilt der Richter[4]). Damit ist unvermeidlicherweise ein Element der Unsicherheit in das Rechtsverhältnis getragen, weil der Auflösende im Zeitpunkte der Auflösungserklärung nicht immer beurteilen kann, ob der Richter den konkreten Auflösungsgrund als hinreichend wichtig ansehen werde. Das ist freilich für den Dienstgeber bedenklicher als für den Angestellten. Zwar darf (streitig) keiner von ihnen nun einseitig auf der Fortsetzung des Dienstverhältnisses bestehen (Ausnahme von der Regel des § 1162a) ÖABGB., siehe § 10 VIII); ein derart fortgesetztes Dienstverhältnis wäre auch ohne Wert. Aber der Angestellte ist dann schlechthin nur schadenersatzpflichtig und den Geschäftsherrn trifft darum die schwierige Beweislast für den Schaden. Dagegen hat der Angestellte, der ohne einen wichtigen Grund entlassen wurde, den Anspruch auf sein Entgelt bis zur ordnungsgemäßen Beendigung des Dienstvertrages, auf seine Abfertigung und überdies auf den Ersatz des weiteren (allerdings von ihm zu beweisenden) Schadens; er ist also für den Fall einer vertragswidrigen Lösung des Dienstver-

[1]) Rechtsprechung in der Gesetzesausgabe des HGB. der Staatsdruckerei, S. 644 ff.

[2]) OGH. vom 29. Dezember 1924, SZ. VI/409: Nichteinhalten der Arbeitsstunden ist auch dann ein Entlassungsgrund, wenn keine Arbeit vorhanden ist.

[3]) OGH. vom 23. August 1921, SZ. III/84: Der Regel nach, nein.

[4]) Bei Betriebsräten bedarf es der Zustimmung des Einigungsamtes; § 14 ÖGes. vom 15. Mai 1919, StGBl. Nr. 283 (unklar.)

hältnisses erheblich besser als der Dienstgeber gestellt, wenn der Angestellte sich auch einrechnen lassen muß, „was er infolge Unterbleibens der Dienstleistung erspart oder durch anderweitige Verwendung erworben oder zu erwerben absichtlich versäumt hat" (§§ 29, 30 Angestelltenges.).

Die Ersatzansprüche dieses Abschnittes VI „müssen bei sonstigem Ausschlusse binnen sechs Monaten geltend gemacht werden" (§ 34 a. a. O.; zwingendes Recht).

VII. Die Art und den Umfang der Dienstleistungen bestimmt in erster Linie der Vertrag[1]); schweigt er, der Ortsgebrauch. Überdies legt das (nachgiebige) Recht dem Angestellten auch die Wahrung der Betriebs- und Geschäftsgeheimnisse (auch als Zeugen vor Gericht), ein Verbot der Provisionsannahme von Dritten (§ 13 Angestelltenges.; siehe auch § 28 III g), k) und ein Konkurrenzverbot (§ 7 Angestelltenges.) des Inhaltes auf, daß der Angestellte weder irgendein kaufmännisches Unternehmen betreiben, noch im Geschäftszweige des Geschäftsherrn für eigene oder fremde Rechnung Handelsgeschäfte machen darf; der Prinzipal hat bei Übertretung Ersatzansprüche oder auch bei Geschäften für eigene Rechnung des Angestellten ein Eintrittsrecht (Frist drei Monate von der Kenntnis an, spätestens fünf Jahre).

Freilich dürfen weder der Dienstvertrag noch der Ortsgebrauch gegen ein zwingendes Gesetz oder gegen die guten Sitten verstoßen; je nachdem ist dann der Dienstvertrag oder nur diese Bestimmung nichtig (siehe § 5 IV).

Zu diesen zwingenden Gesetzen gehören unter anderem:

a) die Vorschriften über den achtstündigen Arbeitstag oder (nach dem etwaigen Kollektivvertrag) über die 48stündige Arbeitswoche, insofern nicht das Ministerium für soziale Verwaltung für Betriebsgruppen — besonders zu bezahlende[2]) — Überstunden gestattet (ÖGes. vom 17. Dezember 1919, StGBl. Nr. 581);

b) die Vorschriften über die Sonntagsruhe (von 6 Uhr früh durch 24 Stunden; im Großhandel, in den dem Handel gewidmeten Kontoren der Erzeugungsgewerbe und in Vermittlungs- und Kommissionsgeschäften von Samstag 2 Uhr nachmittags an bis Montag 6 Uhr früh), insofern nicht die Landesregierung „für einzelne Zweige des Handelsgewerbes" eine höchstens zweistündige Sonntagsarbeit gestattet;

c) die Vorschriften über das Verbot der Nachtarbeit von Frauen und Jugendlichen bis zum vollendeten 18. Jahre in gewerblichen Be-

[1]) Über Erfindungen der Angestellten siehe § 31 V.

[2]) Abänderung der Bezahlung nur durch Kollektivvertrag zulässig; OGH. vom 28. Juli 1924, SZ VI/242.

trieben; Ausnahmen zu bewilligen steht teils der Gewerbebehörde erster Instanz, teils dem Ministerium für soziale Verwaltung zu (ÖGes. vom 14. Mai 1919, StGBl. Nr. 281).

Verstöße gegen die guten Sitten enthalten z. B. der sogenannte Pensumvertrag des Handlungsreisenden oder die Vereinbarung derart niederer Provisionssätze, daß ein durchschnittsmäßig befähigter Angestellter trotz seines Eifers kein ausreichendes Arbeitseinkommen zu erwerben vermag.

Andere Dienste als die gesetzlichen, bedungenen oder ortsüblichen zu leisten, ist der Angestellte nicht verpflichtet, es liege denn ein Notfall im Betriebe vor. So muß die Kontoristin allerdings ausnahmsweise die Briefe zur Post tragen, wenn der Praktikant vorübergehend erkrankt ist; aber der Handlungsreisende braucht sich während der Reisepausen nicht als Kommis im Laden verwenden zu lassen.

Die obliegenden Dienste sind genau, pünktlich und eifrig zu leisten. Ein regelmäßiges Zuspätkommen, wenn auch nur um wenige Minuten, oder die beharrliche Verweigerung einzelner dem Angestellten zukommenden, wenn auch unwichtigen Dienstleistungen sind schwere Dienstesverletzungen, die der Regel nach zur Entlassung des Angestellten berechtigen (siehe VI). Dasselbe gilt für absichtliche oder fahrlässige Mitteilungen von Betriebs- und sonstigen Geschäftsgeheimnissen an Personen, denen sie nicht zugänglich sein sollen, seien es auch Angestellte desselben Geschäftes.

VIII. Der Dienstvertrag kann ein unentgeltlicher sein, ist aber der Regel nach ein entgeltlicher. Das Entgelt kann vereinbart sein, in Ermangelung dessen gilt das im Geschäftszweig ortsübliche.

Das Entgelt kann in Geld oder in Naturalbezügen bestehen; hiezu gehören unter anderem Wohnung, Beheizung, Beleuchtung, Beköstigung, Kleidung (darf vom Ministerium verboten werden). Unter das Entgelt in Geld fallen Gehalt, Provision, Diäten, Tantiemen, Remunerationen (diese auch ohne Vereinbarung, wenn sie im betreffenden Unternehmen üblich sind[1]), Abfertigungen usw. (§§ 6, 10 bis 15 Angestelltenges.). Der Gehalt ist spätestens (zwingend) am Ende eines jeden Kalendermonates im nachhinein zu bezahlen; die Provision (nachgiebiges Recht) ist mit dem Kalendervierteljahresende, die Gewinnbeteiligung (nachgiebiges Recht) je für ein abgelaufenes Geschäftsjahr auf Grund der Bilanz abzurechnen, wobei der Angestellte einen Buchauszug und die Einsicht in die Bücher verlangen darf.

Provisionsvereinbarungen sind häufig, sowohl als Netto- als auch als Umsatzprovision, als Provision von indirekten oder auch von direkten Geschäften. Im Zweifel gilt die Nettoprovision, und zwar sowohl

[1]) OGH. vom 16. Juni 1925, SZ VII/205.

von direkten als indirekten Geschäften als vereinbart (§ 10 a. a. O.), wobei sich der Angestellte dem einzelnen Vertragsabschlusse mit den Kunden nachfolgende Nachlässe seines Dienstgebers nicht anrechnen zu lassen braucht (§ 11 a. a. O.; nachgiebiges Recht; der Geschäftsbrauch ist wohl, und zwar mit Recht, ein anderer). Der provisionsberechtigte Angestellte bezieht der Regel nach wenigstens einen großen Teil des Entgeltes in Form der Provision; er hat darum ein starkes Interesse daran, viele Orders zu sammeln und von seinem Geschäftsherrn ausgeführt zu sehen. Dennoch kann der Angestellte diesen nicht zwingen, ihm das Ordersammeln zu ermöglichen (kein Recht auf Arbeit), noch weniger dazu, gesammelte Orders auszuführen; derartiges im Gesetze zu bestimmen, schien zu stark in die Selbständigkeit des Dienstgebers einzugreifen. Aber der Provisionsberechtigte wird wirtschaftlich ebenso gestellt, als hätte er diese Rechte auf Arbeit und auf die Ausführung der Orders. Denn ihm gebührt die Provision von unausgeführt gebliebenen Geschäften, „ohne daß hiefür wichtige Gründe in der Person des Dritten vorlagen" (schlechte Auskunft; Schikaneur); und es gebührt ihm (zwingendes Recht) eine angemessene Entschädigung, wenn und insoweit der Dienstgeber ihn vertragswidrig am Verdienste hindert (siehe für Handelsagenten, § 47 III e).

Die Abfertigung ist ein durch einen zwingenden Rechtssatz vorgeschriebener (Mindest-[1])Teil des Entgeltes; diese Bestimmung des Gesetzes kann unter Umständen eine empfindliche Belastung des Unternehmers bedeuten. Der Anspruch auf die Abfertigung entsteht durch einen ununterbrochen[2]) durch drei Jahre[3]) dauernden Dienst in einem und demselben Unternehmen, sei es auch bei verschiedenen Unternehmern; sie beträgt je nach der Dienstdauer das zwei- bis zwölffache „des monatlichen Entgeltes" an Geld- und (in Geld umzuwandelnden[4]) Naturalbezügen[5]). Endet der Dienst durch den Tod des Angestellten, so sinkt freilich der Anspruch auf die Hälfte und besteht nur zugunsten der unterhaltsberechtigten gesetzlichen (nicht auch anderer) Erben (siehe § 17 I). Der Abfertigungsanspruch entfällt ganz, sowohl dann, wenn der Dienstnehmer die Vertragsauflösung herbeigeführt oder gar verschuldet hat, als auch dann, wenn der Geschäftsherr sein Unternehmen auflöst und sich persönlich nicht bloß in schlechterer, sondern in schlechter

[1]) Vertragsmäßige Erhöhung steht frei; OGH. vom 17. Januar 1925, Sz. VII/14.

[2]) Urlaub und gesetzlich gerechtfertigte Dienstesverhinderung sind keine Unterbrechungen.

[3]) Ohne solche zeitliche Beschränkung bei Verlegung des Unternehmens in das Ausland; V. A. vom 2. Juni 1919, StGBl. Nr. 301.

[4]) OGH. vom 2. Dezember 1922, SZ. IV/131: kein Anspruch auf die Fortbenützung der Dienstwohnung.

[5]) Zugunsten der Redakteure bleibt § 8 Journalistenges. aufrecht.

Wirtschaftslage befindet (§ 23 Angestelltenges.; siehe § 6 V a). Die Entgeltsansprüche des letzten Jahres vor Konkurseröffnung gehören bis zum Betrage von 2400 S und mit dem Betrag der Barauslagen in die 1. Klasse der Konkursgläubiger (§ 22 VI) und sind im gerichtlichen Ausgleichsverfahren im gleichen Ausmaße bevorrechtete Forderungen (§ 23), müssen also selbst im Fall eines Zwangsausgleiches oder gerichtlichen Ausgleiches vollständig bezahlt werden (§ 33 Angestelltenges.; § 51 KO.; § 23 AusglO.).

IX. Ein Urlaub steht dem Angestellten kraft zwingenden Rechtssatzes zu (§ 17 Angestelltenges.). Die Einführung dieses Anspruches in das Gebiet des zwingenden österreichischen Privatrechtes war eine Neuerung des ÖHandlungsgehilfenges. vom 16. Jänner 1910, RGBl. Nr. 20; damals ist dieser weitreichende soziale Fortschritt nicht ohne Sorge betrachtet worden, namentlich fürchtete man Konflikte der Dienstvertragsparteien über den Zeitpunkt des Urlaubsantrittes. Soweit zu sehen ist, hat sich die Einrichtung jedoch bewährt. Sie hat darum mit der Zeit ihr Gebiet erweitert, so im Arbeiterurlaubsgesetz vom 30. Juli 1919, StGBl. Nr. 395, für alle Dienstnehmer, „die nicht vorwiegend zur Leistung kaufmännischer oder höherer, nicht kaufmännischer Dienste verwendet werden" (Dauer eine, eventuell zwei Wochen im Jahr), und im Journalistengesetz vom 11. Februar 1920, StGBl. Nr. 88 (ein Monat, nach 10 Jahren einundeinhalb Monate), endlich im § 17 des Angestelltenges. und nach ihm im § 18 ÖSchauspielerges. vom 13. Juli 1922, BGBl. Nr. 441. Das Angestelltenges. läßt das Journalistenges. unberührt, so daß der Urlaubsanspruch der Redakteure sich nach diesem Gesetze richtet; das Arbeiterurlaubsgesetz ist insoweit abgeändert, als die zu (nicht untergeordneten; streitig, ob nicht alle) Kanzleiarbeiten Angestellten nun die Urlaubsansprüche nicht nach diesem, sondern nach dem (für sie günstigeren) Angestelltenges. haben. Das Schauspielerges. geht dem Angestelltenges. vor.

Die Voraussetzung für den Urlaubsanspruch nach dem Angestelltenges. ist, daß „das Dienstverhältnis ununterbrochen sechs Monate gedauert" habe. Ist diese Zeit verstrichen, so ist überdies jenen, die Hochschulstudien „zurückgelegt" haben (dazu gehören die Prüfungen, das Absolutorium genügt nicht), „für die Berechnung der Urlaubsdauer eine der gewöhnlichen Dauer dieser Studien entsprechende Zeit, soweit sie fünf Jahre nicht übersteigt, einzurechnen". Eine Einrechnung der bei anderen Dienstgebern zugebrachten Zeit, und zwar im Höchstmaß von fünf Jahren, findet erst dann statt, wenn das jetzige Dienstverhältnis ununterbrochen wenigstens zwei Jahre gedauert hat.

Urlaubsdauer mit zwei Wochen beginnend, bis fünf Wochen ansteigend. Der Entgeltsanspruch läuft völlig weiter, wie er dem

Angestellten sonst während der Urlaubszeit zugekommen wäre[1]); statt der Verköstigung ist erforderlichenfalls der sonstige Geldbezug zu verdoppeln. Urlaubsteilung in zwei Abschnitte zulässig, wenn nicht mehr als drei Angestellte bedienstet sind.

X. Die Fürsorgepflicht des Dienstgebers bezieht sich zunächst auf die Anmeldung des Angestellten zur Krankenkasse und zur Pensionsversicherungsanstalt, ohne das übrigens die Zwangsversicherung des Angestellten durch die Unterlassung dieser Anmeldung berührt würde. Überdies hat der Prinzipal in den Wohn- und Arbeitsräumen jene Vorkehrungen zu treffen und zu erhalten, die zum Schutze des Lebens und der Gesundheit sowie zur Wahrung der Sittlichkeit geboten sind (§ 18 Angestelltenges., zwingendes Recht; § 2 ÖGes. v. 14. Juli 1921, BGBl. Nr. 402, über die Gewerbeinspektion).

XI. Eine Krankheit des Angestellten benimmt ihm den Anspruch auf das Entgelt, wenn er sie vorsätzlich oder grob-fahrlässig herbeigeführt hat oder wenn er sie nicht dem Dienstgeber anzeigt. Sonst behält er den Anspruch auf das volle Entgelt für sechs bis zwölf Wochen, je nach der ununterbrochenen Dauer des Dienstverhältnisses, und den Anspruch auf das halbe Entgelt für weitere vier Wochen[2]) (§ 8 Angestelltenges.). Der Angestellte bezieht also während dieser Zeit sowohl sein Entgelt als auch das (Minimal-) Krankengeld, was sich dadurch rechtfertigt, daß Kranke anders denn Gesunde verpflegt werden müssen. Wiederholt sich die Dienstverhinderung innerhalb sechs Monaten, so mindern sich seine Entgeltsansprüche für diese zweite Krankheitszeit zwar nicht der Zeit, aber dem Umfange nach auf die Hälfte.

Eine Schwangerschaft ist keine Krankheit, wird aber in vermögensrechtlicher Beziehung mit Recht ähnlich behandelt. Sechs Wochen vor der voraussichtlichen Niederkunft dürfen die Schwangeren die Arbeit einstellen, beziehen freilich kein Entgelt. Nach der Niederkunft „dürfen sie" während sechs Wochen „zur Arbeit nicht zugelassen werden" und beziehen doch ihr vertragsmäßiges Entgelt (§ 8 Angestelltenges.). Dieser der Volksgesundheit dienende wichtige Fortschritt wäre allerdings erst dann sichergestellt, wenn den Müttern für diese sechs Wochen die Durchführung sonstiger Arbeiten, etwa als Bedienerinnen, mit Erfolg untersagt werden könnte. Stillpausen sind Selbststillenden gewährt.

Krankheit, diensthindernder Unglücksfall, Schwangerschaft, Niederkunft sind keine Entlassungsgründe (VI), es sei denn, die Krankheit oder der Unglücksfall sei vom Angestellten vorsätzlich oder grob-

[1]) JudB. Nr. 8 (verkürzte Arbeitszeit).

[2]) Bei Dienstverträgen mit bestimmter Dauer, z. B. bei einem Sommerengagement, endet der Entgeltsanspruch allerdings spätestens mit dem Vertragsende.

fahrlässig herbeigeführt oder einer der obgenannten diensteshindernden Umstände dauere um mindestens zwei Wochen länger als irgendein Entgeltsanspruch (§§ 9, 27 Z. 5 Angestelltenges.; zwingendes Recht). Der Dienstgeber darf künden, jedoch verkürzen sich dadurch die Entgeltsansprüche des vorigen Absatzes nicht (Niederkunft begünstigt noch mehr).

XII. Dienstzettel, § 6 Angestelltenges., siehe oben V.

Dienstzeugnis über die wirklich stattgehabte Dienstleistung und deren wirkliche Dauer nach dem Dienstesende, auf Antrag auch während des Dienstes, § 39 Angestelltenges. (zwingendes Recht). Ungünstige Qualifikationen[1]) darin sind verboten und machen deshalb dem Angestellten gegenüber ersatzpflichtig, auch wenn sie unverschuldet sind (!; streitig). Jede Qualifikation, die ausgesprochen wird, soll richtig sein. Ist sie verschuldeterweise (objektiv) unrichtig, so ist der Dienstgeber jedem Dritten ersatzpflichtig, der im Vertrauen auf diese Qualifikation handelte, z. B. den vorbestraften Angestellten anstellte.

XIII. Betriebsräte sind gewählte Vertrauensmänner der Angestellten und der Arbeiter. Sie sind geboten: „in fabriksmäßigen Betrieben sowie in allen anderen Betrieben, wenn in diesen mindestens 20 Arbeiter oder Angestellte dauernd gegen Entgelt beschäftigt sind[2])" (§ 1 ÖGes. v. 15. Mai 1919, StGBl. Nr. 283; vergleiche oben § 18 III). Die Betriebsräte haben „tunlichst ohne Störung des Betriebes" „die wirtschaftlichen, sozialen oder kulturellen Interessen der Arbeiter und Angestellten im Betriebe wahrzunehmen und zu fördern". Namentlich ist ihnen ein Einfluß bei Kollektivvertragsabschlüssen und bei manchen Lohnfestsetzungen eingeräumt; auch dürfen sie unter Umständen Kündigungen und Entlassungen vor dem Einigungsamt anfechten; endlich haben sie an der Verwaltung der Wohlfahrtseinrichtungen teilzunehmen. Bei Aktiengesellschaften entsenden „die Betriebsräte der Arbeiter und Angestellten... zwei Vertreter" in den Vorstand, die Sitz und Stimme, aber keine Vertretungsbefugnis haben (siehe § 20 IV); bei Kommanditaktiengesellschaften und Gesellschaften m. b. H. erfolgt diese Entsendung in den (etwa bestehenden) Aufsichtsrat.

Der Betriebsrat besteht aus mindestens drei je auf ein Jahr gewählten Mitgliedern aus den großjährigen, mindestens durch sechs Monate bediensteten Arbeitern und Angestellten des Unternehmens, eventuell auch aus den Vorstandsmitgliedern und Beamten der Berufsorganisationen. Die Mitgliedschaft ist ein Ehrenamt; nur Barauslagen

---

[1]) Nicht auch wahrheitsgemäße, erst auf Befragen erteilte Auskünfte; OGH. vom 6. Mai 1913, Kriegsentsch. (Fuchs) Nr. 105.

[2]) In Kleinbetrieben mit mindestens fünf Arbeitern besteht die Einrichtung der Vertrauensmänner mit geringeren Befugnissen.

und der unvermeidliche Gewinnentgang werden ersetzt. Über die Kündigung und Entlassung der Betriebsratsmitglieder siehe oben VI.

XIV. Die Konkurrenzklausel ist eine Parteienvereinbarung, die sich auf die Zeit nach dem Dienstesende bezieht. Sie beschränkt um des Interesses des Geschäftsherrn willen den Erwerb des Angestellten, sei es derart, daß die Klausel ihn an der Gründung eines selbständigen Unternehmens gewisser Art oder an bestimmten Orten hindert, sei es, daß sie dem Angestellten die Annahme von Dienstesverwendungen näher bezeichneter Art untersagt. Rücksichtswürdige Interessen des Geschäftsherrn treffen hier mit entgegengesetzten rücksichtswürdigen Interessen des Angestellten zusammen. Darum läßt das Angestelltenges. diese Konkurrenzklausel zwar zu, aber nur im zwingend beschränkten Umfange.

Sie ist nämlich nur gültig, wenn der Angestellte beim Vertragsabschluß oder doch bei der Vereinbarung der Konkurrenzklausel schon großjährig war und beim Dienstesende mehr als 12 S (!) Jahresentgelt bezog. Sie ist innerhalb dieser Grenzen nur insoweit wirksam, als sie sich auf die Branche des Geschäftsherrn und auf ein Jahr beschränkt und nicht im Verhältnisse zum Interesse des Dienstgebers eine unbillige Erschwerung des Fortkommens des Angestellten enthält. Selbst die wirksam vereinbarte Konkurrenzklausel fällt aber mit dem Interesse des Geschäftsherrn an ihr (Geschäftsauflösung!) weg. Überdies auch dann, wenn dieser die Schuld oder doch der Angestellte keine Schuld an der Dienstvertragsbeendigung trägt (Schikanieren des Angestellten durch den Dienstgeber); immerhin kann der kündigende oder entlassende Dienstgeber die Konkurrenzklausel dann doch durch die Zusicherung der Fortbezahlung des Entgeltes aufrechterhalten (§§ 36, 37 Angestelltenges.).

XV. Die Gerichtszuständigkeit für Zivilprozesse ist (für Betriebsräte) beim Einigungsamt, (sonst) beim Gewerbegericht und, fehlt es an diesem, beim ordentlichen Zivilgericht begründet.

§ 37. Die anderen Angestellten

I. Kein solcher Angestellter untersteht dem Angestelltengesetz, der zwar zur Leistung kaufmännischer oder höherer, nicht kaufmännischer oder zu Kanzleiarbeiten bestellt ist, dessen Dienstverhältnis aber seine Erwerbstätigkeit nur nebenher in Anspruch nimmt.

Hiezu gehört z. B. der Stundenbuchhalter oder ein Auslagenarrangeur, der dies nur nebenher betreibt. Diese Personengruppe untersteht den §§ 1152 ff. ÖABGB., wenn sie nicht zu einer der nachfolgenden Gruppen gehört.

II. Seeschiffahrtsbedienstete, die (wie der Kapitän oder der Steuermann oder die sonstige Schiffsmannschaft) nicht gleichzeitig

Handlungsgehilfen sind, stehen im Heuervertrage[1]). Derselbe ist im Editto politico di navigazione (siehe § 4 I f), und zwar im Artikel VIII geregelt; doch ist diese großenteils veraltete Regelung nicht nur durch Verträge und durch Dienstreglements mit Vertragscharakter vielfach abgeändert, sondern auch durch nachträgliche Rechtssätze. Die von der Regierung geplante und seinerzeit dem österreichischen Reichsrate vorgelegte Seemannsordnung kam allerdings nicht zur Verabschiedung.

III. Eisenbahnbedienstete der Bundesbahnen hatten die Regelung ihres Dienstverhältnisses in Dienstordnungen, deren erste am 7. April 1898 auf Grund des Organistionsstatuts vom 19. Jänner 1896, RGBl. Nr. 16, erging. Eisenbahnbedienstete der Privatbahnen unterstehen dem ÖABGB. Doch kommt dieses Gesetz praktisch nur insoweit in Betracht, als es zwingende Vorschriften enthält; im übrigen liegen stets Dienstordnungen und vertragsmäßige Regelungen des Dienstverhältnisses vor.

IV. Land- und Forstwirtschaft. Die in solchen Betrieben angestellten „Gutsangestellten" unterliegen dem Gutsangestelltengesetz vom 20. September 1923, BGBl. Nr. 531. Dieses betrifft die Personen, die „vorwiegend zur Leistung höherer oder kaufmännischer Dienste oder zu Kanzleiarbeiten angestellt" sind (Prozesse gehören nicht vor das Gewerbe-, sondern vor das ordentliche Gericht); es ist dem Angestelltenges. nachgebildet[2]), verlängert aber unter Umständen auch manche seiner Kündigungsfristen. Die übrigen in der Landwirtschaft angestellten Personen, darunter die Knechte und Mägde, unterstehen den Landarbeiter- und Winzerordnungen der einzelnen Länder. Für das übrige Forstpersonal gelten besondere Vorschriften.

V. Theaterbetrieb[3]). „Bühnendienstverträge" und „Gastspielverträge", beide mit Personen abgeschlossen, „die sich einem Theaterunternehmer zur Leistung künstlerischer Dienste... verpflichten", unterstehen dem ÖSchauspielerges. vom 13. Juli 1922, BGBl. Nr. 441; die Verträge der Theaterunternehmer mit anderen Angestellten dem ÖAngestelltenges. vom 11. Mai 1921, BGBl. Nr. 292.

Der Bühnendienst- und der Gastspielvertrag sind formfrei; doch darf der Angestellte eine Vertragsurkunde fordern (bloße Ordnungsvorschrift). Der Bühnendienstvertrag gibt dem Angestellten das Recht auf eine angemessene Beschäftigung (eine wichtige Neuerung!). Freilich darf der Angestellte es nicht erzwingen, sondern hat bei Verletzung nur Rücktrittsrecht und Ersatzanspruch.

---

[1]) Schreckenthal: Das österreichische Seerecht 51 ff.

[2]) Es findet dann keine Anwendung, wenn der Angestellte dem Angestelltenges. untersteht; § 36 III.

[3]) Fürst: Das Schauspielerges. (Zentralbl. Bd. 41).

VI. Der Lehrling[1]) ist eine Person, die „bei einem Gewerbeinhaber zur praktischen Erlernung des Gewerbes in Verwendung tritt" (§ 97 ÖGewO.). Er untersteht nicht dem Angestelltengesetz, sondern den §§ 97 bis 104 der Gewerbeordnung und hinsichtlich seines Urlaubes dem ÖArbeiterurlaubsges. vom 30. Juli 1919, StGBl. Nr. 395. Danach gilt folgendes:

Der Lehrlingsvertrag muß zwar nicht schriftlich abgeschlossen werden; aber es muß (Ordnungsvorschrift, keine Gültigkeitsbedingung!) binnen vier Wochen eine Urkunde über den Lehrvertrag aufgenommen und der Genossenschaftsvorstehung zur Kenntnis gebracht werden. Höchstdauer der Probezeit drei Monate. Mindestdauer der Lehrzeit zwei Jahre (ausnahmsweise bei manchen freien Gewerben ein Jahr), Höchstdauer in Fabriken drei, sonst vier Jahre; verlängerbar wegen Nichtbestehens der Lehrlingsprüfung um höchstens ein halbes Jahr. Fakultativ Lehrgeld; zwingend nach dem ersten Drittel der Lehrzeit eine „Entschädigung", die spätestens alle Halbjahre von dem Genossenschafts- mit dem Gehilfenausschusse, eventuell von der Industriellen Bezirkskommission festgesetzt wird. Vierzehntägige Kündigung; eine sofortige Vertragsauflösung nur aus Gründen, die in den §§ 101, 102 103a) ÖGewO. taxativ aufgezählt sind, ferner durch den Tod einer der Vertragsparteien. Lehrzeugnis des Lehrherrn. Lehrbrief (bei handwerksmäßigen Gewerben Gesellenbrief) der Genossenschaftsvorstehung. Der Lehrbrief macht zum Gehilfen, der Gesellenbrief zum Gesellen. Nach Beendigung der Lehrzeit muß der Lehrherr den Lehrling durch drei Monate als Gehilfen beschäftigen.

VII. Hilfsarbeiter[2]) sind Personen, welche (jedoch nicht für höhere Dienstleistungen) in Gewerbeunternehmungen in regelmäßiger Beschäftigung stehen. Die Arbeit muß also für das Unternehmen, nicht für den Unternehmer als Person (der Speditionskutscher, nicht auch der Privatkutscher des Spediteurs), und darf nicht bloß als eine vorübergehende gedacht sein (Schneeschaufler), § 73 ÖGewO. Ob die Arbeit, wie in der Regel, entgolten oder unentgeltlich geleistet wird, ist dagegen unerheblich, so daß der Schutz der Gesetze auch jenem Hilfsarbeiter zuteil wird, der ohne Entgelt arbeitet.

Dieser gesetzliche Hilfsarbeiterbegriff ist so weit, daß er auch manche Handlungsgehilfen und alle Lehrlinge umfaßt. Privatrechtlich fallen aber diese beiden Arbeitergruppen nicht darunter, sondern nur die zu gewerblichen Hilfsdiensten Angestellten, diese allerdings sowohl im Groß- als auch im Kleinbetrieb. Ihr Arbeitsverhältnis ist in den §§ 76ff.

---

[1]) Mataja: Grundriß des Gewerberechtes, 84 ff. (durch die Gesetzgebung zum Teil überholt). Rechtsprechung bei Grünberg: Arbeitsrecht 126 bis 144.

[2]) Grünberg: Arbeitsrecht.

ÖGewO. geregelt, die dann im Laufe der Jahre viele Veränderungen zugunsten der Arbeiter erfahren haben. Hinzugetreten sind unter anderem die Vorschriften über die Betriebsräte, über die Sonn- und Feiertagsruhe; über den achtstündigen Arbeitstag; über das Verbot der Nachtarbeit für Frauen und Jugendliche; über den Arbeiterurlaub; über die Gewerbeinspektoren (siehe § 36 VII). Über Arbeitsordnungen siehe § 6 VI c). Ergänzend gelten die Vorschriften des ÖABGB.

Zwangsversicherung gegen Unfall, Krankheit, Invalidität, Alter, Tod (Ges. v. 1. April 1927, BGBl. Nr. 125), ferner gegen Arbeitslosigkeit.

VIII. Heimarbeiter sind Personen, die, ohne selbständige Unternehmer zu sein, außerhalb der Betriebsstätte ihres Verlegers in dessen Diensten mit der Herstellung oder Bearbeitung von Waren beschäftigt sind (ÖGes. v. 19. Dezember 1918, StGBl. Nr. 140). Es handelt sich da um einen zwar gesetzlich, aber nicht wirtschaftlich scharf umrissenen Begriff; denn den Heimarbeitern stehen die Zwischenmeister (Stückmeister), obwohl selbständige, auch Werkstattgehilfen beschäftigende Gewerbetreibende wirtschaftlich sehr nahe. Das Gesetz behandelt darum auch die Heimarbeiter und die Zwischenmeister im wesentlichen gleich.

Für die Heimarbeiter war schwer zu sorgen. Sie waren wohl am meisten bedrückt. Ihre zerstreuten Arbeitsstätten entzogen sie ebenso der Organisation wie der Aufsicht des Staates. Erst die Republik hat ernstlich versucht, gesetzgeberische Maßregeln zu ihren Gunsten zu treffen.

Jeder Verleger, jeder Faktor (Vermittler zwischen Verleger und Arbeitern), endlich jeder Zwischenmeister, der Werkstattgehilfen beschäftigt, muß diesen Betrieb der Gewerbehörde anzeigen und muß regelmäßige Verzeichnisse der Arbeitnehmer (der Verleger auch der Faktoren) führen (§ 3 bis 5 ÖGes. v. 19. Dezember 1918, StGBl. Nr. 140; V. A. v. 23. Juni 1919, StGBl. Nr. 330) und der Gewerbebehörde sowie dem Gewerbeinspektor Einsicht darin gewähren.

Arbeits- und Lohnbedingungen sind der Gewerbebehörde vorzulegen und an der gemeinsamen Betriebsstätte (etwa am Ablieferungsort) anzuschlagen, überdies jedem Arbeitnehmer zur Kenntnis zu bringen. Zentralheimarbeiterkommissionen haben sich um diese Arbeits- und Lohnbedingungen zu kümmern und sind berechtigt, nach Anhörung der etwa bestehenden Lokalheimarbeiterkommissionen, Mindestlöhne (Mindestpreise) festzusetzen; dem Ministerium für soziale Verwaltung steht dann deren Genehmigung zu, wodurch sie gleichzeitig zwingenden Charakter erhalten. Die Zentralheimarbeiterkommission ist auch befugt, Kollektivverträge zu Satzungen zu erheben (§ 30 ÖGes. v. 19. Dezember 1919, StGBl. Nr. 140; siehe § 36 IV).

Lieferungsbücher hat jeder einzelne Zwischenmeister und Heimarbeiter von seinem unmittelbaren Arbeitgeber zu erhalten (§ 9 ÖGes. v. 19. Dezember 1918, StGBl. Nr. 140; V. A. v. 23. Juni 1919, StGBl. Nr. 329).

Die sonstigen Arbeiterschutzvorschriften gelten auch für Heimarbeiter.

IX. Im Bergbau Angestellte sind entweder Beamte oder Aufseher oder Arbeiter (§ 200 ÖBergges. v. 23. Mai 1854, RGBl. Nr. 146). Dienstordnung. Bruderladen (wohl die ältesten sozialen Versicherungseinrichtungen[1]).

Fünftes Kapitel

Einzelne Verträge

§ 38. Allgemeines

Verträge sind zwei- oder mehrseitige Rechtsgeschäfte, bestehend aus völlig miteinander übereinstimmenden Willenserklärungen über Vertragsleistungen (siehe § 6 I). So viel mögliche und erlaubte Arten von Vertragsleistungen (siehe § 5, IV; § 6 V) es gibt, ebensoviele Vertragsarten sind möglich. Es gibt keine geschlossene Zahl gesetzlich erlaubter Vertragsarten. Zwar regeln sowohl das BGB. als auch das HGB. eine Reihe von Verträgen, und zwar großenteils von solchen, die besonders häufig oder besonders wichtig sind. Aber den Parteien steht es frei, andere Vertragstypen zu bilden, handelt es sich dabei nur um mögliche oder erlaubte Leistungen und wird kein zwingendes Recht verletzt. Insbesondere steht es den Parteien frei, aus zwei gesetzlichen Vertragstypen oder Teilen von solchen eine dritte Type zu bilden, etwa aus den Typen des Gesellschafts- und des Dienstvertrages oder des Miet- und des Pachtvertrages eine neue Type zusammenzustellen, die ihren konkreten Zwecken entspricht.

§ 39. Der Kaufvertrag

I. Im Kaufvertrag verspricht der Verkäufer dem Käufer die Sachübertragung zu Eigentum gegen eine Geldsumme, die zu leisten der Käufer verspricht (§ 1053 ÖABGB.; § 433 DBGB.).

Der Zweck des Kaufvertrages ist danach die entgeltliche freiwillige Eigentumsübertragung.

II. Das Eigentumsrecht ist das dingliche Recht, mit einer Sache nach Belieben zu verfahren und „jedermann“ (?) von Verfügungen über sie auszuschließen (§354 ÖABGB.; §903 DBGB.). Der Eigentümer ist danach

[1]) Menzel: Soziale Gedanken im Bergrecht (in Grünhuts Zeitschr. für das Privat- und öffentliche Recht der Gegenwart XVIII 481 ff.).

der absolute Herr der Sache, mit der er darum nach Willkür, selbst zum allgemeinen Schaden, verfahren darf: der Eigentümer einziger Kunstwerke darf sie vernichten. Dies ist der rein individualistische Eigentumsbegriff, wie ihn das klassische römische Recht kannte; er entsprach dem auch sonst durchaus individualistischen Sinn dieses großen Handelsvolkes; das mittelalterliche deutsche Recht kannte keine derartige Allgewalt des Eigentümers[1]), namentlich nicht über das unbewegliche Gut. Eine Beschränkung des Eigentumsrechtes war freilich auch in Rom möglich; aber sie konnte nur entweder durch den Willen des Eigentümers geschehen (Bestellung von Dienstbarkeiten) oder durch das Andringen von Gläubigern (Exekution), nicht auch aus öffentlichen Interessen. Dieser schroffe und scharfe Begriff des Eigentumsrechtes ist zwar in der Neuzeit in Deutschland eingedrungen, hat sich aber da nicht aufrechterhalten lassen. Zwar ist das Eigentum eine Säule der privatwirtschaftlich orientierten Rechtsordnung geblieben und seine Abschaffung, wie (zwar nicht die sozialdemokratische, aber) die radikaleren Auffassungen sie fordern, die ist nicht erfolgt. Aber das Eigentumsrecht ist vielfach, und zwar in stets steigendem Maß, aus Rücksichten des Gemeinwohls durch zwingende Rechtssätze beschränkt worden.

So macht eine offenbar schikanöse Rechtsausübung den Eigentümer schadenersatzpflichtig (§ 1295/2 ÖABGB.). Verboten ist aus nachbarlichen Rücksichten die übermäßige Grundvertiefung, Abwasserleitung, Bewirkung unüblich starker Gas- und Rauch-, Geruch- und Geräuschentwicklung und dergleichen mehr (§§ 364/2, 364b ÖABGB., § 906 bis 909 DBGB.). Notwege muß der Eigentümer auf seinem Grund einräumen (ÖGes. v. 7. Juli 1896, RGBl. Nr. 140). Gewisse landwirtschaftliche Grundstücke dürfen nur mit der Genehmigung der Grundverkehrskommission veräußert (siehe § 18 II), der Erwerb von Grundstücken durch Ausländer darf beschränkt werden (Ges. v. 4. August 1924, BGB. Nr. 247). Den Gewerbeinspektoren muß der Betriebsinhaber das Betreten und Besichtigen der Arbeitsstätten und Arbeiterwohnräume „jederzeit" gestatten (ÖGes. v. 14. Juli 1921, BGBl. Nr. 402). Mieter und in gewissem Maß auch Pächter sind durch das Mietenges. (siehe § 41 III) und die Pächterschutzordnung gegen willkürliche Kündigung und gegen derartige Bestandzinserhöhungen geschützt.

Die wesentlichste Einschränkung des Eigentumsrechtes aus Rücksichten des öffentlichen Wohles ist jedoch seine Enteignung[2]).

Darunter versteht man eine von der Verwaltungsbehörde um der Wahrung öffentlicher Interessen willen erzwungene Eigentumsabtretung

[1]) Schwind: Deutsches Privatrecht 263.

[2]) Layer: Prinzipien des Enteignungsrechtes.

(oder Eigentumsbelastung). Dieser starke Eingriff in das Eigentumsrecht ist in Österreich an zwei Voraussetzungen geknüpft: a) ein Gesetz muß den Enteignungstatbestand aussprechen, nicht das Ermessen einer Behörde (ÖStGrGes. v. 21. Dezember 1867, RGBl. Nr. 142). Dieser Rechtssatz gilt in allen privatwirtschaftlich orientierten Staaten. b) Die Enteignung hat gegen ein Entgelt, gegen eine Ablösung zu geschehen; der Eigentümer, der seine Sache verliert, soll doch deren Vermögenswert behalten. Dieser Grundsatz von der Notwendigkeit des Entgelts bei der Enteignung stand so fest, daß man früher annahm, erst die Zahlung des Entgelts übertrage das Eigentum (anders beim Kauf IV). Demgemäß hält auch jetzt noch die herrschende Lehre[1]) an dem Erfordernisse fest, daß in Österreich Enteignungen nur gegen Geldentschädigungen rechtlich zulässig seien. Natürlich ist, daß ein österreichisches Gesetz diesen Rechtszustand für Österreich zu ändern vermag. In der Tat ist durch die ÖGes. vom 3. April 1919, StGBl. Nr. 209 und vom 30. Oktober 1919, StGBl. Nr. 501 in Österreich (anders in Deutschland) die Enteignung des hofärarischen und des sonst gebundenen Vermögens des früheren Herrscherhauses ohne die Gewährung eines Entgelts verordnet worden. Die sozialdemokratische Partei hat auch versucht, den Grundsatz der Unentgeltlichkeit von Enteignungen auszubauen und diese Unentgeltlichkeit bei dem sogenannten Schlössergesetz durchzusetzen, dies jedoch ohne Erfolg. Es ist denn auch in allen weiteren Enteignungsfällen dabei geblieben, daß die Enteignung gegen Entschädigung zu geschehen habe.

Das gilt z. B. von der Enteignung der Zinsgründe, der Luftkeuschengrundstücke und der „gelegten" Bauerngüter auf Grund der ÖGes. vom 4. Dezember 1918, StGBl. Nr. 94; vom 11. Mai 1921, BGBl. Nr. 294; vom 26. April 1921, BGBl. Nr. 273 und vom 31. Mai 1919, StGBl. Nr. 310 (Fassung v. 25. November 1921, BGBl. Nr. 688), also von den Enteignungen behufs Schaffung eines selbständigen kleinen Bauernstandes. Ebenso steht es um die Enteignungen von Schlössern und sonstigen Luxusgebäuden für Volkspflegestätten (ÖGes. v. 30. Mai 1919, StGBl. Nr. 309; v. 17. März 1921, BGBl. Nr. 175; siehe § 41 III), von Ödland zugunsten von Spiel-, Sport- und Turnplätzen (ÖGes. v. 22. Juli 1920, StGBl. Nr. 335), von Grundstücken zur Verbesserung der Wohnverhältnisse der minder bemittelten Bevölkerung (ÖGes. v. 4. Februar 1919, StGBl. Nr. 82) oder zur Ausnützung von Thermalquellen (Ges. v. 11. August 1923, BGBl. Nr. 376 für Schallerbach), also um Enteignungen aus Rücksichten der Jugendfürsorge und Volksgesundheit.

---

[1]) Ehrenzweig: System des allgemeinen Privatrechtes I/3, S. 240 Ebenso das Deutsche Sozialisierungsges. vom 23. März 1919, RGBl. Nr. 311; jetzt Art. 156 DReichsverf. Anders Art. 109 csl. Verfassungsurkunde: Entgeltlichkeit der Enteignung ist Regel; aber Ausnahmen sind zulässig.

Derselbe Grundsatz der Entgeltlichkeit ist endlich auch dann aufrechterhalten, wenn es sich um Enteignungen aus rein wirtschaftlichen, insbesondere aus Verkehrsrücksichten handelt, so bei jenen zugunsten von Bundesstraßen, Eisenbahnen, Schleppgleisen, Bergbau, öffentlichen Lagerhäusern, Starkstromanlagen gemeinnütziger Art, insbesondere solcher von Gebietskörperschaften und gemeinwirtschaftlichen Anstalten (ÖElektrizitätswegeges. v. 7. Juni 1922, BGBl. Nr. 384) oder von Wirtschaftsbetrieben „aus Gründen des öffentlichen Wohles" (ÖGes. v. 4. März 1919, StGBl. Nr. 181 über die Vorbereitung der Sozialisierung).

Weitere Enteignungsfälle: Kriegswaffen; Friedhöfe.

III. Damit der Verkäufer das Eigentum übertragen könne, muß er (sollte man meinen) selbst der Eigentümer sein; denn niemand kann mehr Rechte übertragen, als er selbst hat (§ 442 ÖABGB.). Der Satz scheint einwandfrei, ist aber für den Wirtschaftsverkehr in dieser Schroffheit unbrauchbar, weil er dem Käufer eine den Verkehr bisweilen unerträglich belastende Nachforschungspflicht darüber aufbürdet, ob der Verkäufer auch der Eigentümer sei[1]).

a) Bei unbeweglichen Sachen ist diese Prüfung allerdings dann leicht, wenn sie in einem Grundbuch stehen: denn wer im Grundbuch (§ 12 VIIc) Blatt B als Eigentümer eingetragen ist, der gilt als solcher, kann wirksam Eigentum übertragen, und nur er vermag es[2]). Da bedarf es daher keiner Ausnahme von dem Satze, daß nur der Eigentümer Eigentum an den Käufer übertragen könne. Verkaufen kann und darf freilich jeder (also auch der Nichteigentümer) eine unbewegliche Sache, und kein Kaufvertrag ist etwa deshalb ungültig, weil der Verkäufer nicht der Eigentümer ist (Verkauf in bianco); es ist eben seine Sache, sich das Eigentum am Kaufgegenstand nun zu erwerben. Aber das Eigentum kann er erst dann übertragen, wenn er es selbst hat.

b) Anders steht es, wenn die unbewegliche Sache nicht in einem Grundbuch steht, sei es, daß dies von vornherein nicht der Fall war, sei es, daß das Grundbuch (z. B. durch Feuer) unterging. Da ist Eintragung unmöglich. An ihre Stelle tritt nicht die Liegenschaftsübergabe, sondern die Urkundenhinterlegung bei Gericht. Ohne sie also kein Eigentumsübergang. Aber sie steht nicht unter dem Publizitätsprinzip, bewirkt Eigentumsübergang vielmehr nur dann, wenn der Veräußerer Eigentümer war[3]) (§ 434 ÖABGB); darum muß sich also der Erwerber auf eigene Gefahr kümmern.

---

[1]) Wellspacher: Vertrauen auf äußere Tatbestände.

[2]) Die Ausnahmen bleiben hier beiseite.

[3]) Ehrenzweig I/2, S. 235 ff.

c) Für bewegliche Sachen gibt es nie ein Grundbuch, aus dem der Käufer sich über die Eigentumsverhältnisse belehren könnte. Darum erwirbt der redliche Käufer (oder sonstige Erwerber gegen Entgelt) durch die Übergabe das Eigentum auch vom Nichteigentümer, wenn er die Sache erworben hat: 1. in einer öffentlichen Versteigerung, sei sie eine zwangsweise, sei sie eine freiwillige von einer Behörde, 2. von einem zu diesem Verkehr befugten Gewerbsmann (nicht vom Urproduzenten) oder von einem Kaufmann in dessen Handelsbetrieb (§ 367 ÖABGB.; Art. 306 ÖHGB., weitergehend §§ 933, 935 DBGB.; § 366 DHGB.), 3. von jenem, dem sie der Eigentümer anvertraut hat; „Hand muß Hand wahren" (§ 367 ÖABGB.; siehe auch § 40 X), 4. vom Masseverwalter, § 44/2 ÖKO.[1]). Diese vier Tatbestände beherrschen einen großen Teil des rechtsgeschäftlichen Verkehrs des täglichen Lebens. Infolge dieser Rechtssätze des § 367 ÖABGB., Artikel 306 ÖHGB., § 44 ÖKO. verliert der Eigentümer einer beweglichen Sache das Eigentumsrecht, wenn ein Gutgläubiger sie entgeltlich, und zwar auf eine der unter 1. bis 4. genannten Arten erworben und dann übergeben erhalten hat (der Uhrmacher verkauft eine ihm zur Reparatur übergebene Uhr, der Fabrikant die aus ausländischen Rohstoffen verfertigte Ware trotz des gehörig registrierten Eigentumsvorbehaltes, ÖVA. v. 16. Juli 1920, StGBl. Nr. 320[2]). Der frühere Eigentümer hat nicht einmal den Ersatzanspruch gegen den neuen Eigentümer, sondern nur einen solchen „gegen jene, die ihm dafür verantwortlich sind", § 367 ÖABGB., also z. B. gegen den obgenannten Uhrmacher.

IV. Der Kaufvertrag soll das Eigentum übertragen. Aber der Vertragsabschluß allein bewirkt den Eigentumsübergang weder bei beweglichen noch bei unbeweglichen Sachen. Hiezu bedarf es vielmehr bei unbeweglichen Sachen noch der Eintragung des neuen Eigentümers in das Grundbuch[3]) oder in Ermanglung eines solchen der Urkundenhinterlegung bei Gericht, wozu in beiden Fällen die Einverleibungs- (Hinterlegungs-) Bewilligung durch beglaubigte Unterschrift des bisherigen Eigentümers unerläßlich ist (§ 18 II). Bei beweglichen Sachen ist zum Eigentumsübergang neben dem Kaufvertrag[4]) entweder (Regel) die körperliche Übergabe von Hand zu Hand oder die Übergabe durch Zeichen (Kellerschlüssel zum Weinlager) oder durch Erklärung (der Uhrmacher erklärt, die verkaufte Uhr nun für den Käufer

[1]) Art. 307 ÖHGB. (Inhaberpapiere betreffend) kommt nicht in Betracht.

[2]) Gilt nur für die vor dem 1. Januar 1926 registrierten Eigentumsvorbehalte.

[3]) Bei der zwangsweisen gerichtlichen Versteigerung wird das Eigentum allerdings durch den Zuschlag erworben, § 237 ÖEO.

[4]) Oder neben dem sonstigen Erwerbstitel.

zu verwahren) oder durch Indossierung oder sonstigen Rechtsübergang des Lagerbesitzscheines (§ 45 VII) notwendig. Auch wenn die gekauften Sachen dem Käufer zugeschickt werden, wird er doch erst durch die Übergabe an ihn der Eigentümer. Die Übergabe an den Spediteur oder Frachtführer überträgt zwar der Regel nach (nachgiebiges Recht) die Transportgefahr, aber nicht das Eigentum auf den Käufer, dieser habe denn die Übersendungsart bestimmt oder genehmigt (§ 429 ÖABGB.; Art. 345 ÖHGB.; § 447 DBGB.[1]).

Für den Eigentumsübergang ist es ohne Belang, ob der Kaufpreis bezahlt ist oder nicht. Doch kann dem bei beweglichen Sachen durch einen vertragsmäßigen Eigentumsvorbehalt Bedeutung beigelegt werden (Ratengeschäfte; § 455 DBGB.; ausländische Rohstoffe, V.A. v. 16. Juli 1920, StGBl. Nr. 319).

V. Die wesentlichen Kaufvertragsbestandteile sind: Ein Kaufgegenstand; ein bestimmter Preis in Geld, §§ 1053, 1054 ÖABGB.; § 433 DBGB.; fehlt einer dieser Bestandteile, so liegt kein Kaufvertrag oder noch kein solcher vor.

Der Kaufgegenstand kann eine bewegliche oder unbewegliche, eine körperliche oder unkörperliche (Unternehmen), eine feste, flüssige oder gasförmige (Gaszuleitungsvertrag) Sache, auch eine elektrische Energie[2]) sein. Sie muß nicht gerade im Eigentum des Verkäufers, aber überhaupt in jemandes Eigentum stehen (herrenlose Sachen!) und Gegenstand des rechtlichen Verkehrs nach den Gesetzen des Ortes sein können, an dem die bewegliche oder unbewegliche Sache liegt[3]). Befindet sich das Kaufstück in Österreich, so entscheiden also die österreichischen Gesetze darüber, ob es verkäuflich sei. Österreichische Monturstücke sind in Österreich kein Gegenstand eines gültigen Kaufvertrages, wohl aber im Auslande.

Gattungskauf (ein Waggon Kohle) und Individualkauf (ein Waldmüller-Gemälde); Untergang des Kaufstückes bewirkt beim Individualkauf Unmöglichkeit der Erfüllung.

Der Kaufpreis muß in barem Geld in- oder ausländischer Währung bestehen. Ausländische Währung kann als „effektive" vereinbart sein und da ist der Käufer verpflichtet, in ihr zu zahlen; andernfalls darf er — in Österreich nur in Handelssachen, § 6 VIc — in ö. S nach dem Umrechnungskurse (nicht des Fälligkeits-, sondern) des Zahlungstages

---

[1]) Im Konkurse des Käufers darf der Absender noch nicht völlig bezahlter Waren das Verfolgungsrecht trotz des Eigentumsüberganges ausüben, § 45 ÖKO., § 44 DKO.; Bartsch-Pollak: Konkursordnung zu § 45.

[2]) OGH. vom 11. Juli 1899 GlUNF. 669; vom 19. Oktober 1922, SZ. IV/85.

[3]) Walker: Internationales Privatrecht 296.

leisten, Artikel 336 ÖHGB.; § 361 DHGB.; § 244 DBGB. Der Kaufpreis muß bestimmt oder doch zweifelfrei bestimmbar sein, etwa durch die „Zirkaklausel"[1]) oder die Vereinbarung des Marktpreises eines bestimmten Tages oder durch den Hinweis auf frühere Preisvereinbarungen (Preis „wie gehabt"), §§ 1054, 1058 ÖABGB.; auch darf die Preisbestimmung einem Dritten mit dessen Zustimmung übertragen werden, § 1056 ÖABGB. Preistaxen, Höchstpreise, Richtpreise (ÖPreistreiberges. v. 9. März 1921, BGBl. Nr. 253).

VI. Die Vertragsform bestimmt sich nach dem Orte des Vertragsabschlusses. In Österreich abgeschlossene Kaufverträge mit Ausnahme jener unter Ehegatten sind daher formfrei. Die Kaufverträge zwischen Ehegatten bedürfen dagegen zu ihrer Gültigkeit des Notariatsaktes (ÖGes. v. 25. Juli 1871, RGBl. Nr. 76), und zwar auch bei Handelsgeschäften (streitig).

Handelt es sich aber um einen Kaufvertrag über ein unbewegliches Gut, so müssen sowohl die Formvorschriften des Ortes des Vertragsabschlusses als auch jene des Ortes beobachtet werden, in welchem das Grundstück liegt: in Berlin abgeschlossener Kaufvertrag über ein in Linz liegendes Haus. Freilich sind demnach in Österreich mündlich abgeschlossene Kaufverträge über in Österreich liegende unbewegliche Sachen gültig. Dieser sehr bedauerliche Rechtszustand ist aber jetzt dadurch gemildert, daß der Verkäufer gewisser land- und forstwirtschaftlicher Grundstücke vom Kaufvertrage zurücktreten darf, insolange mangels Genehmigung der Grundverkehrskommission keine einverleibungsfähige Vertragsurkunde vorliegt (§ 21 ÖGrundverkehrsges.; siehe § 18 II).

VII. Über Erfüllungsort, Erfüllungszeit, Erfüllungsart siehe § 6 VI. Über die Währungsfrage siehe oben V.

Partieware; Ramschware.

VIII. Pflichten des Verkäufers: a) Aufbewahrungspflicht bis zur richtigen Erfüllungszeit, Artikel 343 ÖHGB.; oben § 6 VI b; b) Ablieferungspflicht, und zwar zu Eigentum, § 429 ÖABGB.; Artikel 345 ÖHGB.; § 447 DBGB.; c) Gewährleistung[2]), § 10 VIII d; d) Tragung der Transportkosten („franko Salzburg"), Artikel 345 ÖHGB; e) Tragung der Gefahr, spätestens bis zur Übergabe — alles nachgiebiges Recht.

Pflichten des Käufers: a) Annahme der Ware (unerzwingbar[3]) trotz Art. 346 ÖHGB.), b) (Prüfung und) spezialisierte Bemänglung derselben auf Qualitätsmängel bei Distanzhandelsgeschäften nach Artikel 347 bis 349 ÖHGB. (offene Mängel alsbald nach Empfang, geheime alsbald nach Entdeckung, spätestens innerhalb sechs Monaten;

---

[1]) OGH. vom 13. Oktober 1909, GlUNF. 4752.

[2]) Hanausek: Haftung des Verkäufers.

[3]) JudB. 179.

siehe auch § 47 IIIc), bei Platzgeschäften nach Handelsbrauch und in Ermanglung eines solchen nach § 933 ÖABGB. innerhalb sechs Monaten, bei Viehmängeln innerhalb sechs Wochen; Bemänglung von Quantitätsmängeln stets nach § 933 ÖABGB. (anders §§ 477, 478 DBGB.; § 377 DHGB., die auch mit Recht nicht zwischen Platz- und Distanzgeschäften unterscheiden). Die Rechtsfolgen der unterbliebenen, verspäteten oder unzureichenden Bemänglung sind Verzeihung der nicht gerügten Mängel (Ausnahmen [zwingenden Rechtes]: Betrug des Verkäufers, Art. 350 ÖHGB.; Ratengeschäft). Über die Gewährleistungsansprüche, die sich an die ordnungsmäßige Bemänglung knüpfen, siehe § 10 VIIId. c) Einstweilige Aufbewahrung der bemängelten Ware bei Distanzgeschäften, Artikel 348 ÖHGB.; § 379 DHGB. d) Zahlung, §§ 904, 1412 ÖABGB. Warenskonto (Rabatt); Kassaskonto.

IX. Erfüllungsverzug beim Handelskauf.

a) Der Lieferungsverzug des Verkäufers bei Fix- (§ 6 VIb) und Nichtfixgeschäften, Artikel 355 bis 357 ÖHGB.; § 376 DHGB. Die Nachfrist (nicht bei Fixgeschäften). Die Wahl: Rücktritt; Rücktritt + Schadenersatz wegen Nichterfüllung; Nachlieferung + Ersatz wegen Verspätung. Bei der getroffenen Wahl (sie laute denn auf die nachträgliche Erfüllung) muß der Käufer bleiben. Konkreter oder abstrakter Schadenersatz (§ 8 IVc); der Käufer kann sich aber auch mit dem Anspruch des §§ 908 ÖABGB. hinsichtlich des Angeldes begnügen (§ 12 II), wodurch er sich den schwierigen Beweis des Schadens erspart.

b) Der Empfangsverzug des Käufers: wenn der Kaufpreis bezahlt ist, Artikel 343 ÖHGB., § 373 DHGB. (Hinterlegung, Selbsthilfeverkauf); wenn der Kaufpreis nicht bezahlt ist, Artikel 354 ÖHGB. (nachträgliche Erfüllung, Selbsthilfeverkauf, Rücktritt).

c) Zahlungsverzug des Käufers: Artikel 354 ÖHGB., wenn das Gut noch nicht übergeben ist: Rücktritt; Selbsthilfeverkauf (aber kein abstrakter Ersatzanspruch!); Erfüllung + Ersatz wegen Verspätung. § 1333 ÖABGB. (nachträgliche Zahlung + Verzugszinsen), wenn das Gut übergeben ist.

d) Der Annahmeverzug des Verkäufers: Hinterlegung des Gutes beim Gericht des Erfüllungsortes, § 1425 ÖABGB.; § 372 DBGB.

X. Anhang. Die Zusendung unbestellter Ware ist der Regel nach ein Realoffert, ein Antrag statt mit Worten mit Handlungen; es gelten daher die Regeln für Anträge, siehe § 6 IVa.

Wird jedoch die unbestellte Ware verbunden mit bestellter gesendet, so bestimmt manchmal (so bei Flüssigkeiten in Fässern) der Handelsbrauch, daß das Übermaß angenommen und bezahlt werden muß, als wäre es bestellt. Auch sonst müssen unbedeutende Mehrsendungen angenommen und bezahlt werden; ein anderes Verhalten wäre Schikane.

Ist aber die Mehrsendung erheblich und von der bestellten Ware nicht oder schwer trennbar, so darf der Käufer die ganze Sendung zurückweisen.

§ 40. Einzelne Arten von Kaufverträgen

I. Vorbemerkung: Handelsgeschäfte, absolute (unter anderen Spekulation à la hausse, à la baisse), relative (nur bei Gewerbemäßigkeit; z. B. Geschäfte des Bankiers, der Sparkasse), Hilfshandelsgeschäfte (nur von einem Kaufmann; z. B. Schuldübernahme, Anstellung eines Fabriksarztes); Artikel 271 bis 274 ÖHGB. (anders §§ 343, 344 DHGB.). Immobiliargeschäfte; Artikel 275 ÖHGB. (siehe § 18 I). Über das Anwendungsgebiet des 4. Buches des ÖHGB. siehe § 4, I b; Artikel 277 ÖHGB. (§ 345 DHGB.).

II. Der Kauf auf Probe ist ein bedingter Kauf, bei dem die Erfüllung der Bedingung in der Willkür des Käufers liegt. Die Bedeutung seines Stillschweigens, wenn er die Ware mitnimmt (Genehmigung); wenn er sie nicht mitnimmt (Ablehnung), Artikel 339 ÖHGB.; §§ 594, 496 DBGB. Hat der Käufer bis zu seiner Erklärung das Kaufstück in Gewahrsam, so haftet er jedenfalls gleich einem Entlehner für den unmittelbaren und mittelbaren Schaden als die Folge irgendeines Verschuldens seinerseits, §§ 979, 1080 ÖABGB.

III. Beim Kauf nach Probe sind die Eigenschaften des Kaufgegenstandes lediglich statt durch Worte durch ein Muster bezeichnet, Artikel 340 ÖHGB.; § 494 DBGB.

IV. Der Kauf zur Probe ist ein Kauf lediglich unter der Angabe des Grundes hiefür, Artikel 341 ÖHGB.

V. Der Kauf auf Abruf (eine Art des Sukzessivlieferungsvertrages) überläßt die Bestimmung der Erfüllungsfrist für die Warenlieferung dem Käufer bisweilen mit, bisweilen ohne Bestimmung des Endtermins. Hiebei wird vorausgesetzt, daß der Käufer sich beim Abruf an die Usancen halten werde; in Ermanglung von solchen Usancen müßte auf Klage der Richter die Fristen festsetzen, innerhalb welcher, und die Mengen, welche jeweils abzuberufen sind. Ruft der Käufer nicht rechtzeitig ab, so gerät er in den Annahmeverzug.

VI. Der Kauf auf Borg, auf Kredit. Wichtig beim Empfangsverzug des Käufers hinsichtlich der Ware und beim Zahlungsverzug des Käufers; siehe § 39 IX. Wirtschaftlich wichtig wegen des Zusammenhanges mit dem Realkredit, § 12 VII (Pfandrecht), § 12 IX (Buchforderungseskompt).

Redewendungen: „Ziel vier Monate“, „Ziel vier Monate gegen Akzept oder Kasse 2% Skonto“, „Kassa“, „Netto Kassa“, „Prompte Kassa“.

VII. Unter Ratengeschäften (in Deutschland: Abzahlungsgeschäften) versteht man Verkäufe, bei denen das Gut alsbald dem Käufer zu übergeben, der Kaufpreis aber im nachhinein in gleichen Fristen und Teilbeträgen zu bezahlen ist. Es sind also Verkäufe auf Borg, die dem Käufer die Preisabstattung in Teile zerlegen. Das sieht sich wie eine Begünstigung des Käufers an und ermöglicht diesem in der Tat die Anschaffung mancher lebenswichtiger Gegenstände (so der Näherin den Erwerb einer Nähmaschine). Die Nachteile solcher Ratengeschäfte sind jedoch oft sehr groß; namentlich haben die Ratenhändler nicht nur die Preise hoch gestellt, was wegen des mit diesen Geschäften verbundenen Risikos nicht wundernehmen kann; sondern sie haben auch durch Vertragsbestimmungen die Rechtsstellung der Käufer sehr verschlechtert. Nur gegen das letztere richtet sich das ÖGes. vom 27. April 1896, RGBl. Nr. 70; das DGes. vom 16. Mai 1894.

Es betrifft das österreichische Gesetz nur Verkäufe beweglicher Sachen durch gewerbemäßige Verkäufer an Nichtkaufleute[1]). Für diese Verkäufe sind unter anderem folgende zwingende Rechtssätze aufgestellt: Der Terminverlust (§ 10 VIIIb) darf zu Rechtsnachteilen — außer der Verzugszinsenzahlung — nur führen, wenn zwei aufeinanderfolgende Raten nicht bezahlt wurden (in Deutschland überdies nur, wenn der Rückstand $^1/_{10}$ des Kaufpreises ist). Der Verkäufer darf den Eigentumsvorbehalt[2]) (§ 39 IV) vereinbaren, muß aber, macht er dann vom Vorbehalte Gebrauch, die empfangenen Ratenzahlungen samt Zinsen dem Käufer zurückbezahlen (ebenso in Deutschland); wohl darf der Verkäufer dafür eine Abnützungsgebühr vom Käufer fordern, doch darf deren Höhe nicht im Vertrage, nur vom Gerichte bestimmt werden. Die Bemängelung der Ware ist rechtzeitig, solange der Kaufpreis nicht bezahlt ist (§ 39 VIII). Die Einwendung der Verletzung über die Hälfte des wahren Wertes ist trotz Artikel 286 ÖHGB. zulässig. Die Vereinbarung eines Gerichtsstandes und der Gerichtsstand des Erfüllungsortes haben nicht statt; hiedurch soll bewirkt werden, daß der Käufer am Gerichte seines Wohnsitzes geklagt und daß ihm hiedurch seine Verteidigung erleichtert wird.

VIII. Zeitgeschäfte sind Geschäfte mit einer vertragsmäßig hinausgeschobenen Erfüllungspflicht für die Warenlieferung. Die Artikel 326 bis 333 ÖHGB., die §§ 358, 359 DHGB., § 904 ÖABGB. geben Auslegungsregeln für die handelsüblichen Ausdrücke einer solchen Vereinbarung (siehe § 6 VIb); unter ihnen wird hervorgehoben, daß die Erfüllung mangels einer abweichenden Vereinbarung während der gewöhnlichen Geschäftszeit geleistet und angenommen werden muß, und

[1]) Genauer: An Personen, die damit kein Handelsgeschäft ihrerseits abschließen.

[2]) Klang: Exszindierungstypen.

daß der einem Sonntag oder allgemeinen Feiertag nächstfolgende Werktag im Zweifel dann als der vereinbarte Erfüllungstag gilt, wenn der vereinbarte Zeitpunkt der Erfüllung auf diesen Sonntag oder allgemeinen Feiertag fällt.

Diese Zeitgeschäfte sind entweder Fixgeschäfte oder Nicht-Fixgeschäfte. Welche der beiden Vereinbarungen getroffen wird, das hängt davon ab, wie wichtig den Parteien die Rechtzeitigkeit der Erfüllung ist. In der Regel werden sie es damit nicht besonders genau nehmen, wird der Empfangsberechtigte mit einer gewissen Unpünktlichkeit bei der Erfüllung einigermaßen rechnen. Will er das nicht, so muß er die Zeitbestimmung zur Bedingung des Vertrages (§ 5 II) bei dessen Abschluß erheben, was freilich ohne die Zustimmung des Vertragsgenossen nicht geht.

Der Unterschied zwischen diesen beiden Arten der Zeitgeschäfte zeigt sich beim Lieferungsverzug; siehe darüber § 39 IX.

Fixgeschäfte sind im Verkehr (mit Ausnahme etwa der Börsegeschäfte) nicht üblich. Darum bedeuten die Vereinbarungen „prompt", „sofort", „schleunigst", „am 10. Oktober" dafür nichts. Es muß eben dem Leistungspflichtigen beim Vertragsabschluß außer Zweifel gestellt sein, daß der Besteller eine verspätete Lieferung nicht brauchen kann und nicht annehmen wird; daher bedeutet die Bestellung eines Hutes „als Weihnachtsgeschenk", einer Torte „für den nächsten Sonntag" allerdings die Vereinbarung eines Fixgeschäftes.

IX. Börsegeschäfte. Börsen[1]) sind eine Art von Märkten, deren Entstehung in das 16. Jahrhundert fällt. Eine gesetzliche Begriffsbestimmung der Börse fehlt in Österreich wie in Deutschland. Man pflegt unter Börsen korporativ organisierte Märkte zu verstehen, deren Warenhandel sich nicht in individuellen, sondern in typischen (Börsenusancen, § 6 III) Formen und Preisen vollzieht, die dann offiziell erfaßt werden (Börsenkurse). Die Börsen bedürfen staatlicher Genehmigung; Winkelbörsen sind verboten, gelten nicht als Börsen und die an ihnen abgeschlossenen Geschäfte sind (zwar unter Umständen börsenmäßige, aber) keine Börsegeschäfte.

Börsegeschäfte[2]) sind vielmehr nur die Verträge, die im Börsenlokal zur Börsezeit über solche Waren abgeschlossen werden, welche an dieser Börse gehandelt und notiert werden dürfen (§ 12 ÖBörseGes. v. 1. April 1875, RGBl. Nr. 67). Das ist also eine rein formale Begriffsbestimmung des Börsegeschäftes (Abschluß eines gleichartigen Geschäftes

---

[1]) Hellauer: Welthandelslehre, 233 ff.; Hammerschlag und Petritsch: Artikel „Börsen und Börsengeschäfte" im Österr. Staatswörterbuch I.; Pisko in Ehrenbergs Handb. II, 525 ff.

[2]) B. Mayer: Die Effektenbörse und ihre Geschäfte; Pisko: Lehrb., 233 ff.

auf der Treppe im Börsengebäude ist kein Börsegeschäft!). Nur die so bestimmten Geschäfte sind als Börsegeschäfte Handelsgeschäfte und nur bei ihnen ist die Einwendung von Spiel und Wette[1]) ausgeschlossen (§§ 13, 14 ÖBörseGes.); auch ist zugunsten bestimmter Börsegeschäfte, nämlich der Pfand-, Prolongations- und Kostgeschäfte (siehe unten), das vertragsmäßige Pfandrecht des Artikels 311 ÖHGB. dahin erweitert, daß der Pfandvertrag die Klausel des Verzichts auf die Gerichtsteilnahme bei der Vollstreckung nicht in schriftlicher Form zu enthalten braucht; siehe § 12 VIIg.

Die Börsegeschäfte sind zwar keineswegs alle, aber doch zum großen Teile Terminhandelsgeschäfte (§ 6 III), das sind Verträge typischen, möglichst gleichen Inhalts, nach Usancen abgeschlossen, mit einer auf usancemäßig bestimmte Tage hinausgeschobenen Erfüllungsfrist, deren Geschäfts-Abwicklung dann durch eben diese Umstände in weitem Maße (statt durch die effektive Erfüllung) durch Auf- und Abrechnung möglich ist und geschieht. Solche Terminhandelsgeschäfte sind der Regel nach zulässig, mögen sie Börsegeschäfte sein oder nicht. Terminhandelsgeschäfte in Getreide und Mahlprodukten sind aber sowohl als Börsegeschäfte als auch als (außerhalb des Börselokals oder der Börsezeit oder von Nicht-Börseanern abgeschlossene) börsenmäßige Geschäfte verboten, ungültig und, wenn gewerbemäßig betrieben, strafbar[2]) (ÖGes. v. 4. Jänner 1903, RGBl. Nr. 10).

Einzelne Börsegeschäfte: a) Kassageschäft, zur Spekulation à la hausse; b) Kauf und Verkauf auf den nächsten Stichtag, zur Spekulation à la hausse und à la baisse; c) Prämiengeschäfte mit einem Variationsrecht für eine oder beide Vertragsparteien. Vorprämie mit Rücktrittsrecht für den Käufer; Nachprämie mit Rücktrittsrecht für den Verkäufer; Zweiprämiengeschäft für beide Parteien; Stellage mit dem Variationsrecht, ob man Käufer oder Verkäufer sein wolle; zweischneidiges Prämiengeschäft als die Verbindung irgendeines der obgenannten Prämiengeschäfte mit der Stellage; das Nochgeschäft oder der Schluß auf fest und offen; das Eskomptegeschäft mit dem Wahlrecht des Käufers, ob er die vorzeitige oder die rechtzeitige Erfüllung wolle (die Prämie steckt im écart); d) Kost- (Report-) Geschäfte sind Prolongationsgeschäfte, die sich in der Form von Kauf- und gleichzeitigen Verkaufsverträgen abwickeln; Report, déport (Kostgeld). Die rechtliche Klassifikation dieses Börsegeschäftes ist sehr streitig; es wird auch als Pfandgeschäft behandelt, indem man es mit dem Lombardgeschäft in Zusammenhang bringt; siehe § 12 VIIg.

---

[1]) Pisko: Lehrb., 239; Hammerschlag: Über die Rückforderbarkeit der Deckung bei Differenzgeschäften.

[2]) Pisko: Lehrb., 244 ff.

X. Der Verkaufsauftrag, Trödelvertrag[1]), (§§ 1086 ff. ÖABGB.) ist ein Kauf, bei dem der Käufer die Wahl hat, die Ware innerhalb einer vereinbarten Frist zurückzustellen oder den besprochenen Kaufpreis zu bezahlen. Der Beauftragte verkauft im eigenen Namen weiter und lebt nicht von Provisionen, sondern vom Überpreis. Nach dem Fristablauf ist der Käufer nur mehr zur Preisbezahlung verpflichtet, der Verkäufer nur zur Preisforderung berechtigt, auch wenn der Käufer die Ware noch hat; diese ist infolge des Fristablaufes das Eigentum des Käufers geworden (sie sei denn schon Eigentum eines Dritten).

Dieser Vertrag ist der regelmäßige des Verlegers mit dem Sortimenter, des Geschäftsherrn mit Hausierern, also oft mit kapitalschwachen Leuten. Er schützt den Geschäftsherrn nicht zureichend, weil dieser sein Eigentum am Kaufgegenstand nicht nur mit dessen Weitergeben an einen Dritten verliert — was dem Parteienwillen entspricht —, sondern auch durch den obgenannten Fristablauf; namentlich ist der strafrechtliche Schutz des Geschäftsherrn gegen Veruntreuungen des Hausierers zu schwach, weil an diese Frist gebunden. Darum hat der Geschäftsverkehr die selbständige Geschäftsform des „Waren in Kommission geben“ gebildet, die deshalb kein Kommissionsauftrag (§ 46) ist, weil der Überpreis dem Zwischenhändler gehört, die aber auch mangels der Befristung (für die Zurückstellung des Kaufstückes) kein Verkaufsauftrag im Sinne des § 1086 ÖABGB. ist.

XI. Manche Arten der Kaufverträge sind im Handelsverkehr ohne Bedeutung. So der Kauf mit Vorbehalt des Wiederkaufsrechtes (zur Wuchervermeidung nur bei unbeweglichen Sachen zulässig), mit Vorbehalt des Vorkaufsrechtes (Frist bei beweglichen Sachen 24 Stunden, bei unbeweglichen 30 Tage), mit Vorbehalt des besseren Käufers (nach Belieben des Verkäufers).

XII. Anhang. Der Kauf in der Zwangsversteigerung (siehe § 12 VIIg) beruht nicht auf einem Vertrag, sondern auf einer Gerichtsentscheidung (streitig[2]). Ungenau gesprochen: Das Gericht schlägt zu ohne, ja wider Willen des Eigentümers (Verpflichteten). Dieser Unterschied zwischen dem gerichtlichen Verkauf in der Zwangsversteigerung und dem Kaufvertrage könnte unbesprochen bleiben, hätte die Differenz nicht erhebliche praktische Folgen.

Sie bestehen im wesentlichen in folgendem: Der Erwerber darf nicht auf die Übergabe klagen (statt der Klage die Beschwerde) und darf nicht auf Zahlung belangt werden (statt des letzteren die Wiederversteigerung auf seine Gefahr). Es findet keine Gewährleistung und keine Einwendung wegen der Verletzung über die Hälfte des wahren

---

[1]) Schey: Obligationsverhältnisse, § 68.

[2]) Pollak: Zivilprozeßrecht, 786 ff.; Walker: Grundriß des Exekutionsrechts, 176/1.

Wertes statt. Dafür erwirbt der Erwerber den erstandenen Gegenstand grundsätzlich (hauptsächliche Ausnahme: manchmal die Hypothekenübernahme) frei von dinglichen und persönlichen Lasten (§§ 154; 278 ÖEO.; § 935 ÖABGB.) zu Eigentum, und zwar auch dann, wenn der Verpflichtete gar nicht der Eigentümer war (§ 367 ÖABGB., § 269 EO.; siehe § 39 III).

§ 41. Der Mietvertrag[1])

I. Der Bestandvertrag hat zum Zwecke: die Gebrauchsüberlassung einer unverbrauchbaren Sache auf gewisse Zeit und gegen einen bestimmten Preis (§ 1090 ÖABGB.; das deutsche Recht behandelt Miete und Pacht getrennt). Er ist entweder ein Miet- oder ein Pachtvertrag, je nachdem dem Bestandnehmer bloß der Gebrauch oder auch die Fruchtziehung überlassen wird. Daher sind Miet- und nicht Pachtverträge die Gebrauchsüberlassung eines Theatergebäudes zum Theaterbetriebe, die eines Saales zum Kinobetrieb, die eines Gasthaussaales zum Betriebe eines Gasthausgewerbes. Unternehmungen dagegen, wie ein Gastwirtgeschäft, werden nicht gemietet, sondern gepachtet.

Der Mietvertrag ist sowohl in Österreich als auch in Deutschland als auch in der Tschechoslowakei in den bürgerlichen Gesetzbüchern geregelt. Dieselben werden jedoch (nicht für alle, aber) für einen erheblichen Teil der Mietverträge von Wohnungen und Geschäftslokalen durch die Mietengesetze (ÖGes. v. 7. Dezember 1922, BGBl. Nr. 872; DMSchGes. v. 30. Juni 1926; CslGes. v. 25. April 1924, Slz. Nr. 85, 86; dazu Vdg. v. 26. Juli 1924) hinsichtlich Kündigung und Mietzinsbestimmung geändert.

II. Der Mietvertrag gibt dem Mieter das Gebrauchsrecht der beweglichen („Leihbibliothek“, Mietpferd) oder unbeweglichen Sachen durch eine gewisse Zeit. Er ist formfrei (für Grundstückmiete zum Teil anders, § 566 DBGB.).

III. Die Mietdauer wird durch den Vertrag bestimmt. Es gibt

a) Mietverträge auf bestimmte Zeit, von beliebiger Dauer (abweichend § 567 DBGB.),

b) Mietverträge auf bestimmte Zeit mit Kündigungsfrist,

c) Mietverträge mit unbestimmter Dauer. Die unter a) und b) genannten Mietverträge verwandeln sich in solche unbestimmter Dauer in folgenden Fällen: Die Mietsache erhält einen neuen Eigentümer („Kauf bricht Miete“, siehe V); über das Vermögen des Vermieters wird der Konkurs eröffnet (§ 23 ÖKO.); der Mieter stirbt (kommt in Österreich nur bei den Wohnungsmieten in Betracht, § 1116a ÖABGB.;

---

[1]) Klang: Kommentar zum ABGB. III 3ff. (für Österreich); Gramse: Das neue Mieterschutzgesetz (für Deutschland).

weitergehend § 569 DBGB.); der Mietvertrag wird anstandslos um (längstens) vierzehn Tage über die Mietzeit fortgesetzt; der Vermieter unterläßt durch vierzehn Tage die gerichtliche Delogierung.

Mietverträge unbestimmter Dauer enden durch eine gerichtliche oder (nicht bei Mietverträgen, die unter Mieterschutz stehen) außergerichtliche Kündigung, eine einseitige Willenserklärung, die dem Aufgekündeten vor dem Ablaufe der Kündigungsfrist zukommen muß, um wirksam zu sein (§ 563 ÖZPO.). Die Dauer der Kündigungsfrist wird (der Reihe nach) bestimmt: durch den Vertrag, die Mietordnung (der Landesregierung im Einvernehmen mit dem Oberlandesgericht), den Ortsgebrauch, durch das Gesetz. Dem Aufgekündigten steht es zu, gegen die Kündigung fristgerecht (bei mehr als 14tägiger Kündigungsfrist binnen acht Tagen) Einwendungen bei Gericht zu erheben, worauf dort verhandelt und Urteil darüber gefällt wird, ob die Kündigung zu Recht bestehe. Werden keine Einwendungen rechtzeitig erhoben, so wird die Kündigung — nach dem Mietengesetze nur die gerichtliche — selbst ein Exekutionstitel, vollstreckbar.

Der Mieter darf aus jedem ihm beliebigen Grunde kündigen. Anders der Vermieter (nur) bei Räumen, die unter Mieterschutz stehen[1]). Um des Mieterschutzes willen darf er bei Mietverträgen unbeweglicher Sachen (auf unbestimmte Zeit oder auf mehr als sechs Monate) nur aus wichtigen Gründen kündigen, die er überdies bei sonstigem Ausschluß in der Kündigung angeben muß. Das Mietengesetz nennt sie nur zum Teil individuell (dringender Eigenbedarf, gröbliche Störung der Hausordnung und andere mehrere), sonst beurteilt das Gericht die Wichtigkeit der vom Vermieter geltend gemachten (und bewiesenen) Kündigungsgründe.

Es können aber auch alle unter a) bis c) genannten Mietverträge zur sofortigen Auflösung ohne Kündigung gelangen: der Mieter muß sofort räumen, der Vermieter sofort übernehmen. Die Fälle hiefür sind folgende: die Unbrauchbarkeit der Mietsache oder eines beträchtlichen Teiles derselben, insbesondere (zwingendes Recht) die Gesundheitsschädlichkeit von Wohnräumen, wann immer der Mieter sie kennengelernt hat (§ 1117 ÖABGB.; § 544 DBGB.); die Enteignung zugunsten von Volkspflegestätten (§ 9 ÖGes. v. 30. Mai 1919, StGBl. Nr. 309; siehe § 39 II); trotz der Mahnung sind zwei aufeinanderfolgende Mietzinsraten rückständig; die Notwendigkeit (nicht bloß Nützlichkeit) einer Neuaufführung des Gebäudes; der Mieter macht „einen erheblichen nachteiligen Gebrauch" von der Mietsache (§ 1118 ÖABGB.; § 553 DBGB.). In diesen Fällen braucht nicht gekündigt zu werden, sondern der Vermieter fordert vom Mieter die sofortige Räumung, der Mieter

---

[1]) Bei anderen unbeweglichen und bei allen beweglichen Sachen steht er dem Mieter hinsichtlich des Kündigungsrechtes gleich.

vom Vermieter die sofortige Übernahme des Mietgegenstandes (Räumungs- und Übernahmsklage; Räumungs- und Übernahmsurteil, vollstreckbar, aber nur durch vierzehn Tage).

IV. Die Rechte des Mieters.

Er hat Anspruch auf ordnungsgemäßen Gebrauch (Anbringung einer Geschäftstafel?), darf darum die Übergabe der Mietsache im vertragsmäßigen brauchbaren Zustande fordern. Daher treffen die Kosten der hiefür erforderlichen Ausbesserungen den Vermieter (nachgiebiges Recht); die Erhaltungskosten der Mietsache treffen freilich, kommt das Mietengesetz zur Anwendung, den (die) Mieter, sonst (nachgiebiges Recht) den Vermieter, es habe sie denn der Mieter verschuldet. Für die Dauer der Unbrauchbarkeit eines unbeweglichen Mietstückes ist der Mieter überdies (zwingendes Recht) von der Zinszahlung befreit, § 1096 ÖABGB.; weitergehend § 537 DBGB. (auch bei beweglichen Sachen). Es ist für des Mieters Rechte gleichgültig, welchen Aufwand die Vertragserfüllung dem Vermieter macht: der Vermieter hat den abgeschlossenen Vertrag zu erfüllen, darf ihn nicht einseitig abändern, darf auch nicht einseitig zurücktreten, es liege denn eine unverschuldete Unerschwinglichkeit der Vertragserfüllung überhaupt vor. Nur wenn der unbewegliche Mietgegenstand untergegangen ist, braucht der Vermieter ihn keinesfalls herzustellen, sondern darf vom Mietvertrage zurücktreten.

Zum ordnungsgemäßen Gebrauch der Mietsache ist es erforderlich, daß sie nicht nur im Stande, sondern auch gesichert sei; es haftet darum der Vermieter, der z. B. nicht für den genügenden Verschluß des Haustores sorgt (weitergehende Haftung bei Herbergsvermietern, Garage-, Stallungsvermietern, Badeanstaltsbesitzern, Theaterunternehmern, siehe § 44). Desgleichen ist für den ordnungsgemäßen Gebrauch des Mietgegenstandes seine Zugänglichkeit für den Mieter nötig; hiefür hat der Vermieter zu sorgen. Um zur Nachtzeit seine Wohnung betreten zu können, hat der Mieter in Wien die Wahl zwischen der Übernahme eines Haustorschlüssels oder dem jeweiligen Öffnen des Haustores durch den Hausbesorger (und zwar auf Grund der Hausbesorgerordnung v. 13. Dezember 1922, BGBl. Nr. 878, auf Kosten des Mieters). Die Obsorge für die Sicherheit obliegt dem Vermieter.

Die Aftervermietung (Untervermietung) steht dem Mieter (nur) für die Dauer seiner Mietzeit frei, wenn sie ohne den Nachteil des Vermieters geschehen kann. Sie bewirkt einen Vertrag zwischen Untermieter und Mieter, aber keinen solchen zwischen Untermieter und Hauptvermieter. Doch ist die Weitervermietung (und Untervermietung) des ganzen Geschäftslokales durch § 19 ÖMGes., jene der ganzen Wohnung durch dessen sinngemäße[1]) Anwendung verboten, es stimme denn der (erste)

[1]) Merkwürdigerweise in der Rechtsprechung strittig. Richtig OGH. vom 18. Mai 1921, Sz. III/54.

Vermieter zu. Die vertragsmäßige Ausschließung der Aftervermietung einzelner Teile der Mietsache dagegen ist, handelt es sich um Wohnungsräume, jetzt wegen der herrschenden Wohnungsnot als Verstoß gegen die guten Sitten nichtig[1]) (§ 5 IV; § 6 Vb).

Lasten und Abgaben hat der Mieter, besondere Rechtssätze (so bezüglich der Wiener Wohnbausteuer) vorbehalten, nicht zu tragen; trifft ihn die Abgabe dennoch, so kann sie durch den Vertrag auf den Vermieter überwälzt werden. Ebensowenig trägt, eine abweichende Vereinbarung vorbehalten, der Mieter Gefahren, die der Mietsache drohen. Vereinbarungen solchen Inhaltes sind denn auch in Mietverträgen selten und enge auszulegen; auch jener Mieter, der „unbestimmt alle Gefahren auf sich genommen" hat, haftet darum nur für Feuer-, Wasserschäden und Blitzschläge (§ 1106 ÖABGB.).

V. Der Mieter hat diese Rechte gegen den Vermieter und dessen Erben (§ 17 III), nicht aber gegen den neuen Eigentümer der Mietsache, der es als Einzelrechtsnachfolger, z. B. durch den Kauf geworden ist. „Kauf bricht Miete", richtiger: Kauf bricht die Mietdauer. Der Mietvertrag besteht dem neuen Eigentümer gegenüber zwar fort; aber (war er ein solcher auf eine bestimmte Zeit) nun als ein solcher auf unbestimmte Zeit, auf Kündigung (IIIc). Der Mieter hat daneben nur einen, freilich weitgehenden Ersatzanspruch gegen seinen Vermieter (§ 1120 ÖABGB.; siehe § 8 IVc; anders bei unbeweglichen Sachen § 571 DBGB.).

Anders, wenn der Mietvertrag in das Grundbuch (Blatt C) eingetragen ist; dann geht er auch hinsichtlich der Mietdauer auf den neuen Eigentümer über. Freilich nur dann, wenn dieser das Eigentum nicht „bei einer zwangsweisen gerichtlichen Veräußerung" erstanden hat; dem Ersteher in einer solchen muß der Mieter trotz der grundbücherlichen Einverleibung nach gehöriger Aufkündigung weichen (§ 1121 ÖABGB.).

VI. Rechte des Vermieters. a) Er hat für Räume, die nicht dem Mieterschutz unterstellt sind, das Recht auf die pünktliche Bezahlung des vereinbarten Mietzinses, mag dieser in Geld bestehen oder nicht; der Mietzins ist mangels einer Vereinbarung und eines Ortsgebrauches im nachhinein zu bezahlen (§ 1100 ÖABGB.; § 551 DBGB.). Dieses Recht auf den Zins ruht freilich für die Zeit und in dem Maß, in welchem der Mieter wegen eines objektiven Hindernisses, etwa wegen des Krieges, der Flucht vor dem eindringenden Feind (dagegen nicht wegen des schlechten Geschäftsganges), also wegen eines solchen, das auch andere Mieter desselben Gegenstandes getroffen hätte, von diesem Mietgegenstand den vereinbarten Gebrauch nicht machen kann, §§ 1096, 1104, 1105 ÖABGB. b) Untersteht der vermietete Raum dem Mieter-

[1]) OGH. vom 20. Juli 1921, Sz. III/80.

schutz, so ist der Mietzins gesetzlich bestimmt (halber Friedenszins, 150facher Instandhaltungszins, Betriebskosten, größere Reparaturkosten) und darf nur durch nachträgliche Parteienvereinbarung oder Entscheidung der Mietkommission erhöht werden.

Der Vermieter hat zur Sicherstellung des Mietzinses ein gesetzliches Pfandrecht (§ 1101 ÖABGB.; siehe § 12 VII) und die Befugnis zur Selbsthilfe gegen Verschleppungsversuche des Mieters (§ 1101/2 ÖABGB.; siehe § 561 DBGB.).

Der Vermieter hat gegen den Mieter das Recht auf den Ersatz des Schadens[1]), den der Mieter, dessen Erfüllungsgehilfen (§ 1313a ÖABGB., z. B. seine Hausgehilfen, Kutscher) und der Aftermieter der Bestandsache durch deren Beschädigung oder Mißbrauch zugefügt haben (§ 1111 ÖABGB.). Klagefrist ein Jahr. Gegen den Aftermieter hat zwar der Aftervermieter, nicht aber der Vermieter solche Ansprüche.

§ 42. Der Darlehensvertrag

I. Der Darlehensvertrag dient lediglich der Kreditgewährung. Um dieser willen gibt der Darleiher unter Angabe des Rechtsgrundes[2]) dem Empfänger vertretbare Sachen gegen dessen Verpflichtung, nach einer gewissen Zeit ebensoviel oder mehr von derselben Gattung in gleicher oder größerer Güte zurückzugeben (§ 983 ÖABGB.; § 607 DBGB.; ÖGes. v. 14. Juni 1868, RGBl. Nr. 62).

Der Darlehensvertrag setzt die Übergabe der Valuta an den Empfänger voraus; im übrigen ist er formfrei. Nur unter Ehegatten bedarf es zur Gültigkeit des Vertrages außer der Übergabe noch des Notariatsaktes. Der Darlehensschuldschein ist nicht wie dieser Notariatsakt eine Solennitätsform, sondern eine Beweisurkunde (§ 1001 ÖABGB.; Art. 295 ÖHGB.).

II. Als Darlehensvaluta kommen Geld beliebiger Währung[3]), in Banknoten oder klingender Münze, ferner Papiere, die einen Kurswert haben, in Betracht. Dagegen sind andere Waren, z. B. Wechsel, als Valuta unzulässig; diese der Wuchervermeidung dienende zwingende Vorschrift kann leider leicht umgangen werden.

Darlehen können als verzinsliche oder unverzinsliche vereinbart werden; mangels einer Vereinbarung sind jene von Kaufleuten in Handelssachen verzinslich (Art. 289 ÖHGB.; § 353 DHGB.), andere unverzinslich. Zinsmaxima gibt es nicht; nur das Wucherverbot (siehe § 879, Z. 4, ÖABGB.; § 6 Vb) bildet die Grenze für den Zinsfuß. Mangels

---

[1]) Kein gesetzliches Pfandrecht!

[2]) Ihering: Scherz und Ernst in der Jurisprudenz 49 ff.

[3]) Über Währungsänderungen siehe Systematische Darstellung der oberstgerichtlichen Entscheidungen, S. 667 ff.

einer Vereinbarung sind in Handelssachen 9%, sonst in Privatrechtssachen 7% Zinsen pro anno (in Deutschland 5% und 4%, in der Tschechoslowakei 6% und 5%) vom Empfänger zu leisten.

Der Zeitpunkt der *Fälligkeit* bedarf der Parteienvereinbarung. In Ermanglung einer solchen oder eines Handelsbrauches darf die Zurückzahlung „sogleich, nämlich ohne unnötigen Aufschub, gefordert werden" (§ 983 ÖABGB.), ohne daß es mehr als einer Mahnung hiezu bedürfte (anders § 609 DBGB., der eine befristete Kündigung vorschreibt). Im Falle der Konkurseröffnung über das Vermögen des Darlehensschuldners wird dessen Schuld sofort fällig (§ 14 ÖKO.).

II. Die Zusicherung eines Darlehens ist noch keine Gewährung eines solchen, *der Zusicherungsvertrag ist kein Darlehensvertrag*. Verbindlich ist freilich auch der Zusicherungsvertrag, aber nur für höchstens ein Jahr und nur insolange, als nicht infolge einer wesentlichen Veränderung der Umstände, z. B. der Kreditwürdigkeit des präsumtiven Schuldners, das Zutrauen des Kreditgebers verloren gegangen ist (§ 936 ÖABGB.).

Der Anspruch aus dem Zusicherungsvertrage geht auf den Abschluß des Darlehensvertrages, zu welchem Abschluß dann auch die Hingabe der Valuta gehört.

III. Der *Vorschuß* ist kein Darlehen, sondern eine Vorauszahlung auf eine künftige oder auf eine wenigstens noch nicht fällige Forderung.

IV. Die *Akkreditierung*[1]), der Krediteröffnungsvertrag, besteht darin, daß die Kreditgeber dem Kreditnehmer einen „offenen Kredit" bestimmter Höchstgrenze bei einem Dritten eröffnet. Ob, in welcher Form und in welchem Ausmaße der Kreditnehmer den Kredit dann in Anspruch nimmt, das steht bei ihm.

V. *Öffentliche Anlehen*[2]) (so Obligationen, Renten) bezwecken wie die Darlehen die Befriedigung von Kreditbedürfnissen. Aber sie unterstehen nicht den Darlehensvorschriften des ÖABGB. und ÖHGB. Der Erwerber eines solchen Anlehenspapieres ist kein Darleiher, sondern ein Käufer; hat auch nicht immer den Anspruch auf die Zurückbezahlung des hingegebenen Kapitals, sondern oft lediglich einen solchen auf die Bezahlung einer Rente.

§ 43. Der Leihvertrag

I. Der Leihvertrag ist ein notwendigerweise unentgeltlicher Vertrag, kraft dessen der Leiher dem Entlehner den Gebrauch beweglicher oder unbeweglicher, jedoch stets nur unverbrauchbarer Sachen gegen dem

[1]) Nicht gleichbedeutend mit dem Akkrediti ; siehe *Oberparleiter*: Das dokumentäre Akkreditiv; *Wehli*: Die Standardisierung des Warenakkreditivs (Mitt. d. Verbandes österr. Banken und Bankiers V, 152 ff.).

[2]) *Schey*: Obligationsverhältnisse 178 ff.

überläßt, daß der Entlehner eben diese Sachen nach Verlauf der vereinbarten Zeit oder mangels einer Vereinbarung so bald als möglich zurückstelle (§§ 971 ff. ÖABGB.; §§ 598 ff. DBGB.); Beispiele: Leihen eines Lehrbuches aus Gefälligkeit; unentgeltliche Einräumung einer Wohnung oder eines Lokales gegen Widerruf. Von der Miete scheidet die Unentgeltlichkeit (ein Pferd mieten, ein Pferd leihen) vom Darlehen, daß die geliehenen Stücke nicht das Eigentum des Entlehners werden und daß gerade sie zurückzustellen sind.

Die Gebrauchs- und die ordentlichen Erhaltungskosten treffen den Entlehner; für die außerordentlichen Erhaltungskosten trifft ihn nur eine Vorschußpflicht, und zwar nur dann, wenn der Verleiher diese Kosten nicht rechtzeitig bestreiten kann. Der Verleiher darf nicht vorzeitig zurückfordern; hat er sich ein solches Zurückforderungsrecht vorbehalten, so liegt nur ein Bittleihen (precarium) vor.

II. Das Versprechen, zu leihen, ist ein verbindlicher Vorvertrag (§ 936 ÖABGB.; siehe § 42 II), aber kein Leihvertrag.

§ 44. Der Verwahrungsvertrag

I. Ein Verwahrungsvertrag liegt vor, „wenn jemand eine fremde Sache in seine Obsorge übernimmt“ (§ 957 ÖABGB.; § 688 DBGB.). Die Zusicherung der Verwahrungsübernahme ist zwar verbindlich, verpflichtet (bleibt die Situation wirtschaftlich unverändert) zum Abschluß des in Aussicht genommenen Verwahrungsvertrages (spätestens binnen Jahresfrist), ist aber selbst noch kein Verwahrungsvertrag und erzeugt daher weder dessen Rechte noch dessen Pflichten. Der Verwahrungsvertrag ist also an die Übergabe der Sache gebunden; im übrigen ist er formfrei.

Er kann sich auf bewegliche (auch auf Geld) und unbewegliche Sachen beziehen, entgeltlich oder unentgeltlich sein (§ 969 ÖABGB.; § 689 DBGB.).

Der Verwahrer hat die Pflicht, den Gegenstand sorgfältig zu verwahren und ihn nach dem Ablaufe der vereinbarten Zeit oder auf Verlangen des Hinterlegers auch früher unversehrt mit allem Zuwachs zurückzustellen. Der Verwahrer haftet dabei für jedes Verschulden, auch bei Unentgeltlichkeit der Verwahrung (anders § 690 DBGB.); er haftet auch für jedes Verschulden seiner Erfüllungsgehilfen. Für den Zufall, der den verwahrten Gegenstand trifft (er verbrennt etwa beim unverschuldeten Hausbrand), haftet der Verwahrer jedoch nicht.

Der Verwahrer wird nicht zum Eigentümer, hat nicht einmal ein Recht auf den Gebrauch der Sache, aber auch kein Recht darauf, sie vorzeitig zurückzustellen (§§ 962, 965 ÖABGB.; anders § 696 DBGB. bei vereinbarter Verwahrungszeit). Wohl aber hat er ein Recht auf das vereinbarte Entgelt und auf den Ersatz des Aufwandes, ferner auf den Schadenersatz wegen eines Verschuldens des Hinterlegers, § 967 ÖABGB.; § 699 DBGB.

Die Ersatzansprüche des Hinterlegers und des Verwahrers müssen bei sonstigem Verluste binnen dreißig Tagen nach der Zurückstellung gerichtlich oder außergerichtlich geltend gemacht werden, § 967 ÖABGB. Im übrigen läuft dann die dreijährige Verjährungsfrist.

II. Beim Sammeldepot werden die zur Verwahrung übernommenen Gegenstände mit gleichartigen Sachen anderer Hinterleger vereinigt aufbewahrt (Verwahrung à la rinfusa). Dem liegt je ein Verwahrungsvertrag mit jedem Hinterleger zugrunde; es bedarf, sollen die verwahrten Gegenstände ununterscheidbar verwahrt oder gar vermengt oder vermischt werden, der Vereinbarung hierüber mit jedem Hinterleger. Nummernangabe bei Wertpapieren bedeutet Ablehnung einer solchen Vereinbarung.

Die mehreren Hinterleger werden Miteigentümer der vereinigt verwahrten Sachen, und zwar jeder im Verhältnis der ihm gebührenden Menge.

Häufig im Banken- oder Lagerhaltergeschäft. Gegen Mißbräuche im Bankenverkehr, geübt durch mindestens sorglose Vorstandsmitglieder, schreitet § 3, Bankhaftungsgesetz vom 29. Juli 1924, BGBl. Nr. 284, durch Normierung deren Haftung (zwar nicht gegen die Kommittenten, aber) gegen die Bank ein.

III. Der unregelmäßige Verwahrungsvertrag macht den Verwahrer zum Eigentümer der hinterlegten Sachen, verpflichtet ihn zur Zurückstellung ebensovieler gleichartiger Gegenstände (allenfalls samt Zinsen). Der Verwahrer haftet aber nicht nur wie beim regelmäßigen Verwahrungsvertrage für jedes Verschulden, sondern er trägt jede Gefahr, von der die Sache getroffen wird, auch die des zufälligen Unterganges derselben.

Diese Art des Verwahrungsvertrages steht dem Darlehensvertrage nahe, da sie dem Verwahrer nicht nur das Gebrauchsrecht, sondern das Eigentum an der hinterlegten Sache gibt. Aber der Zweck ist verschieden: der Hinterleger will nicht darleihen, sondern die Sache aufgehoben haben und zahlt sogar unter Umständen dafür; der Verwahrer will kein Darlehen haben, verzinst darum in der Regel niedriger als der gerade herrschende Zinsfuß es rechtfertigt.

Beispiel: Sparkassen.

IV. Schrankfachvertrag[1]) (Safe-depot-Vertrag) ist ein aus dem Miet- und dem Verwahrungsvertrage gemischter Vertrag, bei dem die Bank dem Kunden ein Kassenschrankfach gegen Entgelt (Zins) zum

---

[1]) Ehrenzweig: II/1 351 ff.; Loebner: Der Schrankfachvertrag.

Gebrauch unter ihren Mitverschluß zur Aufbewahrung von Gegenständen zur Verfügung stellt; den jeweiligen Inhalt des Faches kennt die Bank nicht. In erster Linie bewirkt dieser Vertrag eine Miete, da die Bank den Gebrauch des Safe dem Kommittenten unkontrolliert überläßt. Eine Verwahrung liegt nur insoferne vor, als das Schrankfach selbst und damit, freilich nur mittelbar, die darin untergebrachten Sachen in der Obsorge der Bank sind. (Alles nachgiebiges Recht.)

V. Aus der Gastaufnahme (§ 8 IVb) haftet der Herbergsgastwirt[1]), daher auch der Pensionsinhaber, „als Verwahrer" dem in Ausübung seines Geschäftes aufgenommenen Gast (und jenem, der aufgenommen zu werden verlangt) für die eingebrachten Sachen bis zum Werte von 400 S, aber für alle Kostbarkeiten[2]), Geld und Wertpapiere zusammen nur bis zum Wert von 200 S (es seien ihm denn diese letzteren als solche zur Aufbewahrung übergeben). Diese Haftung geht insoferne weiter als die der sonstigen Verwahrer, als die Gastwirte haftpflichtig sind, wenn sie nicht beweisen, „daß der Schaden weder durch sie noch durch einen ihrer Leute verschuldet, noch durch fremde, in dem Hause aus- und eingehende Leute verursacht ist" (§ 970 ÖABGB.; anders § 701 DBGB.). Der Gastwirt haftet also nicht nur für das Tun der anderen Gäste, sondern auch für das des Einschleichers, nicht aber für jenes von Plünderern.

Mit dieser strengen Haftung des Gastwirtes kontrastiert in eigentümlicher Weise ihre Begrenzung mit 400 S per Gast; dadurch wird nämlich mit Rücksicht auf den gesunkenen Geldwert diese Haftung jeder ernsten Bedeutung entkleidet. Durch den Vertrag mit dem Gaste darf der Gastwirt überdies seine Haftung nicht verringern oder ausschließen, also auch nicht durch einen Anschlag, etwa im Zimmer.

Sachen sind „eingebracht", wenn sie dem Gastwirt, einem seiner (wenn auch nicht gerade hiezu bestimmten) Leute übergeben, vom Reisenden selbst an den angewiesenen Ort, z. B. an den Kleiderhaken vor seiner Zimmertür, gebracht sind. Die Sachen bleiben eingebracht, bis sie weggebracht sind. Tut dies der Gast selbst, so entscheidet seine Handlung; tut dies ein Bediensteter des Gastwirtes in dessen Betrieb, z. B. der Hotelkutscher, so haftet der Gastwirt für die Sachen (obwohl sie schon außerhalb des Gasthauses sind) noch bis zur ordnungsgemäßen Beendigung der Tätigkeit seines Bediensteten.

Unverzügliche Anzeigepflicht vom Verlust durch den Gast an den Gastwirt bei sonstigem Ausschluß des Ersatzanspruches, und zwar spätestens binnen dreißig Tagen nach der Beendigung der Gast-

[1]) Nicht auch der Speisewirt, OGH. vom 19. Jänner 1915, GlUNF. 7261; und der Kaffeewirt, OGH. vom 19. Oktober 1909, GlUNF. Nr. 4759.

[2]) Über diesen Begriff Gutachten des OGH. vom 13. September 1920, SZ II/147.

aufnahme (§§ 967, 970b ÖABGB.; ähnlich § 703 DBGB.), es seien denn die Sachen vom Gastwirt zur Aufbewahrung übernommen (der Schmuck in dessen Kasse hinterlegt) oder es liege ein Verschulden des Wirtes oder seiner Bediensteten (Diebstahl!) am Abhandenkommen vor (§ 1316 ÖABGB.; siehe § 8 IVa).

Über das Zurückhaltungsrecht siehe § 12 VIIIb.

VI. Badeanstaltsbesitzer haften „in Rücksicht auf die üblicherweise eingebrachten Sachen" gleich Gastwirten (§ 970 ÖABGB.; ÖGes. v. 16. November 1921, BGBl. Nr. 638).

VII. Garage- und Stallungs„halter" haften „für die bei ihnen eingestellten Tiere und Fahrzeuge und die auf diesen befindlichen Sachen" gleich Gastwirten, jedoch ohne ziffermäßige Begrenzung (§ 970 ÖABGB.; ÖGes. v. 16. November 1921, BGBl. Nr. 638).

VIII. Theaterunternehmer haften „dem Mitglied als Verwahrer" für die üblicher- oder notwendigerweise in das Theater oder auf die Theaterreise mitgenommenen Gegenstände ohne ziffermäßige Begrenzung, wenn das Mitglied diese Gegenstände in der Garderobe oder an dem dazu bestimmten oder (in Ermanglung einer Bestimmung) regelmäßig dazu verwendeten Ort abgelegt hat. Doch steht dem Unternehmer der Beweis frei, „daß der Schaden weder durch ihn noch durch seine Leute noch durch fremde, im Theater aus- und eingehende Personen verursacht worden ist" (§ 24 ÖSchauspielerges. v. 13. Juli 1922, BGBl. Nr. 441).

Dem Publikum gegenüber besteht keine erweiterte Haftung.

§ 45. Der Lagerhausvertrag[1])

I. Lagerhäuser sind Vorratskammern, Lagerhausunternehmer sind gewerbemäßige Verwahrer. Da die Notwendigkeit besteht, Vorräte zu halten, besteht auch jene für den Bestand von Lagerhäusern. Es gab darum schon im Altertum und im Mittelalter öffentliche Vorratshäuser, oft von der Obrigkeit errichtet, im Mittelalter bisweilen sogar mit dem Lagerhauszwang begabt. In Italien und in den Gebieten, die unter dem Einflusse der Hansa standen, entwickelten sich die Lagerhäuser mächtig. Am meisten später freilich in England, und an diese englische Entwicklung schließt die französische und an sie die österreichische an.

II. Der Lagerhaus- (Lagerhalter-) Vertrag ist ein Verwahrungsvertrag und richtet sich nach dessen Regeln. Nur für öffentliche[2]) Lagerhäuser und deren Verträge gelten besondere Vorschriften auf

---

[1]) Adler, Karl: Das österreichische Lagerhausrecht.

[2]) Es gibt Privatlagerhäuser namentlich auf den Grundstücken öffentlicher Eisenbahnen.

Grund des ÖGes. vom 28. April 1889, RGBl. Nr. 64, so daß diese Verträge als eine besondere Art der Verwahrungsverträge erscheinen; nur von ihnen ist im folgenden die Rede. (Anders ist die Regelung der §§ 416 bis 424 DHGB., welche den Lagerhalter als eine Art Kommissionär behandeln und keinen Unterschied zwischen Lagerhäusern und öffentlichen Lagerhäusern machen.)

III. Öffentliche Lagerhäuser sind Unternehmungen, die auf Grund einer besonderen Konzession die Aufbewahrung von Waren (welcher Art immer, mit Ausnahme von Salz und Tabak) für fremde Rechnung gewerbemäßig betreiben (§ 1 LagerhausGes.). Freilager sind solche Lager in öffentlichen Lagerhäusern, in denen, wieder auf Grund einer (zweiten) besonderen Konzession, zoll- oder steuerpflichtige Waren zoll- oder steuerfrei eingelagert werden dürfen, bis sie entweder ihrer Bestimmung zugeführt oder in das zoll- oder steuerfreie Gebiet zurückgebracht werden (§ 2 LagerhausGes.). Weder die öffentlichen Lagerhäuser noch insbesondere die Freilager dürfen in Grenzbezirken errichtet werden.

Die Konzessionserteilung zum Betriebe des öffentlichen Lagerhauses steht dem Bundesministerium für Handel und Verkehr, jene zur Errichtung eines Freilagers dem Bundesministerium für Finanzen zu; keine dieser Konzessionen wird dadurch entbehrlich, daß der Unternehmer, z. B. als Aktiengesellschaft, ohnedies eine Konzession zum Geschäftsbetriebe hat. Die Erteilung der Konzessionen ist eine Ermessensentscheidung der Regierung (als solche vor dem Verwaltungsgerichtshofe dann nicht anfechtbar, wenn das Ministerium von dem ihm eingeräumten „Ermessen im Sinne des Gesetzes Gebrauch gemacht" hat, Art. 129 ÖBVG.). Doch soll einem Ausländer die Konzession nur beim Nachweise der (formellen) Gleichstellung des Österreichers mit den Angehörigen seines Heimatsstaates erteilt werden (§ 8 ÖGewO.; § 34 ÖABGB.); ist aber die Konzession ohne einen solchen Nachweis erteilt, so ist sie dennoch gültig.

Die Konzession zur Errichtung eines öffentlichen Lagerhauses (oder eines Freilagers) wird erteilt: einer bestimmten physischen oder juristischen Person für einen bestimmten Standort auf Grund eines Reglements für den betreffenden Unternehmer (§ 8 Ges.). Infolgedessen unterliegt denn dieses Reglement auch der Genehmigung der Regierung. Späteren Reglementsänderungen des betreffenden öffentlichen Lagerhauses gegenüber ist der Regierung aber nicht die Genehmigung, sondern nur ein Einspruchsrecht vorbehalten (§ 8/2 LagerhausGes.).

IV. Der Konzessionär ist kautionspflichtig. Die Kaution ist ein gesetzliches Pfand für die „aus dem Lagerhausbetriebe gegen die Lagerhausunternehmung entspringenden Forderungen" (§ 5 Lagerhaus Ges.). Siehe § 12 VII e, bb.

V. Der Lagerhausunternehmer ist ein Kaufmann; seine zum Geschäftsbetriebe gehörigen Geschäfte sind Handelsgeschäfte (§ 6 LagerhausGes.). Prozesse gegen den Unternehmer aus dem Lagerhausbetrieb gehören daher, da der Unternehmer mit Rücksicht auf die notwendige Größe seines Unternehmens und damit auf seine Erwerbsteuerpflicht immer ein registrierter Kaufmann sein wird, je nach dem Streitwerte vor das Bezirksgericht (für Handelssachen) oder vor das Handelsgericht (den Handelssenat); doch besteht für Streitigkeiten aus Lagerhausgeschäften auch fakultativ ein Schiedsgericht.

VI. Pflichten des Lagerhausunternehmers:

Der Kontrahierungszwang (§ 25 V) gegenüber jedermann gegen die Erfüllung der Bestimmungen des Reglements und des (zwingendes Recht) kundgemachten Tarifes (§ 9 LagerhausGes.). Daher darf jedermann den Abschluß eines solchen Lagerhausvertrages und die Einlagerung (mit Ausnahme jener von Salz und Tabak) erzwingen.

Das Handelsverbot mit einlagerungsfähigen Waren, sei es ein Handel für eigene, sei es ein solcher für fremde Rechnung (§ 12 LagerhausGes.). Hiedurch soll ein unlauterer Wettbewerb hintangehalten werden.

Das Belehnungsverbot für die eingelagerten Waren (§ 12 LagerhausGes.), dies deshalb, um das gewinnbringende Belehnungsgeschäft nicht zu einer Art Monopol des Lagerhausunternehmers werden zu lassen. Der Zweck ist kaum erreichbar.

Die Verwahrung des eingelagerten Gutes mit der Sorgfalt eines ordentlichen Kaufmannes, und zwar grundsätzlich eines jeden eingelagerten Gutes für sich allein, auf Grund einer Regierungsermächtigung aber auch als ein Vermengungsdepot, § 48 LagerhausGes. Der Unternehmer haftet dabei nicht nur für die sorgsame Auswahl seiner Erfüllungsgehilfen, sondern für diese selbst (Diebstähle von Angestellten), § 14 LagerhausGes. Zur Verwahrungspflicht gehört auch die Versicherungspflicht gegen Feuersgefahr, nicht auch jene gegen andere Gefahren, § 15 Ges. Die Beweislast (§ 13 IV) für die Sorgsamkeit der Verwahrung obliegt dem Lagerhausunternehmer, jene für das Entstehen geheimer Mängel während der Einlagerung jedoch dem Einlagerer (gerichtliche Beweissicherung verständigerweise geboten!). Das Reglement darf dem Einlagerer überdies eine mindestens vierwöchige (von der Empfangnahme der ausgefolgten Ware an gerechnet) Anzeigefrist vorschreiben, an deren Verstreichen sich der Anspruchsverlust knüpfen darf. Verjährungsfrist ein Jahr; § 14 LagerhausGes.

Der Lagerhalter ist verpflichtet, „die Besichtigung der eingelagerten Ware jederzeit“ in den Geschäftsstunden dem Hinterleger, dann dem Eigentümer des Besitzscheines oder des Warrants zu gestatten, § 27 LagerhausGes. Dritten Personen, präsumtiven Käufern gegenüber besteht keine solche Pflicht des Lagerhalters; ihnen müssen darum die Muster dienen und genügen, welche der Hinterleger (Einlagerer) und der Eigentümer des Warrants oder des Besitzscheines ziehen durften und gezogen haben.

Der Lagerhalter ist verpflichtet, die Ware auszufolgen: a) wenn kein Lagerschein ausgestellt ist, dem Hinterleger gegen die Bezahlung aller öffentlich-rechtlichen Gebühren (nur) der betreffenden Einlagerung und der sämtlichen Lagerhaus-Gebühren aus laufender Rechnung in Lagerhausgeschäften; b) wenn ein Lagerschein ausgestellt ist, dem Eigentümer beider Teile des Lagerscheines gegen die Bezahlung aller öffentlich-rechtlichen Gebühren, ferner der höchstens einjährigen Gebühren der jetzigen Einlagerung, endlich dann der rückständigen Lagergebühren, wenn diese ziffermäßig in beiden Teilen des Lagerscheines ersichtlich gemacht sind, §§ 28, 29 Ges.; c) dem Eigentümer des Besitzscheines allein gegen die Bezahlung der unter b) genannten Gebühren und gegen Hinterlegung der für den Warrant-Indossatar bestimmten Pfandsumme beim Lagerhaus, § 30 LagerhausGes. Um dessentwillen muß diese Pfandsumme außer auf dem Pfandschein (Warrant) auch auf dem Besitzschein und im Lagerbuch eingetragen sein.

VII. Rechte des Lagerhausunternehmers:

Die Ausstellung von Lagerscheinen[1]). Der Warenverkehr (Verkauf und Verpfändung) soll sich in der Form des Lagerscheinverkehres abspielen; der Verkauf und die Verpfändung des Lagerscheines sollen dieselben Rechtsfolgen haben, wie sonst jene des Gutes selbst hätte. Zweischeinsystem: Besitzschein (Rezepisse) zur Eigentumsübertragung, Pfandschein (Warrant) zur Verpfändung der Waren; § 17 LagerhausGes. „Beide Teile des Lagerscheines müssen an Ordre lauten“ (siehe § 7 II d), § 18, und mit dem Juxtenbuch des Lagerhauses korrespondieren. Jeder Teil des Lagerscheines ist für sich allein indossabel, § 19 LagerhausGes. Das erste Warrant-Indossament muß (bei seiner sonstigen Wirkungslosigkeit) ein Vollindossament sein, die Ziffer und den Fälligkeitstag der Pfandsumme samt Zinsen enthalten[2]) und in eben dieser Fassung im Lagerbuch und Besitzschein eingetragen werden, § 20 LagerhausGes.; diese Strenge ist um des Eigentümers des Besitzscheines willen nötig, dessen Rechte durch jene des Warranteigentümers (Pfandgläubigers) beschränkt sind, es aber doch nur so weit sein sollen, als diese Rechte dem Eigentümer des Besitzscheines bekanntgemacht sind, § 24 LagerhausGes. — Ist ein Lagerschein ausgestellt, so können das Eigentum

[1]) Mit diesem Rechte korrespondiert eine entsprechende Pflicht zur Ausstellung, wenn der Einlagerer es verlangt.

[2]) Ist kein Domiziliat am Orte des Lagerhauses genannt, so ist es das Lagerhaus, § 21 Ges.

und ein vertragsmäßiges Pfandrecht am Gute (nicht durch Vertrag plus Übergabe, sondern) nur durch ein Indossament oder einen sonstigen Rechtsübergang am Lagerschein, z. B. durch das Erbrecht, begründet werden, § 23 LagerhausGes.

Das Lagergeld nach den Sätzen des Tarifs und Reglements.

Das gesetzliche Pfandrecht am eingelagerten Gut. Für die Vorauslagen an öffentlichen Abgaben und Frachtkosten (nur)[1]) der betreffenden Einlagerung; dann für die jetzigen und rückständigen Lagergebühren dem Hinterleger gegenüber jedenfalls, dem Indossatar gegenüber für die rückständigen Lagergebühren nur dann, wenn sie ziffermäßig in beiden Teilen des Lagerscheines ersichtlich sind, und für die jetzigen nur für ein Jahr, § 28 LagerhausGes. Siehe auch oben VI und § 12 VII e und (hinsichtlich der Verwertung) § 12 VIIg.

Die Versteigerungsbefugnis hinsichtlich der eingelagerten Waren, §§ 16, 33, 34 LagerhausGes., die dem Verderb ausgesetzt sind oder die nach dem Ablaufe der verabredeten Lagerzeit (sonst nach einem Jahre) nicht behoben werden; Androhung an den Hinterleger geboten!

VIII. Rechtsstellung der Indossatare:

Der gutgläubige Indossatar des Besitzscheines, der diesen hat und durch eine ununterbrochene Kette von Indossamenten legitimiert ist, der ist der Eigentümer der Ware (streitig), auch wenn der Hinterleger die Ware und (oder) der Indossant den Besitzschein widerrechtlich erworben hat. §§ 23, 29 LagerhausGes.

Der Hinterleger und erste Indossant des Gutes hat das Recht, den Pfandschein einzulösen und das Gut verkaufen zu lassen[2]). Der nach Artikel 36 WO. legitimierte gutgläubige Indossatar des Pfandscheines darf seine Befriedigung aus dem Gut und dann im Regreßwege bei den Vormännern suchen. Zuerst muß er den Pfandschein zur Einlösung präsentieren und (zur Wahrung der Regreßrechte) mangels Zahlung den Protest levieren lassen (§ 31 LagerhausGes.). Dann Antrag auf Verkauf (und zwar zur Erhaltung der Regreßrechte binnen dreißig Tagen von der Protestlevierung, § 36 LagerhausGes.), sodann die Vornahme desselben durch einen Verwaltungsbeamten öffentlich oder, hat die Ware einen Börsen- oder Marktpreis, durch einen Sensal (§ 32 LagerhausGes.; Art. 311 ÖHGB.; § 12 VII g). Der Käufer hat dem Lagerhause zu zahlen und darf die Ware nur gegen diese Zahlung bekommen. Wird der Pfandindossatar aus dem Erlöse nicht oder nicht völlig befriedigt (§ 35 LagerhausGes.), so hat er (nun erst) die Regreßrechte gegen die Indossanten. Sprungregreß mit Variationsrecht und Solidarverpflichtung der Regreßschuldner, § 36 LagerhausGes.

[1]) OGH. vom 18. Dezember 1907, Adler-Clemens 2734.

[2]) Anders als im Wechselrechte! Die Bestimmung ist schwer erklärbar; siehe K. Adler 181 ff.

IX. Über die Kraftloserklärung des Lagerscheines, § 39 LagerhausGes.; siehe § 7 II 1.

X. Inhaber-Lagerscheine bildeten sich in Galizien im Petroleumhandel heraus und erlangten schließlich eine indirekte gesetzliche Anerkennung.

§ 46. Der Kommissionsvertrag[1])

I. Die Geschäftsform des Kommissionsgeschäftes ist von großer wirtschaftlicher Bedeutung. Sie besteht darin, daß der Kommissionär nach außen hin selbständig auftritt, so daß der Dritte sich zwar nur an ihn halten kann, aber auch an ihn halten darf; daß aber eben dieser Kommissionär nach innen hin lediglich als der Beauftragte des Kommittenten erscheint, der diesem Kommittenten darum Order parieren muß. So bleibt der Kommittent der Herr des Auftrages, ohne nach außen auftreten zu müssen; der Dritte braucht sich nicht behufs der Durchsetzung seiner Ansprüche an den oft entfernten und ihm geschäftsfremden Kommittenten weisen zu lassen; der Kommissionär endlich vermag den Namen des Kommittenten und des Dritten je vor dem andern geheim zu halten und sich damit diese Kunden selbst zu sichern.

Wie sich daraus ergibt, bietet das Platzgeschäft zwischen dem Kommittenten und dem Dritten für den Kommissionär nicht immer den rechten Boden, wovon wohl nur der Handel in börsemäßig notierten Waren eine beachtenswerte Ausnahme macht. Dagegen gewinnt der Kommissionär bei einer Verschiedenheit der Unternehmersitze ein Betätigungsfeld und groß wird dieses der Regel nach im Exporthandel.

Das Kommissionsgeschäft blickt auf keine lange Entwicklung zurück. Es war dem Altertum gänzlich und fast ganz dem Mittelalter unbekannt; dieses half sich im Exportgeschäft mit Faktoren, einer Art von Handlungsbevollmächtigten. Erst gegen das Ende des 15. Jahrhunderts kommen Kommissionäre vor und erst im 16. Jahrhundert gelangt gleichzeitig mit der Verbreitung der Briefpost das Kommissionsgeschäft zur Blüte.

II. Kommissionär ist, wer gewerbemäßig im eigenen Namen für fremde Rechnung Handelsgeschäfte abschließt, Artikel 360 ÖHGB. Das deutsche Recht kennt nur die Ein- und die Verkaufskommission. In Österreich dagegen kann jedes Handelsgeschäft den Gegenstand eines Kommissionsvertrages bilden, so daß es z. B. außer der Ein- und Verkaufskommission auch noch eine Speditions-, Inseraten-, Versicherungskommission geben kann; notwendig ist nur, daß das Geschäft auf seiten des Kommittenten ein Handelsgeschäft sei.

---

[1]) Grünhut: Recht des Kommissionshandels.

Der Kommissionär ist als solcher ein Kaufmann (Art. 272, Z. 3, ÖHGB.; § 1 DHGB.). Vom Agenten (§ 47) unterscheidet ihn, daß dieser nicht im eigenen Namen handelt, auch nicht auf Handelsgeschäfte beschränkt ist (Realitätenagent). Der Handlungsbevollmächtigte (§ 35) ist zwar nicht immer ein Angestellter, handelt aber nicht nur (wie der Agent) nicht im eigenen Namen, sondern auch nicht als Unternehmer. Wer einen Verkaufsauftrag hat (§ 40 X, wie der Hausierer mit fremden Waren), der ist dagegen von vornherein ein Eigenhändler mit einem befristeten Rücktrittsrecht. Der Mäkler endlich unterscheidet sich vom Kommissionär dadurch, daß jener die Verträge weder im eigenen noch im fremden Namen abschließt, sondern nur ihren Abschluß, und zwar im Interesse beider Parteien, vermittelt, wofür er auch (nachgiebiger Rechtssatz) das Recht hat, seine Sensarie von jeder der beiden Parteien zu fordern (Art. 67, 83 ÖHGB.; §§ 93, 99 DHGB.).

III. Der Kommissionsvertrag ist ein Vertrag zwischen dem Kommittenten und dem Kommissionär. Gleich jedem Vertrage besteht er aus dem Antrag und der Annahmeerklärung. Der Antrag kann sowohl von dem einen wie von dem andern ausgehen. Geht er vom Kommittenten aus, so ist der Kommissionär zwar nicht annahmepflichtig (kein Kontrahierungszwang), aber zur Äußerung „ohne Zögern" verpflichtet, widrigens sein Schweigen als die Annahme des Auftrages gilt. Lehnt der Kommissionär den Auftrag ab, so muß er dennoch (soweit es ohne eigene Kosten geschehen kann) nach Tunlichkeit den Auftraggeber vor Schaden bewahren, so z. B. das zugesandte Gut vor dem Verderben schützen, Artikel 323 ÖHGB.

Verträge binden. Ein einseitiges Rücktrittsrecht steht der Regel nach keiner Partei zu. Beim Kommissionsgeschäft sind diese Sätze etwas abgeändert. Der Kommissionär darf allerdings vor der Vollendung des angenommenen Kommissionsauftrages nicht „aufkünden", das heißt zurücktreten, es trete denn „ein unvorhergesehenes und unvermeidliches Hindernis" ein, etwa die schwere Erkrankung des Kommissionärs, seine Internierung (dagegen nicht, daß ihm die Auftragsausführung nachteilig ist). Tritt der Kommissionär ohne ein solches Hindernis zurück, so bleibt er doch nicht erfüllungspflichtig, erreicht also diesen Zweck seiner Rücktrittserklärung — es wäre wirtschaftlich nutzlos, ihn zur Erfüllung zu zwingen. Aber er muß dem Kommittenten „allen daraus entstehenden Schaden", z. B. alle Kursverluste, ersetzen, § 1021 ÖABGB. Viel günstiger ist die Rechtslage des Kommittenten gestaltet. Dieser hat (nachgiebiges Recht) das Recht des Widerrufes seines Kommissionsauftrages, und zwar nicht bloß bis zur Ausführung des Auftrages, sondern darüber hinaus bis zur Absendung der Ausführungsanzeige durch den Kommissionär (Art. 377 ÖHGB.; anders § 671 DBGB.), dies, damit dieser Kommissionär nicht versucht sei, auf des Kommittenten

Rücken zu spekulieren. Der widerrufende Kommittent ist auch nicht ersatzpflichtig (anders § 10 ÖHandelsagentenges.), sondern hat dem Kommissionär, und zwar nur dann eine Auslieferungsprovision zu bezahlen, wenn dies vereinbart oder am Sitze des Kommissionärs ortsgebräuchlich ist (Art. 371 ÖHGB.; anders § 1014 ÖBGB. für andere Beauftragte).

IV. Verhältnis des Kommissionärs zum Kommittenten.

a) Der Kommissionär muß dem Kommittenten Order parieren. Imperative (nur genau, oder gar nicht auszuführen), fakultative (wenn möglich, genau; wenn unmöglich, nach Ermessen annähernd auszuführen) Order. Order mit und ohne Limito („Best"order). Order mit und ohne die Ermächtigung zur Kreditgewährung, Artikel 362 bis 364, 369 ÖHGB.; §§ 385 bis 387, 393 DHGB.

Der Kommissionär hat die Order mit der Sorgfalt eines ordentlichen Kaufmannes auszuführen, Artikel 361 ÖHGB.; § 384 DHGB.; dazu gehört, daß der Kommissionär (nachgiebiges Recht) das Geschäft persönlich, wenn auch mit Gehilfen ausführe und daß er bei Kollisionen seiner Interessen mit denen des Kommittenten die Interessen des Kommittenten unweigerlich voranstelle (zwingendes Recht). Daher hat der Kommissionär nicht nur wahrheitsgemäße Berichte zu erstatten und Rechnung zu legen, sondern hat auch die Überpreise dem Kommittenten zur Verfügung zu stellen, Artikel 372 ÖHGB., während er für Mindererlöse (im Rahmen der Art. 363, 364 ÖHGB.; § 386 DHGB.) dem Kommittenten haftet. Besichtigungspflicht des Gutes auf äußerlich erkennbare Mängel[1]), allenfalls Erwirkung einer gerichtlichen Beweissicherung bei Gutsübernahme, Artikel 365 ÖHGB.; § 388 DHGB. Aufbewahrungspflicht, jedoch ohne eine Versicherungspflicht, es liege denn ein Auftrag vor, Artikel 367 ÖHGB.; § 390 DHGB. Verkaufspflicht bei drohendem Gutsverderb, Artikel 366 ÖHGB.; § 388 DHGB.

Der Kommissionär haftet nur für den sorgsamen Abschluß, nicht aber für die Erfüllung des Ausführungsgeschäftes (nachgiebiges Recht).

Hat er es trotz des Aufwandes der Sorgfalt eines ordentlichen Kommissionärs vergeblich versucht, die Order auszuführen, so haftet er für diesen Mißerfolg nicht, er sei denn für den Erfolg eingestanden. Ebensowenig haftet er dem Kommittenten bei sorgfältig ausgeführter Order „für die Zahlung oder für die anderweitige Erfüllung der Verbindlichkeit" des Dritten, der Kommissionär habe diese Haftung denn übernommen oder es sei dies an seinem Orte Handelsbrauch (Art. 370 ÖHGB.; § 394 DHGB. Delcredere-Provision); in solchen Fällen

---

[1]) Pollak: Beweissicherung gegen Frachtführer und Schiffer (in Zeitschrift für deutschen Zivilprozeß XXXIII 258).

haftet der Kommissionär (nur)[1]) für die Erfüllung nicht nach dem, sondern neben dem Dritten. Dagegen hat der Kommissionär allerdings in allen Fällen die Pflicht, seine Forderungen aus dem Ausführungsgeschäfte (gegen den Dritten) dem Kommittenten abzutreten, Artikel 368 ÖHGB.; § 392 DHGB. (siehe § 9 II a), damit dieser nicht auf die Prozeßführung des Kommissionärs gegen den Dritten verwiesen sei, sondern diese Rechtsverfolgung des Dritten selbst durchführen könne.

b) Der Kommissionär hat jedenfalls, also auch wenn der Auftrag unausgeführt blieb, den Anspruch auf den Ersatz seines notwendigen oder nützlichen Aufwandes, überdies dann, „wenn das Geschäft zur Ausführung gekommen" ist, auf seine Kommission (Provision) in der vereinbarten oder am Sitze des Kommissionärs handelsüblichen Höhe (Art. 371 ÖHGB.; § 396 DHGB.); diese Provision ist also (nachgiebiges Recht) mit dem Abschlusse, nicht erst mit der Erfüllung des Ausführungsgeschäftes verdient und fällig (streitig). Mit diesem Provisionsanspruche kann sich jener auf die Delcredere-Provision verbinden; dagegen schließen diese Provisionen und die Auslieferungsprovision einander aus.

Über das gesetzliche Pfandrecht des Kommissionärs zugunsten seiner Ansprüche auf den Ersatz seines Aufwandes, seiner Vorschüsse und jeder Art seiner Provision, siehe § 12 VII e, g.

Das Selbsteintrittsrecht des Kommissionärs besteht nur bei der Ein- und Verkaufskommission (nachgiebiges Recht) und nur dann, wenn das Gut einen Börse- oder Marktpreis (Art. 353 ÖHGB.) hat. Macht der Kommissionär von diesem Rechte Gebrauch, so darf er „die bei Kommissionsgeschäften sonst regelmäßig vorkommenden Unkosten", seine Provision und den offiziellen oder mangels eines solchen im Privatverkehr[2]) bestandenen Börse- oder Marktpreis vom Kommittenten fordern (strenger § 400 DHGB.) und es ist dafür gleichgültig, ob der Kommissionär die Ware wirklich aus eigenen Beständen liefert (bzw. für sein eigenes Lager erwirbt) oder ob er das nur behauptet oder ob er nicht einmal das tut, sondern nur den Namen des Dritten verschweigt (Art. 376 ÖHGB.; § 400 DBGB., dieser zwingend zugunsten des Kommittenten). Dieses Selbsteintrittsrecht kann für den Kommittenten recht bedenklich werden; die Möglichkeit, es anzuwenden, kann den Kommissionär in die Versuchung führen, auf dem Rücken des Kommittenten zu spekulieren. Darum darf der Kommittent das Selbsteintrittsrecht des Kommissionärs bei der Erteilung des Auftrages ausschließen — paßt das dem Kommissionär nicht, so bleibt ihm nur übrig, den

[1]) Nicht auch für Schäden aus der Nichterfüllung des Dritten; OGH. vom 14. April 1908 Amtl. SLG. 1175.

[2]) OGH. vom 30. Oktober 1899, Adler-Clemens 1498.

Auftrag ausdrücklich abzulehnen — und der Auftragswiderruf (III) des Kommittenten macht auch ohne eine solche Auftragsbeschränkung dem Selbsteintrittsrechte des Kommissionärs ein Ende, wenn dessen Ausführungsanzeige noch nicht abgesendet war (Art. 377 ÖHGB.).

c) Der Kommissionsauftrag erlischt in der Regel durch den Tod des Kommissionärs, stets durch die Konkurseröffnung über sein Vermögen, nicht durch die Einleitung des gerichtlichen Ausgleichsverfahrens über ihn; der Zeitablauf macht nur dem befristeten Auftrag ein Ende.

V. Verhältnis des Kommissionärs zum Dritten. Der Abschluß des Ausführungsgeschäftes durch den Kommissionär mit dem Dritten erfolgt in des Kommissionärs eigenem Namen; der Kommittent kommt in diesem Vertrage für den Dritten nicht in Betracht, mag der Dritte selbst den Kommittenten und seinen Auftrag kennen. So hat denn der Dritte Vertragsrechte (und sonstige Rechte, z. B. das der Aufrechnung) nur gegen den Kommissionär und nicht gegen den Kommittenten und auch nicht aus dessen Person, darf daher mit einer Gegenforderung gegen diesen Kommittenten nicht dem Kommissionär aufrechnen. Ebenso hat die Vertragsrechte gegen den Dritten nur der Kommissionär und nicht der Kommittent. Darum erwirbt das Eigentum am Einkaufskommissionsgute durch die Übergabe zunächst der Kommissionär und erst dieser soll es an den Kommittenten übertragen (das Gut verbrennt daher beim Kommissionär zu dessen Schaden, solange dieser es nicht dem Kommittenten zu Eigentum übertragen hat). Auch die Forderung des Kommissionärs gegen den Dritten auf das Entgelt oder auf die Eigentumsübergabe ist nach außen eine solche des Kommissionärs und muß dem Kommittenten erst abgetreten werden, damit er sie gegen den Dritten geltend machen könne. Intern aber, das heißt zwischen dem Kommissionär und dem Kommittenten, „gelten solche Forderungen, auch wenn sie nicht abgetreten sind... als Forderungen des Kommittenten", Artikel 368 ÖHGB.; § 392 DHGB.

§ 47. Der Agenturvertrag[1]

I. Das DHGB. regelt in seinen §§ 84 ff. zwar nicht die Rechtslage aller Agenten, aber doch jene der Handelsagenten. Das ÖHGB. hatte ohne einen Schaden für die Sache von einer solchen gesetzlichen Regelung abgesehen. Da in der Republik die Widerstandskraft der Gesetzgebungsfaktoren gegen Gesetzgebungsakte nicht mehr groß ist, ist doch das ÖGes. vom 24. Juni 1921, BGBl. Nr. 348, „über

[1]) Behm: Der Handelsagent (Deutsches Recht); Pollak: Handelsagentengesetz (in Prager Jur. Ztschr. I. 41 ff.); Lenhoff: Makler, Agenten und Angestellte (1922). Für das frühere österreichische Recht Mayer: Mäkler und Agenten.

die Rechtsverhältnisse der Handelsagenten" (Handelsagentengesetz) erlassen worden. Die Tschechoslowakei hat kein solches Sondergesetz, anscheinend, ohne dessen Fehlen im Geschäftsverkehr zu spüren.

II. Agenten sind Unternehmer[1]), die im Namen und für Rechnung eines anderen, des Geschäftsherrn, sei es Verträge vermitteln, sei es solche abschließen (Sammel-, Abschlußvollmacht). Unter ihnen treten die Handels- und die Versicherungsagenten hervor.

Über die Abgrenzung der Agentengruppe von verwandten Gruppen siehe § 46 II.

III. Handelsagenten sind Agenten, die gewerbemäßig und ständig im Namen und für Rechnung eines (oder mehrerer) bestimmten Geschäftsherrn Handelsgeschäfte vermitteln oder abschließen. Damit scheiden sowohl die Gelegenheits- als auch die Realitätenagenten (IV) aus; die Versicherungsagenten hat das Handelsagentenges. ausdrücklich ausgeschlossen (V).

a) Das Agentenverhältnis zum Geschäftsherrn ist ein Vollmachts- und Dienst- (wenn auch nicht Anstellungs-) Verhältnis zu diesem, der Agenturvertrag ist demnach ein Vollmachts- und entgeltlicher Dienstvertrag des Agenten mit dem Geschäftsherrn. Der Handelsagent ist als solcher stets ein Kaufmann.

b) Der Handelsagent hat eine Vollmacht (§ 34, II) des Geschäftsherrn. Sie ist der Regel nach nur eine Sammel-, nicht eine Abschlußvollmacht, so daß dem Geschäftsherrn die Entschließung über die Annahme oder Ablehnung der Order der Regel nach vorbehalten ist; nur ist er zu einer Antwort ohne Zögern an den Besteller verpflichtet, da sein Schweigen als Annahme gilt, Artikel 323 ÖHGB.

Ist eine Abschlußvollmacht erteilt, so umfaßt sie zwar die Befugnis zum Vertragsabschluß, aber keine zur Vertragserfüllung, also nicht die Inkassovollmacht (§ 4 ÖHandelsagentenges.; § 86 DHGB.; Auslegungsrecht); eine solche bedarf besonderer Erteilung. Ist dem Handelsagenten die Inkassovollmacht besonders erteilt, so umfaßt sie dann doch weder das Recht zur Gewährung von Nachlässen noch zum Vergleichsabschluß (Auslegungsrechtssatz); hiezu bedarf es wieder einer besonderen Bevollmächtigung.

c) Die Vertragspflicht des Agenten ist eine solche gegen den Geschäftsherrn, keine gegen den Kunden. Ihr Inhalt besteht je nachdem in der Vermittlung oder in der Abschließung von Handelsgeschäften im Namen und für Rechnung des Geschäftsherrn. Dem Agenten obliegt die Anwendung der Sorgfalt eines ordentlichen Kaufmannes, darum eine Erkundigungspflicht über jeden Besteller und die Pflicht zur Übersendung jeder einzelnen Order an den Geschäftsherrn je nach deren

[1]) Ausnahmen bisweilen bei den Versicherungsagenten (siehe unten V).

Einlangen, nicht erst paketweise (streitig; § 2 ÖHandelsagentenges.; deutlich § 84 DHGB.). Im Kollisionsfalle haben dem Handelsagenten die Interessen seines Geschäftsherrn (nicht nur denen der Kunden, sondern auch) den eigenen voranzugehen; das Agentur- ist ein Vertrauensverhältnis.

Mängelanzeigen der Kunden über gelieferte Waren hat der Handelsagent Recht und Pflicht, für den Geschäftsherrn entgegenzunehmen und diesem alsbald mitzuteilen. Die Bemängelungsfrist ist durch Bemängelung beim Agenten gewahrt.

Kein gesetzliches Konkurrenzverbot.

d) Der Handelsagent hat gegen den Geschäftsherrn den Anspruch (zwar nicht auf einen Beitrag zur allgemeinen Regie, aber) auf den Ersatz seiner „besonderen Barauslagen" (§ 12 ÖHAGes.; § 90 DHGB.) und auf die Provision in der vereinbarten oder handelsüblichen Höhe (nachgiebiges Recht).

Diesen Provisionsanspruch hat der Handelsagent für jedes klagbare[1]) Handelsgeschäft, das er (sein Subagent, nicht ein anderer selbständiger Agent) zustandegebracht oder im wesentlichen vorbereitet hat, mag dann auch der Abschluß erst nach dem Ende des Agenturvertrages geschehen sein. Ist dem Agenten im Agenturvertrag eine „Kundschaft" zugewiesen oder hat er eine solche dem Geschäftsherrn zugeführt oder ist er ein „Bezirksagent", so gebührt ihm auch von solchen Vertragsabschlüssen die Provision, die der Besteller direkt mit dem Geschäftsherrn vornahm. Nachträgliche, selbst wirtschaftlich begründete „Nachlässe" des Geschäftsherrn braucht sich — unkaufmännischerweise — der Agent nicht in Rechnung stellen zu lassen; er darf vielmehr die volle Provision fordern. Dasselbe gilt, wenn die Durchführung einer Order „infolge Verhaltens des Geschäftsherrn" unterbleibt oder wenn das Geschäft im Einverständnisse des Geschäftsherrn und des Kunden storniert wird (sei es völlig, sei es zum Teil), es lägen denn wichtige Gründe in der Person des Kunden[2]) hiefür vor, z. B. seine Zahlungsunfähigkeit. Die Beweislast für diese Gründe trifft den Geschäftsherrn[3]).

Diese fast durchwegs dem Agenten günstigen Regeln sind doch solche nachgiebigen Rechtes. Zwingenden Rechtes sind die folgenden Vorschriften: Der Agent hat einen Anspruch auf Entschädigung, wenn der Geschäftsherr ihn „vertragswidrig verhindert"[4]), zu verdienen (ebenso bei Angestellten; § 36 VIII), und der Agent hat auch den An-

[1]) Also nicht für Differenzgeschäfte; OGH. vom 11. April 1900, GlUNF. 963.

[2]) OGH. vom 16. September 1924, SZ. VI/276.

[3]) Ständige Rechtsprechung.

[4]) OGH. vom 24. November 1925, Rechtspr. 1926/2: „absichtlich verhindert." Zu strenge!

spruch auf einen angemessenen Vorschuß. Die Notwendigkeit für einen solchen ergibt sich daraus, daß Verkaufsprovisionen mangels einer anderweitigen Vereinbarung erst durch den Eingang des Kaufpreises verdient sind (andere Provisionen freilich schon durch den Vertragsabschluß), und daß der Regel nach über die Provisionen erst vierteljährlich abzurechnen ist.

Buchauszug (nur) über die provisionspflichtigen Geschäfte. Macht der Agent Unrichtigkeit oder Unvollständigkeit des Buchauszuges (nicht nur geltend, sondern) glaubhaft, dann Anspruch auf Büchereinsicht vor dem Bezirksgericht (allenfalls durch einen Vertrauensmann) (zwingendes Recht). Kein gesetzliches Pfandrecht, aber ein Zurückbehaltungsrecht des Agenten; siehe § 12 VIII a.

e) Die Vertragsdauer ist im Vertrage zu bestimmen; sie kann auf bestimmte oder unbestimmte Zeit festgelegt sein. Bei einer Vertragsdauer auf bestimmte Zeit endet der Vertrag mit dem Zeitablauf. Sonst durch die Kündigung. Zwingende Mindestkündigungsfristen (wie bei manchen Angestellten, § 36 VI) gibt es nicht; die nachgiebige gesetzliche Kündigungsfrist beträgt sechs Wochen vor Ablauf eines Kalendervierteljahres. Ist eine Kündigungsfrist vereinbart, so muß sie allerdings für beide Parteien gleich lang sein und darf nicht vor oder während der Saison enden (zwingendes Recht).

Neben diesen Endigungsgründen des Zeitablaufes und der Kündigung stehen jene, die zur vorzeitigen Vertragsauflösung ohne eine Kündigung berechtigen. Nur zulässig „aus wichtigen Gründen", für die das Gesetz lediglich Beispiele gibt, z. B. wegen der Eröffnung des gerichtlichen Ausgleichsverfahrens, des Konkurses über das Vermögen des Geschäftsherrn, der Entmündigung des Agenten, der Vertrauensunwürdigkeit desselben usw. Erachtet im Streitfalle der Richter den Auflösungsgrund aber nicht als (im Gesetz genannt oder sonst als) hinreichend wichtig, so hat der Vertragstreue die Wahl zwischen dem Anspruch auf die Fortsetzung des Agenturvertrages (wenig zweckmäßig) und jenem auf den „Ersatz des ihm verursachten Schadens".

f) Zum Dritten, zum Kunden, steht der Agent weder im Vertrags- noch im Vertrauensverhältnisse. Darum hat er weder im Namen noch im Interesse der Kunden, sondern nur in dem des Geschäftsherrn zu handeln. Es ist folgerichtig, daß der Handelsagent (nachgiebiges Recht) vom Kunden Provision weder fordern noch annehmen und daß des Agenten Geschäftsherr von ihm die Herausgabe dieser Provision und den etwaigen Schadenersatz fordern darf (§ 8 ÖAgentenges.). Siehe § 28 III k.

IV. Die Realitätenagenten sind Agenten, die im Namen und für Rechnung eines Geschäftsherrn Geschäfte über unbewegliche Sachen vermitteln oder abschließen, sei es, daß sie ständig, sei es, daß sie nur für ein bestimmtes Geschäft dieses Geschäftsherrn Agenten sind. In der Regel handelt es sich da um den Kauf oder Verkauf unbeweglicher Sachen, während Hypothekargeschäfte bald in den Bereich der Realitäten-, bald in jenen der Handelsagenten fallen.

Das Handelsagentengesetz findet nur zum Teil auf die Realitätenagenten Anwendung, freilich zum größten Teile. Nur hat ein solcher Agent keinen Provisionsanspruch von direkten, das heißt ohne seine Vermittlung zustande gekommenen Geschäften, keinen Entschädigungsanspruch wegen der Arbeitsverhinderung durch den Geschäftsherrn, kein Recht auf einen Vorschuß, einen Buchauszug und auf die Büchereinsicht (§ 29 ÖHandelsagentenges.; nachgiebiges Recht).

V. Versicherungsagenten[1]) sind Personen, die vom Versicherer mit der Vermittlung und der Abschließung von Versicherungsverträgen betraut sind; sie sind also, sei ihr Titel welcher immer, grundsätzlich (§ 54 IV) Bevollmächtigte des Versicherers. Neben ihnen stehen die Generalrepräsentanten ausländischer Versicherungsanstalten, welche zwar nicht deren Bevollmächtigte, aber deren gesetzliche Stellvertreter (etwa gleich dem Vorstand einer A.-G.; siehe § 14 III) sind und als solche eine durch zwingenden Rechtssatz festgelegte unbeschränkte Vertretungsbefugnis „in allen Angelegenheiten (haben), welche in dem Betrieb der Geschäfte in Österreich ihren Grund haben" (KaisV. vom 29. November 1865, RGBl. Nr. 127; ÖGes. vom 29. März 1873, RGBl. Nr. 42).

a) Der Betrieb der privaten Versicherungsgeschäfte kann der Versicherungsagenten derzeit nicht entbehren; denn der Versicherer selbst tritt mit dem Versicherungsnehmer nur selten in eine direkte Verbindung (§ 54 IV). Um so wichtiger ist die deutliche Absteckung des Wirkungskreises des Versicherungsagenten nach außen hin. Die Interessen des Versicherers widerstreiten dabei nicht selten sowohl den Wünschen des (um der Provision willen am Vertragsabschluß interessierten) Agenten, als jenen der Versicherungsnehmer; der Versicherer hat das Bestreben, die Verantwortlichkeit für des Agenten Handlungen und Wissen (etwa für seine Zusicherungen oder für seine Kenntnis der Bauart des zu versichernden Hauses) möglichst abzulehnen, den Agenten rechtlich als den Bevollmächtigten nicht des Versicherers, sondern des Versicherungsnehmers zu behandeln; der Versicherungsnehmer, der den Agenten ja weder ausgewählt noch bestellt hat, hat die entgegengesetzte Tendenz. Die Gesetzgebung begünstigt bei diesem Interessenkonflikte den Versicherungsnehmer.

Der Agent darf ihm keinen Provisionsanteil gewähren (ÖGes. vom 27. Januar 1921, BGBl. Nr. 88; um ihn nicht zu verlocken!). Im Rahmen seiner Bestellung ist der Versicherungsagent stets der Vertreter

---

[1]) Ehrenzweig Albert: Das Ges. vom 23. Dezember 1917, RGBl. Nr. 301, über den Versicherungsvertrag (VVG.).

des Versicherers (§ 34 II) und in demselben Rahmen gilt als dem Versicherer bekannt, was der Versicherungsagent weiß oder wissen muß.

„Im Rahmen der Bestellung“ ist da freilich eine wichtige Beschränkung; in ihrer Folge wird nicht jede Handlung oder Kenntnis des Agenten dem Versicherer zugerechnet. Das ÖVVG. vom 20. Dezember 1917, RGBl. Nr. 301, regelt die Abgrenzung in den §§ 43 bis 47 und in dem Ges. vom 27. Januar 1921, BGBl. Nr. 88, das DVVG. in den §§ 43 bis 48. Danach werden unterschieden die Vermittlungs- und die Abschlußagenten, während die in ihrer Tätigkeit territorial beschränkten Bezirksagenten bald das eine, bald das andere sein können. Der Regel nach sind die Agenten nur Vermittlungsagenten; den Vertragsabschluß behält sich der Versicherer vor: da ist denn der Agent darauf beschränkt, Orders zu sammeln, Kündigungs- und Rücktrittserklärungen des Versicherungsnehmers entgegenzunehmen und Polizzen auszufolgen. Der Abschlußagent hat darüber hinaus die Vollmacht zum Abschlusse von Versicherungsverträgen und Vertragsänderungen und zu deren Kündigung sowie zur Abgabe von Rücktrittserklärungen des Versicherers. Dieser Vollmachtsumfang der beiden Agentengruppen ist gesetzlich festgelegt. Nicht eben zwingend; aber Vollmachtsbeschränkungen, die der Versicherer vornimmt, wirken doch nur gegen jenen einzelnen Versicherungsnehmer, der sie beim Geschäftsabschluß kannte oder kennen mußte.

Bei dieser Rechtslage kann der Versicherer der Regel nach seinen Versicherungsagenten nicht wohl in die Rolle des Vertrauensmannes oder gar des Bevollmächtigten des Versicherungsnehmers schieben.

Die Durchführung des gesetzgeberischen Gedankens im VVG. verdient Beifall. Leider war es nicht tunlich, dem Versicherer die Verwendung der gesetzlichen Ausdrücke „Vermittlungsagent“ und „Abschlußagent“ anzubefehlen, weil diese Bezeichnungen im Verkehr nicht üblich sind. So bleibt für das Publikum bisweilen undeutlich, in welche der beiden Gruppen ein bestimmter Agent gehört, dies umsomehr, als eine Eintragung der Versicherungsagenten in das Handelsregister unzulässig ist.

b) Handelsagenten sind stets Unternehmer, stets Kaufleute (siehe oben II, III a), Das trifft auf die Versicherungsagenten nicht zu. Nicht alle von ihnen sind selbständig; vielmehr gibt es unter ihnen selbständige Unternehmer und Angestellte. Nach außen hin ist dieser Unterschied aber gleichgültig; die Vollmacht eines Versicherungsagenten ändert sich nicht danach, ob er ein Kaufmann ist oder etwa ein Handlungsgehilfe des Versicherers. Aber nach innen hin, im Verhältnisse zum Versicherer, da ist der Unterschied in der Rechtslage der beiden Gruppen erheblich.

Ist der Versicherungsagent ein Angestellter, so untersteht er (der Regel nach) dem ÖAngestelltenges. vom 11. Mai 1921, BGBl. Nr. 293; siehe darüber § 36. Ist der Agent dagegen ein Unternehmer, so gelten für sein Verhältnis zum Versicherten die Vorschriften der Artikel 317 ff. ÖHGB. und der §§ 1152 ff. ÖABGB. über den Dienstvertrag. Diese §§ 1152 ff. ÖABGB. (§ 36 I) enthalten aber gerade für dieses Agenturverhältnis kaum zwingende Rechtssätze; und die ergänzenden Vorschriften reichen zum Teile nicht aus, zum Teile, z. B. hinsichtlich der Leistung des Entgeltes, passen sie auf den Agenten nicht recht, würden somit unzweckmäßig wirken. Da muß denn der Agenturvertrag aushelfen.

§ 48. Der Speditionsvertrag[1])

I. Spediteur ist derjenige Kaufmann, welcher gewerbemäßig im eigenen Namen für fremde Rechnung Güterversendungen durch Frachtführer und Schiffer zu besorgen übernimmt, Artikel 379 ÖHGB., § 407 DHGB.

Der Personentransport scheidet aus, daher das Reisebureau, Auswandererbureau. Unter Güterversendung ist jede Güterbewegung zu verstehen, sei es auch eine innerhalb desselben Ortes (Wohnungsübersiedlung). Die Übernahme der Güterversendung schließt die Vornahme der Güterversendung nicht in sich; diese obliegt dem Frachtführer (Binnenschiffer) oder Reeder. Dagegen kann zur Übernahme der Güterversendung die einstweilige Verwahrung des Gutes gehören; doch darf sie kein Selbstzweck sein wie beim Verwahrer (sonst ist eben der Spediteur gleichzeitig ein Verwahrer).

Die Tätigkeit des Spediteurs ist größtenteils eine juristische, besteht im Abschlusse des Transportvertrages; überdies obliegen ihm manche Dienstleistungen sowie die Routenwahl und die Sorge für Zoll- und sonstige Begleitpapiere.

II. Der Speditionsvertrag ist ein Vertrag des Spediteurs nicht mit dem Empfänger, sondern nur mit dem Absender; lediglich vom Absender kann der Empfänger daher Rechte aus dem Speditionsvertrag ableiten. Die Rechte und Pflichten des Spediteurs richten sich auch nur gegen den Absender (IV). Ihr Inhalt hängt zum Teil davon ab, was für eine Art von Spedition der Vertrag vorsieht: Stückgut; Sammelladung; Spedition gegen Provision; Spedition zu bestimmten Sätzen (sehr häufig); der Spediteur ist zugleich Frachtführer (die Regel; oft mit der Spedition zu bestimmten Sätzen verbunden).

---

[1]) Burchard: Das Recht der Spedition; Grünberg: Das Speditionsgeschäft.

III. Pflichten des Spediteurs: Stets muß der Spediteur dem Absender Order (z. B. hinsichtlich des Speseninkasso, siehe IV) parieren, auch dessen Widerruf gelten lassen, solange er den Speditionsauftrag nicht ausgeführt hat. Ausgeführt ist dieser noch nicht durch den Abschluß des Transportvertrages, wohl aber schon durch die etwa nachfolgende Übergabe des Gutes an den Transporteur. Kommt also der Widerruf des Speditionsauftrages dem Spediteur erst nach dieser Übergabe zu, so ist der Widerruf als ein solcher des Speditionsauftrages wirkungslos; die Provision und allenfalls (Art. 394 ÖHGB.) die Fracht müssen bezahlt werden. Doch obliegt dem Spediteur auch in diesem Zeitpunkte die Pflicht, den effektiven Gutstransport durch den Frachtführer (Binnenschiffer) oder Reeder hintanzuhalten oder anzuhalten (Art. 402 ÖHGB., § 433 DHGB.; gilt bis zur Übergabe des Frachtbriefes, Frachtbriefduplikates, Ladescheines oder Konnossements an den Empfänger).

Der Spediteur hat stets als ein sorgsamer Kaufmann die Interessen des Absenders zu wahren; darum muß der Spediteur bei Interessenkollisionen seinen eigenen Interessen die des Absenders voranstellen.

Die Empfangnahme des Gutes und dessen Besichtigung auf äußerlich erkennbare Mängel; erforderlichenfalls die (gerichtliche) Beweissicherung und Mängelbehebung bei Gutsübernahme, Artikel 365, 380, 387 ÖHGB.; § 407 DHGB.

Die Aufbewahrung des Gutes bis zur Übergabe an den Transporteur. Keine Versicherungspflicht (anders hinsichtlich der Feuerversicherung beim öffentlichen Lagerhaus, § 45 VI), außer bei Auftrag oder Usance. Liegt aber ein mit dem Speditionsauftrag verbundener Versicherungsauftrag vor, dann hat ihn der Spediteur, der die Spedition übernimmt, zu befolgen, aber nicht durch Selbstversicherung (nachgiebiges Recht).

Die Auswahl des Zwischenspediteurs (der nur zum Spediteur, nicht zum Absender oder Empfänger in Rechtsbeziehung steht)[1]), Frachtführers (Binnenschiffers), Reeders (ebenso). Der Spediteur haftet nur für deren sorgsame Auswahl (die Beweislast hiefür trifft ihn, Art. 380 ÖHGB.), nicht für deren Tätigkeit. Anders freilich dann, wenn der Spediteur „über bestimmte Sätze der Transportkosten sich geeinigt hat" (Art. 384 ÖHGB.; ähnlich § 413 DHGB.; wohl der regelmäßige Fall); bei dieser Spedition zu bestimmten Sätzen haftet der Spediteur nicht nur für die sorgsame Auswahl, sondern „für die von ihm angenommenen Zwischenspediteure und Frachtführer" sowie Reeder (letzteres ist strittig).

---

[1]) Hinsichtlich des Empfängers schwankt die österreichische Rechtsprechung.

Nachrichtendienst und Rechnungslegungspflicht des Spediteurs wie beim Kommissionär, § 46 IV a.

Verjährungsfrist ein Jahr, Artikel 387 ÖHGB.; § 414 DHGB.

IV. Rechte des Spediteurs.

Ist ein fixer Transportsatz vereinbart, so darf dieser, nicht aber daneben die Provision gefordert, neben dem fixen Transportsatze darf im Zweifel auch kein Ersatz der Barauslagen verlangt werden (nachgiebiges Recht). Der Zweck dieser Vereinbarung ist ja, dem Absender eine genaue Kalkulation der Transportkosten zu ermöglichen.

Sonst besteht ein Anspruch auf Provision und auf den Ersatz des „zum Zwecke der Versendung" wirklich gemachten notwendigen oder nützlichen Aufwandes, Artikel 381 ÖHGB.; §§ 408, 409 DHGB. Darum darf der Spediteur keine höhere als die wirklich ausgelegte Fracht aufrechnen, es sei denn im Sammelladungsdienst: da darf er die Stückfracht berechnen, obwohl er nur die Waggonfracht zahlt (Art. 383 ÖHGB.). Die Provision ist der Regel nach nicht schon mit dem Abschluß des Transportvertrages fällig, sondern erst mit der Gutsübergabe an den Frachtführer (Binnenschiffer) oder Reeder; anders im Falle des Widerrufes, siehe oben III.

Schuldner des Spediteurs ist der Absender, nicht der Empfänger; doch darf der Absender den Spediteur wirksam anweisen, das Gut dem Empfänger nur gegen Spesenzahlung zu übergeben und an diese Order ist der Spediteur bei sonstiger Haftung auch dann gebunden (siehe III), wenn die Order dem Vertrage des Absenders mit dem Empfänger widerspricht. Überdies macht ein bestehender Handelsbrauch[1]) den Empfänger dann zum direkten Schuldner des Spediteurs, wenn der Empfänger das Gut vorbehaltlos angenommen hat.

Das gesetzliche Pfandrecht des Spediteurs siehe § 12 VII e und hinsichtlich der Verwertung § 12 VII g.

Das Selbsteintrittsrecht des Spediteurs ist stets, und zwar ohne Ankündigung gestattet. Der Spediteur ist dann auch der Frachtführer; seine Haftung ist in solchen Fällen die des Spediteurs, solange er dies ist, und jene des Frachtführers für die Zeit (§ 49), während welcher er die Tätigkeit des Frachtführers übt: er haftet also nicht gleichzeitig, sondern nacheinander als Spediteur und als Frachtführer; Artikel 385 ÖHGB.; § 412 DHGB. (nachgiebiges Recht).

§ 49. Die Beförderungsverträge

Beförderungsgeschäfte sind die auf die Transportausführung gerichteten Rechtsgeschäfte. Jene Geschäfte, die sich mit der Ver-

---

[1]) Bezeugt vom OGH. vom 31. Dezember 1923, Zbl. 42/67.

mittlung der Transportausführung befassen (so das Speditionsgeschäft), scheiden hier aus.

Es verbleiben:

a) Die Geschäfte der Frachtführer, insbesondere die Gütertransportgeschäfte der Eisenbahnen und der Binnenschiffer, Artikel 272, Z. 3, ÖHGB.; § 1/2 DHGB., sowie der Post.

b) Die Geschäfte der für den Personentransport zu Land oder auf Binnengewässern bestimmten Anstalten, Artikel 272, Z. 3, ÖHGB.; § 1/2 DHGB.

c) Die Übernahme der Beförderung von Gütern oder Reisenden zur See, Artikel 271, Z. 4, ÖHGB.; § 1/2 DHGB., sei es auch nicht gewerbe-, sondern nur erwerbsmäßig und sei es auch nicht als ein anstaltsmäßiger, sondern als ein Kleinbetrieb, siehe § 18 XI.

§ 50. Der Frachtvertrag[1]) (mit Ausschluß des Eisenbahnfrachtvertrages und des Postgeschäftes)

I. Frachtführer ist derjenige, der gewerbemäßig den Transport von Gütern zu Lande, durch die Luft oder auf Binnengewässern[2]) (Flüssen, Bächen, Seen) ausführt, Artikel 390 ÖHGB.; § 425 DHGB.; der Personentransport scheidet aus. Unerheblich ist die Größe des Betriebes des Frachtführers; auch der Schwerkutscher, der mit nur einem Wagen und Pferde sein Unternehmen betreibt, und der Flößer mit einem Floße sind Frachtführer und unterstehen damit deren Rechte. Nur muß der Gütertransport das Wesentliche des Geschäftes sein; darum ist der Kraftwagenhalter, welcher Reisende mit deren Reisegepäck befördert, kein Frachtführer. Ferner wird erfordert, daß die Güterbeförderung nicht bloß und auch nicht hauptsächlich durch die Menschenkraft geschehe; darum ist der Dienstmann kein Frachtführer (streitig). Sonst aber ist das Beförderungsmittel gleichgültig (Wagen, Karren, Luftschiff, Pferd, Schiff, Floß).

II. Der Frachtführer verpflichtet sich zu einer Gutsbeförderung unter seiner Obhut, und zwar zu einer solchen nach einem bestimmten Ziele. Wie weit die Strecke ist, das ist unerheblich; es fallen daher auch Wohnungsübersiedlungen innerhalb desselben Hauses unter das Frachtgeschäft. Güter sind die körperlichen Sachen aller Art, also auch lebende Tiere, Briefe; wem das Gut gehört, das ist gleich-

---

[1]) Rundnagel: Landfrachtvertrag (in Ehrenbergs Handb. V/2, S. 113 ff.).

[2]) In Deutschland gelten neben dem HGB. für den Binnenschiffer noch das Gesetz vom 20. Mai 1898, und für den Flößer jenes vom 15. Juni 1895; in Österreich die binnenseepolizeilichen Vorschriften der Vdg. vom 12. Dezember 1893, RGBl. 5/94 uud (für das Burgenland) vom 10. Juli 1927, BGBl. 217.

gültig. Hat der Befördernde vertragsmäßig nicht die Obhut über das Beförderungsgut (so beim Handgepäck auf der Personenpost), so liegt kein Frachtvertrag vor.

III. Der Frachtvertrag ist ein Vertrag des Frachtführers mit dem Absender zugunsten eines Dritten, des Empfängers, Artikel 391 ÖHGB. Doch erlangt der Empfänger Rechte aus dem Frachtvertrage zunächst nicht, sondern erst durch den indossierten Ladeschein oder nach der Ankunft des Gutes durch die Übergabe des Frachtbriefes, Artikel 405 ÖHGB.; § 435 DHGB.; fehlt es an diesen Urkunden, so erlangt der Empfänger Rechte aus dem Frachtvertrag überhaupt erst durch die reale Andienung des Frachtgutes durch den Frachtführer. Bis dahin bleibt der Absender verfügungsbefugt, darf also insbesondere vom Frachtführer die Zurückgabe des Gutes fordern oder ihm die Auslieferung desselben an einen anderen Empfänger auftragen, Artikel 402 ÖHGB.; § 433 DHGB. Der Empfänger darf, solange diese Verfügungsgewalt des Absenders dauert, nur die zur Sicherstellung des Gutes erforderlichen Maßregeln treffen, Artikel 404 ÖHGB.; § 434 DHGB.; doch stehen selbst solche Anordnungen des Empfängers hinter entgegenstehenden des Absenders zurück.

Der Frachtvertrag ist formfrei; doch darf vereinbart werden, daß der Frachtführer dem Absender einen Ladeschein ausstelle, also ein Wertpapier, welches an Order gestellt werden kann; der Remittent oder Indossatar des Ladescheines ist dann ausschließlich verfügungsbefugt, Artikel 416 ÖHGB.; § 450 DHGB. Ladescheine sind Raritäten. Um so häufiger sind Frachtbriefe. Der Frachtführer darf vom Absender die Ausstellung eines solchen Frachtbriefes (Beweisurkunde, kein Wertpapier) fordern, der, den Regeln des Verkehres entsprechend, die Unterschrift des Absenders tragen wird, wenngleich dies Artikel 392 ÖHGB. (anders § 426 DHGB.) nicht vorschreibt. Den regelmäßigen Inhalt des Frachtbriefes, insbesondere Bezeichnung des Gutes, Absenders, Empfängers, Ausstellungstages und -ortes, Ablieferungsortes, der Fracht gibt Artikel 392 ÖHGB. (§ 426 DHGB.) wieder, jedoch nicht als einen zwingenden; darum dürfen die Frachtbriefe auch andere als die dort genannten Mitteilungen enthalten und das Fehlen einzelner im Gesetze genannter Angaben schadet nicht, wenn nur der Frachtbrief noch als ein solcher kenntlich und verständlich erscheint[1]).

IV. Pflichten des Absenders.

a) Er hat das Gut für den Frachtführer bereitzuhalten und ihm zu übergeben; hiezu gehören unter anderem die ordnungsgemäße Verpackung und die Beistellung der erforderlichen Begleitpapiere, die Ausstellung des Frachtbriefes auf Verlangen des Frachtführers und die

[1]) Abweichendes gilt im Eisenbahnverkehr; siehe § 51 V.

Haftung für die Richtigkeit und Vollständigkeit der Angaben im Frachtbrief und in den Begleitpapieren, Artikel 393 ÖHGB.; §§ 426, 427 DHGB.

b) Der Absender hat dem Frachtführer das Gut wieder abzunehmen, wenn es dem Empfänger aus welchem Grund immer, etwa wegen dessen Annahmeweigerung oder weil die empfangende Aktiengesellschaft gelöscht ist, nicht ausgeliefert wird; zur einigermaßen dauernden Verwahrung des Gutes verpflichtet nämlich der Frachtvertrag den Frachtführer nicht.

c) Die Pflicht zur Bezahlung der Fracht in der vereinbarten Höhe und der Auslagen, insbesondere der Liege- und Zollgelder, Artikel 409 ÖHGB.; § 440 DHGB. Ist die Höhe der Fracht nicht vereinbart und auch nicht, wie z. B. häufig im Binnenschiffahrtsverkehr, durch Tarife oder Taxen festgestellt, so ist die handelsübliche und in Ermangelung einer Usance die angemessene Fracht zu bezahlen.

Wer die Fracht zu bezahlen hat, das bestimmt der Vertrag. Bestimmt er nichts, so hat der Absender zu zahlen. Der Empfänger bekommt das Gut dann abgabenfrei („Freivermerk"). Es darf aber auch im Frachtvertrage vereinbart werden, daß der Empfänger für diese Zahlungen dem Frachtführer aufzukommen habe, und der Empfänger nimmt dann diese Zahlungspflicht „durch Annahme des Gutes und Frachtbriefes" auf sich, Artikel 406 ÖHGB.; § 436 DHGB.; der Absender haftet dem Frachtführer in solchen Fällen nur, wenn der Empfänger das Gut nicht annimmt. Über das gesetzliche Pfandrecht des Frachtführers siehe § 12 VIIe und VIIg.

V. Pflichten des Frachtführers.

a) Die Prüfung des Gutes und der Begleitpapiere auf die Beförderungsfähigkeit, also insbesondere die Prüfung des Gutes auf äußerlich erkennbare Verpackungsmängel.

b) Die Einhaltung der vereinbarten oder üblichen Lieferzeit und die Haftung für den Verzögerungsschaden, es sei denn, der Frachtführer beweise die Unabwendbarkeit der Verzögerung trotz der Anwendung der Sorgfalt eines ordentlichen Frachtführers, Artikel 394, 397, 398 ÖHGB.; § 428 DHGB. Überdies hat der Absender ein Rücktrittsrecht bei einer Verzögerung, wenn sie auch ohne Verschulden des Frachtführers eintrat, Artikel 394 ÖHGB.; § 428 DHGB.

c) Die Durchführung des Transportes mit der Sorgfalt eines ordentlichen Frachtführers. Die Haftung des Frachtführers „für seine Leute und für andere Personen (auch Zwischenspediteure und Zwischenfrachtführer), deren er sich.. bedient", Artikel 400, 401 ÖHGB.; § 431, 432 DHGB.[1]), nicht bloß für sorgsame Auswahl. Die Haftung für

[1]) Für Geld, Wertpapiere und Kostbarkeiten haftet der Frachtführer nur, wenn diese Gegenstände deklariert sind (nachgiebiges Recht). Kostbarkeiten sind Gegenstände, die nach der Volksüberzeugung als solche deshalb

Verlust (Nichtausfolgbarkeit des Gutes aus welchem Grund immer)[1]), Minderung und Beschädigung des Frachtgutes (nachgiebiges Recht) nach dessen gemeinem Handelswert (Wert) zur bedungenen Ablieferungszeit am Ablieferungsort (anders § 88 EVO.), für vollen Schadenersatz (zwingendes Recht) nur bei „böslicher Handlungsweise" des Frachtführers oder seiner Organe.

Die Haftpflicht für den gemeinen Handelswert (Wert) ist vom Verschulden des Frachtführers unabhängig. Seine Entschuldigungsgründe: höhere, daher unvorhersehbare[2]) oder mit den verständigerweise aufwendbaren Mitteln unabwendbare (streitig) Gewalt; natürliche Beschaffenheit des Gutes; äußerlich unerkennbare Verpackungsmängel, Artikel 395 ÖHGB. (milder § 429 DHGB.; siehe § 8 IVa). Der Ersatzanspruch aus dieser Haftpflicht erlischt „durch Annahme des Gutes und Bezahlung der Fracht"; nur für geheime Mängel bleibt der Anspruch dennoch aufrecht, Artikel 408 ÖHGB.; § 436 DHGB.

Der Ersatzanspruch steht beim Gutsverlust (Totalverlust) stets dem Absender (streitig), nie dem Empfänger zu, dieser sei denn Zessionar des Absenders; bei einer Minderung oder Beschädigung des Gutes dann dem Empfänger, wenn er das Gut angenommen hat, sonst dem Absender.

Verjährungsfrist ein Jahr, Artikel 408 ÖHGB.; § 439 DHGB.

d) Die Sorge für die einstweilige Aufbewahrung des Gutes und nach Erfordernis für die (gerichtliche) Beweissicherung seines Zustandes, falls der Empfänger nicht zu finden ist oder es nicht annimmt oder falls sonst ein Streit über die Annahme oder den Zustand des Gutes entsteht, Artikel 407 ÖHGB.; § 437 DHGB. Siehe IVb.

e) Die Pflicht zur wahrheitsgemäßen, nicht verzögerten Berichterstattung (z. B. über Beförderungshindernisse) und zur Rechnungslegung.

VI. Die Rechtsstellung des Empfängers.

Aus dem Frachtvertrage für sich allein erwirbt der Empfänger noch keine Rechte, außer jenem auf gewisse einstweilige Vorkehrungen, siehe III.

Hat der Empfänger den auf ihn indossierten Ladeschein erhalten, dann ist er allein verfügungsbefugt, mag auch das Frachtgut noch nicht am Ablieferungsort angekommen sein. Der Empfänger hat damit allerdings auch die Pflicht, — zwar nicht die aus dem Frachtvertrag, aber — die aus dem Ladeschein sich ergebenden Verbindlichkeiten, ins-

gelten, weil sie im Verhältnisse zum Umfang und zum Preise anderer ebenso umfangreicher Waren besonders teuer sind (Gutachten des ÖOGH. SZ. II/147).

[1]) Z. B. wegen dauernder Beschlagnahme.

[2]) OGH. vom 22. Mai 1918, Zbl. 36/361 (es handelte sich um eine vorhersehbare Diebstahlgefahr).

besondere zu Zahlungen, dem Frachtführer zu erfüllen, Artikel 415, 416 ÖHGB.; §§ 446, 447 DHGB.

Anders ist die Rechtsstellung des Empfängers in den häufigen Fällen, in denen kein Ladeschein, wohl aber ein Frachtbrief ausgestellt ist. Da gehen die Verfügungsbefugnis und (mangels Freivermerkes) die Zahlungspflicht nicht schon durch die Frachtbriefübergabe (vom Absender) auf den Empfänger über, sondern erst „nach Ankunft des Frachtführers am Orte der Ablieferung", Artikel 405 ÖHGB.; das heißt richtig: nach Ankunft des Gutes am Orte der Ablieferung (so richtig § 435 DHGB.). Erst wenn das Gut da und der Frachtbrief ihm übergeben ist, hat der Empfänger die Rechte aus dem Frachtvertrag und hat, wird ihm dann das Gut ausgefolgt, auch die Pflichten aus dem Frachtbrief gegen den Frachtführer (Art. 406 ÖHGB.; § 436 DHGB.; nachgiebiges Recht).

Ist weder ein Ladeschein noch ein Frachtbrief ausgestellt, wie etwa bisweilen beim Zustreifen von Möbeln durch den Tischler an den privaten Käufer, so erlangt der Empfänger die Verfügungsbefugnis erst durch das effektive Anbot der Gutsübergabe und die Zahlungspflicht erst durch dessen Annahme.

§ 51. Der Eisenbahnfrachtvertrag[1])

I. Ein besonderes Gütertransportrecht entwickelte sich nur für jene Eisenbahnen, „welche dem Publikum zur Benützung für den Gütertransport" eröffnet sind, Artikel 422 ÖHGB., § 453 DHGB., die somit dem öffentlichen Verkehr dienen. Der erste Satz dieses besonderen Transportrechtes auf deutschem Boden war die Einführung des Kontrahierungszwanges (§ 25 V) für diese Eisenbahnen in Preußen im Jahre 1838. Sonst blieb damals alles, also auch der Inhalt der einzelnen Frachtverträge, der Parteienvereinbarung vorbehalten, im Ergebnisse sicherlich eine Bevorzugung der Eisenbahn gegenüber den Absendern. Die Eisenbahnunternehmer faßten bald ihre Vertragsbedingungen in Eisenbahnbetriebsreglements zusammen; das waren also lediglich Vertragsformulare, und zwar abänderbare; die Eisenbahn war insbesondere nicht gehindert, dem einen Absender andere Transportbedingungen zu gewähren als dem anderen. Nur langsam änderte sich dieser dem Publikum ungünstige Zustand. Noch das AHGB. griff nur mit sehr wenigen Vorschriften (Art. 422 bis 431 ÖHGB.) in dieses Geschäft ein, freilich doch schon mit Vorschriften großenteils zwingender Natur. Erst seit den Siebzigerjahren des vorigen Jahrhunderts änderte sich

[1]) Eger: Eisenbahnverkehrsordnung; Eger: Das internationale Übereinkommen über den Eisenbahnfrachtverkehr; Rundnagel: Die Beförderungsgeschäfte der Eisenbahnen (in Ehrenbergs Handbuch des gesamten Handelsr. V/2, S. 255 ff.).

die Auffassung der Gesetzgeber über das Eisenbahntransportgeschäft gründlich, wozu insbesondere Schweizer Anregungen mitwirkten. Das derzeitige Ergebnis der Rechtsentwicklung berücksichtigt, daß der Monopolstellung der Eisenbahnen vielfach durch zwingende Rechtssätze begegnet werden, daß aber auch dem Massenbetrieb auf der Eisenbahn durch eine formelle, wenngleich das Publikum belästigende Ausgestaltung der Frachtvertragsbestimmungen Rechnung getragen werden muß.

Die Rechtslage ist in Österreich (anders als in Deutschland) hinsichtlich der Groß- und der Kleinbahnen die gleiche. Es ist auch gleichgültig, mit welcher motorischen Kraft die Züge betrieben werden. Dagegen pflegt man zum Begriffe der Eisenbahnen zu fordern, daß die Züge auf Schienen oder wenigstens auf einer Schiene laufen. Danach fiele eine elektrische Bahn ohne Schienen mit Oberleitung nicht unter dieselben Rechtsquellen wie die auf Schienen betriebenen Eisenbahnen; diese Rechtsauffassung läßt sich nicht aufrechterhalten und wird voraussichtlich verschwinden, sobald solche gleislose elektrische Bahnen in namhaftem Maße für den Gütertransport verwendet werden.

II. Die Rechtsquellen sind: Artikel 422 bis 431 ÖHGB. (§ 423 bis 473 DHGB.); ÖEisenbahnverkehrsordnung (EVO.) vom 15. Juni 1921, BGBl. Nr. 710[1]), früher Eisenbahnbetriebsreglement genannt (mit Nachträgen; Änderung im Zug; in Deutschland die DEVO.); internationales Übereinkommen über den Eisenbahnfrachtverkehr (IUe.) vom 14. Oktober 1891, RGBl. Nr. 186 aus 1892, eine schöne und reife Frucht des internationalen Rechtes; Übereinkommen vom 9. Dezember 1923, Nr. 53/1927. Der § 2 EVO. gestattet den Eisenbahnunternehmern die Erlassung von Ausführungsbestimmungen zur und im Rahmen der EVO., jedoch nur mit Genehmigung der Aufsichtsbehörde; zur Gültigkeit ist außer dieser Genehmigung die Veröffentlichung der einzelnen Ausführungsbestimmungen im Tarif erforderlich. Solche Ausführungsbestimmungen sind erlassen worden; ihr Inhalt ist in Österreich und in Deutschland nicht immer der gleiche.

„Die Eisenbahn hat Tarife aufzustellen, die über alle ... Bestimmungen ... Auskunft geben. Die Tarife bedürfen zu ihrer Gültigkeit der Veröffentlichung", § 6 EVO. (über die Art der Veröffentlichung ÖVdg. v. 10. Februar 1905, RGBl. Nr. 14, und für Lokalbahnen ÖVdg. v. 7. Jänner 1922, BGBl. Nr. 23). Diese Tarife sind keine Rechtsquelle, sondern ein Vertragsbestandteil. Neben den Tarifen bestehen noch interne Dienstesvorschriften (in Österreich: Eisenbahnbetriebsordnung), die jedoch für die Absender nicht in Betracht kommen.

---

[1]) Für das Burgenland mit Vdg. vom 29. Dezember 1921, BGBl. Nr. 759, eingeführt. In der Tschechoslowakei gilt die EVO. vom 13. Mai 1921, Nr. 203 GBl.

III. Der Kontrahierungszwang besteht folgendermaßen:

Die Eisenbahn darf den Abschluß eines Frachtvertrages über tarifmäßig beförderungsfähige Güter (§ 54 EVO.) nicht ablehnen, wenn die regelmäßigen Transportmittel der Bahn zur Ausführung des Transportes genügen, § 3 EVO.

Die Eisenbahn hat die Tarife für jedermann in der gleichen Weise anzuwenden, § 6 EVO., so daß die Gewährung nicht nur von offenen, sondern auch von geheimen Refaktien verboten ist und die Eisenbahn gegenüber den anderen Absendern gleichartiger Güter schadenersatzpflichtig macht; Artikel 422 ÖHGB.; § 453 DHGB. Auch darf kein Absender in Ansehung der Transportzeit vor dem andern begünstigt werden; freilich liegt in der früheren Versendung eines später aufgegebenen Gutes dann keine solche Begünstigung, wenn das öffentliche Interesse oder die Bahneinrichtungen die Expedition eines Frachtgutes vor früher aufgegebenen anderen Gütern gebieten, Artikel 422 ÖHGB.; § 453 DHGB. (etwa Lebensmitteltransporte).

Der Kontrahierungszwang belastet die Eisenbahn auch damit, die Güter in Obhut zu nehmen. Darum ist er abgeschwächt; „die Eisenbahn ist (zwar berechtigt, aber) nicht verpflichtet, die Güter zum Transport eher anzunehmen, als bis die Beförderung derselben geschehen kann", Artikel 422 ÖHGB.; § 64/1 EVO.; § 453 DHGB.; die Bahn hat sie nur tunlichst einstweilen in Verwahrung zu nehmen (siehe VII.).

IV. Die Beförderung kann sich beziehen: a) auf Frachtgut, b) auf Eilgut; der Unterschied steckt im wesentlichen lediglich in der Bemessung der Lieferzeit, § 75 EVO.; c) auf Reisegepäck, das ist auf Gegenstände, deren der Reisende „zur Reise bedarf", § 30 EVO., oder welche die Eisenbahn als Reisegepäck entgegennimmt, obwohl die Gegenstände nicht dazugehören[1]). Die Worte „zur Reise bedarf" dürfen übrigens auf keinen Fall eng ausgelegt werden. Umzugsgut ist freilich kein Reisegepäck. Wohl aber zählt hiezu nicht nur dasjenige, wessen der Reisende während der „Eisenbahnfahrt" bedarf, sondern auch das, was er während der „Reise", also auf den Stationen derselben, etwa zum Aufenthalt im Gasthaus, in der Sommerfrische, zum Kundenbesuche (Musterkoffer) braucht, auch wessen er nach dem Eintreffen auf der Endstation so lange bedarf, bis sein Umzugsgut, in normaler Weise abgesendet, eingelangt sein kann. Beispiele: Wäsche, ein Opernglas, allenfalls Arbeitszeug, wie eine Schreibmaschine, Warenmuster, Musikinstrumente und dergleichen mehr. Die Eisenbahn hat das Recht der Gepäcksuntersuchung, damit nicht Fracht- oder Eilgut als Reisegepäck aufgegeben werde, § 36 EVO.; d) Expreßgut. Dieses wird entweder wie ein Reisegepäck (gegen einen Gepäckschein) oder wie das

---

[1]) Ständige Rechtsprechung. Doch wird Bargeld (z. B. im Koffer) auch hiedurch nicht zum Reisegepäck; OGH. vom 28. Juli 1921, Zbl. 39/132.

Fracht- oder Eilgut (gegen einen Frachtbrief) befördert, §§ 40, 43 EVO.; im ersten Fall ist kein Empfänger anzugeben, wohl aber im zweiten.

Das Handgepäck („leicht tragbare Gegenstände" von bestimmter Maximalgröße) wird im Personenwagen einschließlich der Schlafwagen befördert. Es bildet keinen Gegenstand eines besonderen Vertrages; seine Beförderung durch die Eisenbahn bildet vielmehr nur einen Teil des Gesamtbeförderungsvertrages. Darum nimmt die Eisenbahn das Handgepäck auf dem Transporte nicht in ihre Obhut und „haftet dafür nur, wenn sie ein Verschulden trifft", § 28 EVO., z. B. wenn der Schaffner ein solches Gepäckstück stiehlt, § 5 EVO.

V. Der Beförderungsvertrag wird in den Fällen IVa bis IVd als ein Frachtvertrag abgeschlossen, aber in anderen Formen als bei sonstigen Frachtführern:

Bei dem Frachtgut, Eilgut und dem Expreßgut (wenn es diesen gleichgehalten wird) durch die Übergabe des Gutes und des Frachtbriefes an der Abfertigungsstelle; der Frachtbrief ist also keine bloße Beweisurkunde, sondern eine für den Vertragsabschluß wesentliche Vertragsurkunde. Die Eisenbahn hat ihm (dies jedoch lediglich zu Beweiszwecken, nicht als eine Gültigkeitsbedingung) den Tagesstempel der Abfertigungsstelle beizudrücken, § 61 EVO. Der Absender haftet der Eisenbahn für die Richtigkeit und Vollständigkeit der Frachtbriefangaben, § 57 EVO. Über den Frachtbriefinhalt bestimmt § 56 EVO.: ein Absender und ein Empfänger muß benannt, das Frachtgut tarifgemäß, nicht nach seiner handelsüblichen Bezeichnung genannt, sein Gewicht und die Aufgabs- und Bestimmungsstation bezeichnet sein. Der Absender darf ein vom Eisenbahnorgan unterschriebenes Frachtbriefduplikat fordern. Das ist kein Wert- aber ein Sperrpapier: ohne Duplikat keine Verfügung über das Gut. Behält es der Absender, so kann der Empfänger das Gut nicht erhalten; hat es der Empfänger, so kann jener nicht mehr disponieren. Der Empfänger freilich auch nicht, sondern erst nach Gutsankunft auf Grund von Frachtbrief plus Duplikat. Ladescheine stellt die Eisenbahn nicht aus.

Beim Reisegepäck (und dem Expreßgut, wenn es ihm gleichsteht) geschieht der Vertragsabschluß durch die Auflieferung bei der Abfertigungsstelle und dessen Annahme[1]). Dagegen ist zum Vertragsabschluß keine Urkundenausstellung erforderlich; Frachtbriefe werden nicht ausgefertigt. Wohl aber hat die Eisenbahn dem Aufgeber einen Gepäckschein auszustellen, § 32 EVO., gegen dessen Rückgabe die Eisenbahn das Gepäck ausliefert, ohne zur Prüfung der „Berechtigung des Inhabers" verpflichtet zu sein, es liege denn ein ausreichender Ver-

---

[1]) Von da an beginnt die Haftung der Eisenbahn.

dacht gegen die Ausfolgung an den Präsentanten vor (siehe VIII). Der Gepäckschein ist also keine bloße Beweisurkunde, allerdings auch kein Inhaberpapier — geht er verloren, so darf der Aufgeber sein Recht sonstwie nachweisen, § 34/5 EVO. — sondern ein Legitimationszeichen, § 34 EVO.; siehe § 7 II 2c.

VI. Besondere Vereinbarungen im Güterbeförderungsvertrage:

a) Die Nachnahme „bis zur Höhe des Wertes", § 72 EVO., nur beim Fracht-, Eil- und diesem gleichgehaltenen Expreßgut. Die Vereinbarung eines Barvorschusses, geleistet durch die Eisenbahn (schon) beim Abschluß des Frachtvertrages, jedoch nur nach Ermessen der Eisenbahn, § 72 EVO., und nur bei dem Fracht-, Eil- und diesen gleichgehaltenen Expreßgute.

b) Die Wertdeklaration (Angabe des Lieferungsinteresses) behufs der Erlangung des vollen Schadenersatzes bei Verlust, Minderung oder Beschädigung des Gutes, §§ 32, 56, 93 EVO., oder bei der Nichteinhaltung der reglementmäßigen Lieferzeit, §§ 32, 56, 94 EVO. Grundsätzlich darf der Absender den Wert nach seinem Ermessen deklarieren; ausnahmsweise darf jedoch die Eisenbahn für Wertdeklarationen bestimmter Güter im Tarif Höchstgrenzen festsetzen, §§ 35, 89 EVO. Alle diese Wertdeklarationen sind bei jeder Art der Beförderung (mit Ausnahme jener von Handgepäck) zulässig.

c) Die Überweisung der Frachtzahlung an den Empfänger, § 69 EVO. Ausgeschlossen beim Reisegepäck, § 32 EVO.; nach Ermessen der Bahn auch bei leichtverderblichen oder wenig wertvollen anderen Gütern; nach Tarifbestimmung bei der Beförderung zu Ausnahmstarifen, § 69 EVO. „Freivermerk" im Frachtbrief, wenn der Absender die Fracht usw. bezahlt.

VII. Der Verwahrungsvertrag.

Übernimmt die Eisenbahn ein Gut zur Beförderung, schließt sie den Frachtvertrag ab, so muß sie das Gut sofort in ihre Obhut nehmen; da dies ihr Lager belastet und ihre Haftung als Frachtführer verlängert, ist sie eben nur verpflichtet, Frachtverträge abzuschließen, deren Erfüllung alsbald beginnen kann; siehe III.

Dieses Hinausschieben des Vertragsabschlusses belastet wieder das Publikum, welches in der Regel die Güter auf den Bahnhof führen muß, ohne wissen zu können, wann sie zur Beförderung werden angenommen werden. Darum kommt die EVO. dem Publikum hier entgegen. Die Eisenbahn — muß zwar nicht, aber — soll solche, nicht sofort zur Beförderung angenommene Güter tunlichst einstweilen in Verwahrung nehmen, überdies für die Aufbewahrung von Reisegepäck tunlichst Vorkehrungen treffen, etwa Garderoben errichten, §§ 39, 64 EVO. Also: statt des Frachtvertrages wird einstweilen ein Verwahrungsvertrag geschlossen, und zwar gewöhnlich gegen

Garderobeschein. Das bedeutet nebst anderem eine erhebliche Verminderung der Haftpflicht der Eisenbahn: statt der Erfolghaftung die Verschuldenshaftung, § 964 ÖABGB., statt der zwingenden Haftungsregeln für den Eisenbahnfrachtvertrag die zum Teil nachgiebigen des Verwahrungsvertrages: der Verwahrer darf nämlich seine Haftung (allerdings nur) für den Fall seines leichten Verschuldens[1]) vertragsmäßig ausschließen und das Maß seiner Haftung (nur) für den gleichen Fall ziffermäßig begrenzen, freilich nur in einem solchen Maße, daß die Haftungssumme noch eine wirtschaftliche Bedeutung für den Hinterleger hat.

VIII. a) Die Verfügungsbefugnis des Absenders gegenüber der Eisenbahn aus dem Frachtvertrag über das Fracht- und Eilgut dauert[2]) bis zur Ankunft des Gutes am Ablieferungsort und zur Übergabe des Frachtbriefes an den Empfänger; erst wenn beides geschehen ist, gewinnt der Empfänger die Verfügungsbefugnis. Kommt das Gut gar nicht am Ablieferungsort an, etwa weil es auf dem Transporte gestohlen wurde, so erlangt der Empfänger die Verfügungsbefugnis der Eisenbahn gegenüber überhaupt nicht, ist daher auch nicht befugt, wegen des Schadens die Reklamation bei ihr zu erheben, §§ 76, 99 EVO.; siehe IX. Anders, wenn das Gut gemindert oder beschädigt oder zu spät ankommt; hat da der Empfänger den Frachtbrief übergeben erhalten, so ist in diesen Fällen er und nicht mehr der Absender verfügungsbefugt, und nur der Empfänger ist darum zur Erhebung von Reklamationen berechtigt.

Der Zeitpunkt dieses Überganges der Verfügungsbefugnis vom Absender auf den Empfänger ist oft von Bedeutung; bis zu diesem Übergange darf der Absender z. B. das Gut umdirigieren oder mit einer Nachnahme belasten, § 73 EVO. Gerade darum hat die Eisenbahn die Pflicht zur baldigen Benachrichtigung des Empfängers von der Ankunft des Fracht- oder Eilgutes, und zwar des Eilgutes binnen zwei Stunden, des Frachtgutes „sofort nach der Bereitstellung", § 79 EVO., damit der Empfänger alsbald den Frachtbrief auszulösen vermöge und dadurch die Verfügungsbefugnis gewinne.

Die Regelung der EVO. über den Übergang der Verfügungsbefugnis vom Absender auf den Empfänger ist formalistischer als nötig und entspricht namentlich im Falle des Gutsverlustes den Verkehrsbedürfnissen wenig. Ihre Nachteile werden nur dadurch gemindert, daß der Empfänger des Gutes in jedem Fall (also auch dann, wenn er die Verfügungsbefugnis nicht hat) zum Antrag auf die Mängelfeststellung,

---

[1]) Haftungsausschluß und Haftungsbegrenzungen für die Fälle böser Absicht oder grober Fahrlässigkeit sind nichtig; so die überwiegende Rechtsprechung.

[2]) Über die Bedeutung des Frachtbriefduplikates siehe oben V.

also zum Verlangen nach Tatbestandsaufnahme, Hausprotokoll und gerichtlicher Beweissicherung befugt ist, § 83 EVO.

b) Beim Reisegepäck ist der Aufgeber verfügungsbefugt. Derjenige, der den Gepäckschein innehat, ist nur dann befugt, wenn er diesen Schein mit Recht hat; doch braucht die Eisenbahn die Berechtigung des Inhabers des Gepäckscheines nur zu prüfen, wenn ein zureichender Verdacht vorliegt. Siehe oben V.

IX. Die Eisenbahn hat das Gut rechtzeitig, vollständig und unversehrt auszufolgen. Sie haftet für die Rechtzeitigkeit, es sei denn, daß die Verspätung von einem Ereignisse herrührt, das die Eisenbahn weder herbeigeführt hat noch abzuwenden vermochte (§§ 37, 94 EVO.). Sie haftet für Verlust, Minderung oder Beschädigung des Gutes in der Zeit von der Annahme des Gutes zur Beförderung bis zur Ablieferung, die Eisenbahn beweise denn als Schadensursache: das Verschulden des Verfügungsberechtigten oder doch seine Anweisung; eine höhere Gewalt (z. B. Soldatenplünderungen; siehe § 50 Vc); äußerlich nicht erkennbare Verpackungsmängel; die natürliche Beschaffenheit des Gutes (z. B. den Schwund beim Wein), §§ 35, 84 EVO. (zwingendes Recht; Erfolghaftung; siehe § 8 IVa). Bleibt zweifelhaft, ob ein solcher Entschuldigungsgrund vorliegt, so besteht der Regel nach die Ersatzpflicht der Eisenbahn; diese muß also die Gefahr jedes Beweisnotstandes tragen, so wenn sie z. B. zu beweisen vermag, daß in St. Michael im November 1918 Soldatenplünderungen stattfanden, aber nicht beweisen kann, daß gerade der das Gut beherbergende Waggon geplündert wurde.

a) Die Lieferzeit. Das Reisegepäck soll mit dem Zuge befördert werden, zu dem es aufgegeben ist, § 36 EVO., das Fracht- und Eilgut innerhalb der gesetzlichen Abfertigungsfrist, § 75 EVO. Kommt das Gut vorzeitig an, so ist es freilich sofort zu avisieren und auszufolgen; da haftet die Eisenbahn für Verzögerungen auch vor dem Ablaufe der Lieferfrist. Sonst entsteht aber eine Ersatzpflicht erst nach deren Ablauf. Sie reicht bei einer Interessedeklaration („Angabe des Interesses an der Lieferung") bis zu deren Höhe und bis zur Höhe des Schadens; sonst werden ziemlich niedere fixe Sätze bezahlt, außer bei grobem Verschulden oder bösem Vorsatz der Eisenbahn oder ihrer Organe hinsichtlich der Verspätung.

Der Ersatz ist in der Währung des Ablieferungsortes, und zwar (außer bei den fixen Sätzen) nach dem Werte zu leisten, den das Gut beim Ablaufe der Lieferfrist hatte (§ 1332 ÖABGB.).

b) Geht das Gut verloren (Totalverlust), das heißt, kann es die Eisenbahn aus welchem Grund immer nicht ausfolgen, obwohl sie vielleicht sogar weiß, wo es ist — so ist von der Eisenbahn der Ersatz in der Währung des Ablieferungsortes, der Bestimmungsstation zu leisten[1]) (Art. 336/1 ÖHGB., § 361 DHGB.). Es ist hiebei der Schade bis zur Höhe der Wertangabe zu ersetzen; in Ermangelung eines solchen aber ist lediglich der gemeine Handelswert (Wert) des Gutes am Absendeort und zur Absendezeit zu vergüten (§ 88 EVO.; abweichend Art. 408 ÖHGB.; § 430 DHGB.), und zwar ohne Rücksicht darauf, ob der Schade nun größer oder geringer ist (wichtig bei Valutaänderungen!). Siehe S. 26, Anmerkung 2.

Reisegepäck darf nach drei, Fracht- und Eilgut nach dreißig Tagen nach dem Ablauf der Lieferfrist vom Verfügungsbefugten als verloren behandelt werden, §§ 36, 90 EVO. Wird das Reisegepäck nicht binnen vierzehn Tagen nach dem Fristablauf abgefordert, so ist die Haftung der Eisenbahn erloschen.

c) Wird das Gut gemindert (Teilverlust, Quantitätsschaden) oder beschädigt, so ist sinngemäß der Ersatz wie im Falle b) zu leisten. Ist aber das geminderte oder beschädigte Gut abgenommen und die Fracht bezahlt, „so sind alle Ansprüche gegen die Eisenbahn aus dem Frachtvertrag erloschen", es handle sich denn um die Ausfolgung der einkassierten Nachnahme, um geheime Mängel (Hausprotokoll spätestens binnen Wochenfrist nach der Abnahme des Gutes!) oder um den bösen Vorsatz oder die grobe Fahrlässigkeit der Eisenbahn oder ihrer Organe, §§ 72, 97 EVO.

Verjährungsfrist ein Jahr. Hemmung der Verjährung durch die Reklamation des Verfügungsbefugten. Unterbrechung der Verjährung (§ 8 I) durch das Anerkenntnis der Eisenbahn oder durch die Klagerhebung und gehörige Prozeßfortsetzung des Verfügungsbefugten, § 98 EVO. Die Klage kann nach der Wahl des Klägers gegen die Versandbahn, gegen die Schadensbahn oder gegen jene Eisenbahn erhoben werden, „die das Gut zuletzt mit dem Frachtbrief übernommen hat" (unverwendbar beim Totalverlust!), § 100 EVO. Der Kläger soll nach seiner Bequemlichkeit unter diesen österreichischen[2]) Bahnen wählen dürfen, ist aber allerdings an die getroffene Wahl gebunden (§ 100/3 EVO.).

X. Die Fracht. Die Beförderungspreise haben sich aus den veröffentlichten Tarifen zu ergeben und müssen dem Betrage nach feststehen, § 6 EVO. Die Frachtberechnung geschieht grundsätzlich auf Grund der Frachtbriefangaben des Absenders, die darum weder unrichtig noch ungenau sein dürfen, § 57 EVO. Doch hat die Eisenbahn (zwar

[1]) Spruch-Rep. 13: daher in diese Währung umzurechnen, wenn der Wert in einer anderen Währung errechnet wurde. Umrechnungstag ist der Absendetag. Hiezu über Aufwertungsfragen Jud. B. 15.

[2]) Nur für solche gilt die Vorschrift; OGH. vom 11. März 1924 Rechtspr. VI, 127.

nicht die Pflicht, aber) das Recht, die Richtigkeit der Frachtbriefangaben zu prüfen, § 58 EVO.; der Absender darf sich aber nicht darüber beschweren, daß die Eisenbahn sich zur Frachtberechnung an seine Frachtbriefangaben gehalten hat, statt das Gut zu prüfen und hiedurch zu einer niedrigeren Fracht zu gelangen. Frachtnachzahlung bei zu nieder bemessener Fracht, auch wenn bei der Frachtberechnung Verschulden der Bahn, nicht des Aufgebers, unterlief (die Nachzahlung ist Vertragserfüllung, nicht Schadenersatz). Frachtzurückzahlung der Eisenbahn an den Zahlenden, weil die eingehobene Fracht zu hoch berechnet war, § 70 EVO.

Für das Reisegepäck hat stets der Aufgeber die Fracht zu zahlen. Beim Fracht- und Eilgut hat der Absender selbst zu zahlen (Freivermerk) oder die Zahlung dem Empfänger aufzuerlegen; hat dieser das Gut eingelöst, so haftet jener nur für die Frachtnachzahlung, sonst nicht.

Über das gesetzliche Pfandrecht der Eisenbahn § 76 EVO. Siehe § 12 VII e, g.

§ 52. Der Postfrachtvertrag[1])

I. Die staatliche Post diente ursprünglich nur der Regierungskorrespondenz, so z. B. im römischen Reiche. Erst in später Zeit kam man darauf, sie dem Publikum zur Verfügung zu stellen, um auf diese Weise dem Staat eine Einnahmsquelle zu verschaffen. Nach und nach kam dann der Wohlfahrtsgedanke neben dem fiskalischen zur Geltung. Diese Entwicklung nahm auf das Postrecht einen starken Einfluß.

Die ÖPost betreibt folgende Dienstzweige: a) Die Beförderung von Briefsendungen ohne Wertangabe, von Wertbriefen und von Paketen; b) die Übermittlung, Auszahlung und Einziehung von Geld; c) die Annahme von Zeitungsabonnements und die Beförderung von Zeitungen[2]); d) den Spar- und Scheckverkehr des Postsparkassendienstes, Ges. vom 29. Dezember 1926, BGBl. Nr. 9/1927; e) den Personentransport auf Straßen; f) die Kuponeinlösung österreichischer Staatspapiere; g) manche Stempelentwertungen. Der Telegraphenverkehr gehört nicht zum Postverkehr, wenngleich vielfach eine administrative Verbindung besteht.

Hier kommt nur der unter a bezeichnete Dienstzweig in Betracht. Er ist durch die Postordnung vom 17. November 1926, BGBl. Nr. 329 (in der Tschechoslowakei Vdg. v. 22. September 1916, RGBl. Nr. 317), geregelt. Hiezu kommt der wohl wichtigste aller völkerrechtlichen Verträge, der Weltpostvertrag samt Nebenübereinkommen vom 30. November 1920, BGBl. Nr. 2 aus 1922.

---

[1]) Nawiasky: Deutsches und Österreichisches Postrecht (ist allerdings durch die neue österreichische Postordnung überholt, aber noch immer belehrend); Riepl: Das Nachrichtenwesen des Altertums (1913) 123 ff.

[2]) Zeitungspostordnung vom 24. September 1922, BGBl. Nr. 707.

II. Der Gegenstand der Postbeförderung sind grundsätzlich „Sachen aller Art (allgemein zugelassene Sachen)“, § 24 ÖPostO.; ausgeschlossen sind Sachen, deren Beförderung mit Gefahr verbunden oder ehrenrührig, beschimpfend, unsittlich oder aus öffentlichen Rücksichten anstößig ist.

Die Sendung muß mit einer „Anschrift“, Adresse, versehen sein, wobei die Bezeichnung des Empfängers durch Chiffrenschrift verboten ist, es handle sich denn um gewöhnliche Briefsendungen, § 32 ÖPostO.

III. Es besteht für die Post die Beförderungspflicht, wenn sie mit den regelmäßigen Beförderungsmitteln möglich ist; § 4 ÖPostO.

Das Postgeheimnis (fällt nicht zusammen mit dem Briefgeheimnis) ist von den Postbediensteten gegenüber jedem Dritten zu wahren, § 6 ÖPostO., soweit nicht Behörden kraft Gesetzes fragen dürfen.

IV. Die Aufgabe von gewöhnlichen Briefen, Postkarten und Doppelpostkarten erfolgt durch den Einwurf in den Briefkasten oder durch die Übergabe an dem Postschalter oder an den Landbriefträger, § 37 ÖPostO. Damit erwächst die Beförderungspflicht der Post, und zwar ohne Rücksicht darauf, ob die Sendung frankiert ist oder nicht.

Die Aufgabe eingeschriebener Sendungen dieser Art erfolgt durch die Übergabe am Postschalter oder an den Landbriefträger, und zwar gegen eine Bescheinigung. Die Transportpflicht der Post beginnt aber nicht erst durch die Ausstellung dieser Bescheinigung, sondern schon dadurch, daß das Postorgan die Sendung übernimmt, § 38 bis 40 ÖPostO.; die Bescheinigung ist denn auch kein Inhaberpapier, sondern ein Legitimationszettel, für den die Post im Verlustfall einen Ersatzzettel ausstellt, § 46 ÖPostO. Es können aber auch als solche bezeichnete eingeschriebene Sendungen in den Briefkasten eingelegt werden; doch gelten diese erst dann als aufgegeben (und die Posthaftung beginnt erst dann), wenn sie in die Postbücher eingetragen sind, § 42 ÖPostO.

Die Aufgabe von Wertbriefen und Paketen geschieht durch die Übergabe am Postschalter oder an den Landbriefträger, jedoch nicht durch das Einlegen in den Briefkasten. Von der Transportpflicht und dem Aufgabeschein gilt das gleiche wie bei den eingeschriebenen Sendungen, §§ 38, 39, 42 ÖPostO.

V. Die Sendung ist dem Empfänger von der Post zuzustellen, und zwar auf Verlangen des Absenders „zu eigenen Handen des Adressaten“, oder im Wege der Eilzustellung; bei gewöhnlichen Briefen und Postkarten darf auch die Rohrpostbeförderung, bei Paketen die dringende Behandlung oder die Behandlung als Sperrgut verlangt werden, § 96 bis 101 ÖPostO. Auch Flugpostbeförderung ist vorgesehen.

Der Absender darf vor der erfolgten Zustellung die Sendung von der Post zurückfordern oder verlangen, daß sie einem anderen als dem angegebenen Empfänger zugestellt werde, § 105 bis 107 ÖPostO.

VI. Eine Haftung für die Einhaltung einer Ablieferungszeit findet nicht statt (§ 213 ÖPostO.), ebensowenig eine solche für den Verlust oder die Beschädigung gewöhnlicher Briefe und Postkarten.

Für den Verlust eines eingeschriebenen Briefes, eines Wertbriefes oder Pakets und für die Minderung oder Beschädigung eines Wertbriefes oder Pakets haftet die Post ohne Rücksicht auf ihr oder ihrer Leute Verschulden (Erfolghaftung), die Post beweise denn die verursachende natürliche Beschaffenheit des Gutes oder daß der Schade auf höhere Gewalt zurückzuführen ist (Brand im Postamt) oder daß die Dienstesschriftstücke über die Sendung durch höhere Gewalt zugrunde gegangen sind (so daß man nicht mehr weiß, was mit dem Gut geschehen ist) oder daß den Absender ein Selbstverschulden trifft, §§ 213, 214 ÖPostO.[1]) (siehe § 8 IVa). Anspruchsberechtigt ist der Absender, nach der Ausfolgung des Gutes an den Empfänger dieser (§ 217 ÖPostO.). Der Antrag auf Ersatz ist an die Postdirektion zu richten und im Verwaltungsverfahren bis zum Bundesministerium für Handel und Verkehr durchzuführen; erst wenn dieses den Ersatz abgelehnt hat, darf die Klage gegen das Ärar beim Zivilgericht erhoben (also der ordentliche Rechtsweg beschritten) werden (§ 219 ÖPostO.).

Das Maß des Ersatzes (siehe § 8 IVc) beträgt: Für einen eingeschriebenen Brief den fixen Betrag von 30 S (in der Tschechoslowakei 50 K); für den Verlust, die Minderung oder die Beschädigung eines Wertbriefes oder Pakets „den gemeinen Wert am Ort und zur Zeit der Aufgabe" (in der Währung des Abgabeortes), ohne Rücksicht auf nachfolgende Wertänderungen, jedoch bei Paketen ohne Wertangabe nur den kleinen Betrag von 15 S (15 Kč) für Pakete bis 3 Kilogramm, von 25 S (25 Kč) für solche bis 5 Kilogramm, von je 5 S (5 Kč) per Kilogramm für schwerere Pakete, bei Wertbriefen und Paketen mit Wertangabe höchstens den angegebenen Betrag (§ 213 ÖPostO.). Eine (neuerliche) Revision dieser Zahlen, die sie in Übereinstimmung mit den geltenden Postgebühren bringt, sollte auf die Dauer trotz der Finanzlage des Staates nicht unterbleiben.

Die Ersatzansprüche gehen unter, wenn sie nicht binnen sechs Monaten, vom ersten des der Aufgabe nächstfolgenden Monates an gerechnet, nach der Aufgabe vom Anspruchsberechtigten bei der Post geltend gemacht worden sind.

---

[1]) Über die Haftungsbeschränkungen für den Fall, daß der Verlust, die Minderung oder Beschädigung im Auslande geschehen sind, siehe § 214/4 ÖPostO.

§ 53. Der Personenbeförderungsvertrag

I. Für diesen Vertrag kommen in Betracht: Die Eisenbahn, das Binnenschiff, das Luftschiff, das Kraftfahrzeug (Automobil), der Pferdewagen.

II. Der Eisenbahntransport[1]).

a) Es besteht der Kontrahierungszwang (§ 25 V), wenn die Beförderung mit den regelmäßigen Beförderungsmitteln möglich ist (§ 3 EVO.). Doch dürfen Pestkranke nicht befördert, müssen Reisende von der Beförderung ausgeschlossen werden, die den Mitreisenden lästig fallen würden (allenfalls: Einräumung eines besonderen Abteiles); Trunkene dürfen ausgeschlossen werden (§ 10 EVO.).

Befördert die Eisenbahn Personen, die sie von der Beförderung auszuschließen hat oder ausschließen darf, so wird die Eisenbahn den Mitreisenden ersatzpflichtig, wenn bei der Unterlassung der Ausschließung ein Verschulden der Eisenbahnorgane unterlaufen ist.

b) Der Vertragsabschluß ist an keine bestimmte Form, insbesondere nicht an die Lösung der Fahrkarte gebunden (streitig).

Bei der Straßenbahn ist die (gewöhnliche) Fahrkarte lediglich Quittung; der Vertragsabschluß geschieht dadurch, daß der Passagier aufsteigt und so lange auf dem Wagen verweilt, bis sich dieser in Bewegung setzt (§ 863 ÖABGB.). Bei anderen Eisenbahnen ist allerdings die Lösung der Fahrkarte vor dem Fahrtantritte vorgeschrieben (§ 13 EVO.), und diese Fahrkarte ist daher nicht bloß eine Quittung, sondern (sie laute denn auf Namen oder enthalte eine Fahrtbegünstigung) auch ein übertragbares Inhaberpapier; aber § 13 EVO. sieht selbst den Vertragsabschluß auch ohne Fahrkarte vor. Es muß daher auch auf der Vollbahn jeder Passagier befördert werden, selbst wenn er ohne Fahrkarte oder mit einer unzureichenden Fahrkarte im Zug angetroffen wird (§ 16 EVO.).

Neben der Fahrkarte gibt es noch Platzkarten und Schlafwagenkarten.

c) Pflichten der Eisenbahn aus dem Vertrage.

Sie hat den Reisenden unbeschädigt und rechtzeitig an sein ordnungsgemäß angegebenes Reiseziel zu bringen, der Regel nach auch in der richtigen Wagenklasse; Ausnahme siehe § 20 EVO. Es wird für den Fall der Verspätung bei Abfahrt oder Ankunft des Zuges oder bei der Versäumung eines Zugsanschlusses kein Schadenersatz geleistet (§ 26 EVO.), nur im letzteren Falle das Fahrgeld der nicht durchfahrenen Strecke (und die Gepäckfracht) zurückerstattet und bei sofortiger Rückkehr auch das Fahrgeld (und die Gepäckfracht) der durchfahrenen

[1]) Rundnagel: in Ehrenbergs Handb. V/2, S. 497 ff.

Strecke zurückgegeben und die freie Rückfahrt bis zur Ausgangsstation gewährt.

Dagegen ist der Eisenbahnunternehmer (zwingend) für die Verletzung oder Tötung von Menschen haftpflichtig, die durch eine Ereignung im Betriebe herbeigeführt worden sind; siehe darüber § 8 IVa 2. Diese Erfolghaftung besteht freilich nicht bloß zugunsten der Reisenden (und deren Hinterbliebenen), aber auch für sie.

d) Bleibt die Fahrkarte unbenützt, so ist die Eisenbahn zur Rückerstattung des Preises oder zur Zulassung des Reisenden zu einer späteren Beförderung nicht verpflichtet, wenn die Ursache der Nichtbenützung in der Person des Reisenden und nicht im Eisenbahnbetrieb (Überfüllung des Zuges; Ausschließung von der Fahrt) liegt.

e) Über Handgepäck siehe § 51 IV.

III. Der Personentransport auf Binnengewässern ist nur dann nach Handelsrecht zu beurteilen, wenn er von hiezu bestimmten „Anstalten", also in erheblichem Umfange betrieben wird; Artikel 272, Z. 3, ÖHGB.; § 1 DBGB.; ein kleiner Flußüberfuhrunternehmer, wie es deren mehrere über den Donaukanal in Wien gibt, betreibt also keine Handelsgeschäfte, ist kein Kaufmann, untersteht infolgedessen privatrechtlich dem bürgerlichen Gesetzbuch. Doch ist dieser Unterschied zwischen der anstaltsmäßig und der nicht anstaltsmäßig betriebenen Personenbeförderung auf Binnengewässern weder in Österreich noch in Deutschland von einer besonderen praktischen Bedeutung. Denn das HGB. regelt diesen Transportvertrag nicht besonders; es kommen darum zwar die Artikel 278ff. ÖHGB., § 343 DHGB., sonst aber nach Artikel 1 ÖHGB., Artikel 2 EinfGes. zum DHGB das bürgerliche Gesetzbuch zur Anwendung.

Es besteht kein gesetzlicher Kontrahierungs- (§ 25 V) und Beförderungszwang; wohl aber wird ein solcher dem einzelnen Unternehmer in aller Regel in der Konzession zum Betrieb auferlegt.

Der Vertragsabschluß ist formfrei. Frachtbrief, Frachtbriefduplikat, Ladeschein und Rezepisse kommen ohnedies nicht in Betracht, da sie nur den Gütertransport betreffen. Ob es Fahrkarten geben soll, ist eine Konzessions- und in deren Rahmen eine Vertragssache, ebenso, ob ihre Lösung eine Vertragsbedingung sein soll; tatsächlich ist das letztere nirgends der Fall.

Die Vertragspflicht des Binnenschiffers geht dahin, den Reisenden unbeschädigt und rechtzeitig an sein ordnungsgemäß angegebenes Reiseziel zu bringen. Der Binnenschiffer haftet aber bei der Durchführung dieser seiner Vertragspflicht nicht wie die Eisenbahn, trägt also keine Erfolghaftung (§ 8 IVa). Ist er ein Kaufmann, so haftet er dem Reisenden nur für die Anwendung der Sorgfalt eines ordentlichen Kaufmannes (Art. 282 ÖHGB.; § 347 DHGB.), ist er kein Kaufmann, nur für das

Durchschnittsmaß der Aufmerksamkeit eines Sachkundigen (§§ 1297, 1299 ÖABGB.); freilich haftet der Binnenschiffer dabei nicht bloß für sein Verschulden, sondern auch für jenes seiner Erfüllungsgehilfen (§ 1313a ÖABGB.). Der Beförderungsvertrag kann diese Rechtssätze sogar zum Teil abdingen: der Binnenschiffer darf nämlich (anders als der Eisenbahnunternehmer) vertragsmäßigerweise die Haftung für sein und seiner Erfüllungsgehilfen leichtes Verschulden ablehnen; dagegen ist eine solche Ablehnung der Verantwortung für die Folgen einer groben Fahrlässigkeit oder eines bösen Willens bei der Vertragserfüllung, z. B. bei der Einhaltung der Fahrzeit, nichtig. Über die binnenseepolizeilichen Vorschriften siehe S. 223, Note 2.

IV. Der Personentransport durch Luftschiffe gehört als Großbetrieb immerhin noch einer wohl nicht ganz nahen Zukunft an. Es genügen darum folgende Bemerkungen (ÖGes. v. 10. Dezember 1919, StGBl. Nr. 578):

Die Benutzung des Luftraumes durch Luftfahrzeuge ist grundsätzlich gestattet. Grundeigentümer sind verpflichtet, die erforderlichen Orientierungszeichen auf ihrem Grund anbringen zu lassen, es beeinträchtige sie denn wesentlich. Die „erwerbsmäßige" (gewerbsmäßige?) Beförderung von Personen (und Sachen) durch Luftfahrzeuge bedarf ebenso der behördlichen Genehmigung wie die Anlage und der Betrieb von Flugplätzen.

Über die strenge Haftung des Eigentümers eines (Motor-) Luftfahrzeuges siehe § 8 IVa[1]).

V. Der Vertrag zur Personenbeförderung durch Kraftwagen oder Pferde ist ein Handelsgeschäft, wenn er von einer Anstalt abgeschlossen wird, sonst nicht (vgl. III).

Der formfrei abgeschlossene Vertrag und seine Erfüllung bietet keine hervorzuhebenden Eigentümlichkeiten, richtet sich nach den Bestimmungen über Verträge überhaupt und über den Werkvertrag des BGB. im besonderen. Nur für die Schadenshaftung bestehen bei der Beförderung durch Kraftwagen beim Betrieb (nicht schon des Kraftfahrzeugunternehmens[2]), wohl aber) des Kraftfahrzeuges besondere Vorschriften, die jene bei der Beförderung durch Pferde an Strenge mit Recht übertreffen; die Haftung des Eigentümers (nicht auch jene des Berufslenkers; § 8 IV 3) eines Kraftwagens kommt danach jener der Eisenbahnen an Schwere etwa gleich (siehe § 8 IVa). Hievon abweichend haftet der Eigentümer des Pferdewagens nicht für den zufälligen, aber

[1]) Die Art. 276 bis 282 des Staatsvertrages von St. Germain über ausländische Luftfahrzeuge sind durch die Aufnahme Österreichs in den Völkerbund gegenstandslos geworden. Für Deutschland Neugebauer, Funkrecht (1926).

[2]) OGH. vom 15. April 1919, SZ. I/28.

immerhin für den Schaden, den er oder den seine dem Reisenden zugewiesenen Erfüllungsgehilfen (der Kutscher, der Hausknecht usw.) verschuldeterweise an den eingebrachten oder übernommenen Sachen des Reisenden (Passagiers) oder diesem selbst in ihrem Fahrzeuge verursachen (§ 1316 ÖABGB); Beispiel: Der Kutscher verstaut einen Koffer derart unvorsichtig, daß ein Dieb ihn stehlen konnte.

§ 54. Der Versicherungsvertrag[1])

I. Der Versicherungsvertrag ist jener Vertrag, in dem sich die eine Partei (der Versicherer) gegen Entgelt (Prämie) verpflichtet, der anderen Partei (dem Versicherungsnehmer) oder einer dritten im Vertrage bezeichneten Person (dem Versicherten, Begünstigten, Dritten) im Falle des Eintrittes eines ungewissen Ereignisses eine Summe zu leisten, sei es (bei der Schadenversicherung) zur Gutmachung des Schadens, sei es (bei der Personenversicherung) ohne Rücksicht auf einen solchen.

Dieser Vertrag unterscheidet sich von der Bürgschaft (§ 12 VI) dadurch, daß es keinen Hauptschuldner gibt, dem der Versicherer beitritt, sondern daß der Versicherer selbst der Hauptschuldner ist.

Unerheblich ist, ob der Versicherer gelegentlich oder ob er planmäßig Versicherungsverträge abschließt. Es ist auch für den Begriff des Versicherungsvertrages gleichgültig, ob er von einer Anstalt (einer Aktiengesellschaft oder einer Gegenseitigkeitsanstalt) oder von einem einzelnen Menschen abgeschlossen wird. Aber das VVG. findet nur auf Versicherungsverträge[2]) Anwendung, „die von einer gesetzmäßig errichteten und zum Betrieb zugelassenen Versicherungsanstalt abgeschlossen worden sind" (§ 164 ÖVVG.; fehlt im DVVG.), so daß, wohl zweckwidrigerweise, der österreichische Versicherungsnehmer sich gegen einen ausländischen Versicherer, der in Österreich nicht zum Betriebe zugelassen ist, nicht auf die zugunsten des Versicherungsnehmers zwingenden Vorschriften des VVG. berufen kann. Überdies findet das VVG. auf die besonderer Regelung vorbehaltene Seeversicherung, auf die tatsächlich nur von Berufsversicherern gepflegte Rückversicherung und auf die ganz einfache Losversicherung, die wohl nur im Bankgeschäfte vorkommt, keine Anwendung (§ 165 ÖVVG.; für See- und Rückversicherung ebenso § 186 DVVG.). Versicherungsverträge, die nicht dem VVG. unterstellt sind, unterstehen dem ÖABGB. und dem ÖHGB.; das bedeutet praktisch leider, daß für diese Versicherungsverträge Vertragsfreiheit besteht, daß also der Versicherer von den Beschränkungen der Vertragsfreiheit, die im VVG. zugunsten des Versicherungsnehmers ausgesprochen sind, frei ist.

---

[1]) Ehrenzweig, A.: Gesetz über den Versicherungsvertrag (1918).

[2]) Zwangsversicherungen fallen deshalb nicht unter das VVG., weil sie nicht auf Verträgen der einzelnen beruhen, § 164/2 ÖVVG.

Diese Zwangsnormen des VVG. verwandeln sich übrigens auch bei der dem VVG. unterstehenden Transport-, Kreditversicherung und laufenden (Schadens-) Versicherung in solche nachgiebigen Rechtes (§ 166 ÖVVG.; § 187 DVVG., auch die Versicherung gegen Arbeitslosigkeit hinzufügend).

II. Rechtsquellen. ÖVVG. vom 28. Dezember 1917, RGBl. Nr. 501 (Versicherungsvertragsgesetz); hiezu VollzAnw. vom 15. Dezember 1919, StGBl. Nr. 554, über einseitige Prämienerhöhungen (§ 10 VII). Das Versicherungsregulativ[1]) vom 5. März 1896, RGBl. Nr. 31, über die Errichtung, Einrichtung und die Geschäftgebarung von Versicherungsanstalten in der Fassung der Vdg. vom 7. März 1921, BGBl. Nr. 141; hiezu VollzAnw. vom 11. April 1919, StGBl. Nr. 234 (betreffend einen Beirat für die Staatsaufsicht), und vom 26. April 1919, StGBl. Nr. 248. Das Ges. vom 29. März 1873, RGBl. Nr. 42, über die Zulassung ausländischer Vericherungsgesellschaften zum Geschäftsbetrieb in Österreich; hiezu Staatsvertrag von St. Germain, Artikel 228.

Deutsches VVG. vom 30. Mai 1908, RGBl. S. 263.

III. Zur Terminologie: Versicherer, Versicherungsnehmer, Versicherter (Begünstigter, Dritter).

Über Versicherungsagenten siehe § 47 V.

IV. Der Versicherungsvertrag ist formfrei. Doch hat der Versicherer eine von ihm unterzeichnete Versicherungsurkunde (Polizze, Mitgliedsbuch) dem Versicherungsnehmer auszufolgen, § 8 ÖVVG.; § 3 DVVG.; sie ist der Regel nach eine Beweisurkunde, ausnahmsweise (z. B. die Inhaberpolizze) ein Legitimationspapier. Beim Abhandenkommen hat der Versicherer ein Duplikat derselben auszustellen, und zwar dann gegen die vorherige Kraftloserklärung (§ 7 II), wenn diese Urkunde ein Legitimationspapier (§ 7 IIc) ist, § 9 ÖVVG.; weitergehend § 3 DVVG.

Der Versicherungsnehmer ist an seinen Antrag zum Vertragsabschlusse zwingend durch vierzehn Tage, und wenn eine (übrigens unerzwingbare) ärztliche Untersuchung nötig ist, durch einen Monat gebunden (§ 6 IVa). Die Annahmeerklärung des Versicherers ist auch dann eine solche, wenn sie vom Antrag abweicht, vorausgesetzt freilich, daß nicht bloß die Versicherungsurkunde, sondern auch ein besonderes Begleitschreiben auf die Abänderungen aufmerksam macht und daß der Versicherungsnehmer nicht binnen Monatsfrist Widerspruch erhebt (§ 6 IVb). Erfolgt der Widerspruch, so ist kein Vertrag zustande gekommen, sondern es gilt nun die Polizze lediglich als ein Antrag im Sinne des Artikel 322 ÖHGB.; siehe § 6 IVb.

---

[1]) In der Tschechoslowakei durch Vdg. vom 10. Juli 1919, Slg. Nr. 321, und vom 21. Juli 1921, Nr. 238 GBl., abgeändert.

IV. Die Verhandlungen über den Abschluß eines Versicherungsvertrages gehen in der Regel unter der Mitwirkung eines Versicherungsagenten (§ 47 V) und oft auf Grund eines Fragebogens des Versicherers vor sich, den der Versicherungsnehmer auszufüllen und zu unterfertigen hat. Die Mitwirkung von Versicherungsagenten, die am Zustandekommen des Vertrages um ihrer Provision willen interessiert sind, und die Einrichtung des (in der Regel umfassenden) Fragebogens geben bei Versicherungsverträgen häufiger als bei anderen Verträgen zu Irreführungen und Verschweigungen Anlaß. Darum reichen die Vorschriften der §§ 870 bis 876 ÖABGB.; §§ 119, 123 DBGB. (siehe § 5 IV) über die Vertragsanfechtung nicht aus. Sie gelten, aber das VVG. ergänzt sie folgendermaßen:

Falsche Angaben des Versicherungsnehmers berechtigen den Versicherer zum Rücktritte vom abgeschlossenen Vertrage, a) wenn schriftliche Fragen über erhebliche Gefahrumstände (mit oder ohne Verschulden) unrichtig oder unvollständig beantwortet worden sind, z. B. bei der Ablebensversicherung die Frage nach dem Alter, dagegen nicht immer jene nach der Gesundheit; b) wenn Mitteilungen über solche erhebliche Gefahrumstände infolge seiner groben Fahrlässigkeit vom Versicherungsnehmer unrichtig gemacht worden sind, nach denen der Versicherer nicht schriftlich oder gar nicht gefragt hat; c) wenn Mitteilungen über erhebliche Gefahrumstände, z. B. über das Strohdach des gegen Brandschaden versicherten Hauses, arglistig verschwiegen worden sind, nach denen der Versicherer nicht schriftlich oder gar nicht gefragt hat (§ 3 ÖVVG.; § 16 bis 18 DVVG.). Kannte freilich der Versicherer den richtigen Sachverhalt oder mußte er bei einer zureichenden Sorgfalt diesen oder doch die Unrichtigkeit oder das Verschweigen der Angaben kennen, so hat er das Rücktrittsrecht nicht; denn dessen Ausübung wäre gegen Treu und Glauben im Verkehr; aus diesem Grunde steht die Kenntnis des Abschlußagenten — leider nicht immer jene des Vermittlungsagenten — grundsätzlich jener des Versicherers gleich (§§ 5, 47 ÖVVG.; vergleiche § 17 DVVG.). Besteht das Rücktrittsrecht des Versicherers, so muß es dem Versicherungsnehmer schriftlich binnen Monatsfrist erklärt werden, nachdem der Versicherer oder sein Abschlußagent von dem Mangel Kenntnis wirklich erlangt hat (§ 6 ÖVVG.; § 20 DVVG.); sonst ist das Rücktrittsrecht erloschen.

Der Versicherungsnehmer ist als Irregeführter ohne Verbindlichkeit aus dem Versicherungsvertrage, braucht also z. B. keine Prämie zu bezahlen, wenn ihn ein Versicherungsagent, sei er ein Abschluß- oder ein Vermittlungsagent (streitig), „durch falsche Angaben über wesentliche Umstände zur Eingehung des Versicherungsvertrages verleitet hat“ (§ 47 ÖVVG.; zwingendes Recht; vergleiche § 44 DVVG.).

V. Versicherungsverträge sind nichtig, wenn der Versicherungsfall (z. B. der Tod des Versicherungsnehmers einer eigenen Ablebensversicherung) im Zeitpunkte des Vertragsabschlusses schon eingetreten oder wenn er (Transportdiebstahl nach der Beendigung des Transportes) schon unmöglich geworden ist (§ 7 ÖVVG.; vergleiche § 2 DVVG.).

Das kann für den Fall nicht anders sein, daß die Versicherung erst mit dem Abschluß des Vertrages oder später beginnen soll. Soll sie aber (was zulässig ist) schon früher beginnen, also zurückwirken, Versicherungsfälle ergreifen, die vor dem Vertragsabschluß eingetreten sind, so ist der Vertrag nur dann nichtig, wenn eine der Parteien[1]) oder ihr Vertreter den richtigen Sachverhalt im Zeitpunkt des Vertragsabschlusses schon kannte, wenn also z. B. der Versicherungsnehmer wußte, sein Haus sei abgebrannt.

Einen besonderen Nichtigkeitsfall bietet unter anderem die Ablebens-Versicherung auf fremdes Leben. Der Vertrag ist nichtig, wenn nicht die schriftliche Zustimmung dieses anderen vorliegt oder wenn die (allerdings ohne dessen schriftliche Zustimmung zulässige) Versicherung eines minderjährigen Kindes durch einen Elternteil die gewöhnlichen Beerdigungskosten desselben übersteigt (§ 131 ÖVVG.; § 159 DVVG.). Niemand soll auf den Tod eines Mitmenschen spekulieren dürfen.

VI. Die Vertragsdauer. Ist der Versicherungsvertrag auf eine unbestimmte Zeit abgeschlossen, so endet er durch die Kündigung einer der Parteien (zwingende Minimalfrist ein Monat, für beide Teile gleich). Ist der Vertrag auf bestimmte Zeit abgeschlossen, so endet er durch den Zeitablauf. Ist aber die Beendigung eines solchen Vertrages, wie wohl in der Regel, in ihm von einer vorhergehenden Kündigung abhängig gemacht und unterbleibt diese Kündigung, so verlängert sich der Versicherungsvertrag automatisch, jedoch nur je um eine Versicherungsperiode, das ist für den Zeitabschnitt, für den eine Prämie berechnet ist (z. B. für ein halbes Jahr), aber höchstens je um ein Jahr (§§ 18, 23 ÖVVG.; §§ 8, 9 DVVG.).

Jeder Versicherungsvertrag erlischt durch den Wegfall des Interesses, § 63 ÖVVG.

VII. Verpflichtungen des Versicherungsnehmers.

Die Pflicht zur Vorauszahlung der Prämie für eine Versicherungsperiode, und zwar als Bringschuld, es habe sie denn der Versicherer mindestens dreimal nacheinander einkassieren lassen, §§ 23, 24 ÖVVG.; abweichend §§ 35, 36 DVVG. Das Rücktrittsrecht des Versicherers besteht im Fall des trotz einer schriftlich erteilten Nachfrist eingetretenen

---

[1]) Verschweigt der Versicherungsnehmer, so muß er die Prämie zahlen, § 7 ÖVVG.

Verzuges, § 28 ÖVVG.; ähnlich § 38 DVVG. Die Versicherung ruht bis zur Prämienzahlung.

Die Anzeigepflicht erheblicher Gefahrerhöhungen, z. B. des Überganges zu einem gefährlicheren Beruf (sofort nach dem Eintritt; ist die Gefahrerhöhung aber mit dem Willen des Versicherungsnehmers eingetreten, noch vor ihrem Eintritte). Unterbleibt die Anzeige, so ruht die Versicherung bis zu ihrer Erstattung; §§ 33, 34 ÖVVG.; §§ 23, 27 DVVG.

Die unverzügliche Absendung[1]) der Anzeige von dem Eintritte des Versicherungsfalles, etwa des Brandes, des Unfalles, sei es an den Versicherer selbst, sei es an dessen Agenten, §§ 39, 43 ÖVVG.; §§ 33, 43 DVVG. Der Verstoß des Versicherungsnehmers gegen diese Pflicht ist nur dann folgenlos, wenn der Versicherer ohnedies, etwa durch seinen Agenten, eine zureichende Kenntnis vom Eintritt des Schadenfalles hat (§ 14 ÖVVG.) oder wenn die Verspätung der Anzeige sachlich bedeutungslos ist, wie etwa jene des Todes bei einer Ablebensversicherung, es liege denn ein Selbstmordverdacht vor.

Die Pflicht zur Auskunftserteilung an den Versicherer nach dem Eintritte des Versicherungsfalles, ferner zur Gestattung von Erhebungen durch den Versicherer, z. B. auf der Brandstätte, und zur Vorlage aller jener Belege an ihn, deren „Beschaffung dem Versicherungsnehmer billigerweise zugemutet werden kann", § 39 ÖVVG.; § 34 DVVG.

Die Rettungspflicht bei der Schaden- und Unfallversicherung, §§ 56, 160 ÖVVG.; §§ 62, 183 DVVG., soweit dem Versicherungsnehmer dabei vom Versicherer „nicht etwas Unbilliges zugemutet wird", wie etwa, daß der Versicherungsnehmer sich einer objektiv, nicht bloß nach seiner Einbildung gefährlichen Operation unterzieht.

VIII. Beweisverträge über den Eintritt des Versicherungsfalles und dessen Umfang sind nichtig[2]), § 39 ÖVVG.

Schiedsverträge (§ 13 IIIc) über den Versicherungsfall sind, eine Schutzmaßregel zugunsten der Versicherten, nichtig, sie bezögen sich denn bloß auf die Schadenshöhe, § 11 ÖVVG.; enger §§ 64, 184 DVVG.

Vertragsmäßige Verwirkungsabreden der oder aller Vertragsrechte oder Vertragsvorteile für den Begünstigten (daran geknüpft, daß der Versicherungsnehmer die ihm obliegenden Anzeige- oder Rettungspflichten nicht erfülle) sind nur dann gültig, wenn dem Versicherungsnehmer böser Wille oder eine grobe Fahrlässigkeit zur Last fällt; sonst sind solche Verwirkungsabreden nichtig (zwingendes Recht). Jede Verwirkungsabrede ist nichtig, die den Anspruchsverlust des Versicherungsnehmers (Versicherten) daran knüpft, daß er den Anspruch

[1]) Hierauf, nicht auf die Ankunft kommt es an; OGH. vom 12. Dezember 1916, Zbl. 35/70.

[2]) Gilt auch im deutschen Rechte.

nicht innerhalb vereinbarter Frist außergerichtlich anmelde (zu unterscheiden von der Versicherungsfallsanzeige, § 20 ÖVVG.).

IX. Pflichten des Versicherers:

Zum Ersatz des Vermögensschadens bei der Schadensversicherung, jedoch nur bis zum Höchstbetrag des Versicherungswertes und der Versicherungssumme (§§ 49, 50 ÖVVG.; §§ 50, 51, 55 DVVG.); der Ersatz ist in der Regel in Geld zu leisten.

Zur Erbringung der vereinbarten Leistung, etwa an Geld, Medikamenten, bei der Personenversicherung, und zwar ohne Rücksicht darauf, ob und in welcher Höhe durch den Versicherungsfall ein Schade entstand, §§ 130, 154 ÖVVG.; § 1 DVVG. Die Personenversicherung ist eben keine Schadenversicherung.

Die Schadenversicherung soll nur (dies aber zwingend!) gegen die Folgen des Zufalls oder der leichten Fahrlässigkeit schützen. Die Versicherung darüber hinaus zuzulassen, liegt der Regel nach nicht im Interesse einer ordnungsgemäßen Wirtschaftsführung. Darum sind die Ansprüche des Versicherungsnehmers gegen den Versicherer bei der Schadenversicherung von Gesetzes wegen verwirkt, wenn der Versicherte den Versicherungsfall vorsätzlich oder durch eine grobe Fahrlässigkeit herbeigeführt hat; § 55 ÖVVG. (zwingendes Recht); §§ 61, 130 DVVG. Dasselbe gilt bei der Unfallversicherung, § 158 ÖVVG.; § 181 DVVG. Dagegen bei der Ablebensversicherung nicht ebenso: der Selbstmord bei der eigenen Ablebensversicherung behebt die Versicherung nach einer fünfjährigen Versicherungsdauer nicht mehr (§ 138 ÖVVG.; anders § 169 DVVG.), der Selbstmord in Geisteskrankheit gar nicht; die Tötung desjenigen, auf dessen Leben die Versicherung genommen wurde, behebt die Pflicht des Versicherers nur dann, „wenn der Versicherungsnehmer den Tod des anderen vorsätzlich durch eine widerrechtliche Handlung herbeigeführt hat", § 139 ÖVVG.; § 170 DVVG. (gefährliche Operation?).

X. Verjährungsfrist drei Jahre vom Ende des Kalenderjahres des Versicherungsfalles, für Renten zehn Jahre, § 19 ÖVVG.; anders § 12 DVVG.

Überdies darf eine Ausschlußfrist (Präklusivfrist) für den Fall der Nichteinklagung des Anspruches durch den Versicherungsnehmer vereinbart werden; doch muß diese Frist mindestens sechs Monate betragen, § 20/2 ÖVVG.; § 12 DVVG.

XI. Versicherungsarten.

a) Die Schadensversicherung hat nur die Deckung des wirklichen Vermögensschadens zum Ziele (§ 48, 50 ÖVVG.; § 50, 51 DVVG.), also weder jene des ideellen Schadens noch jene des entgangenen Gewinnes; doch ist die Gewinnentgangversicherung (Chomage-Versicherung) zulässig und ist in der Hagelversicherung stets inbegriffen (§ 90 ÖVVG.;

in demselben Sinne § 108 DVVG.). Die Versicherung einer beweglichen Sache endet jedenfalls (zwar nicht mit deren Veräußerung aber) mit der Gewahrsame des Versicherten an ihr (§ 67 ÖVVG.; anders DVVG.), während die Versicherung einer unbeweglichen Sache aus unabweislichen wirtschaftlichen Erwägungen bis auf Kündigung auf den Erwerber übergeht (§ 64 ÖVVG.; § 69 bis 73 DVVG.). Hat der Versicherte Ersatzansprüche gegen Dritte, z. B. gegen die Brandleger, so geht dieser Ersatzanspruch an den zahlenden Versicherer über, es sei denn dieser Dritte ein Hausgenosse des Versicherten.

Die Fälligkeit der Geldleistung tritt der Regel nach binnen Monatsfrist ein; erforderlichenfalls besteht ein Recht des Versicherungsnehmers auf Abschlagszahlungen (§ 40 ÖVVG.; nicht so weitgehend § 94 DVVG.).

Überversicherung (bei böser Absicht ungültig, sonst nur Herabsetzungsanspruch), Unterversicherung, mehrfache (den beiden Versicherern mitgeteilte) Versicherung, Doppelversicherung (jeder Versicherer haftet für das Ganze, aber auch alle zusammen nicht für mehr).

Feuerversicherung, Einbruchsversicherung (in der Regel gegen Diebstahl durch Einbruch oder Einschleichen), Hagelversicherung, Viehversicherung, Transportversicherung (Reisegepäckversicherung)[1], Haftpflichtversicherung, Losversicherung, Kautionsversicherung.

b) Die Lebensversicherung sichert eine im voraus bestimmte Versicherungssumme an Kapital oder Rente, etwa eine Leibrente[2], zu (§ 130 ÖVVG.; § 1 DVVG.), und zwar unabhängig davon, ob der Versicherungsfall dem Versicherten Schaden zufügt oder nicht; der Versicherungsfall muß nur irgendwie mit der Ungewißheit über das Leben zusammenhängen. Der Begünstigte, Versicherte muß im Versicherungsvertrage, darf aber in ihm entweder mit Namen oder mit einer sonstigen hinreichend individualisierten Bezeichnung benannt sein (Hinterbliebene, Erben, Inhaber)[3]. Die Bezeichnung des Begünstigten ist der Regel nach vom Versicherungsnehmer frei widerruflich; daher darf der Versicherungsnehmer vor dem Eintritte des Versicherungsfalles (z. B. des Todes des Versicherungsnehmers) der Regel nach allein über die Rechte aus dem Versicherungsvertrage verfügen (§ 132 ÖVVG.; § 166 DVVG.; nachgiebiges Recht).

---

[1]) Der Begriff „Reisegepäck" in der Polizze ist grundsätzlich so auszulegen, wie im Eisenbahnverkehr § 51, IV; OGH. vom 28. März 1922, SZ. IV/33; vom 5. Februar 1924, SZ VI/43.

[2]) Der OGH. hat unrichtigerweise, aber ständig Leibrentenverträge als Unterhaltsverträge angesehen und darum Leibrentenansprüche aufgewertet. Nunmehr ist in Österreich eine solche Aufwertung nach Billigkeitserwägungen gesetzlich zugelassen.

[3]) Die sogenannte Inhaberpolizze ist kein Inhaber-, sondern ein Legitimationspapier, § 7 II c.

Über die Fälligkeit siehe XIa. Über Selbstmord siehe IX.

Versicherung auf den Todesfall, Erlebensversicherung, Ausstattungsversicherung, Volksversicherung (Prämien unklagbar!), Krankenversicherung.

c) Die Unfallversicherung ist eine Versicherung gegen Schädigungen, die ursächlich von außen her plötzlich und vom Verletzten nicht beabsichtigt und nicht grob verschuldet[1]) auf den Menschen einwirken (ein Absturz vom Straßenbahnwagen infolge des Stoßes eines Mitpassagiers, infolge eines Schwindelanfalles?). Der Versicherer haftet ohne Rücksicht auf den Schaden für den Unfall, er sei durch einen Zufall oder selbst durch eine leichte Fahrlässigkeit des Versicherten herbeigeführt (zwingendes Recht, § 158 ÖVVG.; weitergehend § 181 DVVG.), während allerdings die Verantwortlichkeit des Versicherers für die Folgen des bösen Vorsatzes oder der groben Fahrlässigkeit des Versicherten im Vertrag abgelehnt werden darf.

Über die Fälligkeit siehe XIa.

---

[1]) Z. B. durch Aufspringen auf einen fahrenden Straßenbahnzug; OGH. vom 19. Februar 1918, Zbl. 36/195.

Sachverzeichnis

Buch- und Kunstdruckerei „Steyrermühl", Wien VI

GPSR Compliance

The European Union's (EU) General Product Safety Regulation (GPSR) is a set of rules that requires consumer products to be safe and our obligations to ensure this.

If you have any concerns about our products, you can contact us on ProductSafety@springernature.com

In case Publisher is established outside the EU, the EU authorized representative is:

Springer Nature Customer Service Center GmbH
Europaplatz 3
69115 Heidelberg, Germany

Batch number: 10844669

Printed by Printforce, the Netherlands